ZONA CINZA

A CLASSE MÉDIA NO MEIO DA CATÁSTROFE

ZONA CINZA
A CLASSE MÉDIA NO MEIO DA CATÁSTROFE

/re.li.cá.rio/

VICTOR HERMANN

© Relicário Edições, 2024
© Victor Hermann, 2024

Esta obra contou com o apoio do Programa de Pós-Graduação em Letras: Estudos Literários (Pós-Lit/UFMG) para a sua publicação. A tese que deu origem a ela foi realizada com o apoio de bolsa da CAPES.

Dados Internacionais de Catalogação na Fonte (CIP) de acordo com ISBD

H552z

    Hermann, Victor

    Zona cinza: a classe média no meio da catástrofe / Victor Hermann. – Belo Horizonte: Relicário, 2024.
    352 p. ; 15,5 x 22,5 cm.

    ISBN 978-65-89889-93-9

    1. Capitalismo – Aspectos sociais. 2. Arte e sociedade. 3. Inovações tecnológicas – Aspectos sociais. 4. Sociedade – Desastres ambientais. I. Título.

                                           CDD: 306.342
                                           CDU: 304

Elaborado pelo bibliotecário Tiago Carneiro – CRB-6/3279

CONSELHO EDITORIAL

Eduardo Horta Nassif Veras (UFTM) Ernani Chaves (UFPA) Guilherme Paoliello (UFOP) Gustavo Silveira Ribeiro (UFMG) Luiz Rohden (UNISINOS) Marco Aurélio Werle (USP) Markus Schäffauer (Universität Hamburg) Patrícia Lavelle (PUC/RIO) Pedro Süssekind (UFF) Ricardo Barbosa (UERJ) Romero Freitas (UFOP) Virginia Figueiredo (UFMG)

COORDENAÇÃO EDITORIAL Maíra Nassif Passos
EDITOR-ASSISTENTE Thiago Landi
PROJETO GRÁFICO Ana C. Bahia & Tamires Mazzo
DIAGRAMAÇÃO Cumbuca Studio
CAPA Tamires Mazzo
PREPARAÇÃO Lucas Morais
REVISÃO Raquel Silveira & Thiago Landi

/re.li.cá.rio/

Rua Machado, 155, casa 4, Colégio Batista | Belo Horizonte, MG, 31110-080
contato@relicarioedicoes.com | www.relicarioedicoes.com
relicarioedicoes   relicario.edicoes

SUMÁRIO

PRÓLOGO
Nada mudou, exceto tudo   9

01 - O QUE É A ZONA CINZA?
1. Situações cinzentas   17
2. A quase-causa de tudo o que acontece   18
3. O homem capitalista   20
4. Para quem este ensaio foi escrito? – Feitores de risco, refratárias ao risco e a classe de meio   25
5. Classe média e classe de meio   30
6. Evitando confusões   40
7. O homem cinzento   43
8. Desresponsabilidade e mobilização   45

02 - A PERCEPÇÃO NA ZONA CINZA
1. Uma lição da natureza   55
2. Pânico frio   59
3. Nossos responsáveis   63
4. Percepção afetiva de risco   68
5. Como viver o fim?   72

03 - PRUDÊNCIA COMO COSMOTÉCNICA
1. Prudência *versus* controle   83
2. A definição de limite   85

3. Fabricar a própria impotência   87
4. Da culpa ao dano social   92
5. Técnica *versus* cosmotécnica   94

04 · ACIDENTES CINZENTOS
1. Acidente e catástrofe   103
2. As respostas simples   109
3. O herói da destruição criativa   113
4. A mentira tornada vida   118
5. Heterotopias da zona cinza   127
6. Feitiçaria sem feiticeiros   133

05 · METÁFORAS REFRATÁRIAS AO RISCO
1. Neoliberalismo e desigualdade de risco   141
2. Metáfora refratária ao risco   148

06 · CONTAR A CATÁSTROFE
1. O fato   159
2. Como contar a violência?   166
   2.1. Mito e infraestrutura algorítmica   168
   2.2. Trabalhador *versus* bandido   174
3. O primeiro disparo   182
4. Mineirinho e o surgimento da violência urbana   184
5. A crítica do *acusador último*   190
6. Trabalhador, pai de família, assassinado   197

07 · O SELETOR NATURAL
1. Seleção natural capitalista   203
2. Último homem   206
3. O seletor natural   210
4. Seleção natural e classe média   215
5. Crítica da inovação   218
6. Dominação molecular   230

08 • O AGITO VAZIO DO HOMEM CINZENTO

Imagem 1 – A cidade reconstruída   241
   1.1. *Pharmakon*, ou a arte do cuidado   248

Imagem 2 – A cidade destruída   253
   2.1. Poker face   255
   2.2. Mundo quase perfeitamente aleatório   259
   2.3. Espectros da tristeza do mundo   263
   2.4. Garantia de anticompaixão   269

Imagem 3 – A cidade abandonada   275
   3.1. Redescobrir é a nossa natureza   277
   3.2. Ruptura da interação metabólica   279
   3.3. Agressão confessada contra a natureza   281
   3.4. Psicologia da vida   284
   3.5. Máquina antropológica do humanismo   286
   3.6. Projeto pensado *versus* agir inato   289
   3.7. Agressão racista   293

09 • ESTAR NA ZONA CINZA

1. Estranha zona cinza   298
2. O experimento   306
3. A recepção crítica   308
4. Metáfora de risco   313
5. Percepção de risco   315
6. A interrupção da expressão   319
7. Desativar o dispositivo   323
8. Conclusão – Como resistir à zona cinza   330

RESUMO CARTOGRÁFICO DA ZONA CINZA   333

REFERÊNCIAS   335

SOBRE O AUTOR   351

PRÓLOGO

**NADA MUDOU,
EXCETO TUDO**

Caminhando pelo trajeto que me levava do colégio até a casa dos meus pais, em Itabira, Minas Gerais, notei que a Vale havia afixado novas placas indicando a rota de fuga em caso de rompimento de barragem de rejeitos de mineração.

Comecei a fotografá-las, especialmente as placas colocadas em locais que recordo afetivamente. O caminho atravessa uma das regiões mais pobres da cidade. Em toda parte, marcas de uma vida levada às margens, desfigurações causadas por mutações brutais do poder. Pouco restava ali que atestasse minhas lembranças. Então, contemplar as placas era como presenciar uma *dupla desaparição* – do tempo passado e do que se foi com ele; e do tempo futuro, no qual a catástrofe se anuncia.

Mais tarde, ao olhar para as minhas fotos, percebi que fotografava para me sentir seguro. Sempre coube à fotografia, diante da catástrofe, *registrar* – no duplo sentido de *inventariar* (para preservar a memória) e *protocolar* (para validar a destruição) – o que corre risco de desaparecer. Portanto, além de minhas intenções sentimentais, havia produzido provas que podem servir como documentos históricos ou comprovantes em pedidos de indenização, caso a catástrofe prenunciada ocorra.

Em frente à casa dos meus pais, no cruzamento que liga dois bairros pobres ameaçados por barragens distintas, encontra-se o local de encontro designado para os futuros sobreviventes. Acompanhei pelo WhatsApp o primeiro simulado de emergência realizado ali. Da varanda da nossa casa, era possível observar caminhonetes brancas e homens, uniformizados ou não, distribuindo burocraticamente cadeiras de plástico nas ruas, para, em seguida, as recolher e partir em silêncio.

"Redescobrir é a nossa natureza", diz um slogan publicitário da Vale. Agora, redescobríamos o risco de rompimento de barragem em Itabira. Havíamos ficado indignados – mas não surpresos – com as catástrofes de Mariana e Brumadinho. Pela primeira vez, experimentávamos o medo. As conversas do dia a dia tentavam dar conta da abrupta mudança da realidade itabirana provocada pela possibilidade de que tudo fosse inundado por lama. Os que moram nas imediações das barragens relembram o momento em que foram despertados de madrugada às pressas por um alarme falso. O som agudo da sirene atravessando o sono, o titubeio, a dificuldade em entender. A resistência das crianças ao despertarem, a vergonha dos velhos com a própria lentidão – olhares cansados, que parecem suplicar para que sejam abandonados ao sonho ou à morte. Nossos amigos contam ainda sobre o descompasso que sentiram entre as pernas, os olhos e a mente. E reclamam da perda de valor de seus imóveis – o que inviabiliza para alguns a mudança de região. O mercado está livre para especular sobre aquilo que a lei não protege: não há compensações para os moradores de áreas de risco que a ciência estipula como controláveis.

Desde então, vivemos em luto diante de uma catástrofe que, mesmo sem ocorrer, aconteceu. Nos sentimos frágeis, impotentes, diante de tantos riscos – de violência, de desemprego, de doença e, agora, de inundação por lama tóxica. Mas cabe a nós, as *vítimas em potencial*, seguir a vida. Em primeiro lugar, reaprender a não perder o sono diante do que exige vigília – "mas o terrível despertar prova a existência da Grande Máquina";[1] e então lembramos que em Brumadinho foram as sirenes que falharam, "devido à velocidade com que ocorreu o evento".[2]

No dia 4 de cada mês, a Vale realiza o teste das sirenes das barragens do Complexo Itabira. Começa com um toque alto e agudo, que lembra sons de aeroporto; em seguida, uma voz feminina reitera que se trata de um teste. Nos primeiros meses, tocava-se ainda uma peça clássica em violão, de vago motivo religioso; mas logo optou-se pelo estrídulo simples das sirenes, que se repetem sinistramente em eco. Em visita à cidade de Itabira para estudar a obra de Carlos Drummond de Andrade, o músico e ensaísta José Miguel Wisnik notou que duas imagens fundamentais da memória poética do poeta – o pico do Cauê e os sinos da Igreja Matriz do Rosário – não existiam mais: "a Vale minerou o pico até ele virar uma cratera. A mineração fez a Igreja tombar".[3] Eis que os sinos ressurgem fantasmagoricamente como sirenes.

---

1. Poema "Elegia 1938" (1940). In: Andrade. *Nova reunião*, p. 39.
2. Rossi. "Tragédia em Brumadinho: Vale diz que sirenes não foram acionadas por 'velocidade' do deslizamento". *BBC News*, 31 jan. 2019.
3. Wisnik. Poetas que pensaram o mundo: Drummond e a maquinação do mundo. Palestra.

Em Itabira, nenhuma lama a correr pelas ruas; só o pó brilhante sobre os móveis, as rachaduras feito raízes nas paredes, a moldura cinza de montanhas fraturadas: *nada mudou, senão tudo*. O acontecimento da redescoberta das barragens de rejeito, após Brumadinho e Mariana, alterou a *percepção do risco de catástrofe*.

Como argumenta o sociólogo alemão Ulrich Beck, risco não é sinônimo de catástrofe, é o reconhecimento da possibilidade de catástrofe.[4] Para que um risco exista, é preciso que se atribuam causas a fenômenos hipotéticos, passados, presentes e/ou futuros. Um risco constata ou prevê uma ocorrência de catástrofe, para que se possa mitigar ou prevenir seus possíveis danos. A função do risco é antecipar a catástrofe, a fim de gerar efeitos políticos e científicos mesmo antes da ocorrência catastrófica. Nesse sentido, o risco é um acréscimo conceitual à percepção da realidade.

Não é que nós, itabiranos – nascidos no berço da Itabira Iron Ore Company, que deu origem à Vale –, ignorássemos os riscos da mineração. Destruição de rios, contaminação do solo, abalos sísmicos, além das doenças respiratórias, dos acidentes mortais, do desemprego em massa e até da eliminação de bairros para darem lugar à expansão da atividade mineradora – tudo isso compõe há muito o horizonte sombrio de nossas expectativas de vida. Mas a redescoberta de que barragens não só podem romper como rompem *sistematicamente* transformou nossa cultura de risco.

Para nós, itabiranos, o risco era da ordem de um escoar inelutável – a exemplo dos versos melancólicos de Drummond, em que Itabira, a cargo do "maior trem do mundo", é escoada sem cessar por força de seu "destino mineral, de uma geometria dura e inelutável".[5] Carregado de destruição, o trem se destinava, imaginávamos, ao progresso. No jargão da economia, isso é denominado *tradeoff* ou "conflito de escolha": a maioria de nós optara por muita destruição, em troca de um pouco de progresso.

Nossas expectativas sofreram o primeiro grave abalo com a privatização da Companhia Vale do Rio Doce, durante o governo FHC. Nessa época, quase 80% da renda de Itabira provinha da atividade mineradora. A reestruturação da "Mamãe Vale" – como costumava ser chamada por causa dos generosos benefícios que oferecia aos seus trabalhadores – acarretou cortes dramáticos de postos de trabalho, de subsídios e de investimentos. A arrecadação despencou. O impacto socioeconômico foi devastador.

---

4. Beck. *Sociedade de risco – Rumo a uma outra modernidade*.
5. Andrade. Vila de utopia, p. 121.

Ainda em meu tempo de criança, os filhos dos funcionários da Vale eram invejados. Viajavam à Disney, usavam boas roupas, frequentavam as melhores escolas; nos finais de semana, podiam ir ao clube Valério, o maior da cidade, onde tinham a oportunidade de fazer aulas de tênis ou assistir a shows exclusivos de grandes estrelas, ocasião em que também ganhavam presentes. Mas, de repente, a sala de aula em que eu estudava ficou vazia – os subsídios escolares também tinham sido suspensos. A privatização da Vale é considerada uma das principais causas da onda de autoextermínio que deu a Itabira a fama mundial de "cidade do suicídio".[6]

Naquela época, correu entre nós um dito do líder indígena Kaká Werá Jecupé, possivelmente apócrifo. Ele visitara a cidade no início do novo milênio, e alguém teria lhe perguntado por que os itabiranos se suicidavam tanto. Como resposta, Kaká apontara para o Pico do Cauê, antigo ponto mais alto da cidade – *Ita-Birá*, em tupi, significa "pedra pontuda e fulgurante"[7] –, hoje convertido pela Vale em um imenso buraco que emoldura de ponta a ponta o horizonte com tons de cinza. Retirar a terra da Terra não faz bem.

"Há no ar a sensação de que um crime não nomeado, ligado à fatalidade de um 'destino mineral', foi cometido a céu aberto",[8] escreveu Wisnik. Itabira reagiu com depressão e luto à crise da fé no progresso. Foi tomada de *acedia cordis*, um agito vazio do coração – uma doença do progresso que estudaremos mais adiante. Mas ainda pensávamos o fim do progresso de um ponto de vista individual. Fim do emprego, das oportunidades de negócio; sensação de cansaço, de falta de desejo. A morte da cidade como crise da biografia particular.

Em nossa acanhada metafísica do desenvolvimento, entendíamos as contradições do progresso como exploração, ganância e corrupção. Nosso provinciano destino seria decidido em acordos espúrios entre diretores da Vale e políticos, impulsionados pela cobiça internacional. Mas acreditávamos ainda na racionalidade de mercado. Não cogitávamos que a Vale, além do tático desprezo por nós e pelo meio ambiente, pudesse ser imprudente a ponto de colocar em risco o próprio progresso, como se viu primeiro em Mariana e, logo em seguida, em Brumadinho.

---

6. Entre 1996 e 2001, Itabira tinha a taxa de autoextermínio mais elevada do país e uma das maiores do mundo. Sobre a correlação com o processo de privatização da Vale, ver: Souza; Minayo; Cavalcante. O Impacto do suicídio sobre a morbimortalidade da população de Itabira, p. 1333-1342.
7. Barbosa. *Dicionário histórico geográfico de Minas Gerais*.
8. Wisnik. *Máquina do mundo – Drummond e a mineração*, p. 29.

"Depois de Mariana, achamos que tinham sido tomadas as medidas necessárias e que a gente estava seguro, mas, com o que aconteceu em Brumadinho, *a nossa cabeça gira*. A população está assustada",[9] disse o prefeito de Itabira. Eis uma metáfora precisa para a zona cinza. A (re)descoberta de um risco de catástrofe é sempre uma experiência vertiginosa. A entrada repentina de uma nova dimensão conceitual no campo da percepção costuma causar confusão, trauma. A cabeça gira quando nada muda, exceto tudo.

A zona cinza é um espaço enevoado, turvo, em que a fronteira entre legal e ilegal, entre causa e efeito, entre inovação e colateralidade, entre crime e acidente se confunde em função das exigências do progresso. Mas, para que ela exista, é preciso que sejamos capazes de percebê-la. Do mesmo modo que risco não é o mesmo que catástrofe, a zona cinza não é o mesmo que área de risco. Trata-se de compreender que, em uma sociedade capitalista, o impulso à imprudência é inerente e representa sempre um risco adicional. A zona cinza corresponde à densa trama de "desresponsabilidades" urdida em torno de um risco, com a finalidade de nos mobilizar a correr irresponsavelmente esse risco.

Após o rompimento das barragens de Mariana e Brumadinho, compreendemos sob um novo ângulo a zona cinza em que vivemos em Itabira. Nesse ponto, é importante distinguir *acidentes*, eventos cujo poder destrutivo tem estritas limitações no tempo, no espaço e nas pessoas afetadas, e *catástrofes*, acontecimentos ilimitados no tempo, no espaço e nas pessoas afetadas. Antes da lama tóxica correr pelas cidades vizinhas, nos imaginávamos vulneráveis a fatalidades, acidentes causados por negligência ou erro humano. Não tínhamos compreendido ainda – talvez porque tapávamos os ouvidos a Drummond – que o destino do capitalismo é a catástrofe, a hecatombe final, e que a racionalidade de mercado exige o direito à imprudência.

Em outras palavras, compreendíamos nosso destino como uma vida acidentada. O que aconteceu à Fazenda do Pontal, um dos lares de Drummond, é uma metáfora adequada para o modo como enxergávamos o rastro da destruição da Vale em nossas vidas. A propriedade foi derrubada nos anos 1970 para que a Vale construísse uma represa de rejeitos de minério de ferro. Décadas mais tarde, em 2004, a Vale a reconstruiu morro acima, "utilizando a maioria das peças da antiga fazenda e tendo algumas peças

---

9. Rossi. "Tragédia em Brumadinho: Vale diz que sirenes não foram acionadas por 'velocidade' do deslizamento". *BBC News*, 31 jan. 2019.

substituídas devido à deterioração".¹⁰ Hoje, a Fazenda do Pontal funciona como museu. De suas janelas, é possível ver a paisagem tomada pelos rejeitos, às vezes fétidos. Drummond morreu antes de vê-la reconstruída e lamentava pelo destino submerso de sua herança – "sinto falta do que não tive ou perdi por debilidade minha, e chego a considerar-me fazendeiro do ar".¹¹ Por sua vez, os engenheiros da Vale são fazendeiros da zona cinza.

A casa de minha avó teve destino similar ao da Fazenda do Pontal. A Vale pretendia expandir suas operações na mina do Chacrinha e precisava antes remover os moradores da Vila Paciência. Lembro-me ainda da dezena de tios apinhados ao redor da comprida mesa de mogno na sala de estar debatendo o que fazer daquela velha casa destinada a desaparecer. Uns falavam da memória, outros, do preço. Jamais entraram em acordo quanto aos interesses ou à estratégia de venda; eventualmente, o tema se tornou tabu entre eles e acabaram resignados diante dos assédios agressivos da Vale. Mas o projeto de expansão foi abandonado e a casa de minha avó permanece, desde então, como a imagem invertida e complementar da Fazenda do Pontal. Nada mudou, exceto tudo. Após a morte de vó, a casa foi alugada para funcionários temporários da Vale.

Nós, itabiranos, sempre tivemos a certeza de que a Vale seria capaz de acabar com toda a natureza, mas ninguém – nem mesmo aqueles cujas casas, rachadas e empoeiradas, dividem muro com as barragens – concebia esse fim como um repentino soterramento da cidade por lama tóxica. Pelo contrário, a única catástrofe imaginada, além do suicídio, era o fim do minério.

Todo ano é atualizada a data em que o minério itabirano finalmente acabará e, com ele, a promessa de progresso. Todo ano, políticos anunciam uma "saída sustentável" para a minério-dependência. Imagina-se que a cidade se transformará num imenso escritório operacional da Vale, o que confirmaria, ironicamente, o destino há muito lamentado pelo poeta, em que Itabira restará como mero "retrato na parede"¹² da repartição burocrática.

Toda essa paisagem simbólica acidentada – esse regime de afetos depressivos obcecados com a crise biográfica – é transtornada pela (re)descoberta de que Itabira se encontra sitiada por mais de 600 milhões de metros cúbicos

---

10. Informação extraída do Portal do Turismo de Itabira, seção "Fazenda do Pontal".
11. Andrade. A fazenda que desapareceu do mapa, n. p.
12. Poema "Confidência do itabirano". In: Andrade. *Nova reunião*, p. 40.

de rejeito[13], um volume pelo menos 30 vezes maior do que aquele que vazou da primeira barragem em Brumadinho. Lama que continuará entre nós, ameaçando-nos mesmo depois que o minério acabar, que a barragem romper, que a Vale partir.

Passamos do abstrato medo do fim do progresso ao medo concreto do fim de Itabira. Duas cartografias do esgotamento, agora superpostas ou entrelaçadas. "Embora diferentes, no entanto, o acontecimento catastrófico de Mariana, com tudo o que tem de fragoroso e letal, pode ser visto como o raio que ilumina o que há de silencioso e invisível na catástrofe de Itabira".[14]

Entre o fim do minério e o rejeito de minério, entre o fim do progresso e o fim da vida, permanecemos em suspenso. A luta por mais segurança pode transformar os modos de existência do itabirano, em prol da restauração dos laços comunitários e da prudência diante das exigências suicidas do progresso. Mas corremos o risco também de, sob o redobrado peso físico e metafísico de tudo aquilo que se rejeita em nome do progresso, nos sentirmos ainda mais atraídos para a morbimortalidade, a catástrofe total. Uma vez que, extraída toda a terra da Terra, ela poderá recobrar de nós o seu peso.

---

13. Barifouse. "Mineração: cidade onde Vale nasceu vive cercada por 33 vezes o volume de rejeitos de barragem que se rompeu em Brumadinho". *BBC Brasil*, 16 fev. 2019.
14. Wisnik. *Máquina do mundo – Drummond e a mineração*, p. 36.

01

**O QUE É A
ZONA CINZA?**

Neste capítulo introdutório, exploraremos a zona cinza e apresentaremos alguns dos conceitos centrais que serão abordados nos capítulos subsequentes, tais como: subjetividade capitalística, classe de meio, desresponsabilidade e mobilização. É importante ressaltar que este livro se insere no campo dos estudos culturais, com foco em arte e literatura. Assim, os conceitos aqui discutidos não têm a intenção de ser aplicados no campo da pesquisa sociológica (mesmo que sejam derivados dele) e devem ser vistos como chaves interpretativas da experiência da catástrofe no âmbito dos estudos culturais.

1. SITUAÇÕES CINZENTAS

No uso corrente, o termo "zona cinza" descreve situações ambíguas de litígio e/ou de negociação nas searas jurídica, política e comercial. Em situações cinzentas, os atores frequentemente se ocultam, os interesses ficam dissimulados, os objetos, vagos, as regras tornam-se obscuras, e os acordos, inescrutáveis. Falta clareza para se distinguir ou determinar o que é causa e o que é efeito, o legal e o ilegal, o lucro e o roubo, o acidente e o crime. As ações acontecem nas fronteiras do que é convencionalmente aceito, do que é ético e do que é prudente. No capitalismo, as situações cinzentas são tão recorrentes que chegamos a suspeitar que são parte estrutural de seu funcionamento.

Com efeito, vivemos em um regime de *destruição criativa*, conforme o célebre conceito de Joseph Schumpeter. Impulsionada pelas novas tecnologias, a demanda por acumulação de capital coloca uma pressão extraordinária sobre fronteiras, sejam elas comerciais, jurídicas, éticas, culturais ou políticas. O capitalismo é um sistema dinâmico que não cessa de atuar contra seus próprios paradigmas, a fim de garantir o aumento contínuo da produtividade de capital e trabalho. As situações cinzentas ocorrem sempre nesse limiar de mutação, não só do sistema capitalista, como também no âmbito da sociabilidade e dos afetos.

O paradigma da destruição criativa – muitas vezes eufemisticamente chamado de direito à livre iniciativa – comporta a exigência de que se possa testar a potencialidade de lucro de uma oportunidade de mercado antes mesmo que conheçamos seus efeitos ambientais, sociais, políticos, jurídicos etc. Isso implica uma zona de operação cega, dissimulada, cinzenta. Os processos de destruição criativa impactam técnicas, leis, normas, instituições, vínculos sociais, culturas e subjetividades. Frequentemente, ultrapassam qualquer horizonte normativo, crítico, técnico, legal, coletivo, afetivo ou subjetivo, sempre em função do teste de uma oportunidade de acumulação de capital que, se bem sucedido, gerará os recursos futuramente empregados primeiro para proteger a operação e, em último caso, para controlar o potencial de dano e politizar a distribuição dos efeitos positivos da inovação. As situações cinzentas são aquelas em que somos pegos de surpresa no meio desse processo, em que somos forçados a agir no limiar entre legal e ilegal, crime e acidente, político e anárquico, prudente e irracional.

No presente livro, estudamos um tipo específico de situação cinzenta: a que envolve catástrofe. Ela pode anteceder, proceder ou suceder a uma catástrofe. Antecede quando se trata de dissimular o risco de uma inovação; procede quando se trata de negociar o controle de risco de uma mercadoria; sucede quando se trata de transformar a própria catástrofe em oportunidade de mercado. Em cada caso, somos atravessados por uma força que impede o entendimento, atravanca a negociação, confunde a solução, obstrui os afetos de empatia e prudência. Ao longo deste ensaio, refletimos sobre as margens cinzentas entre inovação e risco, entre produção e externalidade, entre tomada de decisão e responsabilização, entre legislação e fiscalização, entre consumo e efeito colateral.

2. A QUASE-CAUSA DE TUDO O QUE ACONTECE

A zona cinza refere-se ao processo de reinscrição da catástrofe no capitalismo. Ela engloba a antecipação, a apropriação, a exploração e a produção da catástrofe como uma oportunidade de mercado. Uma série de mecanismos, fluxos, práticas, afetos, equipamentos, instituições atua para criar impasses, ambiguidades, temores, dúvidas, situações obscuras em que somos forçados a renunciar à postura crítica, abdicar da ação responsável, ignorar as recomendações de prudência, romper laços de solidariedade diante da ocorrência ou do risco de catástrofe, em função de uma potencial acumulação de lucro.

Comumente, entendemos a catástrofe como produto de forças da natureza e/ou da providência. Conforme veremos, ainda hoje ela costuma ser vulgarmente entendida como "lição da natureza" ou exemplo da "dura realidade", evento que testemunha o "fracasso da civilização", os "perigos do progresso". Ou seja, a catástrofe ocupa em nosso imaginário um lugar ambíguo e paradoxal: ela é, ao mesmo tempo, resultado direto de nossos atos e algo que está fora de nosso controle. Seja em ataques terroristas, em acidentes industriais ou em catástrofes climáticas, esses eventos são frequentemente vistos como consequência direta de nossas ações e, paradoxalmente, como força destrutiva que vem de fora (quase como se fossem ecos de uma merecida punição divina da humanidade).

Os fluxos de capital, imersos em sua própria dinâmica, passam ao largo dessas questões. Trabalham para reinscrever a catástrofe em seu bojo, para que ela se transforme em mais uma oportunidade de mercado – de progresso para a economia e de lucro para o empreendedor. Isso ocorre pois o fluxo de capital se posiciona entre o interno e o externo, entre a causa e o efeito, e entre o progresso e a catástrofe. Pois o capital não aspira tornar-se nem efeito nem causa, mas a *quase-causa de tudo o que acontece*. Marx já chamava atenção para o fato de o fluxo de capital constituir essencialmente a "superfície encantada e miraculante"[1] na qual toda atividade produtiva vai ser inscrita, de tal modo que ele possa se tornar a quase-causa da dinâmica de produção e consumo. À medida que

> a mais-valia relativa se desenvolve no sistema especificamente capitalista e que a produtividade social do trabalho cresce, as forças produtivas e as conexões sociais do trabalho parecem destacar-se do processo produtivo e passar do trabalho para o capital. Assim, o capital se torna *um ser bastante misterioso*, pois todas as forças produtivas parecem nascer no seio dele e lhe pertencer.[2]

---

1. Deleuze; Guattari. *O Anti-Édipo*, p. 22.
2. Marx citado por Deleuze; Guattari. *O Anti-Édipo*, p. 22.

O capital, enquanto quase-causa, deixa de ser apenas o produto do trabalho para se tornar seu "pressuposto natural ou divino".[3] À sua imagem emerge um "estranho sujeito, sem identidade fixa",[4] isto é, o homem capitalista.

Nas brumas da zona cinza, o caráter natural e divino da catástrofe vai ser confundido com os pressupostos naturais e divinos do capital. A zona cinza abrange esse limiar entre erro da civilização, punição divina da humanidade e emergência da oportunidade de mercado.

3. O HOMEM CAPITALISTA

Também o homem, à medida que é reinscrito no fluxo de capital, perde sua humanidade para adquirir as proporções natural e divina. O homem capitalista, conforme veremos, é metade o "espírito animal" de que falava Keynes, metade o Deus mefistofélico de Goethe. "Depois de mim, o dilúvio" é o seu mote:

> Todo mundo que especula em bolsa sabe que haverá um dia de desastre, mas todo mundo espera que a tempestade recaia sobre a cabeça do próximo, depois de ter colhido sua chuva de ouro e de ter colocado seu patrimônio em segurança. *Après moi le déluge!* é a divisa de todo capitalista e de toda nação capitalista.[5]

Mas não devemos confundir o homem capitalista com o indivíduo membro da elite proprietária. Trata-se, antes, de uma subjetividade parasitária, quase-causada pelo capital. Podemos chamá-la de *subjetividade capitalística*, que, por sua vez, atravessa diferentes indivíduos de diferentes classes econômicas, assumindo configurações diversas em função de uma exigência de destruição criativa.

Félix Guattari, filósofo e psicanalista, introduziu o conceito de subjetividade capitalística em função de sua teoria do *inconsciente maquínico*, que surge como alternativa ao *inconsciente pulsional* freudiano. Este, grosso modo, se basearia na ideia de uma pulsão apriorística, de fundo biológico, associada a uma ideologia da falta, do desejo castrado. Para o pai da psicanálise, o desejo viveria na, ou melhor, *da* incompletude; o inconsciente

---

3. Deleuze; Guattari. *O Anti-Édipo*, p. 22.
4. Deleuze; Guattari. *O Anti-Édipo*, p. 30.
5. Marx. *O capital – Livro I, vol. 1*, p. 312.

freudiano seria o palco em que se representa sem cessar a tensão que faz deslocar o desejo para objetos que ele parcialmente associaria a uma falta fundamental. Guattari remove o pano de fundo biológico que sustenta a-historicidade do inconsciente freudiano. Para o francês, não haveria uma pulsão sem objeto, o inconsciente não constituiria uma economia meramente energética, o desejo jamais desejaria a si, simplesmente. O desejo não pertenceria à ordem de *um* indiferenciado em oposição a*o* diferenciado; não deveria ser localizado exclusivamente em instâncias institucionais pré-fixadas, como a família, o trabalho; tampouco estaria inscrito em processos universais, cujas leis poderiam ser fixadas por uma "matemática geral do inconsciente",[6] que, por sua vez, orientaria o psicanalista diante dos conflitos individualizados de seu paciente. Para Guattari, o inconsciente não existe, deve, antes, *ser produzido*, e de fato não cessaria de ser produzido por agenciamentos maquínicos.

Segundo Guattari, o desejo estaria mais ligado às produções ativas de subjetividade – que suscitam cartografias, agenciamentos, uma infinidade de máquinas desejantes, mas, também, máquinas técnicas, estéticas, teóricas, sociais, semióticas. Em suma, o desejo articula infinitas possibilidades de montagem de "sistemas maquínicos altamente diferenciados e elaborados".[7] Tais produções poderiam tanto ser modelizadas pelos *mass media*, pelas corporações, pelos fluxos de capital etc. quanto poderiam constituir novos agenciamentos coletivos em uma relação "caosmótica"[8] com as multiplicidades exteriores ao sujeito.

Segundo Félix Guattari, a subjetividade capitalística seria um modo predominante de modelização das máquinas desejantes. Ela seria produzida a partir de "redes de poder, de competências técnicas, de instituições, de equipamentos, de fluxos monetários, de fluxos de saber, de fluxos de mercado etc."[9] responsáveis por estruturar e dinamizar "uma enorme *máquina de calcular* que define para cada tipo de necessidade uma resposta, não só para os indivíduos vivos, mas também para as próximas gerações".[10]

Desde cedo, aprendemos inúmeras maneiras de calcular aspectos variados da vida, a fim de obter ganhos ou evitar perdas. Uns têm de estudar

---

6. Guattari; Rolnik. *Micropolíticas*, p. 239.
7. Guattari; Rolnik. *Micropolíticas*, p. 288.
8. Ver: Guattari. *Caosmose*.
9. Guattari. *Lines of Flight: For Another World of Possibilities*, p. 127. Tradução nossa do inglês.
10. Guattari. *Psychoanalysis and Transversality*, p. 127. Tradução nossa do inglês.

para passar no vestibular, já outros estudam para não reprovar, enquanto outros abandonam a escola para ajudar no orçamento doméstico. Do mesmo modo, influenciadores fazem dieta para ganhar *likes* no Instagram, enquanto outros lutam contra o peso para melhorar seus exames médicos. Pontuação em prova, contagem de calorias: tudo isso são modos de calcular, *scores*. Do sono ao sexo, do Serasa ao Tinder, não há uma única dimensão da vida que não foi submetida a cálculos, métricas, *scores*; sobretudo na era neoliberal, que se baseia na destruição de toda forma de vínculo econômico, social e político não baseada na pura competição mediada por lógicas contábeis – de preferência, controladas por algoritmos.

Aquisição de conhecimento valorizado e pensamento projetivo são atributos importantes para orientação pessoal nas sociedades capitalistas.[11] É preciso saber se convém fazer um MBA, ou comprar roupas mais sofisticadas para subir de cargo, ou se convém mais tomar remédios psiquiátricos para evitar uma demissão. O homem moderno é obcecado por fazer contabilidade da própria existência. A subjetividade capitalística é isto: a disposição permanente para calcular todos os fatos da vida segundo a lógica competitiva binária de investimento *vs.* pagamento.

E, no entanto, a subjetividade capitalística não deve ser confundida com a subjetividade individual; ela é apenas a força dinâmica que quase-causa o sujeito contábil. Ela garante que cada decisão individual esteja ligada a respostas definidas pela enorme máquina capitalista. Antes de escolhermos um destino turístico, muitas vezes o Ministério de Turismo já se reuniu com entidades setoriais para estabelecer metas para a ocupação dos hotéis. Em outras palavras, as redes, os fluxos, as competências, as instituições, os equipamentos que nos moldam como sujeitos contábeis garantem que nossas decisões estejam alinhadas com as demandas pré-definidas do capitalismo.

Consideremos o caso do jovem vestibulando. Para tirar uma boa nota, ele aprende a ler jornais todos os dias. Assim, ele descobre que uma das causas do aumento do desemprego é a tecnologia, que tem tornado obsoletas até profissões tradicionais, como a advocacia. Na página seguinte, descobre que o soterramento da cidade de Brumadinho após o rompimento de uma barragem de rejeitos da Vale legou ao Estado de Minas Gerais um bom caixa. Subitamente, em uma madrugada, o estudante é tomado por uma forte intuição e percebe que talvez deva ouvir o conselho de seu pai e optar

---

11. Ver: Souza. *A classe média no espelho*.

pelo curso de medicina, em vez de letras. Na prática, o que ocorreu foi que a subjetividade capitalística conseguiu, por meio de modelos contábeis, *produzir, agenciar a subjetividade* desse garoto, primeiro como "aluno competitivo", em seguida como "futuro médico" e, eventualmente, como "bom filho". Como essa subjetividade individual, tornada capitalística, foi vinculada à lógica capitalista, ela também se torna quantificável: assim, os governos podem avaliar a competitividade dos alunos, enquanto Wall Street pode projetar o retorno de investimentos no setor de saúde considerando a futura disponibilidade de profissionais.

Evidentemente, vincular o indivíduo ao que é determinado como calculável pelo sistema capitalista pode causar angústias, pois este último reconhece os desejos individuais apenas na medida em que podem ser economicamente explorados. Nesse sentido, argumenta a filósofa e ambientalista Isabelle Stengers, ecoando Guattari, que a noção de indivíduo é descabida do ponto de vista do capitalismo. "Este deve, antes, ser compreendido como uma função ou uma máquina, que fabrica a cada conjuntura sua própria necessidade, *seus próprios atores, e destrói aqueles que não souberam abraçar as novas oportunidades*".[12]

Em todos os aspectos da vida – íntimo, social ou produtivo –, no cálculo de cada uma de nossas escolhas, o capital busca tornar-se a quase-causa de tudo o que acontece. Cada ação deve estar atrelada a um cálculo prévio, cada necessidade deve estar atrelada a uma resposta previamente definida. Nas redes sociais, por exemplo, essa relação é explícita. Tudo o que postamos aí é automaticamente transformado em código binário, que passa a ser administrado pelo algoritmo da plataforma; desse modo, não há qualquer chance de nossa mensagem escapar da lógica contábil imposta em função das expectativas de acumulação de valor da plataforma. Veremos, mais adiante, as implicações catastróficas da mediação algorítmica da produção de saber: erosão do saber humanista, crise da democracia, disseminação de afetos tristes etc.

Assim sendo, é como se tivéssemos, a cada instante, de ceder lugar para que o homem capitalista aja por nós, através de nós, em nossas vidas. O homem capitalista mais se assemelha ao que Roland Barthes, refletindo sobre a "pseudonatureza" do mundo capitalista, definiu como o "protótipo imóvel que vive por ele [o sujeito], no seu lugar, que o sufoca como um

---

12. Stengers. *No tempo das catástrofes*, p. 46.

imenso parasita interno e determina os limites estreitos da sua atividade, onde lhe é permitido sofrer sem modificar o mundo: a *pseudophysis* burguesa proíbe radicalmente o homem de inventar-se".[13]

A zona cinza emerge da abstração de catástrofes resultantes da parasitação das vítimas pelo fluxo capitalista. Nas situações cinzentas, o contraste entre o homem capitalista e a subjetividade individual se acentua. Diante da catástrofe, os afetos de empatia e prudência correm risco de se tornarem impotentes, residuais, face a demandas profissionais e de mercado. À medida que a catástrofe é reinscrita no fluxo de capital, proliferam oportunidades de mercado e comportamentos empreendedores quase-causados pelo capital, o que por sua vez exclui qualquer outra tomada de decisão não baseada na lógica contábil do lucro.

Para dar exemplos práticos, por situação cinzenta não nos referimos exatamente a situações em que o contraste está claro e dado, como quando somos forçados a comprar transgênicos em decorrência da alta de preço dos alimentos, mesmo quando sabemos dos efeitos nocivos que eles causam no meio ambiente. Nesse caso, tanto o mecanismo de coerção quanto a solução, seja no âmbito individual ou no governamental, estão mais ou menos dados ou, pelo menos, podem ser imaginados e combatidos; logo, não chega a ser exatamente uma situação cinzenta. Mas este será o caso quando, por exemplo, um técnico de laboratório passa a receber constantes solicitações de estudos sobre a composição nutricional de certos alimentos; ele suspeita de que se trata de transgênicos, suspeita ainda de que essas informações estariam sendo usadas em campanhas de lobby... Mas o que deve ele fazer? Recusar? Denunciar? Fraudar? Mas ele não tem provas de nada... e o trabalho técnico a ser feito é tão rotineiro e insignificante... qualquer um poderia fazê-lo... Situações cinzentas são aquelas em que, apesar de tudo o que sabemos sobre um risco de catástrofe, acabamos por algum motivo mobilizados a tomar parte na atividade arriscada.

Diante de uma catástrofe transformada em oportunidade, o homem capitalista não se deixa deter por qualquer enquadramento normativo; ele se orienta por outras coordenadas, que ele ora idealiza como destruição criativa, ora justifica como competição de mercado, ora racionaliza como aposta de risco, ora defende como necessidade de reforma, ora lamenta tristemente sob a justificativa de que "nada há para ser feito", mas que no

---

13. Barthes. *Mitologias*, p. 175.

fundo comporta uma irresponsabilidade e uma irracionalidade fundamentais, conforme veremos.

Não obstante, *na zona cinza as catástrofes nunca ocorrem*. Nubladas, elas só aparecem aí como acidentes inelutáveis, que são logo transformados em oportunidades de "destruição criativa". Ou, ainda, como sugere Naomi Klein, os desastres são inicialmente percebidos como "choques", momentos em que o sistema capitalista se reorganiza buscando ampliar seu acúmulo de capital.[14] A zona cinza é esse território fumacento, que nubla a percepção, dificulta a compreensão, impede que nos deixemos afetar pela catástrofe.

4. PARA QUEM ESTE ENSAIO FOI ESCRITO? – FEITORES DE RISCO, REFRATÁRIAS AO RISCO E A CLASSE DE MEIO

A pergunta norteadora deste ensaio sobre a zona cinza será: como lidar com o "contraste quase estarrecedor entre *o que sabemos e o que nos mobiliza*"?[15] Isto é, como enfrentar as tantas situações cinzentas – seja no trabalho, na produção de saber, na política, na intimidade, no convívio social – em que somos forçados a experimentar de modo inelutável a oposição entre o que sabemos sobre o risco de catástrofe e o que, todavia, tem ainda o poder de nos mobilizar a correr esse risco?

Vale fazer a ressalva de que o ensaio não pertence ao campo da sociologia, mas aos estudos culturais, e toma como ponto de partida a literatura e a arte contemporânea. É em função desses estudos que os conceitos foram pensados como chave de leitura cruzada da realidade da catástrofe. Nesse sentido, as definições que vamos propor a seguir, embora à primeira vista se assemelhem a conceitos da sociologia (e em alguns casos tomem de empréstimo noções dela), não foram testadas de acordo com as metodologias desse campo, mas à luz da leitura de obras de literatura, arte contemporânea, cinema e filosofia que versam sobre a catástrofe. Assim, em vez de Adam Smith, apresentaremos Goethe; em lugar de Weber, Henrik Ibsen; e em vez de Marx, Thomas Pynchon, e assim por diante.

O objetivo deste ensaio é investigar como ocorre esse processo de obnubilação da catástrofe, tanto externa quanto internamente, seja por pressão da máquina capitalista, seja por parasitismo do homem capitalista.

---

14. Klein. *Doutrina do choque – Capitalismo de desastre*.
15. Stengers. *A invenção das ciências modernas*, p. 12.

Em outras palavras, queremos compreender como a zona cinza pode afetar *a experiência da catástrofe*. Nesse sentido, o ensaio se furta à tarefa de propor soluções para cada uma das inúmeras catástrofes que examina, buscando, antes, refletir, fazendo recurso à literatura e às outras artes e mídias, sobre um processo mais geral de formação de zonas cinzas no capitalismo, e na era neoliberal em particular.

A obra se organizará da seguinte maneira. Cada capítulo partirá de uma catástrofe real que consideramos paradigmática – a fumaceira de São Paulo; o rompimento da barragem em Brumadinho; a pandemia de covid-19; o ataque às Torres Gêmeas; o bombardeio aéreo da Segunda Guerra Mundial; o massacre de Kent State e a Guerra do Vietnã; o vazamento de radiação nuclear de Fukushima, entre outras. Em cada caso, vamos procurar algumas obras de literatura, outras artes e mídias que nos ajudem a refletir sobre como essas catástrofes são reinscritas no fluxo de capital, como as reações são abstraídas por modelos contábeis, como as vítimas são parasitadas pelo homem capitalista. Assim, aos poucos, montaremos um mosaico da zona cinza. Quais são os diferentes impasses para a experiência da catástrofe que a zona cinza produz?

Como é viver na zona cinza? Ou melhor, como viver na zona cinza? Para responder a essas perguntas, precisamos também escolher um leitor. A quem nos endereçamos? A quem mais poderia interessar refletir sobre a contradição entre o que sabemos sobre um risco de catástrofe e o que nos mobiliza a correr esse risco?

Este ensaio não foi escrito para as *vítimas diretas* da catástrofe, isto é, as que sofreram danos concretos causados por uma agressão direta, física e/ou existencial, de extensão ilimitada no tempo e no espaço. As vítimas diretas, em virtude da agressão, carecem de um conhecimento mais prático que aborde diretamente a situação em que vivem, suas dificuldades de sobrevivência, apontando caminhos e possíveis obstáculos na luta por emancipação e proteção. Quem quiser se endereçar às vítimas diretas deve procurar falar-lhes a respeito da luta de pessoas que praticam uma defesa viva de seu cosmos.

Este livro também não foi escrito para as *vítimas em potencial* da catástrofe, isto é, as que ainda não foram atingidas, mas que já vivem sob uma ameaça iminente. Nesse ponto, cabe uma ressalva. Por vítima em potencial, não nos referimos ao conjunto abstrato de possíveis afetados designado por uma definição de risco. Pois, desse ponto de vista genérico, somos todos vítimas em potencial de algum risco – somos todos vítimas em potencial (e até mesmo diretas) do aquecimento global, de acidente industrial, assim como de câncer, infarto etc. Mas isso não significa que iremos *automaticamente* passar a perceber e experimentar a vida do ponto de vista dessa condição ameaçadora. Assim, quando nos referimos às vítimas em potencial, referimo-nos somente àquelas que já passaram por um processo de *politização do risco de catástrofe*. Ou seja, trata-se das pessoas que já se reconhecem como vítimas em potencial e vivem a ameaça iminente, e que por isso estão aptas a gerar efeitos políticos práticos nas formas de organização, socialização, produção de conhecimento, comunicação etc.

No prólogo, busquei deixar isto claro: o risco de rompimento de barragem em Itabira sempre existiu, mas foi preciso que readquiríssemos alguma consciência de nossa condição de vítimas em potencial para que o risco de catástrofe pudesse repercutir, outra vez, efeitos políticos e subjetivos entre nós. E se não continuarmos nos esforçando para politizar o controle das barragens, acabaremos nos esquecendo dessa nossa condição arriscada e decairemos outra vez na zona cinza da mineração. Daí a importância da atuação de associações como, por exemplo, o Comitê Popular dos Atingidos pela Mineração em Itabira e Região, que atua em estreita parceria com as Brigadas Populares, a Articulação Internacional dos Atingidos e Atingidas pela Vale e outras entidades. Associações como essas trabalham para tornar presente a percepção do risco para as populações ameaçadas e lutam para deduzir efeitos políticos e protetivos, visando criar modos de existência coletivos aptos a resistir e superar as ameaças iminentes. Os autores que desejam se endereçar às vítimas em potencial devem buscar lhes falar a respeito do desafio de lutar contra algo que, para muitos, não existe, não foi percebido ou compreendido, ou imagina-se que nunca acontecerá.

Vale, contudo, fazer uma segunda ressalva. Há outra categoria de sujeitos plenamente conscientes do risco de catástrofe mas que não se reconhecem como vítimas em potencial. Trata-se dos *feitores de risco*. Escolhi esse termo devido à dupla acepção de feitor: é tanto fazedor quanto capataz. Os feitores de risco atuam diretamente nos processos de definição, geração, administração, comunicação e controle de risco – seja na linha de comando, de produção, nos setores de pesquisa, inovação e publicidade, nos órgãos de regulamentação e fiscalização etc. Os feitores de risco são, ao mesmo tempo, os que mais sabem sobre o risco de catástrofe e os que foram mais mobilizados a correr esse risco. Sempre que confrontados com o dilema da zona cinza, os feitores de risco reagem manipulando tudo o que sabem para forçar a mobilização não só de si, como daqueles que estão ao seu redor e até mesmo da sociedade como um todo, buscando meios de forçá-los a aderir a uma atividade ou comportamento de risco. Mas os feitores de risco raramente atuam de modo deliberado; são capatazes sofisticados, que dizem agir porque têm "as mãos atadas". São hábeis em se esconder atrás de tecnicidades, burocracias. Veremos inúmeros exemplos deles. Evidentemente, quem ata suas mãos a fim de usá-las mais habilmente é o homem capitalista – cuja relação com seu hospedeiro, o feitor de risco, atingiu status de simbiose.

Mas alguns ocupam esse papel sem sabê-lo, ou a contragosto. Assim sendo, em alguns casos é possível conscientizar os feitores de risco de sua condição de vítimas em potencial. Se são suficientemente politizados, passam a deter em suas mãos extraordinário poder para atravancar a máquina capitalista. Tornam-se aliados de primeira ordem. Por tudo isso, o autor que buscar escrever para as vítimas em potencial deve abordar de modo tático a disposição heroica dos sujeitos prudentes e/ou a impotência crônica dos que executam a contragosto o papel de feitor.

Em resumo, tanto as vítimas diretas quanto as em potencial carecem é de relatos, informações, práticas, cosmotécnicas aptas a transformar a prudência em princípio de resistência à reinscrição da catástrofe no fluxo de capital. O que elas mais precisam é de conceitos, técnicas, processos, práticas que permitam sustentar uma experiência de luta coletiva que mantenha a percepção, a compreensão e a reação à catástrofe condicionados por outros critérios que não a lógica competitiva e contábil do fluxo de capital. Ou seja, elas precisam de conhecimentos que as ajudem a permanecer *refratárias ao risco*. Escolhi esse termo porque, de acordo com o dicionário, o que é refratário resiste tanto à ação física ou química quanto às leis ou princípios de autoridade; é ainda, em sentido figurado, o "que não se molesta ou ressente de ataques ou ações exteriores; insensível, indiferente, obstinado, resistente, intransigente"; o que é "imune a certas doenças"; "aquilo que suporta temperaturas elevadas"; e até mesmo "jovem que falta à seleção para o serviço militar depois de convocado".[16] As refratárias ao risco, além de imunes ao parasita do homem capitalista, serão as primeiras a aprender a "ficar junto com a encrenca"[17] de um mundo tornado mais precário, indócil

---

16. "Refratário". In: Dicionário Oxford Languages and Google.
17. Ver: Haraway. *Staying with the Trouble: Making Kin in the Chthulucene*.

à promessa de progresso da civilização moderna. Vamos grafar "refratárias" sempre no feminino, contrariando a gramática, em homenagem àquelas que mantiveram vivo o espírito da prudência em plena aventura irresponsável da modernidade.

Evidentemente, este livro não se destina à elite capitalista proprietária, que não precisa que lhe dirijam a palavra. É inútil tentar conscientizá-la de sua condição de vítima em potencial. Só podemos esperar alguma reação dessa classe quando a forma infinitamente ramificada e indireta com que exerce o poder for enfraquecida, e não for mais possível mobilizar a população quase que automaticamente para correr o risco de catástrofes em seu lugar, como acontece hoje.

Afinal, a quem então este ensaio se endereça? Os leitores que buscamos se mantêm em suspenso diante do impasse entre o que sabemos e o que nos mobiliza. Alguns deles se preocupam com a catástrofe, até mesmo protestam, mas no íntimo imaginam ainda poder adiar, talvez indefinidamente, o confronto tático e vital com ela. Por isso, frequentemente estão tomados por uma dócil burrice, ou por pânico frio, ou por clarividência demoníaca (traços que vamos definir ao longo do livro).

Esse leitor costuma trabalhar junto com os feitores de risco e tem muitas dúvidas se, no fundo, não seria um deles. Os governos, as corporações, a grande mídia – que evitam de toda maneira falar com as vítimas diretas ou em potencial, quanto mais com as refratárias ao risco – vão se endereçar também ao nosso leitor. Pedirão a ele – você – para refletir sobre "crescimento sustentável", "consumo consciente" e a "necessidade de reformas". A imagem do nosso leitor domina o debate público sobre a catástrofe.

Esse leitor não é o mais ameaçado pela catástrofe. Encontra-se ainda razoavelmente seguro, embora o cerco aperte sobre ele a cada dia, de muitas maneiras – a guerra faz disparar a inflação, a pandemia força a precarização do trabalho, a violência urbana gera gentrificação nos bairros, o aquecimento global aumenta os custos com energia, a crise econômica destrói as poupanças... As expectativas de futuro do nosso leitor estão abaladas, pois está ciente de que o padrão de vida de sua classe continuará a cair perigosamente, e que isso aumentará sua exposição aos riscos de catástrofe de toda sorte. Mas ele continua tentando resolver biograficamente as contradições do capitalismo, um pouco como os itabiranos demitidos pela Vale diante da expectativa do fim do minério.

E assim nosso leitor prossegue sua vida, pendulando indeciso pelo nevoeiro da zona cinza, ora se identificando vagamente com as vítimas diretas e potenciais, ora aderindo tristemente à ideologia dos feitores de risco. Abre as portas em seu íntimo para o homem capitalista, enquanto dá publicidade ao sujeito residual que ele ainda consegue manter. O leitor a quem se endereça este livro pertence à *classe de meio*, a qual, conforme o próprio termo já diz, é composta majoritariamente pela classe média.

5. CLASSE MÉDIA E CLASSE DE MEIO

Concebi o termo "classe de meio" como tentativa de traduzir para o ponto de vista das desigualdades de risco a noção de classe média, que está ligada à desigualdade de riqueza. Mas o que é classe média? E de que modo ela pode vir a compor uma classe de meio?

A classe média não é somente uma faixa de renda. Em *A classe média no espelho* (2017), o sociólogo Jessé Souza faz frente ao viés economicista, o qual, em sua opinião, só serve para diluir o potencial político dessa classe. Para ele, a classe média seria mais bem definida segundo sua função, seus privilégios e sua ideologia.

A função da classe média seria atuar como suporte da elite proprietária, detentora do capital. Em relação ao servilismo, Jessé Souza distingue a alta classe média da massa da classe média. A primeira "é o verdadeiro representante, o real 'capataz', que, por delegação, exerce a função de comando da sociedade em todos os níveis, mas em nome de uma ínfima elite de proprietários efetivos".[18] São CEOs de bancos, COOs de startups de tecnologia, chefes de redação de jornal, diretores de investimento, advogados lobistas e juízes da alta corte, administradores de cadeia varejista etc. A alta classe média manteria laços sociais estreitos, orgânicos, por vezes familiares, com a elite proprietária e, por isso, tenderia a perceber-se como parte dessa elite. No Brasil, a alta classe média não passa de 2% da população, enquanto a elite proprietária não chega sequer a 1%.

Já a massa da classe média, que em países desenvolvidos constitui a maioria, no Brasil varia entre 15 e 18%. À massa da classe média, descreve Jessé Souza, caberia exercer funções técnicas e administrativas intermediárias na indústria, no comércio e nos serviços, em geral sob o comando da

---

18. Souza. *A classe média no espelho*, p. 16.

alta classe média. São publicitários, professores universitários, advogados, psicólogos, gerentes de loja, funcionários públicos médios etc.

Do ponto de vista de seus privilégios, a classe média se distinguiria pela posse de capital cultural. Mais importante, ela dispõe de meios para comprar tempo necessário para adquirir conhecimento valorizado (sobretudo no Brasil, em que é possível terceirizar para a "ralé",[19] a um baixo custo, o serviço doméstico e pesado, e investir esse tempo "roubado" nos estudos ou na carreira).

Nesse ponto, Jessé Souza propõe distinguir a classe média tradicional do que se convencionou chamar "nova classe média baixa", que ascendeu sobretudo durante o Governo Lula e cujos integrantes ele designa como "batalhadores" – ressaltando o aspecto híbrido dessa classe média com a classe trabalhadora. Ao contrário da classe média tradicional, os batalhadores possuem acesso restrito aos capitais impessoais (material e simbólico) e aos capitais econômico e cultural. Mais importante, o fator tempo é para eles um recurso escasso. Um exemplo de batalhadores são os jovens que têm de enfrentar longas jornadas de trabalho para custear as faculdades privadas em que estudam, onde o ensino muitas vezes se limita à aquisição de competências operacionais que os restringem à disputa de cargos mais subalternos.[20]

A classe média tradicional pode comprar o tempo de estudo de seus filhos. Já no seio familiar, busca-se educá-los para incorporar as competências necessárias para o bom aproveitamento escolar e o futuro exercício de funções técnicas, administrativas e gerenciais – tais como atenção, foco, concentração, disciplina, autocontrole, pensamento prospectivo e capacidade de abstração. O conhecimento valorizado é o principal ativo da classe média, que deverá empregá-lo para otimizar, complexificar e, na maioria das vezes, apaziguar as relações entre a classe dirigente e a classe trabalhadora.

Do ponto de vista de sua ideologia, a classe média é a principal representante do individualismo. Nesse ponto, Jessé Souza distingue dois vieses ideológicos: o utilitarismo e o culto da interioridade. O primeiro remonta à imagem do *self-made man* americano, o pequeno empresário protestante

---

19. Segundo Jessé Souza, a "ralé brasileira" é a classe de miseráveis excluídos, sem direito à cidadania e sem acesso a serviços públicos, herdeira da violência e da exploração antes destinadas a escravos.
20. Souza. *Os batalhadores brasileiros*.

de origem humilde, que enriqueceu durante sua vida graças ao suor de seu trabalho e à sua audácia competitiva.

Já a busca pela interioridade sensível remonta à antiga figura do artista romântico, que, embora saído das classes burguesas, decide investir sua alta educação na crítica da desumanização causada pela industrialização. No século XX, essa demanda por uma espiritualidade sensível passa por uma intensa politização que culminará nas revoluções estudantis eclodidas em todo o mundo durante a década de 1960. Sobretudo quando se associaram às greves de trabalhadores, esses jovens chegaram a quase provocar uma ruptura definitiva com o produtivismo capitalista.[21]

Desde então, o que temos observado é uma contrarreforma neoliberal que condiciona as demandas por uma vida sensível à lógica utilitarista. Em primeiro lugar, surge o culto da autenticidade; o sujeito sensível se torna aquele capaz de degustar bons vinhos, ter um estilo de se vestir próprio. Mas a autenticidade pode ter, além de um sentido hedonista, um viés diletante. Assim surge o consumidor de mercadorias da consciência, que vão desde práticas de autocuidado a comidas orgânicas, workshops de bem-estar, oficinas sobre espiritualidade, minicursos sobre as pautas relevantes do momento etc. Esse mercado tem se especializado em vender conforto à classe média incomodada com o dilema da zona cinza.

A grande proeza do neoliberalismo, entretanto, foi a fabricação do empreendedor de si mesmo – o produto mais bem-acabado da subjetividade capitalística. Trata-se de alguém que se dedica à carreira de corpo e alma, para quem o propósito do trabalho se confunde com o propósito de vida. Na prática, trata-se de um operário cognitivo explorado 24/7, do qual se exige investimento integral da criatividade e do desejo na atividade produtiva, e que deve, para tal, eliminar toda separação entre vida pessoal e profissional, em prol de uma abordagem "empreendimentista" de todas as dimensões de sua vida. Do sono ao sexo, do trabalho ao lazer, da produtividade à espiritualidade, do LinkedIn ao Instagram, em tudo o que faz, o empreendedor de si transforma sua vida em objeto inteiramente disponível aos fluxos de acúmulo de capital financeiro, cultural, sexual etc.[22]

---

21. Vale ressaltar, conforme demonstra Jacques Rancière em *A noite dos proletários: arquivos do sonho operário* (Companhia das Letras, 1988), que a demanda por uma vida interior, embora seja uma das bandeiras ideológicas da classe média, não é exclusiva dela e possui dinâmica própria entre as classes operárias.

22. "Empreendimentismo" significa, de acordo com David Harvey, empreendedorismo associado a um individualismo possessivo e a uma instrumentalização completa das

Esta é, em linhas gerais, a classe média: servilismo à elite proprietária capitalista; privilégio na compra de tempo para aquisição de conhecimento; adesão à ideologia do individualismo empreendimentista, seja pela via do utilitarismo, seja pela via espiritual. Esse conjunto de características, conforme veremos ao longo do livro, será manipulado pela elite proprietária capitalista para nublar nossa percepção da catástrofe com a zona cinza e transformar nossa própria confusão em oportunidade de incremento de acúmulo de valor.

O fato de que no Brasil a classe média não passa de 18% é um dado importante, que também orientou a escolha de nosso leitor. No Primeiro Mundo, os escritores que se debruçam sobre a catástrofe têm por hábito se endereçar a categorias abrangentes, tais como o "homem contemporâneo", a "sociedade do cansaço" etc. Essas classificações fazem sentido para eles porque as sociedades em que vivem são mais homogêneas. Desse modo, colocar a classe média no centro do universo, como a esmagadora maioria deles faz, não soa estranho para seu público. Mas, no Brasil, soa um tanto ridículo escrever coisas como "o antropoceno traz sofrimento psíquico ao homem contemporâneo", quando apenas 11% da população é considerada proficiente na língua portuguesa[23] e, entre os não proficientes, metade mal sabe o que vai comer no jantar. Por isso, partimos do pressuposto de que o que se entende vulgarmente por "homem contemporâneo" é demasiadamente parecido com um membro da classe média; e que a carga de generalidade, estabilidade e unidade dos conceitos que versam sobre a catástrofe dependem, em parte, da capacidade de ação política desse sujeito.

Assim sendo, neste ensaio vamos experimentar pensar a catástrofe a partir do ponto de vista da classe média, um pouco como fazem as feministas e os negros, que ousam repensar os conceitos à luz da singularidade de suas experiências. Queremos retirar a classe média do conforto de se

---

relações entre produtores; fenômeno que, hoje, "caracteriza não somente a ação dos negócios, mas domínios da vida tão diversos quanto a administração municipal, o aumento da produção do setor informal, a organização do mercado de trabalho, a área de pesquisa e desenvolvimento, tendo até chegado aos recantos mais distantes da vida acadêmica, literária e artística". Harvey. *A condição pós-moderna: uma pesquisa sobre as origens da mudança cultural*, p. 161.

23. Um sujeito proficiente na língua portuguesa é capaz de interpretar e produzir *insights* complexos a partir de textos fora de sua área de interesse e atuação profissional. No Brasil, apenas uma fração da classe média – e nem mesmo a parcela pós-graduada – é considerada proficiente. Ver: Kubota. "O peso do passado no futuro do trabalho: a transmissão intergeracional de letramento". *Indicador de Alfabetismo Funcional (Inaf)*, 4 mar. 2020.

ver espelhada, diluída na imagem da humanidade, como representante de primeira ordem do "Nós os 99%". Se aprendermos a pensar que somos no máximo 18% desses 99%, e que exercemos uma função específica no sistema capitalista, teremos mais chances de ter efetividade política. Do contrário, teremos de continuar apelando a fórmulas messiânicas como "lições da natureza", aulas da "dura realidade", o "despertar da humanidade", ou seja, continuar transferindo aos efeitos da catástrofe a função de politizar a reação à catástrofe, conforme veremos.

Mas já adiantamos que o livro traz o grave defeito de escrever a partir de um ponto de vista cosmopolita, que é inerente à visão da classe média atual, e apenas tangencia o funcionamento da zona cinza a nível local no Brasil, restando essa questão para um desenvolvimento futuro.

A classe média possui um potencial político próprio. Ela pode muito bem utilizar de sua posição servil para atravancar o sistema capitalista e limitar o alcance dos fluxos de capital; ela pode ainda empregar seu capital cultural e recursos a fim de comprar tempo para produzir definições de risco com alto potencial político; e pode até mesmo investir sua sensibilidade para fazer soçobrar a nível molecular os encantos do progresso. Ao longo de toda a obra, veremos casos em que a classe média esboça um movimento de ruptura em âmbito prático, técnico e subjetivo. Mas veremos também que, se ela não se alia à classe operária e batalhadora, seus esforços de resistência custam a produzir efeitos de ruptura sistêmicos – ficando limitados a ações intelectuais, de caráter individualista. Enquanto não reage, resta à classe média viver na zona cinza, constrangida pela contradição entre o que sabemos e o que nos mobiliza.

O oposto da zona cinza é a *área de risco*. É nessas áreas que as vítimas diretas ou em potencial vivem; todo o esforço das refratárias ao risco vão no sentido de desnublar a zona cinza para revelar a área de risco. O que é uma área de risco? À primeira vista, trata-se da abrangência espacial de uma ameaça, conforme uma definição de risco. No entanto, do ponto de vista do sujeito, pode-se muito bem viver numa área de risco sem sabê-lo; do mesmo modo, pode-se viver distante das áreas de risco e mesmo assim atuar para protegê-las. Nesse sentido, a área de risco somente emerge da fumaceira da zona cinza à medida que aprendemos a viver com a encrenca, isto é, à medida que substituímos o conceito abstrato de espaço explorável, pressuposto pelo fluxo global de capital, por uma relação viva com o entorno baseada na prudência. É preciso que o espaço deixe de ser algo explorável para se tornar algo a ser protegido; daí a luta das refratárias ao risco por demonstrar que a pressão para destruição de tudo não tem limites numa sociedade capitalista.

Habituadas à encrenca, as refratárias ao risco são mais sensíveis à fumaceira da zona cinza. Farejam-na menos nos sítios da catástrofe que nos corredores climatizados e securitizados da burocracia. Porque sabem que é ali onde se encontram os feitores de risco, para quem a catástrofe nunca ocorre, mas tão somente fatos inelutáveis que devem ser transformados em oportunidades de lucrar mais, ou melhor, de "mostrar serviço", de "inovar o mercado", de "conquistar a opinião pública", de "mudar o *mindset*" – que é como o feitor de risco raciocina na hora de prestar contas sobre a acumulação de capital para seu patrão. As refratárias ao risco sabem que é nesses locais mais seguros – isto é, abstratamente seguros – que o homem capitalista tem mais chances de passar para o seu interior e parasitar sua subjetividade. Não obstante, nos pesadelos burocráticos de Kafka, raramente a figura do proprietário aparecia, mas abundavam funcionários.

Dissemos anteriormente que a classe média exerce as atividades intermediárias de suporte à elite proprietária. A classe de meio presta o mesmo suporte, mas em caso de catástrofe. Assim como a alta e a massa da classe média, podemos subdividir a classe de meio em duas categorias: os controladores de risco e os mediadores de risco. A primeira ocupa posições de comando nas cadeias de elaboração, geração, administração, comunicação e controle das definições de risco. São chefes de laboratórios de pesquisa, acadêmicos de relevância internacional, deputados e ministros de governo, engenheiros-chefe dos setores de segurança etc. Em suma, são aqueles que ocupam cargos de decisão e de chefia associados a um risco. Já os mediadores são os responsáveis por intermediar as definições de risco junto à população, seja alertando-a, conscientizando-a, tranquilizando-a ou, ainda, prestando serviços técnicos de monitoramento, avaliação, fiscalização etc. São técnicos de segurança, gerentes de recursos humanos, profissionais de relações públicas, publicitários, jornalistas, advogados, assessores parlamentares, professores universitários etc.

Como se vê, a classe de meio não é a única que pensa, pesquisa, combate a catástrofe. Com efeito, há todo um saber e um agir elaborados às margens, nas comunidades indígenas e quilombolas, nas organizações feministas e negras etc. A classe de meio predomina no âmbito do manejo institucional de risco. Dificilmente uma vítima direta ou em potencial – um indígena, por exemplo – conseguirá se fazer ouvir pela burocracia estatal, seja ela representada pelo governo federal ou pelas universidades públicas, sem encontrar parceiros ou produzir sua própria classe de meio, com advogados, deputados, especialistas em marketing digital etc. Isso porque, por mais que eles desenvolvam um senso e uma técnica próprios de prudência, somente a ação da classe de meio tem o poder de suscitar mudanças estruturais nas sociedades modernas (na verdade, segundo Ulrich Beck, somente as comunidades científicas detêm esse poder de provocar *automaticamente* essas mudanças).[24]

Entre os controladores, quase todos se comportam como feitores de risco, mas há exceções notáveis; já entre os mediadores, é preciso fazer proliferarem mais refratárias ao risco. Duas cartografias, portanto, que se entrelaçam. Controladores e mediadores se referem à posição da classe de meio na cadeia de definição, gestão e combate ao risco; já feitores e refratárias se referem à disposição do indivíduo em atrelar ou não um risco a uma oportunidade de acumulação de capital, em agir ou não com prudência.

Se não se coloca em posição refratária, a classe de meio se limita a acomodar as definições de risco às necessidades definidas pela máquina capitalista, às respostas estereotipadas pela subjetividade capitalística. Por exemplo, vimos que o noticiário se limitou a repassar as estatísticas diárias da pandemia de covid-19, quando muito mostrar a dor das famílias... Em suma, se limitou a transformar a pandemia em um problema um tanto dramático de contabilidade. Não obstante, os telejornais terminavam em silêncio... porque não havia mais nada a ser dito senão o drama dos números.

Ocorre que o neoliberalismo corroeu qualquer protagonismo refratário da classe média nas funções de classe de meio. Abundam exemplos que atestam a falência da autonomia científica, do jornalismo investigativo, da pedagogia libertadora, da justiça independente, da arte autônoma – atividades que, se exercidas amplamente e com liberdade, têm o poder de propor mudanças e impor limites às atividades de risco.[25] Hoje, nos principais

---

24. Voltaremos a esse ponto no segundo capítulo.
25. Para dar alguns exemplos. Crise do jornalismo: com a deflagração da Guerra da Ucrânia, viu-se em todo o Ocidente um banimento quase automático na internet – monopolizada pelas Big Four norte-americanas (Apple, Meta, Amazon e Google) – de qualquer atividade jornalística dissonante em relação à posição hegemônica da OTAN, mais interessada na manutenção de uma guerra por procuração contra a Rússia. Esse movimento de controle do espaço comunicacional e de exclusão do espaço de liberdade de expressão, na verdade, é uma estratégia central de Guerra Híbrida Cognitiva, conforme defendido pela OTAN em

centros de controle e mediação das definições de risco, essas posições foram reduzidas à propaganda, ao trabalho resignado, a uma crítica impotente – posturas nada refratárias ao efeito de suspensão provocado pela zona cinza.

A divisão e a especialização do trabalho mantêm a classe de meio à meia distância dos núcleos de tomada de decisão sobre riscos de catástrofe, mesmo no caso dos controladores, que, em tese, atuam diretamente nesse processo. Por exemplo, o cientista detém o poder último de definir o que é e o que não é um risco.[26] Ainda assim, se não politiza esse poder em favor da prudência, se acredita ingenuamente na "autonomia da ciência",[27] ele aceitará ser mantido à distância das rodadas de negociação para financiamento de sua pesquisa, ou das sessões do legislativo que transformarão suas definições em lei etc. Isso porque o papel da ciência, em uma sociedade capitalista, é servir de suporte à atividade produtiva e à elite proprietária; nesse sentido, os elos entre a ciência, a política e a sociedade são suspensos e, em larga medida, rompidos, cooptados. Por sua vez, a elite proprietária, porque monopoliza o fluxo de capital e dispõe de *uma legião de empregados prestando suporte à sua atividade*, consegue ter acesso à cadeia de definição de risco em toda a sua amplitude e influenciá-la, direta e indiretamente, em benefício próprio – através de lobistas, deputados, investimentos em pesquisa, *think tanks* etc.

Quanto aos mediadores de risco, eles se encontram ainda mais distantes dos núcleos decisórios. Em um certo sentido, são também mediados pelos controladores. Tudo o que sabem sobre um risco de catástrofe lhes foi transmitido pela universidade burguesa, por *think tanks*, órgãos de governo, pela mídia corporativa, redes sociais capitalistas etc. Se os controladores

---

diversos documentos lançados por seus *think tanks* nos últimos anos. Crise da pedagogia libertadora: em 2022, as principais universidades chinesas decidiram sair do ranqueamento acadêmico global, acusando o Ocidente de promover um produtivismo acadêmico pouco ligado à inovação substancial; com efeito, a lógica de empreendimentismo vem afetando as universidades do Ocidente de diferentes maneiras, e um dos seus efeitos mais perversos tem sido a depressão generalizada entre estudantes. Crise da justiça e crise da ciência: nenhum órgão de justiça do Ocidente tem mostrado força o suficiente para investigar o papel dos *biolaboratórios* do Pentágono na disseminação da doença, apesar das várias evidências de que eles também vinham trabalhando com vírus similares obtidos em morcegos. Crise da arte: a crítica institucional tem revelado o uso sistemático da arte contemporânea em processos de *greenwashing* de imagem de corporações comprometidas com a destruição do meio ambiente e de políticas sociais.

26. Ver: Beck. *Sociedade de risco – Rumo a uma outra modernidade.*

27. Sobre a necessidade de se politizar a autonomia das ciências, ver: Stengers. *A invenção das ciências modernas.*

não se colocam em posição refratária, inclusive aliando-se às refratárias que não pertencem à classe de meio, as informações que fazem chegar aos mediadores terão vícios de origem.

Não obstante, as refratárias ao risco tendem a se organizar em redes, fluxos, práticas, institutos de produção e partilha de saber de risco independentes. Elas criam verdadeiras comunidades em que o químico, o matemático, o cientista social, o editor de livros, o designer, o gestor de mídias sociais, o poeta, o técnico de informática, o jornalista – em suma, toda essa miríade de profissionais da classe de meio – tem a chance não só de ultrapassar o limiar de sua classe e estreitar as relações com o espectro mais amplo de vítimas diretas e em potencial (trabalhadores, camponeses, aposentados, excluídos, as minorias etc.), como também de experimentar transformar em conjunto a orientação de suas respectivas profissões. À luz do combate a um risco, o designer aprende a pensar como um cientista, o técnico de informática aprende a pensar como um poeta... Essas comunidades constituem um desafio importante à divisão e à especialização do trabalho, hoje inteiramente controlada pelo fluxo de capital.

O espaço de comunicação, contudo, é altamente controlado – de modo indireto, é claro, a partir de algoritmos que não censuram, mas manipulam o alcance e o engajamento – e, por isso, as refratárias têm enorme dificuldade de se fazer ouvir pela classe de meio.

Para dificultar ainda mais, a classe de meio ainda se sente materialmente distante das vítimas diretas ou em potencial. Muitas vezes alocada em home offices refrigerados, localizados em áreas urbanas onde o declínio da qualidade de vida da classe média ainda pode ser mascarado nas redes sociais, a classe de meio prefere ignorar o risco de catástrofe. Os mais conscienciosos evitam o dilema da zona cinza – a contradição entre o que sabemos e o que nos mobiliza –, fazendo da catástrofe um objeto de aquisição de conhecimento, de engrandecimento pessoal, de distinção cultural. No fundo, a classe de meio teme que, aderindo a uma posição claramente refratária, possa colocar em risco a sua carreira profissional. Desse modo, se mostrará apenas discretamente refratária, desde que o parasita do homem capitalista possa continuar agindo por ela, através dela, na hora decisiva. Assim, para não despertar pânico, um cientista decide mentir para sua família acerca do risco iminente de desastre. Já o especialista em certificação de segurança, para não colocar em risco sua carreira no mercado de segurança, avalia descrever a situação das barragens de rejeito de mineração como "no limite previsto por lei". Já o jornalista, consternado com o triste espetáculo das queimadas que enfumaçaram todo o céu da cidade em que vive, critica o governo, mas não se interroga se a população, e ele próprio, deveria tomar alguma medida protetiva, como o uso de máscaras... E assim por diante. Esses são alguns exemplos de trajetórias em suspenso na zona cinza que analisaremos ao longo deste ensaio.

Outro exemplo dos dilemas da classe de meio é o prólogo que abriu este livro. Trata-se de um relato pessoal escrito por mim, em 2018, para um dos capítulos de meu doutorado em estudos literários na Universidade Federal de Minas Gerais. A sensação por mim descrita de que "nada mudou, exceto tudo" não é – como mais tarde pude confirmar – característica das refratárias ao risco, sempre às voltas em proteger as áreas de risco, e sim da classe de meio, que vive em suspenso na zona cinza. Pelo contrário, para as refratárias "tudo muda, exceto o mesmo", no sentido de que todo dia há avanços, recuos, aprendizados, encontros, desafios na hora de se fazer uma defesa viva de seu cosmos; mas no final de um dia extenuante, cheio de vitórias e derrotas, elas têm de reconhecer que o mundo continua dominado pelo capitalismo.

No mesmo prólogo, o risco de rompimento de barragem em Itabira é apresentado sempre à meia distância, como algo que se imiscui sorrateiramente ao cotidiano que gostaria de preservar-se intacto. Tudo o que o autor sabe desse risco lhe fora mediado. É na televisão, nos portais de notícia, nos grupos de WhatsApp, nas conversas de mesa de bar, nas declarações do prefeito, nas notas da Vale, nos livros de sociologia, nos versos do poeta que esse estudante de letras ficará sabendo da catástrofe que se avizinha. Ele se encontra distante dos núcleos de tomada de decisão e se envolve pouco com outras vítimas em potencial, somente até o ponto necessário para que ele produza algo de relevante em seu campo de pesquisa. Embora fotografe, comente, estude, critique o risco de que Itabira seja inundada por lama, e se esforce por abordar a ruptura metafísica que essa redescoberta provoca – esta sendo, talvez, sua única contribuição legítima –, faltam indícios de um engajamento mais existencial na tarefa de *tornar-se* vítima em potencial, de ocupar ele próprio a área de risco em que vive e compor com a sua classe. Para o autor do prólogo, a catástrofe permanece ainda circunscrita à esfera da curiosidade, assim como outros tantos objetos que serviram para ele, desde a infância, como impulso à aquisição de conhecimento. E como o autor pertence à parcela intelectual da classe média, ele se encontra ainda mais à parte dos fluxos cotidianos que atualizam e/ou exploram o risco de rompimento de barragem – as oportunidades de especulação imobiliária, as movimentações subterrâneas da política, as propostas de reorganização administrativas, as inovações tecnológicas em segurança, nada disso faz parte de seu cotidiano, e só poderá existir para ele na medida em que for convertido em seu objeto de pesquisa.[28]

O principal ativo da classe média é o conhecimento valorizado. Por isso, as definições de risco tendem a circular mais intensamente entre seus membros. Em geral, cabe à classe média universitária produzir as definições de risco; cabe ainda ao corpo técnico, administrativo e comunicacional tornar operacionais essas definições. Por isso, a classe média detém extraordinário potencial disruptivo – basta observar suas últimas contribuições notáveis, como os conceitos de *antropoceno* e *neoliberalismo*, que têm ajudado tantas comunidades, operários e minorias em todo o mundo.

Todavia, para que a classe média se aproprie de seu potencial, ela primeiro terá de romper com o processo de valorização do conhecimento, hoje monopolizado pela elite capitalista proprietária. É justamente nesse ponto que o dilema em suspenso da zona cinza – o contraste entre o que sabemos sobre o risco e o que nos mobiliza a correr o risco – se torna determinante para as trajetórias da classe de meio.

6. EVITANDO CONFUSÕES

Eu gostaria de salientar outra razão adicional para a escolha do termo *classe de meio*: o conceito de classe média é extremamente problemático, pois ele se baseia em critérios de renda. E as disparidades entre as faixas – e internamente a elas – podem ser colossais ou mínimas, meramente simbólicas. É a velha história da filha da empregada doméstica que faz mestrado na Alemanha, do filho de banqueiro que adora subir o morro, do filho de professora do magistério que investe em criptomoedas... Esse cenário cria confrontos intermináveis: todos se acusam mutuamente de ostentar

---

28. Para Isabelle Stengers, o conflito entre o que sabemos e o que nos mobiliza também caracteriza a atividade científica, que precisa conciliar o compromisso com um interesse genuíno no objeto com as vicissitudes da condução da carreira científica. Ela sugere que, para que não se torne presa fácil da cooptação capitalista, o cientista deva estar ciente de sua posição precária e não buscar dissimular a influência de seu ponto de vista no processo de construção do conhecimento, politizando essa relação.

privilégios, ou de não ter consciência de tê-los, uns acham que são ricos, outros fingem que são pobres, de esquerda, de direita, um levanta o nariz, o outro abaixa a cabeça, e assim vai. Enfim, um horror.

Para piorar a situação, ninguém gosta de ser tachado como classe econômica. Roland Barthes, em *Mitologias*, já dizia que a ideologia burguesa tem vocação anônima. Sua ambição é transformar a sua condição histórica em fato natural, transformar o homem burguês em "o último homem", para usarmos uma expressão de Francis Fukuyama que discutiremos mais adiante. A fim de dissimular seu verdadeiro nome, escreve Barthes, a burguesia inventa para si termos abstratos e universais, tais como "sociedade civil", "humanidade", "civilização ocidental", ou até mesmo termos mais técnicos, como "cérebro humano", "usuário de internet" etc. Ninguém gosta de ser identificado como burguês, e muito menos classe média; sobretudo no Brasil: reconhecer-se entre meros 15% a 18% da população é bastante incômodo.

O caldo esquenta com a chegada dos batalhadores, os que possuem acesso mais restrito ao conhecimento valorizado e que dispõem de tempo e renda escassos para adquiri-lo. Sua entrada na classe média bagunça as hierarquias simbólicas há muito fixadas, perturba as fantasias de riqueza da massa da classe média e de inteligência da alta classe média. Mas, à medida que precisam competir com a classe média tradicional, os privilégios recém-adquiridos pelos batalhadores se transformam em uma fonte de angústia. Porque os mecanismos capitalistas de seleção profissional e acadêmica só fazem ressaltar as disparidades de renda e tempo entre as classes, além de reforçar os preconceitos em âmbito material, simbólico e cultural.

Um movimento positivo da classe batalhadora – que vem enriquecendo, inclusive, as respostas da classe de meio à catástrofe – tem sido a defesa dos saberes tradicionais, das práticas populares, das culturas de rua, das vivências das minorias, em suma, de formas de saber e viver que se desenvolvem organicamente, em paralelo ao conhecimento especializado e sem depender de grandes investimentos de tempo e capital. As classes operárias, as associações camponesas, as comunidades originárias, as redes de minoria se beneficiam muito quando os batalhadores conseguem, com grande esforço, investir seu tempo e recurso escassos na valorização e na proteção dos saberes com os quais muitas vezes foram educados.

Em todo caso, se já é complicado pedir às várias faixas da classe média que se considerem como parte de um mesmo conjunto econômico, imagine sugerir que elas se unam na hora de enfrentar a catástrofe. Pois, nesse momento, as disparidades de capital se somam às desigualdades de risco. Quem já perdia horas no trânsito, agora passa a ter a casa sempre alagada; enquanto isso, no condomínio fechado do outro lado da cidade, seu colega de faculdade posta no Instagram sobre a importância central da moda *upcycling* para o futuro da sociedade.[29]

Podemos sugerir, entretanto, que os membros da classe média entrem em acordo, ao menos em relação ao papel que exercem no combate à catástrofe. Daí o termo classe de meio.

Cabe à classe de meio, portanto, controlar e mediar as definições de risco. É preciso que tenhamos clareza desse papel e que não tergiversemos quanto às nossas responsabilidades. Evidentemente, os coletivos de atingidos, as redes de proteção de minorias, os sindicatos e associações de bairro etc., todos eles produzem conhecimento de risco próprio – e há muito o que se aprender com eles a partir de sua experiência. Contudo, sem a ajuda valiosa de designers, gestores de mídia social, jornalistas, poetas, técnicos de laboratório, engenheiros de algoritmo etc., nada do que for produzido por eles poderá alcançar máxima efetividade política na escala em que funcionam as sociedades modernas. Mesmo o gesto mais simples como "ceder lugar de fala" pressupõe alguém, por exemplo, que saiba configurar uma transmissão ao vivo para o YouTube, ou um especialista em editoração de livros para garantir que essa fala alcance mais pessoas. E esse profissional, independentemente de sua renda e origem, e por mais pontual que seja a sua contribuição à causa, pertence à classe do meio: sua função é mediar as definições de risco.

Evidentemente, essas comunidades, coletivos, associações e redes podem formar sua própria classe de meio, pois é um passo importante para perturbar a divisão de trabalho que hoje facilita a transformação do capital em quase-causa de tudo o que acontece.

A partir do momento em que a classe de meio se torna refratária, as divisões internas à classe média enfraquecem, e em seu lugar surgem muitas oportunidades de colaboração. Por exemplo, diante da missão de associar alta ciência aos saberes tradicionais a fim de interromper um fluxo capitalista predatório, as posições das classes econômicas devem se tornar

---

29. *Upcycling*, na moda, consiste em construir novas peças a partir de roupas usadas e resíduos de tecido. Jessé Souza denomina, jocosamente, como "agenda de Oslo" a política de parcela da classe média que, absolutamente ignorante das mazelas do Terceiro Mundo, defende causas típicas do primeiro.

intercambiáveis: a alta classe média, se quiser colaborar com o processo, terá de aprender a viver com menos e gastar seu tempo com coisas inúteis, como experimentar o cotidiano das comunidades; já os batalhadores, para o bem da pesquisa, devem receber mais apoio, recursos e disponibilidade para poder transformar suas vivências, aprendizados, reflexões e capacidade de diálogo com as comunidades em conexões mais abrangentes e efetivas.

Em resumo, o conceito de classe de meio pode nos auxiliar a evitar os confrontos internos à classe média, uma vez que desloca a ênfase na renda auferida para a posição ocupada pelo sujeito no combate às desigualdades de risco.

7. O HOMEM CINZENTO

A classe de meio não se comporta de modo homogêneo na zona cinza. Entre nós, há os que lutam para desnublar o horizonte das áreas de risco; há ainda os que permanecem em suspenso, incomodados ou enlutados, diante do impasse entre o que sabemos e o que nos mobiliza a correr o risco; e há, por fim, os que se deixaram mobilizar inteiramente por uma atividade de risco. Chamaremos estes últimos de *homens cinzentos*, os que se dedicam de corpo e alma ao papel de feitor de risco.

Tomo de empréstimo essa alcunha de Primo Levi, que, em *Os afogados e os sobreviventes*, descreveu como zona cinzenta o "espaço que separa (...) as vítimas dos opressores"[30] nos campos de extermínio nazistas. Vale a pena examinar como Levi aborda a questão do escravo voluntário, do oprimido capataz. Sua abordagem da crise das atribuições de responsabilidades individuais em um regime totalitário pode nos ajudar a refletir sobre o funcionamento da zona cinza no contexto do capitalismo neoliberal.

Em lugar da visão maniqueísta que simplifica a história do nazismo em termos de amigo *versus* inimigo, Levi inovou ao apresentar a questão dos homens cinzentos, qual seja, dos judeus encarcerados que de um modo ou de outro colaboraram voluntariamente com os alemães na administração dos *Lagers*.

Os homens cinzentos compõem a classe híbrida de prisioneiros-funcionários que receberam da administração nazista os *protekcjas* – termo local ídiche e polonês para "privilégios", que podiam ser irrisórios, como

---

30. Levi. *Os afogados e os sobreviventes*, p. 34.

comer um pouco melhor e jogar futebol com a SS, ou dotados de poder na hierarquia burocrática dos campos. Primo Levi tipifica as categorias de homens cinzentos: primeiro, há os funcionários do escalão inferior, como varredores e arrumadores de cama, seres irritadiços, mas raramente violentos; em seguida, os chefetes das brigadas de trabalho, os *kapo*, judeus inteligentes, de perfil técnico e costumeiramente cruéis; terceiro, há os membros do Sonderkommando, esquadrão especial destacado para cuidar do funcionamento das câmaras de gás (a formação desse esquadrão é, para Levi, "o delito mais demoníaco do nacional-socialismo");[31] por fim, há o homem cinzento por excelência, que designa os judeus pertencentes ao alto escalão de burocratas, sujeitos técnicos ou apenas tolos ambiciosos, como o controverso polonês judeu Chaim Rumkowski, megalômano e autoritário presidente do gueto de Lódz. Em casos extremos, como o de Rumkowski, era possível notar uma "necessidade quase física que faz nascer da coação política a área indefinida da ambiguidade e do compromisso".[32]

Os homens cinzentos tendiam a defender seus privilégios com violência. Atacavam seus colegas de prisão com zombarias, brincadeiras cruéis, humilhações e, em caso de desobediência, tinham liberdade para matá-los sem sofrer qualquer sanção da SS. Segundo Levi, as agressões cometidas pelo homem cinzento doíam mais porque dilaceravam qualquer esperança de solidariedade fraterna entre os prisioneiros. Nem todos os homens cinzentos colaboraram com os nazistas com a mesma voluntariedade, mas todos eles, em maior ou menor grau, sucumbiram ao poder, que é como a droga: "a falta de um e de outro é desconhecida de quem não os provou, mas, após a iniciação, que (...) pode ser fortuita, nascem a dependência e a necessidade de doses cada vez mais altas; também nasce a recusa da realidade e o retorno aos sonhos infantis de onipotência".[33] Como que viciados, os homens cinzentos se tornavam "ainda mais cegos do que criminosos, encarniçados na luta pela repartição das migalhas de uma autoridade celerada e moribunda".[34]

Levi lamenta que, dentre os sobreviventes dos campos, a maioria sejam homens cinzentos. Mas admite que é incapaz de julgá-los. Apenas descreve-os, na esperança de que a descrição ajude a dissipar a névoa de um

---

31. Levi. *Os afogados e os sobreviventes*, p. 45.
32. Levi. *Os afogados e os sobreviventes*, p. 57.
33. Levi. *Os afogados e os sobreviventes*, p. 58.
34. Levi. *Os afogados e os sobreviventes*, p. 57.

conflito moral insolúvel. Afinal, em um Estado totalitário, o poder emana do alto, e, especialmente em um regime concentracionário como o dos *Lager*, a culpa só pode recair sobre o sistema, jamais sobre o prisioneiro. A questão do colaboracionismo exige ser pensada de um ponto de vista sistêmico, uma vez que os campos de concentração visam não apenas controlar e exterminar os corpos, mas também produzir subjetividades oprimidas mais dóceis tanto às técnicas de opressão quanto às necessidades morais do perpetrador. A moral nazista exige, além da disposição em brutalizar os corpos, uma capacidade de corromper a alma dos prisioneiros, pois somente assim o regime pode "transferir para outrem, e precisamente para as vítimas, o peso do crime, de tal sorte que para o consolo delas não ficasse nem a consciência de ser inocente".[35]

A *impotentia judicandi* é, para Primo Levi, uma postura moral essencial, uma precondição para a tomada de responsabilidade face à catástrofe nazista. Pois não se trata de redistribuir a culpa entre as vítimas sobreviventes, mas de criar as condições para que nós possamos assumir a responsabilidade de impedir que algo semelhante ocorra. A atribuição de culpa não ajudaria em nada esse processo. Em contrapartida, devemos aprender a identificar em nosso mundo como a coação política produz a zona cinzenta, essa área indefinida da ambiguidade e do compromisso, capaz de nos tornar ainda mais cegos para os efeitos da sujeição.

"Quando todos formos culpados, essa sim será a verdadeira democracia!",[36] escreveu Camus. Nas democracias capitalistas, assim como nas ditaduras totalitárias, há também uma zona cinzenta de atribuições de responsabilidades capaz de mobilizar o oprimido a participar da catástrofe. Vamos examiná-la.

8. DESRESPONSABILIDADE E MOBILIZAÇÃO

A livre iniciativa, combinada com uma especializada e globalizada divisão do trabalho, constitui um regime de irresponsabilidade – em que a culpa das externalidades causadas pela destruição criativa nunca recai na pessoa física ou jurídica, mas numa instância abstrata, o "sistema". Conforme Ulrich Beck,

---

35. Levi. *Os afogados e os sobreviventes*, p. 46.
36. Albert Camus citado por Virilio. *The Information Bomb*, p. 65. Tradução nossa do inglês.

> (...) a altamente diferenciada divisão do trabalho implica uma cumplicidade geral e esta, por sua vez, uma irresponsabilidade generalizada. Todos são *causa e efeito*, e portanto, uma não causa. As causas esfarelam-se numa vicissitude generalizada de atores e condições, reações e contrarreações. Isto confere evidência social e popularidade à ideia sistêmica. Desse modo, evidencia-se exemplarmente onde reside a importância biográfica da ideia sistêmica: pode-se fazer algo e continuar a fazê-lo sem ter de responder pessoalmente por isto. Atua-se, por assim dizer, à própria revelia. Atua-se fisicamente, sem que se atue moral e politicamente. O outro generalizado – o sistema – atua em e através de cada um: esta é a moral civilizacional do escravo, segundo a qual se atua social e pessoalmente como se estivéssemos sob o jugo de um destino natural, da "lei universal da queda livre" do sistema. É dessa maneira que se joga (...) o "jogo do mico preto".[37]

O problema fundamental do capitalismo não é a coerção, mas a mobilização: como mobilizar o sujeito para que, por livre e espontânea vontade, atenda a uma necessidade do mercado? Em outras palavras, como fazer com que as pessoas se tornem dóceis e adulem o parasita do homem capitalista que as habita? Por isso, a zona cinza capitalista não opera da mesma maneira que em regimes totalitários. Não visa criar uma classe híbrida de prisioneiros-funcionários, e sim de empregados-empreendedores, de subordinados com livre iniciativa.

No capitalismo, até mesmo as atividades subalternas são beneficiadas com o condão da livre iniciativa, ou melhor, com *o direito de ser irresponsável* – de que, na prática, só o empreendedor e o investidor gozam plenamente. Essa liberdade, é claro, se refere ou à destruição do mundo ou à reorganização do sistema; ninguém tem o direito de ser irresponsável em relação ao dever de explorar uma oportunidade de lucro tão logo ela surja. Ninguém – nem mesmo a elite proprietária (aliás, veremos o que acontece com o empresário que se arrepende) – tem liberdade para romper o vínculo da atividade produtiva com a enorme máquina de calcular capitalista.

Como se dá, na prática, o direito de ser irresponsável? Por meio da fabricação de *desresponsabilidades*. Tomo de empréstimo o conceito do filósofo Frédéric Gros. Meditando sobre a questão da obediência servil, Gros decidiu opor a "irresponsabilidade", que se refere ao comportamento individual inconstante, à noção de "desresponsabilidade", que se refere a

---

37. Beck. *Sociedade de risco – Rumo a uma outra modernidade*, p. 85.

uma culpabilidade do sistema,[38] ou melhor, o processo de transferência das responsabilidades individuais para um ente abstrato, impessoal, isto é, o sistema. Desresponsabilidade é o conjunto de garantias que dá ao sujeito a oportunidade de atuar fisicamente, livre de consequências morais e políticas. Em outras palavras, são as garantias de que o homem capitalista poderá atuar por nós, em nosso lugar, sem que sejamos responsabilizados por isso.

Para exemplificar seu conceito, Gros cita a linha de defesa adotada pelo nazista Adolf Eichmann durante o Julgamento de Nuremberg. Ele exigia ser punido apenas pela estrita função que exercia, isto é, a administração da logística dos trens. Que esses trens conduzissem judeus para os campos de concentração, Eichmann diz, ele nada podia fazer, pois se não o fizesse, um outro pior do que ele faria.[39] Argumentou ao júri que não se podia atribuir ao indivíduo as responsabilidades do sistema, uma vez que pessoas como ele não participavam diretamente das tomadas de decisão, exerciam meramente uma função de suporte na hierarquia burocrática do regime nazista. Na realidade, Eichmann protesta, ele sequer poderia se negar a coordenar os trens, pois, para um alemão de classe média, recusar-se a tomar parte na administração nazista equivalia a cair na miséria ou sofrer perseguição.

Eis a banalidade do mal, segundo Hannah Arendt: um exercício de violência tipicamente moderno, burocrático e indireto. Por trás da máscara de funcionário submisso, Eichmann deixava transparecer seu regozijo: porque apenas coordenava trens – e com extraordinária destreza, como gostava de salientar –, ele podia experimentar o gozo de exterminar judeus com a liberdade que em tese seria reservada apenas aos inocentes. Frédéric Gros explica que a desresponsabilidade designa o contrário da irresponsabilidade; está ligada menos à displicência que a um ato de obediência calculado; consiste em "agir, executar, realizar, na certeza de que, em tudo que faço, o *si* não intervém, que não sou o autor de nada do que o corpo realiza, do que o espírito calcula".[40]

A desresponsabilidade, para poder ser ativada, exige por parte do sujeito uma renúncia de si, uma demissão voluntária da alma. Uma obediência dócil e espontânea ao gesto ordenado, ao pensamento calculado. É o que Hannah Arendt chamava de *burrice ativa, deliberada, consciente*. "Essa capacidade de tornar a si próprio cego e burro, essa teimosia em não querer saber, é

---

38. Ver: Gros. *Desobedecer*.
39. Levi. *Os afogados e os sobreviventes*.
40. Gros. *Desobedecer*, p. 110.

isso a 'banalidade do mal.'"[41] O sujeito desresponsável, conclui Gros, não é burro, ele se torna consciente ou inconscientemente burro; ele não cessa de fabricar os meios pelos quais poderá alegar inteligência exclusivamente para aquilo por que é responsável, e burrice em relação a todo o resto.[42]

Eu gostaria de aproximar o conceito de desresponsabilidade ao de *mobilização* para distinguir mais claramente as atribuições do sistema e as disposições do sujeito. Se a desresponsabilidade é o modo como nossas responsabilidades são remetidas para o sistema, a mobilização corresponde à maneira pela qual nos tornamos sujeitos desresponsáveis. Desresponsabilidade e mobilização, portanto, são duas faces de um mesmo mecanismo de sujeição ao poder: uma se volta para o sistema, a outra, para a subjetividade.

Para que as desresponsabilidades do sistema possam ser ativadas, é preciso que o subordinado prove ter sido mobilizado para a ação. Tomo de empréstimo esse conceito de Isabelle Stengers e Philippe Pignarre, que assim definiram-no:

> A mobilização designa o contrário do aprendizado, porque o primeiro imperativo dos exércitos quando são mobilizados é não deixar que nada se interponha em seus caminhos. É tanto uma questão de definir a paisagem que eles cruzam em *termos abstratos* – não há mais habitantes, campos ou aldeias cultivados, apenas obstáculos imbatíveis ou possibilidades de passagem bem-sucedida – quanto de calar a boca daqueles que se opõem ou discutem as ordens que recebem – estes são os traidores em potencial, cujo comportamento pode acabar minando a moral daqueles que apenas ouvem. É uma questão de "marchar juntos como um único homem". Nunca, notamos, como "uma mulher".[43]

A mobilização corresponde a uma modelização da subjetividade. Trata-se de garantir que o sujeito mobilizado seja capaz de *abstrair os fatos* e *obstruir os afetos* que se interpõem ao sucesso de uma campanha militar, ou de um modelo de negócio.

Nesse ponto, porém, devemos destacar outra diferença crucial entre a democracia capitalista e o totalitarismo. O burocrata nazista, quando questionado sobre os atos de violência que praticara, se justifica alegando ocupar uma função restrita na hierarquia. Isso porque as relações de sujeição,

---

41. Gros. *Desobedecer*, p. 129.
42. A burrice de Eichmann, dizia Arendt com estupefação, era exibir-se todo orgulhoso de sua maestria na organização da logística dos trens diante do mesmo júri.
43. Stengers; Pignarre. *Capitalist Sorcery – Breaking the Spell*, p. 22. Tradução nossa do inglês.

num regime totalitário, se baseiam na obediência à ordem. Desse modo, para confirmar que sua alma foi demitida de tudo que fez, ele tem de provar que foi inteiramente mobilizado por uma ordem (é o que tentou fazer Eichmann: provar que foi obrigado a obedecer até mesmo no momento de sua contratação). No capitalismo, ocorre precisamente o oposto.

Os crimes corporativos destroem e exterminam de modo indireto, em decorrência de um ato de inovação. Eis o *leitmotiv* benevolente da destruição criativa: para construir o futuro da humanidade, algo terá de ser, ou acabará sendo, destruído. Então, a barragem de rejeito de minério acabou se rompendo e ecossistemas foram destruídos... por outro lado, vejam só como o minério é essencial para o avanço do bem-estar no mundo moderno! Foi exatamente este o argumento do presidente da Vale, como veremos adiante.

Porque não precisa ordenar a destruição e o extermínio, mas evitar que seus subordinados ajam de modo prudente e politizem a atividade produtiva. O que a moral capitalista exige não é a obediência cega a uma ordem, mas a capacidade de agir por livre iniciativa. O empregado-empreendedor é mobilizado a abstrair fatos e obstruir afetos em função não de uma ordem de comando, mas de uma oportunidade de lucro.

Dentre os sistemas de poder, o capitalismo é o que mais enfatiza a mobilização, em detrimento da coação. Evidentemente, os excluídos, os miseráveis, os precarizados do Terceiro Mundo continuam sendo coagidos a obedecer à força pela polícia, pela escravização, pela fome etc. Mas o mecanismo principal de controle e sujeição – sobretudo da classe média – é a mobilização.

Logo se veem as vantagens de se controlar a sociedade por mobilização para a livre iniciativa. Mesmo ao empregado mais subalterno é solicitado que atue, no escopo estrito de sua função, com proatividade e criatividade para otimizar a atividade produtiva. Isso porque, se todos se limitassem a obedecer cegamente à elite proprietária, esta teria de dar mais ordens e, com isso, se exporia em demasia ao escrutínio de suas responsabilidades. Então, na hora de explorar uma oportunidade de lucro potencialmente catastrófica, melhor contar com o talento dos publicitários, o bom senso dos técnicos de segurança, a ganância dos gerentes, a inventividade dos engenheiros, a retórica dos advogados... E então se limitar a fixar, para a oportunidade de lucro designada, as metas de remuneração aos acionistas. Desse modo, se tudo redundar em catástrofe, os CEOs e seus diretores poderão dizer que nada ordenaram – e terão ainda mais chances de escapar das consequências se alegarem, conforme o *leitmotiv* benevolente da destruição criativa, que "se eu não o fizesse, o mundo estaria pior do que está".

As desresponsabilidades servem para eliminar os empecilhos subjetivos à mobilização por livre iniciativa. O parasita do homem capitalista somente se instala no homem mobilizado porque é a criatividade impotente, e não a obediência cega, que garante a existência de uma "culpabilidade do sistema". No capitalismo, somos *mobilizados a criar nossa própria impotência* diante da consequência de nossos atos. O homem cinzento busca elevar essa criatividade "ao próximo nível", para falarmos como os coachs de carreira.

O empreendedor não age de modo irresponsável, mas desresponsável. Para o combate da catástrofe, o conceito de desresponsabilidade é mais eficaz que o conceito de culpa. Veremos, ao longo deste ensaio, que a tentativa de se fixar juridicamente uma culpa individual – da pessoa física ou jurídica – é uma estratégia de combate à catástrofe bastante custosa, ineficiente, inapta a alterar a cultura corporativa. A punição individual não elimina, por si só, as desresponsabilidades sistêmicas que garantem o direito a ser irresponsável.

Em relação à classe de meio, as desresponsabilidades visam restringir sua responsabilidade a um único dever: garantir a continuidade da atividade produtiva ou especulativa. Quanto a todo o resto, essa classe pode – e deve – ignorar. Desse modo, se a empresa despeja lixo tóxico num rio, seu técnico de segurança não precisará ouvir as reclamações dos pescadores: a única coisa que deve importar para ele são as leis de descarte de resíduo industrial. Daremos vários exemplos mais detalhados ao longo do livro.

A desresponsabilidade é um mecanismo de mobilização – sobretudo da classe de meio, que, ao contrário da elite proprietária, não dispõe de meios e recursos para subverter o ordenamento jurídico, político e ético em benefício próprio. Na realidade, a elite proprietária se serve das desresponsabilidades para inverter as responsabilidades da classe de meio. Voltando ao exemplo do descarte de lixo tóxico, a mesma lei federal que estipula taxas máximas de poluição permite ao gerente da empresa estabelecer critérios de avaliação da performance do técnico de segurança. Este passa a ser medido, em função do cumprimento da lei, em termos de capacidade técnica, velocidade e custo; o que significa, na prática, que esse técnico evitará qualquer contato com os pescadores – não porque alguém ordenou, mas porque está inteiramente envolvido com a melhoria da prestação de serviços. Em resumo, as desresponsabilidades servem para culpabilizar o empregado que recua na tarefa de explorar e proteger uma oportunidade de lucro – especialmente os mais prudentes.

O homem cinzento é o sujeito capaz de criar, sozinho, maneiras ainda mais eficientes de abstrair os fatos e obstruir os afetos incômodos – não só nele próprio, como em seus colegas e subordinados. Em se tratando dos empreendedores de si neoliberais, são figuras enlouquecidas. Pesquisam na internet meios de passar mais tempo acordados, de não almoçar... Ainda no caso do descarte de lixo tóxico em rios, os homens cinzentos são capazes, como já pude testemunhar *in loco*, de até mesmo descobrir corantes de rio especiais de baixo custo a fim de deixar o rio mais belo, pois "as esposas dos funcionários gostam de tirar fotos com esse fundo". Em resumo, porque tem profunda consciência de suas desresponsabilidades, o homem cinzento sente-se mais livre que seus colegas da classe de meio para colaborar proativamente com a geração de catástrofes.

As desresponsabilidades, com o auxílio valioso dos homens cinzentos, aumentam o dinamismo do sistema capitalista na hora de incorporar os fluxos de inovação que não cessam de ocorrer em todos os fronts, da tecnologia ao direito, da produção à organização social. No capitalismo, é possível destruir o meio ambiente, quebrar códigos normativos, romper laços sociais, subverter paradigmas culturais, revolucionar eixos tecnológicos com surpreendente suavidade, isto é, com o mínimo de debate político. Isso porque as desresponsabilidades do sistema, em conjunto com a mobilização dos indivíduos, permitem fazer da própria *reorganização do sistema* um paradigma de controle. Como argumenta Isabelle Stengers:

> A força do capitalismo pode estar no fato de não ser um sistema centralizado, organizado por patrões capazes de tomar decisões coletivamente, no sentido de que uma decisão pode ser ponderada, discutida em suas consequências, e que também pode ser combatida, transformada em uma questão política. Para os atores cotidianos do capitalismo – do CEO de uma multinacional ao modesto alto executivo ou consultor, sem esquecer os políticos encarregados da "regulamentação" – trata-se sempre, antes de mais nada, de reorganizar continuamente seu funcionamento, de tal forma a desencorajar qualquer possibilidade de ação que possa encontrar um ponto de referência fora do sistema e de sua lógica.[44]

---

44. Stengers; Pignarre. *Capitalist Sorcery – Breaking the Spell*, p. 27. Tradução nossa do inglês.

ZONA CINZA

A zona cinza capitalista, ao promover uma confusão dinâmica entre causa e efeito – em que o capital pode surgir como quase-causa de tudo, exceto da catástrofe –, visa não apenas desresponsabilizar o empreendedor de todo ato irresponsável, como também excluir a própria possibilidade de *ação responsável*, isto é, de politização da relação entre causa e efeito, entre atividade produtiva e externalidade, entre tomada de decisão e consequência socioambiental.

Uma característica singular da zona cinza capitalista é que ela pune atos responsáveis reorganizando o sistema. Aliás, essa é a reserva moral que o capitalismo nutre diante de regimes totalitários, mais habituados ao uso de força coercitiva. Claro, as minorias e os miseráveis continuam apanhando a torto e a direito da polícia. Mas são raros os casos em que é preciso torturar um cidadão "competente" como Julian Assange. Em se tratando de punir a classe média, trata-se de forçar a reorganização do sistema. Segundo um advogado lobista de um banco brasileiro – um dos arquétipos da alta classe média, os capatazes da elite proprietária narrados por Jessé Souza em a *Classe média no espelho* –, caso um banco se sinta incomodado por um jornalista qualquer, ele atuará para: dar presentes caros para as esposas dos chefes de redação; criar prêmios jornalísticos para influenciar nos critérios de sucesso profissional; usar de verba publicitária para estreitar seus laços com os veículos; e se nada disso funcionar, ele moverá uma série de ações judiciais contra o jornalista; e o banco poderá simplesmente comprar o veículo de comunicação e promover uma "reestruturação de equipe".

David Harvey argumenta que o capitalismo só pode existir *em movimento*, seu sistema desconhece outra lei senão a de sua contínua movimentação.[45] Ele não se ancora em nada, senão em seu próprio devir. Ele busca se impor como único ponto de referência para toda atividade produtiva a partir da própria evidência de seu ritmo vertiginoso de expansão e reorganização. Uma prova de que o capitalismo tem sido bem-sucedido em promover a confusão entre causa e efeito é o fato de que ainda costumamos considerar o mercado enquanto instância autorreguladora, submetida a uma ação invisível ou a processos de seleção natural. Mas esse efeito macro de automatismo, na verdade, depende da mobilização da classe de meio, especialmente dos homens cinzentos, que se dedicam, todos os dias, a garantir que a sociedade tenha uma adesão à lógica contábil das atividades de risco.

---

45. Ver: Harvey. *17 contradições e o fim do capitalismo*.

02

**A PERCEPÇÃO
NA ZONA CINZA**

Neste capítulo, investigaremos dois modos de percepção da catástrofe. Haveria um ponto de vista da zona cinza e outro da área de risco. Na zona cinza, busca-se naturalizar a ocorrência da catástrofe. Por outro lado, nas áreas de risco, é essencial permitir-se ser afetado pelo acontecimento da catástrofe.

1. UMA LIÇÃO DA NATUREZA

"Abriu o poço do abismo, subiu fumaça do poço como fumaça de grande fornalha, e, com a fumaceira saída do poço, escureceu-se o sol e o ar".[1] No dia 19 de agosto de 2019, por volta das 15h, uma densa fumaça preta recobriu todo o céu de São Paulo. O paulistano, como os habitantes de Pequim, Los Angeles e Manchester, está acostumado a dias sempre nublados pela poluição; é entre canos de descarga e luzes neon que encontramos o herói *noir* cosmopolita a baforar seu cigarro como se esculpisse o *smog* da cidade.[2] Mas essa fumaceira toda não parecia estar de acordo com as políticas de autointoxicação da cidade. À medida que o breu avançava por São Paulo, televisão, rádio e redes sociais batiam cabeça, transmitindo informações desencontradas. Simplesmente uma noite sem lua surgiu em plena tarde no horizonte, inexplicavelmente, e por pouco pareceu mesmo que era o fim que o céu negro anunciava.

---

1. Apocalipse 9:2
2. Na plataforma *suapesquisa.com*, lê-se: "*Smog* é um fenômeno fotoquímico caracterizado pela formação de uma espécie de neblina composta por poluição, vapor de água e outros compostos químicos. Geralmente, o *smog* se forma em grandes cidades, onde a poluição do ar é elevada e provocada, principalmente, pela queima de combustíveis fósseis (gasolina e diesel) pelos veículos automotores. Em regiões com grande presença de indústrias poluidoras, o *smog* industrial também ocorre".

A explicação do fenômeno viria nos dias seguintes. Segundo meteorologistas, a origem da fumaceira preta seria o desmatamento na Amazônia, que tem se agravado em decorrência do desmonte de órgãos de controle ambiental praticado pelo governo Bolsonaro. A fumaça das queimadas teria viajado desde o Norte até São Paulo, acumulando a poluição de outras cidades ao longo do caminho. Nesse sentido, a natureza teria dado uma aula "para 20 milhões de pessoas que conseguiram visualizar primeiramente a interligação entre dois ecossistemas. Do ecossistema amazônico com o ecossistema urbano do Sudeste".[3] Mas há controvérsias. Cientistas ligados ao Inpe[4] descartaram a hipótese de fuligem – seria preciso um incêndio muito mais intenso, semelhante ao de vulcões, para que a fumaça atingisse tal densidade – e atribuíram o fenômeno à mera formação de nuvens baixas e densas. Já os cientistas do Inmet[5] corroboraram a tese inicial, mas incluindo entre as origens da fumaça também as queimadas no Pantanal, na Bolívia e no Paraguai.

As fumaceiras têm sido cada vez mais frequentes, sobretudo na região amazônica e no interior de São Paulo. A grande mídia convencionou chamá-las de "chuva escura". Ela pode causar doenças respiratórias, câncer, prejuízo para a agricultura etc. Ao lado da "chuva clara", que causa enchentes, deslizamentos de terra, doenças de pele, morte, prejuízos à economia, a chuva escura é um desastre recorrente nas grandes cidades.

Em geral, a grande mídia reagiu à fumaceira em São Paulo ressaltando a dura "aula da natureza (...), o *powerpoint* mais elucidativo que a natureza podia ter dado para a gente",[6] ou, ainda, o prenúncio de um "futuro terrível (...) não dá para saber ao certo (...), mas, independentemente do que tenha sido, foi um péssimo presságio no horizonte deste país".[7] Já nas redes sociais, houve até mesmo quem notasse a beleza extravagante do nevoeiro negro: "Essa foi a aparência do Sol em diversas cidades brasileiras hoje à tarde. Pode até ser uma coloração bonita, mas a causa não é tanto assim".[8] Mas o

---

3. Paulo Saldiva em entrevista a Morris Kachani. Kachani; Saldiva. "Nuvem preta foi aula da natureza para 20 milhões de pessoas". *Estadão*, 23 ago. 2019.
4. Instituto Nacional de Pesquisas Espaciais.
5. Instituto Nacional de Meteorologia.
6. Kachani; Saldiva. "Nuvem preta foi aula da natureza para 20 milhões de pessoas". *Estadão*, 23 ago. 2019.
7. Bugierman. "Opinião: uma nuvem preta que anuncia um futuro terrível". *O Globo*, 21 ago. 2019.
8. Disponível em: http://www.facebook.com/misteriosdoespaco/posts/1335075449997679.

sentimento predominante foi de luto diante de tantas catástrofes que não deixam "entender a vida e seu sentido".⁹

No entanto, um detalhe chama a atenção: quase não se discutiram questões de ordem prática. Afinal, diante de um acontecimento dessa proporção, capaz de fazer queimar os olhos, faltar o ar e subverter os ciclos eternos da noite e do dia, o que deveríamos fazer para nos proteger? Devemos fechar ou abrir as janelas? Desligar o ar-condicionado? Usar máscaras? Devemos evitar sair nas ruas? Devemos abandonar os postos de trabalho? O que fazer com os acamados, os idosos, as crianças, os que têm problemas respiratórios? Ou ainda, como a fumaceira afetou os hospitais, asilos, creches? É surpreendente que justo as questões de interesse imediato tenham sido preteridas, ou apenas muito tardia e pontualmente colocadas pela classe de meio, quando estávamos diante de uma catástrofe cujas causas sequer estavam claras num primeiro momento. Eis a zona cinza.

São Paulo, a cidade que nunca dorme, parece ter optado por não mudar sua rotina por causa de algumas horas a mais de noite. A falta de perturbações maiores na capital financeira do país prova que nos habituamos a viver *dentro do nevoeiro*. Essa expressão foi cunhada pelo paulistano Guilherme Wisnik para caracterizar "uma sociedade que cancelou qualquer horizonte de revolução, substituindo-a pela permanente gestão de riscos, em um estado de emergência que se naturalizou (...), [sociedade] na qual o horizonte não cessa de se obscurecer, carregado de nuvens ameaçadoras, de catástrofes socialmente manufaturadas e ações terroristas".¹⁰

O discurso de naturalização da catástrofe se baseia em fatos evidentes, em significados óbvios – em "lições da natureza", em "aulas da dura realidade". Como se coubesse aos fatos, por si só, a tarefa de conscientizar a sociedade. Ele toma de empréstimo a lógica de desastres naturais para apresentar desastres socialmente manufaturados. Assim como ninguém é culpado pela chuva clara, a culpa pela chuva escura seria da "humanidade", isto é, de responsabilidade direta exclusivamente dos governantes. Mas o que nós, que não somos nem especialistas em meteorologia, nem ministros de governo incompetentes, nem extrativistas gananciosos, muito menos fiscais do Ibama sobrecarregados, em suma, o que nós, os *responsáveis indiretos* pela catástrofe, poderíamos fazer?

---

9. Kachani; Saldiva. "Nuvem preta foi aula da natureza para 20 milhões de pessoas". *Estadão*, 23 ago. 2019.
10. Wisnik. *Dentro do nevoeiro*, p. 81.

O que a zona cinza tenta impedir a qualquer custo é que uma informação sobre a catástrofe possa ser usada para *atribuir novas responsabilidades entre os que têm interesse em se proteger da catástrofe*. Porque isso equivale a politizar o risco de catástrofe. Por isso, os feitores de risco enfatizam tanto a "natureza" que dá aulas, o "governo" que não faz nada, a "humanidade" que sucumbe à ganância, as controvérsias da "ciência". Porque falar de entidades abstratas como natureza, governo, humanidade, ciência, mercado etc. gera um efeito desresponsabilizador, porque alude a uma culpabilidade genérica do sistema.

Em contrapartida, quando o debate da catástrofe é protagonizado por refratárias ao risco, o que temos é o compartilhamento de informações, narrativas, experiências, sentimentos que tratam dos desafios da vítima em potencial em uma área de risco. No caso da fumaceira, são questões como: quem são os deputados abertos para receber propostas de lei de proteção ambiental? Como aumentar os filtros antipoluição naturais nas escolas e hospitais? Como mitigar o efeito da poluição entre a população idosa? Quais são as melhores máscaras antipoluição? E ainda, qual o papel das crianças no combate à fumaceira? Melhor dizendo, o que elas têm a nos propor como estratégia de combate? Em resumo, o que nós, os responsáveis indiretos, podemos fazer é fabricar meios para que os que têm interesse em se proteger possam atuar diretamente nos processos de definição, controle e combate de risco.

Para as refratárias ao risco, é fundamental o cultivo de uma cultura de prudência que seja propícia à partilha coletiva de responsabilidades. Pois o combate ao risco não deve se resumir a aumentar a especialização dos responsáveis diretos – isto é, formar cientistas melhores, eleger políticos mais conscientes, implantar leis mais rigorosas, criar máquinas mais precisas etc. É preciso criar meios que permitam dar voz a todos aqueles que têm interesse em se proteger – as crianças, os animais, as minorias, os idosos, o Sul Global etc. – nos momentos de definição, controle e combate ao risco de catástrofe. As redes de prudência visam fornecer às vítimas em potencial não especialistas novas garantias de que elas possam levantar problemas e propor mudanças aos especialistas-oficiais, ou responsáveis diretos.

Os feitores de risco argumentam, contudo, contra o levantamento de questões de ordem práticas e envolvimento de não especialistas, que isso só causaria *pânico* nas populações. Por isso, vamos examinar o papel do pânico nos processos de mobilização.

2. PÂNICO FRIO

Meses antes da eclosão da Segunda Guerra Mundial, os nova-iorquinos entraram em pânico com a possibilidade de serem invadidos – não por nazistas, mas por marcianos. Na verdade, trata-se de um dos episódios mais insólitos da dramaturgia mundial: a encenação de *Guerra dos mundos*. Orson Welles, até então um jovem desconhecido, foi ao ar pela CBS no dia 30 de outubro de 1938 para apresentar sua peça radiofônica inspirada em obra de H. G. Wells. Parodiando um estilo radiojornalístico, a obra narra a chegada de centenas de marcianos a bordo de naves extraterrestres à cidade de Grover's Mill, no estado de Nova Jersey. Conta-se que, dos 6 milhões de espectadores, pelos menos 1,2 milhão acreditaram estar ouvindo um telejornal real, e meio milhão acreditou de fato na notícia alarmante. Como consequência, vários ouvintes reagiram em pânico, sobrecarregando linhas telefônicas, causando congestionamentos gigantescos, aglomerando-se em hospitais, rodoviárias ou nas filas de banco para esvaziar suas poupanças, e, ainda, em alguns casos, simplesmente se suicidando.

Nada mais oposto à reação em pânico dos norte-americanos diante de uma notícia de rádio que a reação fria dos paulistanos diante da fumaceira preta visível a olho nu. É precisamente este o afeto que o capitalismo busca controlar: a emoção do pânico. Por quê?

Em primeiro lugar, precisamos compreender o que é uma emoção. Segundo Humberto Maturana, proponente da Biologia do Conhecimento, a emoção constitui um *domínio de ações*. "A barata que cruza lentamente a cozinha e começa a correr precipitadamente para um lugar escuro quando entramos acendendo a luz e fazendo barulho teve uma mudança emocional, e no seu fluir emocional passou de um domínio de ação a outro."[11]

Eu gostaria de propor, atrelado a essa definição de emoção, um conceito simplificado de "afeto": são devires, isto é, *modos de fazer agir a emoção*. O afeto não visa apenas a uma ação isolada, ele age sobre todo o domínio de ações; afetos são modos de integrar corpo, pensamento e situação de tal modo que impliquem um aumento ou uma diminuição da potência geral de agir do indivíduo.[12]

---

11. Maturana. A ontologia do conversar, p. 2.
12. Este conceito simplificado de afeto foi inspirado na obra *Ética*, de Spinoza, que assim o descreve: "as afecções do corpo pelas quais a potência de agir do próprio corpo é aumentada ou diminuída, favorecida ou coibida, e simultaneamente as ideias dessas afecções".

Nesse sentido, o medo é uma emoção: constitui um fluir emocional que conduz ao *domínio de ações de proteção*. Quem teme algo ou alguém tende a correr ou a se esconder, a evitar perigos, fugir, ficar imóvel, gritar, proteger um outro etc. Já o pânico é um afeto do medo, isto é, uma forma de fazer agir o domínio de ações de proteção; isto porque o pânico pode aumentar ou *diminuir a potência do sujeito de agir com prudência*.

Que o pânico seja capaz de aumentar ou diminuir nossas chances de proteger a nós mesmos ou a um outro é óbvio. Mas qual a relação entre pânico e prudência? O pânico está ligado à percepção de que uma ameaça é capaz de colocar em risco *a totalidade* de nosso domínio das ações de proteção. Não obstante, quando queremos tranquilizar um sujeito em pânico, esforçamo-nos para fazê-lo decompor em partes a situação de ameaça, ajudando-o a distinguir a dimensão, o funcionamento e os graus dessa ameaça ou as diferentes opções de reação: veja, a barata é tão pequenina, o rato já se foi, o fogo está diminuindo, há extintores para todos. Nesse sentido, o pânico faz agir o medo – ou o domínio de ações de proteção – em função da *eliminação ou do afastamento total da ameaça*. O sujeito em pânico não deseja apenas se proteger de uma ameaça, ele também quer se ver livre do risco de ser ameaçado. Não basta mostrar à criança que não há monstros debaixo da cama, é preciso também abraçá-la e manter a luz acesa para que ela possa fechar os olhos e dormir.

O sujeito em pânico solicita não só a proteção de seu corpo, mas também de suas potências de agir. Não obstante, há uma gradação afetiva que vai do desespero ao terror, passando pelo pânico. Quem se desespera age intempestivamente, temendo que suas possibilidades de reação sejam diminuídas; quem entra em pânico age desordenadamente, como se não pudesse mais decidir entre essa ou aquela ação de proteção, e por isso busca que ajam todas de uma vez; já quem está aterrorizado sente que perdeu não só a capacidade, mas a própria potência de agir em sua proteção e de outrem. Nesse sentido, o pânico exige que se proteja tanto a capacidade

---

Deleuze e Guattari, por sua vez, a partir da leitura de Spinoza, caracterizam o afeto da seguinte maneira: "A cada relação de movimento e repouso, de velocidade e lentidão, que agrupa uma infinidade de partes, corresponde um grau de potência. Às relações que compõem um indivíduo, que o decompõem ou o modificam, correspondem intensidades que o afetam, aumentando ou diminuindo sua potência de agir, vindo das partes exteriores ou de suas próprias partes. Os afectos são devires". Deleuze; Guattari. *Mil platôs – Capitalismo e esquizofrenia*, p. 36.

quanto a potência de agir, e carece de que se combata não só a ocorrência, como também o risco de catástrofe.

O pânico é um afeto muito descreditado em nossa sociedade. Tornou-se sinônimo de irracionalidade, de incapacidade de encarar objetivamente uma ameaça, de pensar cientificamente um risco. É grave ofensa dizer que alguém "perdeu a cabeça". Não obstante, o machismo busca atribuir às mulheres o preconceito de "histéricas" justamente para tentar afastá-las dos núcleos de poder. Em nossa sociedade, só pode tomar decisões quem é capaz de "manter a cabeça no lugar", de não entrar em pânico diante da catástrofe.

O pânico é, entretanto, um afeto de extraordinária potência política, justamente porque exige, em nome da prudência, a eliminação ou o afastamento completo de um risco. Para exemplificar o que quero dizer, vamos fazer uma digressão à época das guilhotinas. Naquele tempo, o pânico e o desespero provaram sua força política contra o arbítrio. Isabelle Stengers destaca que o primeiro passo dado para a abolição da pena de morte na França foi em função da "histeria" das mulheres condenadas à guilhotina. Ao contrário dos homens, que subiam silentes e orgulhosos ao cadafalso, as prisioneiras sempre se desesperavam diante da punição que iriam receber: choravam, gritavam, esperneavam, em suma, se recusavam a manter a cabeça no lugar para que fosse melhor cortada. A reação desesperada das mulheres acabava desmoralizando o executor,[13] que tinha de exercer força extra e às vezes até mesmo revelar suas emoções na hora de puni-las. Na verdade, desmoralizava também o sistema penal, porque o pânico das mulheres refletia não só uma recusa ao próprio destino individual, mas a negação do dispositivo penal em sua totalidade. Os homens condenados, por sua vez, não eram capazes de negar o sistema penal, limitavam-se a representar ao público, com a "cabeça fria", a própria inocência, a maldade ou o desprezo pelo seu destino fatal – e assim agiam exatamente conforme o roteiro pensado para o espetáculo público de execução; como eles encenavam a própria condenação, o executor podia exibir-se diante deles como alguém neutro, técnico e indiferente, conforme a imagem da lei. Foi assim que, para preservar a legitimidade do dispositivo de punição, o poder optou por banir o guilhotinamento de mulheres.

Podemos supor por que os homens, ao contrário das mulheres, não se desesperavam com a própria execução. Provavelmente, pesava o fato de

---

13. Stengers; Pignarre. *Capitalist Sorcery – Breaking the Spell*, p. 22.

que, para eles, ser guilhotinado equivalia ao coroamento de uma aventura criminosa ou política (mesmo o inocente, diante da lâmina cortante, podia ao menos convencer-se da natureza excepcional de sua inocência e coragem). Já para as mulheres, proibidas de antemão de viver aventuras de poder, a guilhotina só podia significar uma *vida em pânico*, uma vez que, para serem decapitadas, bastava que seus maridos contassem um punhado de mentiras, ou que corresse à boca miúda o boato de que eram bruxas – acusações que nenhum homem se daria o trabalho de verificar com imparcialidade. Assim, as mulheres se desesperavam no momento derradeiro não porque eram "naturalmente frágeis e histéricas", como gosta de insinuar o machismo, mas porque em nenhum momento de suas vidas elas consentiram com a arbitrariedade desse sistema punitivo, ao qual elas eram inteiramente refratárias. Em resumo, os homens condenados, além de coagidos pelo sistema penal, deixavam-se mobilizar pelo poder coercitivo, enquanto as mulheres se opunham a toda solicitação do poder para que abstraíssem os fatos e obstruíssem os afetos ligados à própria vida, colocada em risco pela ameaça de extermínio. A frieza serviu para diminuir a potência de agir dos homens diante do dispositivo penal, enquanto o desespero – ligado a uma vida em pânico – serviu para aumentar a potência de ação política das mulheres.

Nesse sentido, talvez fosse o caso de aprendermos com essas mulheres a nos desesperar, a nos deixar afetar pelo pânico diante das catástrofes que acumulam em nosso horizonte. Se reagíssemos à intrusão da fumaceira de maneira análoga a como nossos antepassados reagiram a uma invasão marciana – tomando decisões autônomas sobre a melhor maneira de se proteger da catástrofe –, o custo para o poder, de correr o risco de "chuva escura", seria bem maior.

Mas, afinal, como o capitalismo coopta o afeto de pânico para diminuir nosso potencial de ação de proteção de si? Como ele despolitiza a prudência? Desabonando toda capacidade do sujeito de inferir sobre a totalidade de um risco de catástrofe e de demandar pela eliminação ou afastamento completo desse risco. Na verdade, o capitalismo não visa eliminar o pânico, antes, incita nas populações a sua dose exata, em busca de aumentar o seu potencial de coerção e sujeição. A contrapartida da desresponsabilidade via naturalização é a mobilização por *pânico frio*.

"Passamos da Guerra Fria ao Pânico Frio – a cada momento um sentimento vem despertar o pânico do fim nas populações",[14] escreveu Paul Virilio em ocasião do Ataque às Torres Gêmeas, em que, como veremos logo a seguir, o governo norte-americano vinha manipulando o medo da população para expandir sua agenda de poder biopolítico. Pânico frio é um sentimento paradoxal, um desespero apático, uma enérgica indiferença face a um estado de emergência que foi naturalizado. É um estado de preocupação e ansiedade permanente, mas que nunca chega a paralisar o funcionamento da sociedade capitalista. Assim sendo, os paulistanos reagiram com pânico frio diante da fumaceira.

Segundo Hegel, o homem moderno é caracterizado por uma *consciência infeliz*, que ele desenvolve a partir do "momento trágico em que a consciência percebe a contradição no âmago de sua natureza até então despreocupada ou mesmo cômica".[15] O pânico frio é uma degradação da consciência infeliz, provocada pela zona cinza. O sujeito é capaz de perceber uma contradição entre o que ele sabe e o que o mobiliza, mas é incapaz de tornar-se responsável por essa contradição. Daí a tendência de se transferir o dever de produzir uma consciência infeliz a entidades abstratas, tais como as "lições da natureza", as "aulas da dura realidade" que vêm nos anunciar um "futuro terrível".

Daí também a extraordinária dificuldade do sujeito em pânico frio para levantar questões ou tomar decisões práticas autônomas. Só lhe resta permanecer em suspenso diante da fumaceira, sem esperanças, sem reação, mas também sem desespero; todavia, o homem cinzento vai além, não só encara a dura realidade como inelutável, como se esforça para tornar inescapável a todos ao seu redor o dilema infeliz da zona cinza.

3. NOSSOS RESPONSÁVEIS

Em *No tempo das catástrofes* (2015), Isabelle Stengers retoma o conceito de pânico frio para explicar um dos modelos de controle da população mais usados pelos governos em ocasião da catástrofe:

---

14. Paul Virilio em entrevista à *Folha*. Eichenberg; Virilio. "'Pânico Frio' substitui Guerra Fria, diz Virilio". *Folha de São Paulo*, 4 abr. 2004.
15. Hui. *Tecnodiversidade*, p. 51.

Nossos responsáveis são responsáveis pela gestão do que se poderia chamar de *pânico frio*, cujo sinal é o fato de aceitarem-se mensagens abertamente contraditórias: "Consumam, o crescimento depende disso", mas "Pensem em sua pegada ecológica"; "Saibam que nosso modo de vida vai ter que mudar", mas "Não se esqueçam de que estamos engajados em uma competição, e nossa prosperidade depende dela". E nossos responsáveis também compartilham esse pânico frio. De algum modo, eles esperam que um milagre possa nos salvar – o que significa também que só um milagre poderia nos salvar. Talvez um milagre proveniente da técnica, que nos pouparia da prova, ou o milagre de uma conversão maciça, depois de alguma grande catástrofe. Enquanto isso, eles dão sua benção às exortações que visam provocar a culpa e propor a todos que pensem no que podem fazer em sua pequena escala – com a condição, é claro, de que apenas uma minoria abandone seus carros e de que não nos tornemos todos vegetarianos, pois o contrário seria um golpe baixo no crescimento.[16]

Retomemos o nosso conceito de feitores de risco. Eles são aqueles que se servem do monopólio da definição e do controle de risco para forçar a mobilização da população em geral, em especial de seus subalternos imediatos. Nesse sentido, podemos dizer que os feitores de risco não são responsáveis pelo combate à catástrofe, mas por nós; eles são literalmente *nossos responsáveis*, conforme sugere Stengers, no sentido de que cabe a eles fabricar as condições que forçarão nossa adesão ao pânico frio.

Dos nossos responsáveis, seria inútil cobrar um posicionamento inequívoco sobre o futuro; "eles não são responsáveis pelo futuro; pedir satisfação a eles quanto a isso seria honrá-los além da conta. É por nós que são responsáveis, por nossa aceitação da dura realidade, por nossa motivação, por nossa *compreensão de que seria inútil nos metermos em questões que nos afetam*".[17] Essa sentença de Stengers se enriquece ainda mais se pensarmos a expressão "questões que nos afetam" de acordo com o conceito de afeto que estabelecemos, ou seja, modos de agir e domínios de ações que visam ao aumento ou à diminuição da potência geral de agir do sujeito. O dilema da zona cinza – a contradição entre o que sabemos e o que nos mobiliza – visa justamente suspender os afetos, impedir que sejamos afetados pela catástrofe, para controlar o modo como reagimos a ela.

---

16. Stengers. *No tempo das catástrofes*, p. 22-23.
17. Stengers. *No tempo das catástrofes*, p. 20.

A pandemia do coronavírus constituiu um raro acontecimento em que a distância temporal entre a tomada de decisão e sua repercussão catastrófica foi curta o suficiente a ponto de revelar a nu a irresponsabilidade dos nossos responsáveis. Em geral, como se viu em casos como o dos transgênicos e o da caça ao terrorismo, os políticos e cientistas podem contar com o prazo de alguns anos – nas democracias, costuma ser o tempo suficiente para uma troca de governo – até que os efeitos catastróficos de suas decisões finalmente venham à tona. A pandemia mostrou ainda a importância, sobretudo no Brasil, da desmobilização e consequente politização do combate à catástrofe. Tivemos de aprender coletivamente a nos tornar refratários, a nível social e individual, a qualquer proposta do governo e mercado que nos induzisse a correr o risco, a aceitar o que é "inelutável", a ignorar o que "não é da nossa alçada".

Seguindo a reflexão de Stengers, podemos concluir que a função dos nossos responsáveis é deduzir do processo de mobilização da sociedade um efeito de despolitização do sistema capitalista. Eis outro motivo da nossa escolha pelo conceito de feitor de risco: sua eficiência enquanto forjador de definições de risco devém de sua capacidade de ser um bom capataz. É o caso, por exemplo, do advogado responsável por auxiliar o deputado a redigir uma lei temerosa de poluição, que se aproveite das controvérsias científicas para fabricar ambiguidades na hermenêutica jurídica, mas sempre de modo a não criar problemas demais para a aprovação no parlamento ou junto à opinião pública. O serviço que esse advogado vende, e que o deputado presta à sociedade, é o de feitor de risco; e eles o fazem sob a justificativa de que são nossos responsáveis.

Viemos estabelecendo pares dinâmicos para a zona cinza que refletem a contínua reorganização do capitalismo, seja no âmbito do sistema capitalista, seja no âmbito da subjetividade capitalística. Esses eixos, além de entrecruzados, são dinâmicos: significa que eles, ao mesmo tempo, produzem e são produzidos um pelo outro. Desse modo, falamos da desresponsabilidade sistêmica e da mobilização subjetiva, do homem capitalista e do homem cinzento, e agora da naturalização da catástrofe e do pânico frio. A cada vez, vão surgindo novas atribuições à classe de meio, tanto do ponto de vista de sua função no sistema quanto de sua disposição de colaboração. Assim, falamos de controladores e mediadores de risco, feitores de risco e refratários a ele, e agora de responsáveis diretos, indiretos e de nossos responsáveis – sempre com a intenção não de acusar, mas de ajudar as refratárias ao risco na tarefa de politizar a classe de meio.

Vamos agora examinar outra situação de zona cinza, em busca de compreender como a naturalização da catástrofe produz pânico frio e vice-versa. Passemos então a outra fumaceira, dessa vez produzida por um curioso pó branco.

A Crise do Antraz, eclodida no rescaldo do Ataque às Torres Gêmeas, surgiu como a oportunidade ideal para que o governo dos EUA pudesse expandir globalmente sua agenda de controle biopolítico. Até então, os atos de terrorismo pareciam problema exclusivo das grandes metrópoles, mas os ataques por antraz via correio, mais baratos e sorrateiros, tornavam plausível a expansão da ameaça para as regiões mais remotas do Ocidente – assim, ao menos, argumentava a administração Bush. Desse modo, para definir o risco ubíquo de contaminação por antraz, colaboraram políticos conservadores, especialistas em segurança, cientistas bioquímicos, âncoras da mídia corporativa, em suma, todo um conjunto de controladores de risco dispostos a estender a ameaça de bioterrorismo para todo o território dos EUA e até mesmo para os confins da Europa. Para complementar, a Casa Branca protagonizava diariamente ações espetaculares de combate ao antraz, com devassas nos sistemas de correio, isolamentos de regiões possivelmente afetadas etc. Por um momento, pareceu mesmo que, após o setor de aviação, era a vez dos correios serem transformados na arma mais avançada da Al-Qaeda.

Enquanto as políticas de imigração, as leis de terrorismo, os protocolos de abordagem policial e até mesmo o funcionamento de aeroportos, repartições públicas, portos etc. eram remodelados em velocidade vertiginosa para ampliar o poder de controle sobre a movimentação de corpos e objetos, os cidadãos norte-americanos contribuíram voluntariamente ao chamado da guerra ao terror como lhes era mais natural: indo às compras. Em poucos dias, esgotaram o estoque dos supermercados adquirindo tudo o que supostamente oferecesse proteção ao pó maldito. Mas toda essa histeria, deveras reminiscente do clima de paranoia da Guerra Fria, fez com que o Governo Bush revesse seu posicionamento e trabalhasse para "esfriar os ânimos" da população.

Ainda assim, a profecia acabou se confirmando. Os Estados Unidos de fato foram invadidos por pó branco. Mesmo as cidades mais recônditas passaram a receber dezenas de cartas suspeitas. O alarme era geral. Mas logo se descobriu que os remetentes não vinham exatamente do distante Oriente. Quem foi aos correios para ameaçar os Estados Unidos foram os próprios estadunidenses: estudantes entediados, ex-maridos enraivecidos, operários preguiçosos, manifestantes antiaborto e até mesmo carteiros, promotores e advogados brincalhões, policiais e inspetores do meio ambiente enfastiados do dever da profissão... Foram esses que decidiram atender prontamente ao chamado da Casa Branca à guerra ao terror.

Cada carta salpicada de farinha, soro fisiológico ou pó de Inositol – este sendo o mais utilizado por Hollywood para simular cocaína – representava uma pequena vingança familiar, uma brincadeira para afastar o tédio, uma mensagem política, uma tentativa de interromper o trabalho, em suma, um ataque frustrado ao *American way of life*. Mas, além da frustração, os pseudoterroristas impressionavam pela criatividade. A ponto de a historiadora Susan Willis chegar a se perguntar se toda essa maquinação perversa não consistiria, no fundo, numa crítica aguda ao capitalismo.[18]

Willis, contudo, ignora o essencial: o modo de sujeição por mobilização. Como vimos, a mobilização consiste na fabricação, por livre iniciativa, de nossa própria impotência diante do poder ao qual fomos sujeitados. A mobilização comporta, ou exige, um princípio de criatividade. É a capacidade de criar dos assujeitados que garante a expansão do coeficiente de desresponsabilidades das classes dirigentes. Afinal, uma desresponsabilidade – por exemplo, uma lei sobre terrorismo doméstico – é uma lei inoperante caso cada sujeito não seja capaz de fabricar *in situ* sua impotência para a tomada de ações responsáveis em caminho contrário ao da lei. A agenda biopolítica norte-americana, para se consolidar, precisava da colaboração criativa dos cidadãos: os menos ousados passaram a estocar materiais de limpeza ou preferir e-mails a cartas, ao invés de questionar a extensão do arbítrio que se alastrava sobre eles; já nos casos mais extremos – inovadores, por assim dizer –, muitos optaram por se transformar num carteiro paranoico ou num pseudoterrorista, isto é, em homens cinzentos. A nenhum desses ocorreu *politizar* o risco de ataque por antraz, porque o pânico frio deixava claro quais as poucas opções de ação restaram.

Revezando-se ativamente nos papéis de mentirosos e burros, os nossos responsáveis e os homens cinzentos puderam fabricar a zona cinza, desta vez fazendo subir do pó branco o nevoeiro que "cobre por um instante a

---

18. Ver: Willis. Nós somos os antraz.

realidade, desencadeando uma situação a partir da qual as coisas se transmutam e trocam de posição".[19]

4. PERCEPÇÃO AFETIVA DE RISCO

O que ocorre à percepção quando o nevoeiro da zona cinza baixa e podemos finalmente reconhecer a área de risco em que vivemos?

Imagem 1 – *Heavy Cloud* (1985), de Anselm Kiefer.

Em *Heavy Cloud* (1985), Anselm Kiefer abordou o problema da percepção de risco de catástrofe. Um ano antes do desastre de Chernobyl, quando a OTAN decidiu posicionar mísseis nucleares táticos na Alemanha, Kiefer pintou essa obra cujo título faz trocadilho com *heavy water*, metáfora para a radiação nuclear. Nela, Kiefer subverte a representação tradicional das nuvens. Elas perdem qualquer caráter etéreo para se tornarem espessas e compactas, graças ao chumbo usado para recobrir o céu da fotografia (em alto contraste) de um matagal recortado por linhas de energia. O chumbo é um poderoso material usado em procedimentos de segurança nuclear para

---

19. Wisnik. *Dentro do nevoeiro*, p. 103.

selar a radiação. Na obra de Kiefer, contudo, o chumbo não consegue deter a goma-laca amarela que escorre por seus poros, manchando a fotografia. O nevoeiro da zona cinza deve ter esse mesmo aspecto maciço e opressivo, sob o qual são dissimulados os riscos de catástrofe.

O tema da obra de Kiefer é a *transmutação do mundo* provocada pela intrusão do risco de catástrofe. Como já dissemos, catástrofe e risco não são da mesma ordem; risco é sempre um acréscimo conceitual a um fenômeno real.[20] Portanto, o risco não é percebível em si mesmo, ele só pode ser deduzido, calculado, projetado em fenômenos reais a partir de uma informação ou de um conceito prévio. O risco não é nem a fumaça nem o fogo; é uma compreensão intelectual, de caráter projetivo ou retrospectivo, da relação indicial entre fumaça e fogo. Para se definir um risco, portanto, só há signos indiciais. Entre os indícios de antecedência e de decorrência da catástrofe, habita o risco. A mãe então diz ao filho: eu te avisei.

Nesse sentido, o risco é invisível em si mesmo, ainda que certos tipos de risco, como comer comida estragada, possam ser percebidos de maneira quase inata por nosso organismo (mesmo assim, uma definição de "ausência" de risco costuma bastar para vencer a rejeição do organismo a uma substância ou prática que ele percebe como sendo arriscada).

Para complicar, nas sociedades modernas, as definições de risco devem necessariamente passar pelo crivo dos "*órgãos sensoriais' da ciência* – teorias, experimentos, instrumentos de medição – para que possam chegar a ser 'visíveis' e interpretáveis como ameaças".[21] Assim, uma definição de risco, para poder ser "percebida" pelos governos e instituições, precisa receber uma chancela normativa da ciência:

> Enquanto os riscos não forem cientificamente reconhecidos, eles não "existem" – em todo caso, não em termos jurídicos, medicinais, tecnológicos e sociais, não sendo portanto evitados, manejados, corrigidos. Contra isto, nenhum lamento ou ranger de dentes coletivo ajuda. Somente a ciência. O monopólio de verdade do juízo científico obriga assim que os próprios afetados façam uso de todos os meios e métodos de análise científica para implementar suas demandas. E obriga ademais que eles ao mesmo tempo os modifiquem.[22]

---

20. Mesmo que infinitamente mínimo, ou infinitamente distante, ou mediado por infinitos cálculos, o risco, em sua acepção contemporânea, carece sempre de uma ligação verificável com o real.
21. Beck. *Sociedade de risco – Rumo a uma outra modernidade*, p. 32.
22. Beck. *Sociedade de risco – Rumo a uma outra modernidade*, p. 87.

A ciência monopoliza o poder de impor ao Estado a observação de um risco. Mas ela não monopoliza os efeitos políticos e econômicos causados pela percepção de risco. Em Wall Street, por exemplo, é possível acumular valor apostando a favor ou contra as estratégias de controle de risco (por exemplo, a chance de um país adotar ou não medidas rígidas contra a covid-19).

Por isso, precisamos discordar de Ulrich Beck: o ranger de dentes coletivo ajuda, na medida em que, para nos proteger, não basta apenas nos servirmos da ciência para construir definições mais refratárias ao risco, é preciso ainda atuar para interromper os usos colaterais dessas definições para fins de desresponsabilização da atividade empreendedora e de acumulação de capital. Não basta apenas fabricar mais leis, mais controle, mais fiscalização, mais pesquisa; é preciso *politizar os afetos* que orientam essas atividades técnicas, visando à reinscrição da percepção de risco em amplas redes de prudência.

Enfim, o risco nunca está propriamente presente na realidade. Está sempre aquém ou além dela: mesmo quando a catástrofe ocorre conforme previsto, o risco já faz ver seu passado e seu futuro. Assim, onde a radiação de Chernobyl for detectada, o risco de contaminação nuclear fará ver os perigos da Guerra Fria, os erros da modernidade, o futuro desolador de populações deformadas, de terras desabitadas... Do mesmo modo, onde ocorrem "chuvas escuras", o risco já faz ver o legado de destruição da Amazônia, o futuro improvável do capitalismo predatório etc. Daí a importância de nunca transferir aos fatos ou à ciência pura o dever de construir uma percepção de risco; não podemos contar somente com as "evidências científicas", ou com as "aulas da natureza" – o risco exige ser politizado no âmbito dos afetos, para que ocorra uma desmobilização do dever de correr esse risco.

Kiefer teve a proeza de tornar perceptível o que é da ordem do invisível – tanto a própria matéria radioativa quanto o conceito científico de risco nuclear e o conceito geopolítico de tensão nuclear. O artista traz à tona a trama cerrada de antecedências e decorrências catastróficas que incidem num presente simultaneamente ameaçado e ameaçador, em que os órgãos sensoriais da ciência foram atrelados a máquinas de guerra e de acúmulo de capital. Assim, ao expor a zona cinza, ele permite atentar para a área de risco em que nós vivemos, dissimulada pelas paisagens melancólicas dessa zona, nas quais "nada mudou, exceto tudo".

As nuvens pesadas de Kiefer cumprem a promessa de que o "homem deve apoderar-se de tudo com seus olhos".[23] Essa é a frase com a qual Goethe pretendia inaugurar uma nova *física especulativa*, em oposição à física materialista de Newton. Em seu projeto, a meteorologia – em que Goethe reunia, ao lado da pesquisa científica, a pintura que se dedicava ao problema da representação das nuvens no campo da perspectiva[24] – teria um papel central a cumprir como a *ciência moral* por excelência. Pois o estudo das nuvens, dentre os vários objetos da física, estaria mais apto a defender os "direitos do mito e das ideias, se não os da religião e do 'invisível', concebidos de maneira mística",[25] contra a crescente abstração da física mecanicista.

A ciência especulativa é uma ciência atravessada por afetos, em que os objetos e métodos não têm o poder de impor um ponto final, um calar a boca aos possíveis interessados em suas pesquisas. É dela de que mais carecemos na hora de combater toda abstração científica conveniente aos processos de mobilização.

O que Kiefer representa é o momento em que a percepção sensível do mundo se torna refratária ao risco de catástrofe; em outras palavras, o momento em que um afeto de prudência tangibiliza, intensifica, torna mais denso o conhecimento sobre o risco.

Um afeto pode testemunhar o aumento ou a diminuição da potência de agir do sujeito; em Kiefer, sentimos um certo lamento impotente, desesperador, que, entretanto, justamente por não ter sido reprimido, já anuncia, ou melhor, torna percebível para além da fumaceira da zona cinza, o futuro revolucionário de um mundo mais prudente.

Eis outro motivo para nossa escolha do termo "refratária ao risco": trata-se de aprender a ver sob outro prisma, de refratar os feixes de informação para fazê-los jogar nova luz na experiência afetiva de realidade, e vice-versa. À medida que nos tornamos refratárias ao risco de catástrofe, ocorre uma transmutação do mundo, em que a invisibilidade do risco finalmente se revela hipostasiada à nossa sensibilidade.

Contudo, não devemos concluir que a capacidade de perceber afetivamente um risco significa, necessariamente, que passamos a conhecer esse risco com mais profundidade. Na verdade, a única coisa que mudou foi que,

---

23. Goethe citado por Damisch. *A Theory of /Cloud/ – Toward a History of Painting*, p. 195. Tradução nossa do inglês.
24. Damisch. *A Theory of /Cloud/ – Toward a History of Painting*, p. 196.
25. Damisch. *A Theory of /Cloud/ – Toward a History of Painting*, p. 196. Tradução nossa do inglês.

ao nos deixarmos afetar pela catástrofe, surgem novas emoções, e, com isso, o *domínio de ações muda*. Saímos da esfera da apatia melancólica, do pânico frio da zona cinza, e passamos ao domínio de ações de proteção ligadas ao medo e ao amor; assim, conseguimos mais facilmente nos desmobilizar do dever de agir de modo indiferente e inconsequente e passar a fazer um reconhecimento das áreas de risco desde um ponto de vista da prudência.

5. COMO VIVER O FIM?

Diante da fumaceira preta que atingiu São Paulo em 2019, um cientista se sentiu particularmente afetado pela catástrofe:

> Eu estava andando pela Paulista. Quando vi aquilo, entrei no Trianon, como que para me esconder daquela visão. O Trianon é um refúgio para mim. Frequento ele desde que era moleque. Estava voltando para um lugar de que gosto, digamos assim. Como o Trianon fecha às seis, ninguém anda nele à noite. Mas desta vez a noite chegou antes. E como todas as lâmpadas estavam queimadas, e o chão da calçada descolando, no meio daquelas trevas, é como se São Paulo estivesse sendo atacada pelos fuzileiros navais. Pelo ar, pelo solo, por tudo. Uma degradação.[26]

O autor desse relato é Paulo Saldiva, comentarista do *Jornal da Cultura*, médico patologista e um dos principais especialistas em poluição atmosférica do Brasil. Seu relato é significativo porque nos ajuda a esclarecer o que devemos fazer para *nos deixarmos afetar pela catástrofe*.

Horas depois de caminhar pelo Parque Trianon, Saldiva foi ao Facebook relatar o que sentira:

> Hoje em Sampa foi um dia estranho, em que a noite chegou mais cedo. É como se fosse um retrato do momento do Brasil, onde o futuro nos inspira insegurança e medo. Caminhei pela alameda sombria, onde a tarde, escura e fria, esvaziou as gentes das ruas, que se fizeram vazias. Cruzei com um caminhante, naquele preciso instante onde o vento soprava nas árvores melodias. Naquele momento soavam as notas cantadas pelos ventos, ou então eu ouvia a melodia ecoada nas arcarias da catedral feita pelas árvores, que cantavam tristes os seus lamentos? Procurei e não achei a minha calma que tanto faltava

---

26. Kachani; Saldiva. "Nuvem preta foi aula da natureza para 20 milhões de pessoas". *Estadão*, São Paulo, 23 ago. 2019.

à minha alma. Senti-me então perdido. Nos dias de hoje, é difícil entender a vida e seu sentido.[27]

Saldiva buscou descrever a experiência de caminhar por uma área de risco. A transmutação do mundo é percebida com máxima intensidade, e parecem faltar palavras para descrever a paisagem desoladora. Mesmo assim, por saber que ocupa uma área de risco, ao cruzar com o outro "no preciso instante", Saldiva sente-se tomado por um sentimento de empatia intenso.

Toda essa intensa paisagem afetiva, porém, se perde quando ele, dias mais tarde, é convidado pelo jornal *O Estado de São Paulo* para explicar o que de fato ocorreu: a "nuvem preta foi aula da natureza para 20 milhões de pessoas (...), o *powerpoint* mais elucidativo que a natureza podia ter dado pra gente".[28] Eis-nos de volta ao processo de naturalização da catástrofe, em que cabe a Deus dar aulas sobre a ganância e a preguiça da humanidade. Eis-nos de volta ao mundo das evidências e obviedades, com o dever de manter a cabeça fria e falar objetivamente, confiantes de que o desastre fará o trabalho que nós temos falhado em fazer: conscientizar os brasileiros acerca do risco de catástrofe ambiental.

Nesse ponto, expresso minha solidariedade a Saldiva, porque é mesmo muito difícil expressar uma visão refratária ao risco na grande mídia dominada por feitores de risco – que preferem que falemos apenas dos fatos evidentes, das verdades óbvias, já que todo o resto constitui para eles "uma escolha muito difícil".[29]

Aproveito então a cartografia refratária de Saldiva em busca de investigar como podemos nos deixar afetar pela catástrofe. Seu trajeto – que primeiramente parte em busca de um abrigo para, logo em seguida, voltar as costas à evidência dos fatos e à obviedade de seu significado, a fim de se deixar afetar inteiramente pela degradação do mundo, mas também, no mesmo "preciso instante", de se deixar ser atravessado por uma intensa empatia pelo homem – me pareceu muito semelhante à solução encontrada por Lars Von Trier em *Melancolia* (2011) para a questão de *como viver o fim anunciado pelo risco de catástrofe*.

---

27. Kachani; Saldiva. "Nuvem preta foi aula da natureza para 20 milhões de pessoas". *Estadão*, São Paulo, 23 ago. 2019.
28. Kachani; Saldiva. "Nuvem preta foi aula da natureza para 20 milhões de pessoas". *Estadão*, São Paulo, 23 ago. 2019.
29. Referência ao título do editorial do *Estadão* cujo tema era a disputa entre Jair Bolsonaro e Fernando Haddad pela presidência em 2018.

Antes de estabelecer analogias entre as experiências, contudo, vale a pena examinar o enredo de *Melancolia*, pois ele nos ajuda a visualizar mais claramente a cartografia do papel da classe de meio diante da catástrofe que viemos propondo. Há três personagens centrais: John, um magnata e astrônomo; Justine, uma jovem e promissora publicitária, especialista na criação de slogans; e Claire, esposa de John e irmã de Justine, mãe zelosa e dona de casa obsessiva. John representa a elite proprietária; Claire, a burguesia improdutiva; Justine, a alta classe média. John representa a racionalidade capitalista; Claire, o utilitarismo burguês; e Justine, a sensibilidade romântica.

Lars Von Trier repete o procedimento de Luis Buñuel em *O anjo exterminador* e prende as três personagens em um rancho palaciano, de onde não sairão até a hecatombe final – a colisão da Terra com um planeta chamado Melancolia. Como Buñuel, Trier quer examinar até onde a burguesia está disposta a alimentar seus rituais vazios de sentido, mesmo quando o fim de seu modo de vida é iminente; por isso, a trama circula em torno do fracasso do casamento de uma jovem publicitária especializada em criar slogans, sentença cuja função é "produzir no receptor uma aceitação e convicção acrítica a respeito da mensagem que lhe é dirigida".[30] Assim sendo, em relação ao risco de catástrofe, John mantém-se frio e calculista; Claire decai em pânico frio; e Justine, que sofria de depressão aguda, passa a desenvolver uma clarividência demoníaca. Dos três, somente Justine conseguirá se desmobilizar da vida burguesa para deixar-se afetar pela catástrofe.

John, embora pertença à elite proprietária, compõe a classe de meio. Enquanto cientista, é um feitor de risco; em relação à sua família, exerce o papel de "nossos responsáveis"; por fim, se revelará um verdadeiro homem cinzento. John diz à esposa que seus cálculos astronômicos descartam o risco de colisão e que são charlatães alarmistas os que insistem em levantar a hipótese contrária. Mas ele nada diz a ela sobre os efeitos colaterais (como os problemas de transmissão de energia), ou sequer sobre as taxas de probabilidade de colisão. À primeira vista, John esconde a verdade de Claire porque não quer causar pânico em "mulheres e crianças". Mas John é um homem frio, cínico, capaz de se excitar com a observação científica do avanço do planeta Melancolia. Mais provável, portanto, que ele tenha escondido a verdade simplesmente porque a controvérsia científica o desresponsabilizava de mencioná-la.

---

30. Meyer. *Melancolia* de Lars Von Trier e a psicopatologia contemporânea, p. 242.

Em todo caso, quando os fatos enfim confirmam a pior hipótese, para John só restará descobrir como *morrer de modo mais eficiente*. Ele diz ao seu filho: não há mais nenhum lugar para ir, não há nada mais a ser feito. Desse modo, só lhe resta calcular racionalmente: é mais eficiente morrer sob o impacto de Melancolia, ou suicidar-se com uma hiperdosagem de antidepressivos? Optará pela segunda alternativa, indiferente ao impacto causado em seus familiares.

Eis o impulso niilista dos nossos responsáveis, o egocentrismo suicida dos homens cinzentos. Trata-se de feitores de risco decididos a correr o risco até as últimas consequências, abstraindo fatos e obstruindo afetos em nome da defesa do *status quo* que possuem na sociedade capitalista – e, uma vez que podem controlar as definições de risco, determinar o que as instituições e o conjunto da sociedade devem "perceber" como sendo ou não risco, eles o farão até o ponto em que cientificamente não houver, para ninguém mais, nenhum lugar para ir, nada a ser feito.

Claire há muito vinha suspeitando das mentiras de John. Pesquisava em segredo na internet pelas opiniões científicas contrárias. Sua intuição lhe dizia que o pior estava prestes a acontecer. Mas isso só reforça nela a sensação de que "nada mudou, exceto tudo". Para não perturbar a rotina de seu filho pequeno e de Justine, que se recuperava do fracasso de seu casamento, Claire decide manter a aparência de tranquilidade – e chega até mesmo a se surpreender quando seus serviçais começam a faltar ao serviço. Em suma, Claire sucumbe ao pânico frio.

Justine, que sempre sofreu de depressão, tem de lidar com outra crise aguda causada por seu rompimento intempestivo com o marido e o chefe na noite de seu casamento. Como nota o psicanalista Luiz Meyer, Justine resolvia seu conflito neurótico por tamponamento, aderindo acriticamente aos ritos burgueses e às exigências de mercado; todavia, "quando esse comportamento se desgasta e a adesão se rompe (...) aparecem o vazio existencial e sua desesperança, tão característicos dos quadros atuais".[31] Tudo indica que esse desgaste é cíclico na vida de Justine, mas, dessa vez, algo de novo intervém em seu torpor apático. Uma misteriosa força cósmica parece atraí-la para o seio da natureza. Aos poucos, ela se levanta da cama e vai ao jardim, ao estábulo e ao bosque, onde dá mergulhos noturnos nua sob a luz do planeta Melancolia. Enfim conclui que está tomada por uma

---

31. Meyer. *Melancolia* de Lars Von Trier e a psicopatologia contemporânea, p. 246.

clarividência demoníaca: diz ela que a "vida na Terra é má" e que "estamos sozinhos no universo", mas que não deveríamos lamentar por isso.

Eis descritos os três afetos paradigmáticos da zona cinza: a frieza suicida, o pânico frio e o vazio existencial que alimenta uma clarividência demoníaca (correspondente, na verdade, ao afeto da acídia, que conduz ao *contemptus mundi*, conforme veremos noutro capítulo). Racionalismo, utilitarismo, culto da sensibilidade, degradados sob efeito da zona cinza. Formas diferentes de se manter em suspenso diante do dilema feliz entre o que sabemos do risco de catástrofe e o que nos mobiliza a correr esse risco em nome da acumulação de capital e da preservação do *status quo* burguês.

O conceito de "clarividência demoníaca" remonta à Naturphilosophie, ramo da filosofia transcendental do Idealismo Alemão do século XIX aplicado ao estudo da natureza. Trata-se de uma ciência especulativa, no sentido já explicitado, na medida em que examina a transversalidade entre vida e natureza, entre universo e humanidade. Segundo essa corrente filosófica, o espírito humano mantém estreita relação com o cosmos, compondo junto a ele um todo multidimensional e inter-relacionado "que se estrutura em uma série ascendente de 'potenciais' que contêm em si uma oposição polar. O modelo é um ímã, cujos polos opostos são inseparáveis um do outro, ainda que sejam opostos".[32] Nesse sentido, a depressão de Justine seria atraída pela força cósmica do planeta Melancolia, ao mesmo tempo que a atrairia; sendo a potência dessa atração o fundamento da clarividência demoníaca acerca do fim de tudo.

O filme de Trier faz referências ainda à *Anatomia da Melancolia*, publicado por Robert Burton em 1638. Este descreve a emoção da melancolia a partir de uma vasta gama de temas: os goblins, a beleza, a geografia da América, a digestão, o beijo, o ciúme, a erudição, as paixões, a bebida. Para Burton, a melancolia não é o efeito, mas a causa desses objetos, ela tem o poder de produzi-los. Nesse sentido, é como se o planeta Melancolia pudesse ser criado pela depressão de Justine.

Por tudo isso, a catástrofe de *Melancolia* parece gozar de um estatuto ambíguo similar à "chuva escura" de São Paulo; se esta foi naturalizada a ponto de tornar-se quase um "desastre natural", aquela parece ter sido humanizada a ponto de tornar-se quase uma catástrofe "socialmente manufaturada" pela burguesia.

---

32. Bowie. "Friedrich Wilhelm Joseph von Schelling", n.p. [In: *The Stanford Encyclopedia of Philosophy*, 2016]. Tradução nossa do inglês.

Mesmo assim, Justine não consegue encontrar um ponto de mediação entre "as triviais restrições da sociedade burguesa, de um lado, e a massiva, inumana força da Natureza, de outro".[33] Nesse sentido, compreendo a clarividência demoníaca como um afeto limiar da zona cinza, pois o dilema infeliz é resolvido apenas parcialmente, com o sujeito aderindo, de um lado, à convicção do fim de tudo e, de outro, ao bloqueio da participação de si nos rituais de mobilização. Mas como apenas anuncia um "futuro sombrio terrível" sem encontrar forças para se engajar nas lutas por prudência, o clarividente não chega a desmobilizar-se inteiramente e acaba forçado a manter uma relação parasitária com a classe que decidiu correr o risco, seja voluntariamente, como John, seja hesitantemente, como Claire. Em todo caso, não descartemos o potencial político da clarividência demoníaca: ela já é uma tentativa de ver além do nevoeiro da zona cinza, um primeiro passo rumo a deixar-se afetar inteiramente pela catástrofe, rumo à vida nas áreas de risco.

Vimos que, para John, a colisão com o planeta Melancolia traz a questão de como morrer de modo eficiente. Já para Claire, trata-se de *viver o fim da melhor maneira*. Claire vive em suspenso na zona cinza e busca meios de conciliar o que ela sabe sobre a colisão e o que a mobiliza a preservar o estilo de vida burguês de sua família. Justine debocha dos planos de Claire: afinal, qual seria o jeito adequado de morrer? Com "vinho, talvez, à luz de velas? Quem sabe ao som da nona sinfonia de Beethoven?".[34]

Com efeito, a imaginação da classe de meio, que prefere falar de "lições da natureza" e de "aulas da dura realidade", costuma ser capturada pela ideia de se "fazer a coisa certa", de se "viver do jeito certo" o risco de catástrofe. Assim, a postura refratária acaba transformada numa mera questão de etiqueta: consumir os produtos corretos, comportar-se da maneira adequada, escolher as palavras certas etc. Na verdade, tudo isso não passa de conservadorismo à esquerda, o que causa bastante problema para a constituição de uma autêntica cultura refratária, que deve ser experimental, polêmica, revolucionária – e, portanto, aberta ao erro, ao engano, ao conflito, à dificuldade, à dor.

Para Justine, é inútil querer viver o fim do jeito certo, da melhor maneira. *Pois o mundo já acabou, o fim já ocorreu*. Sob a força de atração de Melancolia, Justine redescobre o bosque, as flores, os animais, as crianças;

---

33. Shaviro. Melancholia, or, The Romantic Anti-Sublime, p. 7. Tradução nossa do inglês.
34. Trecho de *Melancolia* (2003).

mas se impacienta com os ritos de uma burguesia que ainda aposta na sua sobrevida, quando o mundo em que ela vive já acabou. Para Claire, nada mudou, exceto tudo; já para Justine, com a chegada de Melancolia, tudo muda, exceto o mesmo – toda a vida se transforma, mas nunca a burguesia.

Com efeito, para as refratárias ao risco em geral, trata-se sempre de procurar *viver o fim que se anuncia*. Do contrário, a catástrofe é mera perturbação da rotina, o que exige ser corrigido para se voltar ao status anterior acriticamente. Somente vivendo o fim é que se pode ocupar uma área de risco – o que pode ser tanto trágico quanto emancipador. Viver o fim significa se "adaptar à vida em um mundo mais pobre e difícil ecologicamente, sobretudo, aprender a viver com essa nova situação, imaginar novas maneiras de viver, de nos relacionar com outros humanos e com os não humanos, inventar novos mundos com o mundo que teremos".[35] Nesse sentido, a palavra "fim" deve ser compreendida em seu duplo sentido: de finalização do mundo atual, responsável por produzir a catástrofe; e de finalidade: a invenção de novos mundos a partir do nosso mundo colocado em risco.

A catástrofe é uma ocorrência pontual ou uma soma de ocorrências pontuais; já o risco é um conjunto de possibilidades circunstanciais de ocorrência de catástrofe. A ciência materialista concebe a relação entre risco e catástrofe do ponto de vista do tempo linear, de base objetiva e factual; isto é, enquanto não ocorrer a catástrofe, há somente o risco de catástrofe. Por sua vez, a ciência especulativa, de orientação mística e moral, não faz distinção entre risco e catástrofe. Ambos são parte de um só *acontecimento*. Em que sentido? A cena final de *Melancolia* nos ajuda a compreender esse conceito.

Dissemos que a clarividência demoníaca ainda é um afeto limiar da zona cinza. Afinal, por mais que ela esboce movimentos de ruptura com essa zona, a certeza de que o mundo vai acabar ainda não saiu de mãos dadas com a invenção de novos mundos. No caso de Justine, ela ainda permanecerá parasitária da burguesia, presa ao cultivo individualista da sensibilidade trágica. Ela pode até caçoar dos planos da irmã, mas isso não significa que ela seja capaz de fazer algo em sentido oposto. Ela sabe

---

[35]. Fala da filósofa e ambientalista Déborah Danowski em entrevista à *Super Interessante*, 2014. Transcrição na íntegra publicada no blog "O que você faria se soubesse o que eu sei?". Disponível em: http://oquevocefariasesoubesse.blogspot.com/2014/12/brasil-seco--o-que-superinteressante-nao.html.

apenas que o mundo em que ela vive desaparecerá, e merece desaparecer; e reafirmar esse vazio é tudo de que ela é capaz.

Mas uma descoberta leva Justine a romper com o círculo mágico da prisão burguesa rumo à tarefa de viver o fim. Leo, o pequeno filho de Claire, conta a Justine que seu pai tinha lhe dito – minutos antes de se suicidar – que não havia nada a ser feito e nenhum lugar para ir. Justine é, assim, confrontada com um risco inerente à clarividência demoníaca: nos transformar em pessoas cinzentas. Desse ponto em diante, Justine decide partir em busca de rotas de fuga da sentença racional mortificante de John. Sua solução final remontará à premissa da ciência especulativa: apoderar-se com os olhos de tudo o que acontece.

Justine decide retomar uma antiga brincadeira que fazia com Leo: a "caverna mágica", que não passa de uma tenda estendida no quarto para que o garoto pudesse experimentar na pele o escuro do cosmos. Leo sempre gostara de fabricar instrumentos ópticos rudimentares para observação dos astros, e a caverna mágica – embora não tivesse finalidade científica – era outro desses brinquedos. É nesse ponto que reencontramos Paulo Saldiva, a quem também ocorreu buscar abrigo num refúgio da infância para facilitar o processo de percepção da catástrofe para além do que é da ordem da evidência, da obviedade.

Justine e Leo decidem construir uma nova versão da "caverna mágica", que consistirá numa espécie de simulacro de cabana indígena feito com alguns poucos tocos de madeira e sem cobertura.[36] Chegada a hora derradeira, os três penetram a tenda e se dão as mãos, num esboço qualquer de ritual. Justine observa a criança fechar os olhos, confiante no poder mágico do abrigo. Em seguida, observa Claire soluçar de desespero, sem saber onde pôr a vista, se fecha os olhos ou se assiste ao impacto. Então, ela mesma cerrará os olhos e se manterá de costas, impassível diante da ocorrência do fim.

Viveiros de Castro e Danowski argumentam que a cabana mágica serve como passagem para o acontecimento do fim. Ora, "o choque com o planeta Melancolia é o evento que acaba com todos os eventos, e com o próprio

---

36. Segundo Eduardo Viveiros de Castro e Déborah Danowski, "um tipo cônico como o dos índios das pradarias norte-americanas, mas reduzido ao seu mínimo esqueleto, e sem cobertura". Danowski; Viveiros de Castro. *Há mundo por vir? Ensaios sobre os medos e os fins*, p. 55.

tempo".[37] Mesmo assim, à medida que se penetra o interior da caverna, o tempo linear pode ser magicamente suspenso. Lá fora, não há mais nada a ser feito e nenhum lugar para ir, mas dentro da caverna pode-se ao menos dar as mãos. Pois a caverna instaura uma outra relação com o tempo e o espaço que é da ordem do acontecimento: dentro dela, *o fim do mundo já ocorreu ou nunca ocorrerá*. No interior da caverna mágica, de costas e de olhos fechados para a catástrofe, Justine e Leo podem enfim ser tomados por "alguns décimos ou centésimos de segundo de afeto maximamente intenso", o que, para Viveiros de Castro e Danowski, é um "(in)equívoco sinal de vida",[38] ou melhor, um movimento de contraefetuação transcendental da ocorrência do fim do fim.

Um acontecimento é justamente "a parte, em tudo que acontece, do que escapa à sua própria atualização".[39] Em outras palavras, o acontecimento é da ordem da experiência de um devir. Assim, se até o momento de iniciar o movimento de fuga Justine permanecia presa ao que o crítico Steven Shaviro chama de "espécie de interiorização (...) da verdade cósmica deflacionária da extinção planetária",[40] com a caverna mágica, instaura-se, segundo Viveiros de Castro e Danowski, um *devir ameríndio* capaz de escapar à *verdade da extinção*[41] que o capitalismo não cessa de anunciar como único horizonte possível para o progresso. Essa foi a saída da zona cinza – que por definição não tem saída – encontrada por Justine; melhor dizendo, ela fez acontecer uma saída junto à catástrofe, no sentido que Deleuze & Guattari o descrevem: "sair nunca ocorre assim. O movimento ocorre sempre às costas do pensador ou no momento em que ele pisca os olhos. *Sair já ocorreu ou jamais ocorrerá*".[42]

Um acontecimento escapa a toda forma de ocorrência porque não é da ordem do ser, mas do devir. Viver o fim não é ter consciência dos riscos de que uma catástrofe possa ocorrer, e sim experimentar o devir que um

---

37. Danowski; Viveiros de Castro. *Há mundo por vir? Ensaios sobre os medos e os fins*, p. 54.
38. Danowski; Viveiros de Castro. *Há mundo por vir? Ensaios sobre os medos e os fins*, p. 55.
39. Danowski; Viveiros de Castro. *Há mundo por vir? Ensaios sobre os medos e os fins*, p. 159.
40. Shaviro citado por Danowski; Viveiros de Castro. *Há mundo por vir? Ensaios sobre os medos e os fins*, p. 56.
41. O conceito de "verdade da extinção" foi elaborado pelo filósofo Ray Brassier, que se baseou na constatação científica de que todo o universo, e não apenas a Terra, se extinguirá daqui a alguns trilhões de anos. Face a essa verdade, Brassier propõe uma "regressão tanatotrópica" que levaria o discurso filosófico a constatar, já na atualidade, a absoluta falta de sentido da vida.
42. Deleuze citado por Zourabichvili. *Deleuze: uma filosofia do acontecimento*, p. 47.

fim implica – é experimentar *simultaneamente* a finalização de um mundo arriscado e a finalidade de novos mundos, sem que haja um antes e depois entre eles.

Sempre que exponho o conceito de zona cinza, escuto a pergunta: o que fazer, como sair da zona cinza? Parece-me inútil tentar transformar a zona cinza num labirinto, tentar usar as definições de risco como um mapa que aponta para a saída desse labirinto. Isso só nos torna mais vulneráveis ao Minotauro capitalista, que nos seduz com a promessa desresponsabilizadora de que há um jeito "certo e eficiente" de solucionar um risco.

Contudo, podemos partir do pressuposto de que o que há de evidente e óbvio numa catástrofe, em si, apresenta o risco de nos cegar, nos tornar indiferentes, impotentes. Para nos deixarmos afetar pela catástrofe e refratar a percepção de risco, convém antes fabricar abrigos em que poderemos virar as costas e piscar, fechar os olhos para a catástrofe. É precisamente isso que a cabana mágica proporciona a Justine e Leo, e o Parque Trianon proporcionou a Saldiva: uma chance de se apoderar do acontecimento do fim com os olhos. Somente aí torna-se possível ver, para além da catástrofe – e além do nevoeiro da zona cinza que a recobre –, a totalidade da degradação de um mundo que já chegou ao fim sem colocar em risco o gérmen do devir de um novo mundo. Esses abrigos permitem que passemos da lógica linear da ocorrência para o nexo simultâneo do acontecimento, em que a catástrofe já ocorreu, ou nunca ocorrerá – e é somente através dos acontecimentos que as áreas de risco se revelam, tornando possível *viver o fim, com o fim*.

03

**PRUDÊNCIA COMO
COSMOTÉCNICA**

Neste capítulo, vamos investigar como a virtude da prudência foi substituída pela noção de controle, e como esta é usada para gerar desresponsabilidades na atividade capitalista. Por fim, discutiremos a importância de substituir as técnicas de controle por cosmotécnicas de prudência.

1. PRUDÊNCIA *VERSUS* CONTROLE

Quatro anos após a tragédia de Mariana, quando ainda se contavam os mortos pela lama em Brumadinho, o governador de Minas Gerais Romeu Zema declarou: "parece que desta vez eles [a Vale] reconheceram o erro apesar do acidente".[1] Essa frase, dita com tanta naturalidade, é típica da zona cinza: ela promove a confusão entre erro, acidente e crime. Tentemos dissipar a fumaceira entre esses termos.

Há duas noções que ajudam a distinguir falha e acidente, erro e crime. São noções próximas, mas não sinônimas, e por vezes se contradizem: trata-se do *controle* e da *prudência*. Ambas versam sobre a relação entre acaso e catástrofe; podemos perder o controle e/ou agir de modo imprudente.

O controle é uma técnica, a prudência é uma virtude. "Prudência" vem do vocábulo grego *phronesis*, passando pelo termo latino *prudentia*, equivalente a *sapientia*;[2] grosso modo, traduz-se por sabedoria prática. Logo, para agir com prudência, não basta ter tudo sob controle. Não basta seguir à risca os manuais de segurança ou a legislação corrente. A técnica de controle deve estar subordinada a uma sabedoria prática. São Tomás de Aquino escreve que a prudência é a capacidade de "ver ao longe; pois

---

1. Cipriani. "Zema chama tragédia de Brumadinho de 'incidente' e diz que Vale está fazendo o possível". *Estado de Minas*, 12 fev. 2019.
2. "Prudência". In: Mora. *Dicionário de filosofia*.

o prudente é perspicaz e *prevê os acontecimentos incertos*"; mas acrescenta ainda que a prudência é "*um amor que, sagazmente, seleciona* o que nos ajuda, do que nos prejudica".[3] Assim sendo, a prudência é um afeto, isto é, um modo de agir a totalidade de um domínio de ações; a prudência visa combinar, de modo sábio e prático, as emoções de medo e amor, potencializando as ações de proteção de si e de cuidado do outro.

Sob nenhum ponto de vista as barragens de mineração poderiam ser consideradas prudentes. Especialmente a barragem da Mina Córrego do Feijão, localizada a menos de 1km da área administrativa da Vale e da comunidade Vila Feterco, e a cerca de 20km do centro de Brumadinho. Mesmo assim, de acordo com as classificações de risco, ela era considerada, apesar de seu "alto potencial de danos", como sendo de "baixo risco".

A prudência deve considerar os extremos de um risco: o puro acaso e a pura alteridade, isto é, a sabedoria prática envolve prever o imprevisível e temer a barbárie. O conceito de "controle", em si, não diz respeito a uma sabedoria prática; concerne tão somente aos modos de se controlarem tecnicamente uma matéria, um corpo, um processo ou uma situação – em outras palavras, o controle se limita a aferir a capacidade do homem de dominar a natureza.

As definições de risco se baseiam apenas no que é factível, mensurável e previsível do ponto de vista, ou melhor, segundo os "órgãos sensíveis" da ciência. Para que um risco possa ser controlado pelas instituições modernas, é preciso, antes, que ele seja definido em termos de limites, graus, margens, classes, escalas, taxas, médias, índices, valores etc. É preciso ainda que a definição de risco seja adequada à escala de operação dessas instituições: global, nacional, estadual, municipal – o que comporta certo nível de abstração e generalização das responsabilidades. As definições de risco, concebidas do ponto de vista de sua controlabilidade, dependem inteiramente dessas classificações, competências, regulamentos, métricas. Os aspectos técnicos, em geral, bastam para determinar a controlabilidade de um risco. Disso as vítimas diretas de Brumadinho sabem melhor do que nós:

> Aquela sirene nunca tocou, eu nem sei qual é o som dela (...). Pela maneira que conduziram [Mineradora Vale] isso aí, eu acho que não estavam preocupados com as pessoas. Acho que estavam preocupados em atender à legislação. Tem que pôr sirene? Então, colocaram a sirene. Se estivessem realmente

---

3. Aquino. *Suma Teológica*, II^a II^a, q. XLVII, art. II.

preocupados com as pessoas, teriam dado sequência ao trabalho. E feito o trabalho de maneira profissional para conseguir avisar as pessoas a tempo de elas fugirem.[4]

Nas sociedades capitalistas, o controle não é subordinado à prudência, mas à lógica do progresso. A eficiência do combate ao risco já não se mede pela capacidade de "ver ao longe os acontecimentos incertos", ou de "selecionar amorosamente o que nos ajuda", e sim pela capacidade de transformar a dominação da natureza em lucro e de proteger a lucratividade da operação.

2. A DEFINIÇÃO DE LIMITE

Na zona cinza, o controle é transformado em critério de desresponsabilização da atividade empreendedora e em princípio de mobilização da sociedade para o progresso. A zona cinza recorre ao controle para fabricar uma culpa do sistema e para impedir atos de prudência. Por exemplo, a legislação permite ao poder mobilizar especialistas em instalação de sirenes, em lugar de pessoas preocupadas com o destino das vítimas em potencial das barragens de contenção.

Então, como foi possível, mesmo depois do desastre de Mariana, manter o risco iminente de rompimento no ponto cego das relações entre Vale, empresas privadas de certificação de segurança, órgãos fiscalizadores, governo e sociedade civil? Do ponto de vista da *culpa do sistema*, está claro. A economia da cidade de Brumadinho é totalmente dependente da atividade mineradora. Para piorar, falta organização e representatividade política na sociedade civil (especialmente nas comunidades mais próximas às barragens, compostas majoritariamente por pobres, pretos e indígenas). Além disso, os órgãos de fiscalização do governo são burocráticos, mal-equipados e vulneráveis a lobby e aparelhamento. Por fim, as empresas privadas de certificação são forçadas a adotar critérios lenientes para preservar sua competitividade no mercado de segurança. Em resumo, a própria dinâmica do sistema impedia que fossem tomadas atitudes prudentes em relação a Brumadinho.[5]

---

4. In: Rossi. "Tragédia em Brumadinho: Vale diz que sirenes não foram acionadas por 'velocidade' do deslizamento". *BBC News*, 31 jan. 2019.
5. Ver: Serra. *Tragédia em Mariana: a história do maior desastre ambiental do Brasil*; Ragazzi; Rocha. *Brumadinho: a engenharia de um crime*.

Todavia, é justamente porque a culpa do sistema está clara que a culpa dos envolvidos é difusa, enevoada... Daí a importância do conceito de "desresponsabilização". Cada um agiu no limite de suas responsabilidades, com a garantia de que uma eventual culpa recairia no sistema. Em primeiro lugar, tratava-se de levar a barragem ao limite máximo, isto é, ao que a ciência ainda julga como "controlável" e, portanto, não passível de criminalização. Essa definição de limite máximo, evidentemente, não foi estabelecida do ponto de vista da prudência, mas do progresso; ela leva em consideração mais questões de ordem operacional que protetiva.

Assim que a barragem atinge o limite máximo, a Vale age para triangular o procedimento de certificação de segurança. Trata-se de uma prática comum no setor industrial: para aumentar o poder de barganha junto ao órgão público fiscalizador, a empresa contrata um terceiro especialista em segurança com boa reputação de mercado. O promotor do caso Brumadinho explica o esquema: "até hoje, a Vale se escuda na credibilidade da empresa [de certificação] para dizer que não sabia ou não tinha informação suficiente. Então, a empresa foi utilizada para dificultar a investigação do Ministério Público e tirar do radar do poder público a prioridade daquela barragem que estava tão crítica que pouco depois se rompeu".[6]

Nesse ponto, devemos tomar cuidado com a retórica dura utilizada pelo promotor. Pois um laudo de certificação privado, em si, não deveria ter o poder para "dificultar a investigação do Ministério Público", "tirar a barragem do radar dos órgãos fiscalizadores". Afinal, o poder público possui calendário e obrigações próprios, que independem da opinião de terceiros. Não é crime contratar terceiros para avaliar a segurança de uma operação. Tampouco é crime atestar que uma barragem está em seu limite. A menos que se prove tecnicamente – o que é dificílimo nesses casos – que os laudos eram mentirosos. Até porque é difícil determinar se os laudos realmente falseavam a situação em Córrego do Feijão, ou se é a própria definição de limite controlável, estipulada por lei, que é francamente imprudente. E mesmo que esses laudos contivessem "erros", ainda cabe exclusivamente ao Estado determinar se uma mina pode ou não continuar operando; e por Estado inclui-se, além dos órgãos de fiscalização, o setor jurídico, no qual se travam disputas entre a empresa e o Ministério Público acerca dessas questões.

---

6. Canofre. "Certificado de estabilidade dificultou investigação sobre barragem em Brumadinho, diz promotor". *Folha de São Paulo*, 21 mar. 2019.

Em resumo, as duras palavras do promotor só têm sentido retrospectivo: é porque uma catástrofe ocorreu que, retrospectivamente, podemos constatar que tanto a falta de ações prudentes em toda a cadeia de controle quanto a triangulação do processo de certificação serviram não para aumentar a prudência, e sim para *criar desresponsabilidades para todos os envolvidos na cadeia de controle*. A triangulação serviu para afundar ainda mais a questão do controle de barragens na zona cinza. Sua função não era nem falsear a realidade nem combinar um crime; tratava-se apenas de fazer com que um "problema puramente científico"[7] se transformasse em um "jogo do mico preto".

Atribuir desresponsabilidades não é o mesmo que praticar crime, ao menos não no direito atual. A empresa contratada pela Vale atestou que a barragem estava *no limite*. É preciso compreender o sentido da palavra "limite" na dinâmica de desresponsabilização. Limite é *máximo ainda controlável*. É nesse ponto que a lógica de prudência entra em conflito com a de controle. Ao triangular a certificação, a Vale pretendia complicar o sentido de controlabilidade – criar uma situação de controvérsia científica a fim de aumentar a necessidade de mais laudos, mais testes, mais medições por parte dos órgãos fiscalizadores, do Ministério Público, das empresas privadas de certificação de segurança, da equipe interna de acompanhamento etc. E por que isso é tão eficaz?

A paralisação de uma mina causa extraordinárias pressões para todos os responsáveis diretos. Sobretudo na relação entre a elite proprietária e os controladores de risco, e entre estes e os mediadores de risco. É um momento tenso, porque é nessa hora que o poder identifica quem é feitor de risco, quem é refratária e quem opta por permanecer em suspenso na zona cinza.

3. FABRICAR A PRÓPRIA IMPOTÊNCIA

"Mas como sempre a Vale irá nos jogar contra a parede e perguntar: e se não passar, irão assinar ou não? Para isso, teremos que ter a resposta da Corporação, com base nas nossas posições técnicas",[8] escreveu o engenhei-

---

7. Quando finalmente veio à tona, uma década após o vazamento de Chernobyl, que o nordeste da França havia sido contaminado, os especialistas em radiação designados pelo governo francês para o comitê de risco reagiram afirmando que se tratava de um "problema puramente científico". Ver: Virilio. *The Unknown Quantity*, p. 3.
8. E-mail atribuído a Makoto Namba, engenheiro-chefe da Tüv Süd. Ver: Lima. "Troca de e-mails mostra que Vale pressionou Tüv Süd para atestar estabilidade da barragem". *Estado de Minas*, 15 fev. 2019.

ro-chefe da empresa alemã TÜV SÜD, responsável pela certificação privada da barragem do Córrego do Feijão.

Eu gostaria de chamar a atenção do leitor para a pergunta "irão assinar ou não?". O que ela significa? Em primeiro lugar, trata-se de uma frase corriqueira. "Como sempre a Vale..." Quem atua no mercado de segurança e de *compliance* sabe que a triangulação para geração de desresponsabilidades é uma das possibilidades de atuação de mercado e, portanto, deve se preparar de antemão para as situações cinzentas que eventualmente emergirão sempre que for colocado a teste sua capacidade de correr o risco de catástrofe em nome da acumulação de capital. Isso significa que o profissional mobilizado tomou a decisão de correr o risco *muito antes da situação cinzenta ocorrer*. Como aprendeu desde cedo a abstrair os fatos e obstruir os afetos de acordo com a demanda que executa, o engenheiro da TÜV SÜD nem sequer precisa que alguém da Vale lhe pergunte se vai assinar ou não; ele se antecipa ao cenário provável e, com isso, contribui para eliminar mais uma situação que forçaria o aumento da responsabilidade de ambas as partes em relação à barragem. Em outras palavras, em crimes de colarinho branco, que sempre envolvem questões técnicas, as provas são "apagadas" muito antes de o risco de catástrofe ganhar substância – na verdade, não é necessário sequer entrar em acordo quanto ao apagamento, porque as evidências sequer são geradas; a homogeneidade da subjetividade capitalística entre profissionais mobilizados garante que o capitalismo se reorganize continuamente para que sua movimentação considerada "normal" envolva o menor número de situações de atribuição de responsabilidade.

Em segundo lugar, a pergunta "irão assinar ou não?", em si, não é crime. O que vai definir se ela é legítima ou criminosa são as "posições técnicas". Se for comprovado, com base em critérios técnicos e em provas factuais, que os engenheiros falsearam ou esconderam dados, ela se torna criminosa. Mas sabemos que é quase impossível gerar esse tipo de prova. Em todo caso, os especialistas de segurança que atuam diretamente para triangular a responsabilidade devem saber dosar na medida a "burrice ativa" na hora de explorar as tecnicidades – os índices, taxas, graus medidos; e ainda, as variações da legislação, as multas, o funcionamento dos processos legais etc. – a fim de *desresponsabilizar* a corporação no momento da produção do laudo final.

A geração de desresponsabilidades, porém, não visa somente evitar a tipificação de crime. Fosse apenas isso, seria ainda outra evidência de crime.

O que transforma o tema da penalização dos crimes de colarinho branco em algo totalmente cinzento é justamente o direito da empresa de proteger seus interesses comerciais. Assim sendo, a antecipação da pergunta "irão assinar ou não?" visa, em última instância, suscitar *cálculos de mercado*. O objetivo aqui é dosar as desresponsabilidades, de modo a nem correr risco em demasia (a ponto de tornar-se responsável pelo eventual rompimento de barragem segundo a lei) e nem correr risco de menos (a ponto de ser tachado de prudente pelo mercado). Por exemplo, num dos e-mails trocados entre funcionários da TÜV SÜD, são mencionadas as multas de valor astronômico, insinuando que elas poderiam ser usadas para convencer a Vale a aceitar, sem protesto, um laudo mais duro para a Mina Córrego do Feijão. Eis a zona cinza em plena operação.

Nesse contexto, a pergunta passa a ser: como os controladores de risco poderão realizar *um bom serviço*? Isto é, como eles conseguirão ser, ao mesmo tempo, responsáveis do ponto de vista da lei e desresponsáveis do ponto de vista do mercado? Evidentemente, criando a própria impotência, isto é, deixando-se mobilizar inteiramente pelas tecnicidades e metas de mercado, abstraindo os fatos e obstruindo os afetos que os levariam a agir com prudência. Na prática, isso significa terceirizar os processos de medição; topar usar máquinas um pouco gastas; cruzar os cronogramas entre a empresa privada e os órgãos públicos de fiscalização, a fim de garantir que o laudo de um sempre possa servir como motivação para a inércia do outro... Do ponto de vista da massa da classe de meio, significa aprender a responder e-mails de modo lacônico, mas não evasivo; evitar dar ou receber telefonemas alarmantes; nunca agir com pressa demais, ou com lentidão em excesso a ponto de levantar suspeitas; jamais deixar que o assunto chegue à sociedade civil, mas talvez a alguns familiares... E convém achar que o trabalho é maçante, que o salário é ridículo, que o chefe é incompetente e burro, que a empresa é uma burocracia sem fim, que não dá para fazer nada além de *fazer o seu serviço*.

Claro, talvez esse profissional, depois de algumas cervejas, até se sinta um pouco incomodado com o fato de que "corre-se" o risco de catástrofe, mas se ele sucumbe ao pânico frio, é mais em relação ao seu futuro profissional do que à possibilidade de participar de um crime do qual ele já foi desresponsabilizado de antemão pelo sistema e para o qual ele foi mobilizado desde o primeiro momento que começou essa carreira. Em todo caso, se se trata de um bom profissional, ele será capaz de escrever, momentos antes da catástrofe, algo como essa pequena obra-prima da zona cinza: "Ainda não temos leituras para o mês de janeiro/19 para as barragens I, Vargem Grande e B3/B4, e só teremos 5 dias úteis até a virada do mês. O risco de multa do DNPM (antigo nome da Agência Nacional de Mineração) é muitíssimo alto".[9] Eis o pensamento do homem cinzento: onde há o risco de catástrofe, só há "informações técnicas" e "multas".

Pedidos de vista, de revisão de prazo, de reformulação, de adiamento de visita, de segunda avaliação, de análise – e, ainda, telefonemas ignorados, e-mails não recebidos, celulares roubados ou perdidos, frases escritas com pressa, problemas no trânsito, brigas no trabalho... – tudo isso compõe o cotidiano elusivo de uma atividade capitalista no limite entre o legal e o imoral, no limiar entre controle e imprudência. Eis a linguagem própria da zona cinza: inconsistente, imprecisa, simplificada, repleta de clichês e lugares-comuns. Os controladores de risco não são sagazes; são profissionais eficientes e cumpridores da lei. Ou seja, são seres dotados de burrice ativa, termo que já discutimos. A sagacidade ligada à prudência – a capacidade de amar, de ver ao longe, de selecionar o que ajuda – não conta para avaliação da performance dos controladores de risco.

É importante destacar, nesse ponto, que mobilização não é o mesmo que ideologia. O que leva o sujeito a abstrair os fatos e obstruir os afetos não é, necessariamente, uma adesão deliberada à meta de acumulação de capital. Os engenheiros da Vale e da TÜV SÜD não são necessariamente criminosos dispostos a rifar a vida alheia em troca de ganhar mais um contrato, ou de receber um salário de mercado... Nem são pessoas tomadas pela ambição de enriquecer que se tornaram cegas para o risco de catástrofe... Em geral, são apenas *bons profissionais*. Isto é, pessoas aptas a consentir que a responsabilidade seja transferida para o sistema, pois cabe ao próprio sistema criar as condições para que a prudência seja excluída da atividade empreendedora.

Nas sociedades capitalistas, o conhecimento científico de risco e a legislação que dele deriva foram inteiramente pensados da perspectiva da livre iniciativa, o que na prática funciona como direito de ser irresponsável. Do ponto de vista das carreiras da classe de meio – que prestam suporte à elite proprietária na gestão de risco –, significa que, ao longo da formação profissional, o sujeito está livre para se preocupar menos com a proteção

---

9. Época Negócios. "E-mails mostram preocupação de engenheiro da Vale com falta de informação". *Época Negócios*, 13 fev. 2019.

das comunidades de barragens do que com a missão de criar sistemas de alarme melhores, laudos mais completos etc. Todo o conhecimento que ele acumula, todas as relações sociais e profissionais que ele desenvolve serão neste sentido: aumentar sua capacidade de explorar uma oportunidade de lucro de modo inovador. Os benefícios gerados para a sociedade surgem como consequência da boa atividade profissional.

Em geral, a ideologia benevolente da destruição criativa mantém esse profissional seguro acerca de sua contribuição para a sociedade. Mas, à medida que cresce na carreira, começam a ocorrer com frequência situações de zona cinza, em que a relação entre causa e consequência deixa de ser supostamente benéfica para tornar-se potencialmente prejudicial. À medida que a atividade de risco se aproxima do limite estabelecido por lei – ou tacitamente pelo mercado –, o especialista de risco descobre que sua margem de ação é bem mais estreita do que imaginava, afinal, também a noção de limite foi pensada do ponto de vista não da prudência, mas da proteção da lucratividade da operação. No momento em que é confrontado com a pergunta "vai assinar ou não?", esse profissional constata que se encontra sozinho e lhe falta sabedoria prática para lidar com a concretude dos fatos e a força dos afetos que o risco de catástrofe suscita; por outro lado, sobram *desresponsabilidades* que garantem que, para tudo que ele fizer, a culpa recairá no sistema – o que faz com que aumentem sobre ele as exigências de seus superiores.

Nesse caso, é mais comum que ele sucumba ao pânico frio (o temor apático que, todavia, não o impede de comparecer ao trabalho e de exercer sua profissão) e esqueça que se trata de catástrofe, e que ele próprio corre risco. Nesse instante decisivo, a livre iniciativa se converte em criação da própria impotência. Em outras palavras, ele passa a tomar parte na zona cinza, ele se torna responsável por manter em suspenso o dilema infeliz entre o que sabemos sobre o risco de catástrofe e o que nos mobiliza a correr esse risco por livre iniciativa. Esse profissional passa a lutar para tirar o corpo da atividade de risco – literalmente, afinal a desresponsabilidade é a garantia de que, em tudo que faço, nada será de minha inteira responsabilidade. Graças à sua criatividade, os jovens que aspiram à mesma carreira poderão se esquecer de que sua função é proteger populações inteiras da ameaça de dependência do minério, e não ajudar a Vale a monitorar barragens...

4. DA CULPA AO DANO SOCIAL

Meses antes do rompimento da barragem do Córrego do Feijão, um e-mail anônimo intitulado "A verdade" foi enviado à cúpula da Vale. Nele, a empresa é retratada como um "câncer", porque continuava a explorar minério mesmo com as "barragens nos limites". O e-mail foi prontamente descartado – não sem que se ordenasse a descoberta de quem o teria enviado –, porque falava "de forma genérica e sem evidências" e porque o termo *limite* "foi compreendido como referência *ao limite de capacidade licenciada das barragens*, o que já vinha sendo endereçado pela empresa, como, por exemplo, com a expansão das operações com processamento a seco".[10] Em outras palavras, o e-mail foi facilmente descartado porque não apenas falava o que todo mundo já sabia, mas também porque *não forçava a atribuição de novas responsabilidades*.

As vítimas diretas e em potencial sabem disso melhor do que nós. Porque também sobre elas recai o peso das desresponsabilidades de um ponto de vista jurídico. "Nós precisamos *transformar nossa indignação em provas* testemunhais, técnicas e periciais. Não temos, nas 15 mil páginas (analisadas pela CPI), uma mensagem sequer que nos traga tecnicamente uma prova que diga que eles de fato assumiram esse risco com a consciência de risco iminente",[11] disse um dos deputados mais ativos da comissão parlamentar que investiga a Vale. Essa exigência de "prova técnica" é, evidentemente, parte do problema – ou, melhor dizendo, parte do mecanismo de desresponsabilização.

O paradigma da prova técnica serve para relativizar a demanda por prudência, na medida em que facilita a abstração dos fatos da catástrofe e a obstrução dos afetos das vítimas. Mas não só. Ora, como vimos, o capitalismo não se baseia em ordens diretas, mas em desresponsabilidades; e é a própria dinâmica do sistema que garante a exclusão da prudência, a fabricação da própria impotência. O CEO que interroga "irão assinar ou não?" age de modo imprudente, mas será dificílimo provar que ele cometeu um crime. Porque a função de um CEO, nesses casos, não é ordenar aos seus subordinados que cometam um crime, mas garantir que o sistema se reorganizará da melhor maneira – o que, na prática, se assemelha a uma "cultura de retaliação",[12] que,

---

10. G1 Minas. "Executivos da Vale receberam e-mail anônimo sobre barragens no 'limite' duas semanas antes de desastre em Brumadinho, diz jornal". *G1 Minas*, 5 nov. 2019.
11. Rossi. "As conclusões da CPI de Brumadinho no Senado, que pede indiciamento de 14 pessoas por homicídio". *BBC News*, 2 jul. 2019.
12. Rocha. "O email que alertou o comando da Vale sobre as barragens". *Nexo Jornal*, 5 set. 2019.

naturalmente, nunca acontece de modo explícito. A Vale pode ser obrigada por lei a acatar um laudo mais duro da TÜV SÜD, mas isso não significa que as demais empresas do setor de mineração serão obrigadas a contratar a TÜV SÜD... Do mesmo modo, um promotor do Ministério Público pode atuar de forma implacável contra as barragens mineradoras, mas isso não significa que ele terá de ser premiado como "figura do ano" pelas revistas ou ser escolhido para cargos comissionados... Já na Vale, cada demissão será acompanhada de avaliações de desempenho, de relatórios dos recursos humanos, de pareceres técnicos de terceiros, de adequações à lei de justa causa...

Compreende-se, portanto, que se há "erros apesar dos acidentes" é porque o que está claro do ponto de vista da prudência está sempre obscuro do ponto de vista do controle, e vice-versa. Zona cinza.

O sistema de justiça moderno foi condicionado pela noção de controle; desde então, concebe um universo positivo e factual, e carece que a imputabilidade dos atos seja fixada objetivamente por dispositivos técnicos (jurídicos, técnicos e/ou científicos), para que se possa deduzir deles uma punição. Uma nova criminologia emerge como contraponto. Ela nota que esse conceito de justiça é mais adequado à punição de crimes "de rua" – os crimes cometidos ocasionalmente contra a propriedade privada, em geral por indivíduos marginalizados. Pois os crimes corporativos e de Estado não operam nessa mesma escala. Eles não constituem uma relação objetiva e individualizada de agressor e vítima, ou de comandante e executor. Os crimes corporativos são praticados de modo indireto, com recursos a inúmeros dispositivos de intermediação e de controle. Ao contrário do marginal, que *infringe* a lei porque é *produto* das desigualdades de seu meio, o capitalista *produz* sua própria desresponsabilidade, enquanto o homem cinzento *cria* sua própria impotência. Ele produz laudos que atestam que determinada barragem está "no limite", elabora estudos sobre o "eventual impacto" de um rompimento, faz ver que "há *aspectos jurídicos* em análise".[13] O homem cinzento fabrica a garantia de que de seus atos decorrerão apenas "erros apesar do acidente".

Para baixar a poeira da zona cinza, a criminologia contemporânea – sobretudo as vertentes da criminologia verde e da zemiologia – tem se

---

13. "O Ibama informou que medidas legais estão sendo tomadas para que as multas sejam pagas. Em nota, a Samarco confirmou que 'há aspectos jurídicos em análise' em relação às multas do Ibama". Ver: G1 Minas. "Samarco não pagou nenhuma multa aplicada pelo Ibama após rompimento de barragem em Mariana, há três anos". *G1 Minas*, 29 jan. 2019.

esforçado para desviar o foco da noção de crime para a de *dano social*. Argumenta que já não se trata mais de meramente expandir o conjunto de tipificações e modos de aplicação da lei, mas de questionar a lógica deflacionária sancionada pela judicialização do controle. Já não se trata mais apenas de procurar aperfeiçoar a lei, mas de questionar o que um sistema de leis autoriza em termos de desresponsabilidade e qual o seu impacto na constituição de laços sociais de prudência. A reparação de um dano social vai muito além da punição individual, da multa da corporação e da recuperação das áreas atingidas; ela implica novas atribuições de responsabilidade não tipificadas por lei, isto é, implica um processo de desmobilização em nome de relações de prudência. A justiça deixa de ser concebida como "intervenção cirúrgica" em casos de "omissão ou falha do controle", pois

> alguns podem dizer que o foco em eventos que são definidos como crimes serve para desviar a atenção dos comportamentos nocivos mais graves – criando uma "imagem espelhada de carnaval do crime" [Reiman, 1998]. Como argumentam Tifft e Sullivan [1980, p. 6], "ao insistir em pressupostos legais como sagrados, os criminologistas cumprem a ocultação e a distorção da realidade dos danos sociais", particularmente os danos infligidos por pessoas com poder.[14]

5. TÉCNICA *VERSUS* COSMOTÉCNICA

Em todo caso, a atividade mineradora carece de construção de barragem de rejeitos, o que implica riscos inerentes à atividade mineradora. Significa que o problema é a mineração em si? O mal que devemos combater é a própria atividade produtiva? Talvez. Mas não é essa a verdadeira questão. Vejamos como uma refratária ao risco a propõe.

---

14. Cannings; Tombs. *From Social Harm to Zemiology*, p. 27. Tradução nossa do inglês.

PRUDÊNCIA COMO COSMOTÉCNICA

Imagem 2 – *Still Life with Stone and Car* (2003), de Jimmie Durham.

Os indígenas deveriam ser contra a indústria? Essa é a pergunta que abre o ensaio "Against Internationalism" [Contra o internacionalismo], de Jimmie Durham, um artista contemporâneo de origem Cherokee, ex-diretor do IITC (Conselho Internacional do Tratado Indígena) e membro do Conselho Econômico e Social das Nações Unidas. Os indígenas deveriam ser contra, por exemplo, o uso de tratores na agricultura? Ora, ele constata: "com um trator pode-se cultivar melhor e mais facilmente, ter mais tempo de lazer para ler livros, e até mesmo ganhar dinheiro suficiente para comprar alguns livros".[15] Mas, ao mesmo tempo, Durham sabe bem do estrago que a indústria é capaz de fazer. Como exemplo, ele narra uma história infeliz:

> Morei em Genebra, na Suíça, de 1969 a 1973, e tive o privilégio de conhecer Michel Porret e sua família em uma pequena vila no Cantão de Vaud. Michel ainda falava e escrevia em valdês. Sua família vivia na pequena fazenda por cerca de mil anos e, segundo ele, uma família de raposas vivia na floresta na colina por aproximadamente o mesmo período, e roubava-lhes uma galinha de vez em quando. "Acho que todo mundo gosta de frango", disse Michel. Seu primo operava uma pequena fazenda de trutas no córrego, até que uma

---

15. E o leitor não deve suspeitar, na referência aos livros, de uma "ocidentalização do indígena; os Navajo foram pioneiros na elaboração de um sistema análogo à imprensa moderna para divulgação de notícias e histórias". Durham. *Against Internationalism*, p. 32. Tradução nossa do inglês.

empresa de tratores comprou um monte de terra do outro lado do córrego e causou tanta poluição que todas as trutas morreram.[16]

Durham sente profunda empatia pela história dos Porret, que espelha a violência que ele e seu povo Cherokee vem vivendo na mão dos norte-americanos. Significa, portanto, que os Porret devem lutar contra a instalação de indústrias na região? Segundo Durham, trata-se de uma pergunta mal-formulada. Na verdade, "há outra maneira de se colocar o problema em que devemos dizer que *a empresa de tratores não é indígena*".[17]

Não é indígena, ou seja, trata-se de uma empresa capitalista. Significa que ela está autorizada a ignorar as comunidades que habitam há séculos a região. Tudo o que ela precisa é adquirir a posse do terreno e cumprir as legislações de segurança locais, nacionais e internacionais de instalação e operação; logo, se a empresa paga em dia seus impostos e está em conformidade com as normas de segurança, ela está liberada para ignorar o que acontece aos lobos, às trutas, aos Porret etc. Tudo isso vira um "problema meramente científico" sobre o qual eventualmente pode haver "aspectos jurídicos em análise".

Nesse ponto, Durham quer problematizar o clichê romântico de que os indígenas seriam mais "próximos da natureza". Essa é uma ideia inadequada, ou, melhor dizendo, uma concepção do homem branco. Na verdade, conclui Durham, o "verdadeiro denominador comum dos povos indígenas é que somos povos apátridas".[18] Isto é, na relação entre atividade produtiva e natureza, não é possível recorrer ao Estado para desresponsabilizar a atividade produtiva e mobilizar o produtor a abstrair os fatos e obstruir os afetos em nome da proteção da lucratividade da operação.

Este é um ponto muito importante, porque ocupa justamente *o ponto cego da classe de meio*. Cabe a esta, como vimos, prestar suporte à elite proprietária na gestão de risco. Assim sendo, cabe a ela gerar as definições de risco, os critérios de implantação e controle das atividades de risco, as competências profissionais, as leis normativas e as sanções penais etc. Cabe a ela, ainda, mediar, para o conjunto da sociedade, todo esse arcabouço de informações técnicas, práticas, científicas, jurídicas, administrativas relativas a um risco; cabe a ela, também, formar os novos profissionais, tornar públicos os problemas e desafios de controle de risco etc. Em suma,

---

16. Durham. *Against Internationalism*, p. 32.
17. Durham. *Against Internationalism*, p. 32.
18. Durham. *Against Internationalism*, p. 32.

seja no papel de controlador ou mediador, a classe de meio pode contribuir para a catástrofe mesmo *prestando um bom serviço*. Vimos no capítulo anterior, por exemplo, que é possível até mesmo um jornalista denunciar a catástrofe e, mesmo assim, contribuir para que todos continuem a correr o risco. Isso porque todo o sistema foi pensado para gerar desresponsabilidades e mobilização; e se a classe de meio não atua diretamente como refratária a essa lógica, ela só contribui, mesmo que indiretamente, para a consolidação desse processo.

A classe de meio gostaria de que tudo se resumisse a uma questão de punir seres criminosos e gananciosos – a uma questão de empresas capitalistas *versus* empresas "conscientes"; pessoas que comem carne *versus* veganos; recicladores *versus* acumuladores de lixo; defensores da posse de armas *versus* defensores dos direitos humanos etc.; em suma, do bem *versus* o mal. Mas se a classe de meio, no processo de tornar-se refratária, não aprender a se tornar "um pouco indígena" – e continuar se deixando seduzir pelo canto do homem cinzento, que nos confunde ao dizer simultaneamente "não há nada a ser feito" e "há a coisa certa a se fazer" –, ela acabará como na fábula do escorpião e do sapo,[19] vítima de um sistema para cujo funcionamento ela se julgava essencial.

Daí a necessidade de se criarem fábricas indígenas – mas também escritórios de advocacia, agências de publicidade, cursos universitários "indígenas" etc. –, isto é, de se criarem outras *cosmotécnicas*. Para o filósofo chinês Yuk Hui, *cosmotécnicas* são quaisquer elaborações aptas a promover a "unificação do cosmos e da moral por meio das atividades técnicas, sejam elas a criação de produtos ou de obras de arte".[20] O objetivo declarado é romper com o horizonte monotecnológico da globalização, promotor de um niilismo deflacionário, em prol de outra agenda e outra imaginação tecnológicas que possibilitem "novas formas de vida social, política e estética e novas relações com não humanos, a Terra e o cosmos".[21] Poderíamos

---

19. A fábula "O escorpião e o sapo" narra a história de um escorpião que pede a um sapo que o leve pelo curso de um rio. O sapo tem medo de ser picado durante a viagem, mas o escorpião argumenta que, se o picar, ele afundaria e se afogaria. O sapo concorda e começa a carregar o escorpião, mas, no meio do caminho, o escorpião acaba por ferroar o sapo, condenando ambos à morte. Quando perguntado pelo sapo por que o havia picado, o escorpião responde que esta é a sua natureza e que nada poderia ser feito para mudar o destino.
20. Hui. *Tecnodiversidade*, p. 39.
21. Hui. *Tecnodiversidade*, p. 39.

dizer, passando ao largo das implicações filosóficas dessa associação, que as cosmotécnicas compõem o que denominamos como uma ciência moral especulativa, conforme o antigo projeto de Goethe.

As políticas de prudência devem ser amparadas por cosmotécnicas capazes de retomar o lócus por uma tecnodiversidade ativa, apta a se opor aos processos de desresponsabilização e mobilização capitalista, a partir da apropriação tanto da técnica quanto de sua ontologia e diversidade, por meio da combinação dos fluxos materiais e imateriais que atravessam os variados lócus existenciais. Como insiste Yuk Hui, é preciso atuar para bifurcar o futuro tecnológico em vista de outros afetos, outras formas de socialização, outros processos de abstração que não se baseiem no direito à irresponsabilidade.

Um exemplo de iniciativa tecnodiversa é o trabalho do IAA, Institute for Applied Autonomy. Um grupo de artistas e engenheiros se reuniu para aplicar tecnologia a situações de resistência, como protestos, confrontos, alertas, disseminações de contrainformação, ocupações de território etc. Um dos projetos mais famosos é o "I-SEE", um software de distribuição de mapas CCTV descentralizado, baseado em dados gerados pelo usuário, cujo objetivo é expor as câmeras de vigilância na cidade de Nova York e em outras capitais como forma de protesto contra violações de privacidade no espaço público. Mas o projeto do IAA que mais bem elucida a apropriação da técnica por uma cosmotécnica é o "Contestational Robotics" (2009). Em sua origem estão os documentos vazados da DARPA (Agência de Projetos de Pesquisa Avançada de Defesa, uma agência de inovação independente ligada ao Departamento de Defesa dos EUA, responsável pela criação da ARPAnet, precursora da Internet atual). Os membros do IAA escolheram alguns dos projetos da DARPA para fazer uma leitura criativa. Por exemplo, a partir da livre interpretação do "Programa de Construção de Robôs Táticos Móveis", concebido originalmente pela defesa norte-americana como instrumento de controle de rebeldes, o IAA pôde desenvolver os "Robôs Grafiteiros", dispositivos aptos a grafitar com extrema velocidade "áreas proibidas", como edifícios militares e públicos. Todos os modelos do IAA são disponibilizados online em *copyleft*, com descrições detalhadas dos materiais e códigos usados na fabricação do dispositivo. Em suma, bastou substituir o céu da técnica – não mais a ameaça nuclear que dominava a mente dos cientistas da DARPA, mas a exigência realista do impossível, que desde maio de 1968 faz os manifestantes picharem as ruas das metrópoles – para que a cosmotécnica desviasse a técnica de seu projeto de dominação universal. Assim, os projetos do IAA promovem a desmobilização da classe produtora: "ao abordarem explicitamente questões políticas, nossos projetos desafiam a cultura de engenharia".[22]

Outro exemplo de tecnodiversidade, dessa vez no campo jurídico, é a ação inédita movida pela ONG Pachamama contra a União e o Estado de Minas Gerais, que visa conferir ao rio Doce, gravemente atingido pelas tragédias de Mariana e Brumadinho, o estatuto de *sujeito de direitos*:

> Afinal, eu, "Bacia Hidrográfica do Rio Doce", sou ecossistema (relações de vida), sou oceano (ciclo da água), sou biodiversidade (processos ecológicos), sou inspiração artística (poesias, crônicas, romances e canções) e sou ancestralidade (origem de povos). Sendo tudo isto, sou sujeito de direitos? O Novo Constitucionalismo Latino-americano, que reconhece os direitos da natureza, diz que sim.[23]

Essa iniciativa inverte a perspectiva negativa da "lição da natureza" que criticamos no capítulo anterior – em que se transfere à catástrofe o dever de explicar à humanidade os perigos que ela acarreta. Ao proporem a transformação do rio Doce em sujeito de direitos, os advogados visam produzir uma nova definição jurídica de Natureza, em que ela deixará de ser um bem inerte cuja exploração é regulada por lei para tornar-se um cosmos dotado de autonomia e apto a exigir do homem uma relação de prudência.

Há inúmeras iniciativas relevantes no campo das cosmotecnologias. Entretanto, ficaremos nesses poucos exemplos, pois o objetivo deste livro não é se endereçar às vítimas diretas ou em potencial, tampouco às refratárias ao risco, e sim à classe de meio, que se conserva em suspenso diante do dilema infeliz entre o que sabemos sobre o risco e o que nos mobiliza a corrê-lo. Como já notado, essa classe sente um certo alívio moral ao saber que "há iniciativas interessantes" ocorrendo ao redor dela – e que tudo não passaria de arranjar um tempinho para colaborar com elas, e se não for possível quem sabe talvez doar um dinheirinho, distribuir uns *likes*... Um livro que pretenda fazer um apanhado geral das cosmotécnicas não pode ser meramente ilustrativo, como correríamos o risco de fazer aqui; ele precisa ser escrito do ponto de vista das refratárias ao risco, que, naturalmente,

---

22. Institute for Applied Autonomy. Engaging Ambivalence: Interventions in Engineering Culture, p. 472.
23. Trecho da petição dirigida ao juiz federal da seção judiciária de Minas Gerais. Ver: Instituto Humanitas Unisinos. "Ação inédita no país, Rio Doce entra na Justiça contra desastre de Mariana". Instituto Humanitas Unisinos, 17 nov. 2017.

possuem muitas questões de ordem prática, afetiva, existencial – já que vivem em áreas de risco, e não na névoa da zona cinza – que convém responder com o auxílio desses exemplos.

Para além de saber que há "boas iniciativas", talvez seja mais importante que a classe de meio se pergunte: como seria possível *fazer um serviço malfeito*? No sentido de complicar a distribuição de desresponsabilidades e de reduzir ao mínimo possível o efeito de mobilização; um pouco como fazia o Bom Soldado Švejk.[24] Em outras palavras, como fabricar as condições para que um técnico de segurança possa fazer um monitoramento prudente – perspicaz na antecipação de acontecimentos incertos, amoroso no cuidado com o outro – das barragens de mineração? O que significaria uma *resistência passiva* do ponto de vista das inúmeras profissões exercidas pela classe de meio (em que predominam membros da classe média, que em geral ainda possuem alguma segurança diante dos inúmeros riscos de catástrofe que nos cercam)? Essas questões, contudo, não devem nos impedir de imaginar cenários futuros, tais como: qual seria a função desse técnico numa atividade mineradora "indígena"? E da classe de meio em geral? Que novo papel ela teria de assumir no caso de uma revolução cosmotécnica da mineração ou da atividade produtiva como um todo?

---

24. *O bom soldado Švejk* (1921) é uma novela satírica do escritor tcheco Jaroslav Hašek. O protagonista que dá nome à obra é um militar singularmente idiota e incompetente, incapaz de seguir com presteza as ordens que recebe. Todavia, à medida que seus atos aparvoados acabam por revelar a estupidez da autoridade militar, o leitor começa a suspeitar que Švejk não é alguém genuinamente incompetente, mas um modelo de *resistência passiva*, disposto a frustrar permanentemente o poder com uma insolência muda.

04

**ACIDENTES
CINZENTOS**

No presente capítulo, investigamos qual o papel estrutural dos acidentes em geral, e dos acidentes cinzentos em particular, no funcionamento da zona cinza. Como os acidentes podem ser usados para desresponsabilizar a atividade empreendedora e mobilizar a sociedade – em especial a classe de meio – para que corramos o risco de catástrofe? Mas antes de nos debruçarmos sobre os acidentes cinzentos propriamente ditos, faremos uma breve genealogia do conceito de "destruição criativa", que contribuiu para ressignificar positivamente os acidentes à luz da nova "quase-causa" de tudo o que acontece: o progresso.

1. ACIDENTE E CATÁSTROFE

Acidentes são recorrentes na zona cinza. Não apenas os acidentes inerentes à atividade produtiva e ao consumo; há, ainda, os *acidentes cinzentos*: incêndios repentinos, erros de sistema, mau funcionamento de aparelhos, documentos perdidos, informações incompletas, lapsos de memória... Situações inesperadas, fortuitas, misteriosas ou até mesmo suspeitas, em que a relação entre causa e efeito é nebulosa e cujos responsáveis não estão claros; acidentes que parecem beneficiar uns, prejudicar outros – mas sempre de tal modo que ninguém se torne responsável pelo efeito destrutivo. Os acidentes cinzentos são eventos que perturbam não só a concorrência comercial, como também as políticas de prudência, mas de tal modo que as vítimas, ao fim, se vejam forçadas a pensar – apesar de todas as suspeitas – que tudo não passa de golpe do destino e que tiveram má-sorte.

Já começamos a falar dos acidentes cinzentos no terceiro capítulo, quando nos debruçamos sobre o caso Vale-Brumadinho. Vimos que é difícil tipificar como crime as ações dos envolvidos, porque faltam vínculos diretos que liguem a ocorrência da catástrofe a uma intenção ou tomada de decisão. Isso porque a decisão de correr o risco de catástrofe já havia sido tomada muito antes de o risco se apresentar; desse modo, os parceiros comerciais puderam se engajar numa dinâmica de desresponsabilização e mobilização que *garantia, de modo sistêmico,* que a atividade produtiva de extração de minério jamais pudesse ser politizada do ponto de vista da prudência – de tal modo que ninguém precisava dar ordens ou lembrar o outro do compromisso inelutável com o progresso. O conceito de "acidente cinzento" visa descrever, justamente, casos em que paira a suspeita de que um acidente tenha ocorrido menos porque alguém cometeu deliberadamente um crime, mas porque a prudência foi excluída de modo sistemático de toda a cadeia causal.

Retomemos a distinção entre catástrofe e acidente. Catástrofes impactam de modo ilimitado o tempo, o espaço e as pessoas afetadas; os acidentes, por sua vez, impactam de modo limitado o tempo, o espaço e as pessoas afetadas. Assim sendo, terremotos são catástrofes, enquanto a colisão de dois automóveis é um acidente, pois somente no segundo caso é possível delimitar de imediato a abrangência restrita da cadeia causal e do efeito destrutivo. Mas devemos considerar ainda um *valor de acidente* e um *valor de catástrofe*. Por exemplo, um acidente de automóvel pode ter valor de catástrofe do ponto de vista das famílias envolvidas, pois, para elas, o efeito destrutivo da ocorrência é potencialmente ilimitado. Do mesmo modo, uma infecção esporádica por sarampo – doença de potencial catastrófico pandêmico – passará a ter valor de acidente do ponto de vista da medicina enquanto o risco for mantido sob pleno controle.

Do ponto de vista das instituições modernas, cabe à ciência reger a distinção entre acidente e catástrofe, e entre valor de acidente e valor de catástrofe. Quer seja o impacto de um terremoto no regime hídrico, quer seja o impacto traumático de acidentes de carro nos sobreviventes, cabe à ciência estabelecer a amplitude do potencial destrutivo de cada risco e definir os modos de controle e mitigação de seus efeitos.

À primeira vista, a missão fundamental da ciência é atribuir a toda catástrofe um valor de acidente; esta seria a medida de seu controle sobre os eventos destrutivos. Ocorre que, em muitos casos, a ciência precisa primeiro definir como catástrofe um evento costumeiramente considerado como acidente. Por exemplo, quando Ralph Nader demonstrou que automóveis são inseguros em qualquer velocidade[1] – isto é, que havia riscos inerentes e sistêmicos ao automobilismo que impactavam não só o destino dos usuários, como a própria eficiência do sistema rodoviário e o orçamento público de saúde –, ele atribuiu de modo definitivo um valor de catástrofe aos acidentes de automóvel. Graças ao recurso à ciência, Nader pôde politizar as definições de risco de colisão e forçar os governos e a indústria automobilística a levarem em consideração o potencial ilimitado de danos do sistema rodoviário, bem como a incorporarem a segurança como critério central nas estratégias de gestão e de mercado.

Ulrich Beck nota que, paradoxalmente, a produção de conhecimento científico sobre risco tende a aumentar a insegurança, ao invés de diminuí-la. O que não quer dizer que os riscos se tornam, por isso, menos controláveis. O paradoxo consiste, antes, no fato de que o aprofundamento do conhecimento de risco só faz aumentar a *percepção do potencial ilimitado de destruição* de um risco. Assim sendo, quanto mais se define um risco, mais se ampliam as definições de segurança que ele suscita e mais complexas devem se tornar as estratégias de controle. Esse paradoxo frequentemente leva a impasses complexos e contraditórios. É o caso, por exemplo, da pandemia da covid-19. Os especialistas logo entraram em consenso acerca de todo um conjunto de medidas sanitárias protetivas contra o vírus, como o isolamento social e o uso de máscaras. Todavia, à medida que a compreensão dos riscos da doença progredia – passando a extrapolar o âmbito sanitário para suscitar novos riscos de ordem econômica, jurídica, policial, educacional etc. –, tornou-se ainda mais complicada a difícil escolha entre o modelo democrático de "adaptação" adotado no Ocidente e a política centralizadora de "covid zero" adotada na China. Afinal, a depender da dose adotada, o impacto das medidas sanitárias restritivas podia extrapolar o sistema de saúde para abranger a constituição e o regime político de cada país.

Ocorre que, com o advento das sociedades de risco, a ciência deixa de ser percebida como instância reguladora para tornar-se, em alguns casos, cúmplice da catástrofe. "Acidentes" como os desastres de Chernobyl e Fukushima – e a iminente crise nuclear em Zaporíjia, cuja usina foi transformada num dos palcos da Guerra da Ucrânia – só fazem agravar a suspeita de que a ciência tem sido demasiadamente subserviente às demandas de mercado, contribuindo assim para o acúmulo de catástrofes no horizonte da modernidade. Ora, a

---

1. Ver: Nader. *Unsafe at Any Speed*.

proliferação da energia nuclear só se deu sob aval da ciência, que garantira sua total controlabilidade e minimizara os impactos da contaminação. Episódios como esse e tantos outros – dos transgênicos ao lobby petrolífero negacionista – levantam suspeitas acerca da idoneidade da ciência na hora de manejar os valores de acidente e catástrofe para fins políticos.

O aquecimento global, por sua vez, coloca em xeque os próprios "órgãos sensíveis" da ciência, isto é, a epistemologia moderna, na medida em que a dinâmica e a amplitude de transformações impactam até mesmo os paradigmas considerados outrora imutáveis pela ciência. A escala entre grande e pequeno, entre relevante e insignificante, entre pontual e sistêmico passa a ter de ser constantemente revista em virtude da mutação inaudita da natureza. Por exemplo, descobriu-se recentemente que pequenas porções do tamanho de uma colher de folhas em decomposição no solo podem ser uma fonte significativa de emissão de óxido nitroso; em outras palavras, a mera queda de folhas pode ser considerada um acidente de grande valor catastrófico.[2] Todos os dias surgem novas constatações desse tipo que subvertem o enquadramento habitual da episteme moderna (nesse caso, o hábito de estudar as catástrofes naturais sempre a partir de escalas espaciais mais amplas). Além disso, descobertas como essa forçam a uma drástica revisão daquilo que deve ser considerado ou não "acidente" em uma civilização cujo próprio funcionamento normal passou a ser considerado de alto potencial catastrófico.

O conceito de "antropoceno" visa revolucionar a distinção entre acidente e catástrofe. Ele descreve uma nova era geológica, em que a ação humana se torna a principal força que modela e perturba os fluxos da natureza. Assim sendo, até mesmo a ação individual mais corriqueira pode, do ponto de vista agregado de seu impacto no meio ambiente, adquirir um valor catastrófico ilimitado. Mas o antropoceno não é a mera soma dos impactos no meio ambiente causados pela atividade produtiva. O antropoceno descreve, antes, uma "força de civilização invertida e convertida em força da natureza, na qual história e fenômeno atmosférico entram numa comunhão tão paradoxal quanto avassaladora".[3] Se Hiroshima e Chernobyl (ou Brumadinho e Mariana) podem ser considerados produtos da crise do humanismo – passíveis, portanto, de serem resolvidos pelo próprio humanismo –, o

---

2. Ver: Kravchenko; Cameron. "Decomposing leaves are a surprising source of greenhouse gases". *Michigan State University Today*, 5 jun. 2017.
3. Beck. *Sociedade de risco – Rumo a uma outra modernidade*, p. 9.

antropoceno, por sua vez, desafia a noção de controle, porque o impacto da ação humana na Terra extrapola o horizonte da intencionalidade humana. A mutação dos fenômenos naturais desencadeada pelo antropoceno – a emergência incessante de novos agenciamentos biológicos, geológicos e etológicos de caráter monstruoso – gera consequências catastróficas ilimitadas e irredutíveis a toda determinação histórica, e tem o potencial de extrapolar a escala média da vida das civilizações. Assim, é dito que, se o antropoceno começa conosco, poderá se prolongar para muito além de nossa eventual extinção.

Em outras palavras, o conceito de antropoceno projeta sobre a própria existência humana – melhor dizendo, sobre a existência do homem moderno capitalista – um valor de catástrofe. O antropoceno demonstra o potencial ilimitado de destruição inerente à promessa de progresso infinito. A ciência moderna, baseada no estatuto ontológico de estabilidade e previsibilidade da natureza, perde seu poder descritivo e preditivo face a esses novos agenciamentos. Em contrapartida, as ciências do antropoceno assinalam a falência de toda perspectiva particular, categórica e solucionista de enfrentamento da catástrofe. Já não estamos mais em condições de negociar *tradeoffs* para as externalidades que causamos, porque a ação humana impacta numa escala e complexidade que excedem o escopo da atividade produtiva e a abrangência das negociações políticas. Só resta aprender, o quanto antes, a "ficar junto com a encrenca",[4] como sugere Donna Haraway: devemos aprender a viver e pensar em um mundo mais autônomo e precário, irredutível às necessidades humanas.

À medida que as sociedades modernas evoluem e as catástrofes socialmente manufaturadas começam a ultrapassar as naturais em termos de recorrência, gravidade e escala de impacto, a noção de risco entra em conflito direto com o paradigma do progresso. Para proteger esse paradigma, frequentemente a autoridade científica é usada para atribuir um valor de acidente aos riscos de catástrofe inerentes ao desenvolvimento e à competição desenfreada.

Por exemplo, no documentário *House In The Middle* (1954), elaborado pela Defesa Civil norte-americana para o público doméstico, a explosão da bomba nuclear é retratada como acidente, isto é, evento destrutivo de potencial limitado no espaço, tempo e pessoas afetadas. O filme mostra

---

4. Ver: Haraway. *Staying with the Trouble: Making Kin in the Chthulucene*.

experimentos científicos que supostamente provariam que, no caso de um eventual ataque nuclear comunista às cidades estadunidenses, os lares sem manutenção seriam os mais afetados. Exorta, então, às boas famílias do subúrbio que "pintem suas casas, recolham o lixo (...), aparem seus arbustos, árvores e ervas daninhas, e plantem flores",[5] pois, além demonstrar civilidade, estariam protegendo seus lares de forma eficaz e "cientificamente testada" em relação ao impacto da bomba atômica. "Beleza, limpeza, saúde e segurança são as quatro doutrinas básicas que protegem nossas casas e cidades... A recompensa pode ser a sobrevivência!".[6] Esse filme é um exemplo prosaico de como a ciência pode ser instrumentalizada pelo Estado e pelas grandes corporações – por meio de *think tanks*, campanhas publicitárias, lobby político etc. – a fim de dissimular o real potencial catastrófico de um risco.

Mas nem sempre é necessário falsear ou dissimular um risco para atribuir a ele um valor de acidente. Já estudamos alguns exemplos de como, na zona cinza, as definições de risco – com suas taxas, limites, regras, leis, índices, probabilidades, recomendações, mecanismos etc. – podem ser usadas como instrumento de desresponsabilização da atividade empreendedora ou como mecanismo de mobilização da sociedade, sobretudo da classe de meio. Vimos que, em alguns casos, é justamente porque existia uma lei ou um limite de segurança que os feitores de risco se sentiram à vontade para atuar de modo desresponsabilizado, certos de que em toda a operação só ocorrerão "erros apesar do acidente".

Ao longo de todo o livro, viemos insistindo no dilema infeliz que fundamenta a zona cinza: o contraste estarrecedor entre o que sabemos sobre um risco e o que, todavia, nos mobiliza a correr esse risco. O capitalismo não cessa de se reorganizar para que, mesmo nos casos em que um risco de catástrofe se torna amplamente reconhecido, seu potencial ilimitado de destruição só seja capaz de produzir efeitos políticos e sociais limitados, sem o poder de alterar a lógica do progresso a qualquer custo que gera esse risco. Daí as inúmeras situações cinzentas em que a sociedade – em especial, a classe de meio – é confrontada com dilemas ineslutáveis que a forçam a abstrair os fatos e a obstruir os afetos face ao risco de catástrofe, isto é, forçam-na a projetar um valor de "erro apesar do acidente" em tudo aquilo que faz.

---

5. Haraway. *Staying with the Trouble: Making Kin in the Chthulucene*, p. 103-104. Tradução nossa do inglês.
6. *House In The Middle* (1954), dirigido pela Defesa Civil norte-americana.

Em resumo, consideremos as três catástrofes mais paradigmáticas – as crises financeiras globais, o vazamento de material radioativo e a mudança climática. As três são altamente abstratas e de repercussão global. Significa que a compreensão do caráter catastrófico dessas ocorrências excede os órgãos sensíveis individuais e o horizonte da experiência cotidiana das populações; estas devem ser alertadas sobre os riscos e as causas sistêmicas por trás dos vários "acidentes" que rotineiramente vivenciam – respectivamente, inflação nos supermercados, desenvolvimento de câncer e perda de plantações, dias mais quentes e chuvas fora de estação... Do *logos* à *physis* e à *natura*, as três catástrofes impõem tanto uma radical revisão da escala da atividade humana quanto um problema de percepção, que, como vimos, passa a depender do conhecimento científico (muitas vezes enviesado). Daí a importância central da *politização dos controladores e dos mediadores de risco*. Se se colocam, mesmo que involuntariamente – isto é, sistemicamente – na posição de feitores de risco, estaremos perdidos; por outro lado, o desafio de colocar-se como refratária ao risco é grande, e envolve aprender a pensar e a viver sob outras bases produtivas e sociais.

2. AS RESPOSTAS SIMPLES

Fizemos um breve resumo do atual panorama em que os acidentes cinzentos intervêm; conforme veremos, eles têm a função de perturbar em favor do progresso a disputa política em torno das atribuições de valor de catástrofe e acidente. São um instrumento de vantagem competitiva e têm valor análogo ao de uma inovação para o homem capitalista. Mas os acidentes cinzentos só podem exercer essa função na zona cinza porque a própria dinâmica de valoração dos efeitos da atividade produtiva é enviesada. Essa dinâmica é determinada pela lógica da destruição criativa.

A genealogia do conceito de "destruição criativa" remonta a uma nova compreensão iluminista da catástrofe natural. Uma catástrofe foi crucial para a consolidação da racionalidade moderna: o terremoto que assolou Lisboa em 1755. Um impacto sísmico de mais de 200km de epicentro seguido por violentos maremotos e incêndios em larga escala puseram abaixo a capital portuguesa, uma das mais exuberantes da Era Mercantil – justo durante o reinado do popular D. José I, que no momento da ocorrência passeava distante de Lisboa, e ainda durante uma importante efeméride religiosa (as milhares de velas acesas nessa ocasião só fizeram alastrar um incêndio de grande proporção). Mais de ¼ da população lisboeta morrera no episódio, e havia tantos pedaços de corpos entre os escombros que muitos suspeitaram que os cadáveres emparedados pela Inquisição haviam sido finalmente revelados. Mesmo assim, diante desse cenário desolador, Marquês de Pombal, que ocupava um cargo análogo ao de primeiro-ministro, teria se limitado a dizer: "E agora? Enterram-se os mortos e cuidam-se os vivos".[7]

Com Pombal, começa a *era das respostas simples*, isto é, uma abordagem pragmática da catástrofe limitada ao campo tecnológico e pautada exclusivamente por critérios de eficácia e escalabilidade. Aproveitando-se do estado de choque da população e do momento de descrédito das instituições medievais, Pombal agiu rapidamente para implementar uma agenda audaciosa de modernização de Lisboa – tornando-se, assim, *avant la lettre*, um proponente da doutrina do choque. Pombal abriu avenidas largas e retilíneas ao longo de toda Lisboa e ocupou-as com prédios modulares construídos de acordo com um princípio unitário de edificação – até mesmo as igrejas passaram a se assemelhar às casas civis, em virtude da adequação a esse princípio. As novas edificações contavam ainda com as mais avançadas técnicas de controle antissísmico disponíveis, como a gaiola pombalina.

As respostas simples se baseiam em um novo paradigma iluminista. Confrontados com o rastro de destruição de Lisboa, os iluministas tiveram de passar da "coragem de pensar por si próprio" à "coragem de assumir a responsabilidade pelo mundo em que se está inserido".[8] Mas essa tomada de responsabilidade acontece a partir de uma negação: os iluministas se recusam a compreender a catástrofe enquanto enunciado de cunho moral.

Voltaire – que, segundo Adorno, teria se desvinculado da filosofia leibniziana sob impacto do terremoto de Lisboa – ironizaria os objetores dessa concepção em *Cândido, ou o Otimismo* (1759). Por sua vez, os artigos de Kant sobre o terremoto de Lisboa fundaram, segundo Walter Benjamin, uma "geografia científica na Alemanha. E certamente o começo da sismologia".[9] Kant insistia que deixássemos de lado os temores e os sentimentos de culpa religiosos para apreciarmos a importância vital dos terremotos

---

7. Essa frase, possivelmente apócrifa, perdura até os dias de hoje e é inclusive frequentemente citada em livros e palestras sobre empreendedorismo.
8. Neiman. *Evil in Modern Thought: An alternative history of philosophy*, p. 5. Tradução nossa do inglês.
9. Benjamin. *The Lisbon Earthquake*, p. 538. Tradução nossa do inglês.

para o funcionamento da Terra. As combustões geradas no interior das cavernas subterrâneas, ele diz, seriam também a fonte das águas térmicas usadas em curas medicinais e exerceriam a função de renovar o acúmulo de "matérias grosseiras e mortas" com um novo afluxo de "matéria energética"[10] na superfície terrestre.

Goethe, ainda criança na época do terremoto, teria, segundo ele próprio, despertado nessa ocasião para a dúvida e a consciência do Mal tipicamente modernas. Ele escreve, em sua autobiografia *Dichtung und Wahrheit*, que, em Lisboa, "talvez o demônio do terror nunca tivesse tão rápida e poderosamente difundido seus terrores sobre a Terra".[11] Mas também, para ele, o Mal da Natureza é exterior à razão humana, embora pensável e controlável por ela. Assim sendo, na própria obra de Goethe, o poder demoníaco reaparecerá ao lado do projeto moderno, como meio de dominação técnica da natureza.

Todo esse embate filosófico transborda para um conflito declarado entre a visão moderna de Pombal e o discurso moralista dos teólogos e monarcas lisboetas, que enxergavam na catástrofe uma evidente "vingança de Deus" contra Portugal e conclamavam a população para a penitência em busca de redenção. Esse conflito culminará na execução pública do padre Gabriel Malagrida, ordenada por Marquês de Pombal em 1761. O padre vinha pregando contra as tecnologias antissísmicas usadas na reconstrução de Lisboa, definidas por ele como uma "tentativa herética de subverter a providência divina na forma de tremores futuros".[12]

As respostas simples se baseiam na capacidade da razão e da técnica não só de controlarem, como também de selecionarem do Mal da Natureza um benefício para a humanidade. Assim sendo, passou-se a reputar à razão moderna uma capacidade de rebaixar a catástrofe ao status de acidente; o que significa que a técnica serviu para transformar o progresso na quase-causa de tudo o que acontece. A questão fundamentalmente moral de como viver com a natureza, junto da natureza, é colocada de lado à medida que o Mal da Natureza é assinalado de antemão como sendo plenamente controlável e explorável pela técnica, que deduz dele o bem-estar da humanidade.

A historiadora Susan Neiman nota que "o século XVIII usava a palavra *Lisboa* da mesma maneira que usamos hoje a palavra *Auschwitz*. (...) Não

---

10. Kant. *Escritos sobre o terramoto de Lisboa*, p. 98.
11. Goethe citado por Hamblyn. Notes from Underground: Lisbon after Earthquake, p. 108. Tradução nossa do inglês.
12. Hamblyn. Notes from Underground: Lisbon after Earthquake, p. 112. Tradução nossa do inglês.

é preciso mais do que o nome de um lugar para significar: o colapso da confiança mais básica no mundo, o colapso dos fundamentos que tornam possível a civilização".¹³ Neiman argumenta que o terremoto de Lisboa e a tragédia de Auschwitz são dois polos extremos do sentido do Mal na modernidade.

> Lisboa denota o tipo de coisa que as seguradoras chamam de desastres naturais, para removê-los da esfera da ação humana. Assim, os seres humanos são absolvidos da responsabilidade não apenas por causá-los ou compensá-los, mas *até mesmo da tarefa de pensar neles, exceto em termos pragmáticos e tecnológicos*. Terremotos e vulcões, fomes e inundações habitam as fronteiras do significado humano. Investigamos neles apenas aquilo que pode nos ajudar a ganhar controle sobre eles. Somente os teístas tradicionais – isto é, pré-modernos – buscarão neles significado. Auschwitz, por outro lado, representa tudo o que se entende quando usamos hoje a palavra mal: delito absoluto que não deixa espaço para explicação ou expiação.¹⁴

Desse modo, vamos ao outro polo extremo das respostas simples: elas podem ser ainda uma forma de mentira. Hannah Arendt chamava atenção para a *esperteza diabólica* que consiste em "fornecer respostas muito simples para questões complicadas".¹⁵ Já vimos o que significa aquilo que ela denomina de "burrice ativa" no contexto do nazismo, em que os homens cinzentos eram induzidos a agir como se estivessem "não exatamente mentindo, mas através do que Arendt chama de 'mentir a verdade' e 'transformar a mentira em um princípio universal'".¹⁶ Desse modo, se na Lisboa de Pombal as respostas simples promoviam uma indiferença em relação aos fatos que demandariam uma abordagem moral da catástrofe, na Alemanha de Hitler as respostas simples eram meios ativos de abstrair os fatos e assim obstruir os afetos, de modo a fabricar uma mentira total sobre os campos de concentração – inclusive no nível inconsciente, conforme já discutimos ao analisar o conceito de "homem cinzento" de Primo Levi.

Somente com as revoluções de 1848 e a publicação do *Manifesto Comunista* é que ocorrerá uma perturbação da fixidez categórica do

---

13. Neiman. *Evil in Modern Thought: An alternative history of philosophy*. Tradução nossa do inglês.
14. Neiman. *Evil in Modern Thought: An alternative history of philosophy*, p. 3. Tradução nossa do inglês. Grifos nossos.
15. Shkreli. *Hannah Arendt's Conceptualization of Evil*, p. 19. Tradução nossa do inglês.
16. Shkreli. *Hannah Arendt's Conceptualization of Evil*, p. 19. Tradução nossa do inglês.

pensamento iluminista – a axiomática que considera "a existência de uma única resposta possível a qualquer pergunta".[17] Com a introdução da luta de classes no horizonte do homem racional universal, passa a ser "duramente questionada a esperança de que, a partir da destruição do meio ambiente e dos grilhões das relações de classe feudais, haveria naturalmente a emergência de um capitalismo benevolente – organizado quer seja pela mão invisível de Adam Smith, quer seja pelo poder de associação defendido por Saint-Simon – e capaz de distribuir os benefícios da modernidade para todos".[18] O *Manifesto Comunista* então alude à figura do feiticeiro – em cujo eco reencontramos *Fausto*, de Goethe – como símbolo da perda do controle sobre a benevolência natural do mundo.

> A sociedade burguesa, com suas relações de produção e de troca, o regime burguês de propriedade, a sociedade burguesa moderna, que conjurou gigantescos meios de produção e de troca, assemelha-se ao feiticeiro que já não pode controlar os poderes infernais que invocou.[19]

3. O HERÓI DA DESTRUIÇÃO CRIATIVA

As respostas simples permitem atribuir a uma catástrofe um valor de acidente. Mais importante, cabe a elas tornar dinâmica – e até mesmo violenta – a articulação de desresponsabilidades e de mobilização, essencial à zona cinza. As tais "posições técnicas" aludidas pelos engenheiros da Vale, que examinamos no capítulo 3, são um eco do paradigma das respostas simples atreladas ao direito à destruição criativa.

Agora vamos examinar um outro pressuposto, que, ao lado das respostas simples, será o princípio motriz da geração vertiginosa de acidentes cinzentos. Até porque, as catástrofes que mais nos interessam aqui não são as decorrentes de um fenômeno natural, como o terremoto de Lisboa, nem de uma política de governo, como os campos de concentração nazistas, mas as originadas indiretamente por um ato de destruição criativa – o ato mais importante em uma sociedade capitalista.

A destruição criativa é o tema de *Fausto*, de Goethe. A obra, que é uma espécie de mito fundador da modernidade, tematiza justamente o

---
17. Shkreli. *Hannah Arendt's Conceptualization of Evil*, p. 19. Tradução nossa do inglês.
18. Ver: Harvey. *A condição pós-moderna: uma pesquisa sobre as origens da mudança cultural*.
19. Marx; Engels. *Manifesto Comunista*, p. 45.

descontrole dos poderes infernais que foram invocados pelo empreendedor para que ele pudesse destruir criativamente o mundo. Em *Fausto*, a esperteza diabólica – a arte de fornecer respostas simples e unívocas a problemas complexos – aparece associada à crise de atribuição de responsabilidades. Afinal, como responsabilizar o empreendedor que exige o direito de destruir o mundo em benefício da humanidade?

Henrique Fausto, um sábio erudito inconformado com a própria impotência para dar vazão à sua extraordinária visão empreendedora, decide selar um pacto com Mefistófeles, demônio detentor do mais alto poder destrutivo, a fim de conseguir a força necessária para implementar seu ambicioso projeto de modernização da Europa, o qual, em termos práticos, se realizará sobretudo no âmbito da construção civil. De acordo com o pacto, o demônio deve destruir tudo o que Fausto considerar desnecessário para dar curso ao seu projeto, mas com uma única condição: que Fausto não se detenha jamais em admiração pela sua própria obra, pois, no exato instante em que desejá-la eterna, Mefistófeles irá escravizá-lo e destruí-lo.

Graças ao pacto demoníaco, Fausto passa a ter posse do fundamento destrutivo de toda criação: a "parte do poder que não criaria/ nada a não ser o mal, e no entanto cria o bem".[20] Ele habilitou-se a tal poder quando, meditando sobre o Evangelho segundo São João, teve uma epifania: "*no princípio era a Ação*", e não o verbo; "a ideia de um Deus que se define através da ação, através do ato primordial de criar o mundo".[21] É no exato momento dessa revelação que Mefistófeles surge para ajudá-lo a desenvolver o conceito de "destruição criativa". Conforme comenta o filósofo Marshall Berman:

> Pode Fausto ser tão ingênuo a ponto de acreditar que Deus realmente criou o mundo "a partir do nada"? Com efeito, nada provém de nada; é apenas em função "de tudo aquilo que *você* chama pecado, destruição, mal" que pode ocorrer qualquer criação. (A criação do mundo, por Deus, "usurpou o antigo posto e domínio da Mãe Noite" (...) Não obstante, ele [Mefistófeles] é ao mesmo tempo "parte do poder que não criaria/ nada a não ser o mal, e no entanto cria o bem".[22]

---

20. Goethe citado por Berman. *Tudo que é sólido desmancha no ar – A aventura da modernidade*, p. 48.
21. Berman. *Tudo que é sólido desmancha no ar – A aventura da modernidade*, p. 47. Grifo nosso.
22. Berman. *Tudo que é sólido desmancha no ar – A aventura da modernidade*, p. 48.

O paradoxo de uma destruição criativa, de uma criação destrutiva, assim foi explicado originalmente em *Fausto*: Deus é dotado de uma força de ação positiva que, todavia, é cosmicamente destrutiva; logo, a ambição demoníaca pela destruição vem também a ser criativa. Mefistófeles, "só trabalhando com o mal, não desejando 'nada além do mal' (...) pode terminar do lado de Deus, 'criando o bem'".[23] Trata-se, portanto, de um comportamento social que é definido não mais pelo *porquê*, mas pelo *como agir*: "Se eu aceito parar (*Wie ich beharre*) serei um escravo".[24]

Com o auxílio dos poderes infernais, Fausto poderá se tornar um "destruidor criativo *par excellence*",[25] conforme David Harvey; um empreendedor[26]

> preparado para destruir mitos religiosos, valores tradicionais e modos de vida costumeiros para construir um admirável mundo novo a partir das cinzas do antigo (...). Fausto obriga a si mesmo e a todos (até Mefistófeles) a chegar a extremos de organização, de sofrimento e de exaustão, a fim de dominar a natureza e criar uma nova paisagem, uma sublime realização espiritual que contém a potencialidade da libertação humana dos desejos e necessidades.[27]

Eis o *leitmotiv* benevolente do progresso, segundo o qual a destruição não é apenas benéfica, como necessária para a conquista do bem-estar da humanidade. Essa visão percorre de Goethe a Mao Tsé-Tung, e seu principal ideólogo foi o economista Joseph Schumpeter, cujas teses sobre a destruição criativa influenciaram fortemente os neoliberais. Segundo Harvey, o empreendedor schumpeteriano é o destruidor criativo por excelência, o único apto a "levar aos extremos vitais as consequências da inovação técnica e

---

23. Berman. *Tudo que é sólido desmancha no ar – A aventura da modernidade*, p. 48.
24. Goethe citado por Berman. *Tudo que é sólido desmancha no ar – A aventura da modernidade*, p. 51.
25. Harvey. *A condição pós-moderna: uma pesquisa sobre as origens da mudança cultural*, p. 26.
26. Como Marshall Berman faz questão de frisar, Fausto não corresponde ao modelo de empresário capitalista, pois sua visão de desenvolvimento é irredutível à busca por lucro, e ele despreza as vantagens fáceis e ganhos individuais, inclusive as oferecidas por Mefistófeles. Assim, à luz dos séculos XX e XXI, Fausto estaria mais próximo da ideia de Estado de Bem-Estar Social, ou ainda, argumenta Berman, da tradição socialista. Em todo caso, continuaremos a chamá-lo de "empreendedor", uma vez que, do ponto de vista da zona cinza, seu comportamento desresponsável não difere significativamente do adotado pelo empresário capitalista.
27. Harvey. *A condição pós-moderna: uma pesquisa sobre as origens da mudança cultural*, p. 26.

social", sendo através de seu "heroísmo criativo que se podia garantir o progresso humano".[28]

A ambiguidade interna ao conceito moderno de Mal – cujos extremos são Lisboa e Auschwitz – já é aludida em *Fausto* através da metáfora da terra vazia. Pois, em primeiro lugar, a terra deve ser esvaziada para dar lugar ao empreendimento moderno; todavia, como a própria definição de progresso exige que ele supere a si mesmo (compromisso esse selado a sangue pelo pacto mefistofélico), a terra vazia torna-se inexpugnável no horizonte do desenvolvimento – um pouco como descreveu um turista que visitara Lisboa uma década depois do terremoto de 1775: "há algo na aparência de Lisboa que parece pressagiar um terremoto; e, em vez de me perguntar o que já foi visitado por tal calamidade, estou bastante disposto a considerar sua preservação diária como um milagre permanente".[29] Em *Fausto*, a metáfora da terra vazia está ligada tanto ao exercício indireto da maldade quanto ao problema do autodesenvolvimento do espírito empreendedor. Vamos discutir primeiro a parte relativa ao espírito empreendedor.

Em *Fausto*, a criação do mundo e a construção de si estão entrelaçadas como na figura de ouroboros, pois "o único meio de que o homem moderno dispõe para se transformar – Fausto e nós mesmos o veremos – é a radical transformação de todo o mundo físico, moral e social em que ele vive".[30] Assim, o grande construtor alemão proclama: "Entendamo-nos bem. Não ponho eu mira/ na posse do que o mundo alcunha 'gozos'/ (...)/ quero a embriaguez de incomportáveis dores,/ a volúpia do ódio, o arroubamento/ das sumas aflições (...) assim me torno/ eu próprio a humanidade; *e se ela ao cabo/ perdida for, me perderei com ela*".[31] Ao se autodesenvolver, Fausto pode alcançar as mais altas volúpias do espírito humano. Esse processo, no entanto, em vez de lançar as bases para a emergência de um novo ser, culminará na necessidade de destruição criativa de todas as coisas, inclusive de si mesmo. Assim, ao longo de seu autodesenvolvimento, Fausto experimentará o crescimento de um vazio dentro de si, pois, conforme

---

28. Harvey. *A condição pós-moderna: uma pesquisa sobre as origens da mudança cultural*, p. 26.
29. In: Matthews. *The diary of an invalid: being the journal of a tour in pursuit of health in Portugal, Italy, Switzerland, and France in the years 1817, 1818, and 1819*, p. 11-12. Tradução nossa do inglês.
30. Berman. *Tudo que é sólido desmancha no ar – A aventura da modernidade*, p. 41-42.
31. Goethe citado por Berman. *Tudo que é sólido desmancha no ar – A aventura da modernidade*, p. 41. Grifo nosso.

assinala Berman, "é como se o processo de desenvolvimento, ainda quando transforma a terra vazia num deslumbrante espaço físico e social, recriasse a terra vazia no coração do próprio fomentador. É assim que funciona a tragédia do desenvolvimento".[32]

Agora, retomemos a questão que mais nos interessa: como atribuir responsabilidades àquele que exige o direito de destruir o mundo em benefício da humanidade? Em princípio, a culpa pelo rastro de destruição legado pelo empreendimento faustiano seria de Mefistófeles, afinal, é ele quem detém os poderes demoníacos. Mas à medida que Fausto avança na dominação técnica da Natureza, graças a uma rígida organização do trabalho, o poder mágico de Mefistófeles torna-se cada vez mais desnecessário. David Harvey, repetimos, nota que "Fausto obriga a si mesmo e a todos (até Mefistófeles) a chegar a extremos de organização, de sofrimento e de exaustão, a fim de dominar a natureza e criar uma nova paisagem, uma sublime realização espiritual que contém a potencialidade da libertação humana dos desejos e necessidades".[33] Assim sendo, Mefistófeles progressivamente deixa o papel de divindade para tornar-se uma espécie de proto-COO (diretor operacional) do empreendimento faustiano.

Isso não significa que a culpa pelas externalidades causadas pela destruição criativa deva recair inteiramente sobre o CEO (diretor executivo). Conforme argumenta Fausto, a destruição é um mal necessário para a conquista de um bem maior para a humanidade; logo, sua única responsabilidade seria conquistar esse bem, liderar o desenvolvimento. Segundo, porque de acordo com a divisão de trabalho criada por Fausto, o CEO não deve se envolver diretamente em questões operacionais. Fausto se limita a produzir a inovação, desenvolver a técnica produtiva e organizar o trabalho, isto é, ele se ocupa apenas das questões fundamentais do empreendimento. É verdade que Fausto exige implacavelmente de seus subordinados que eliminem o mais rápido possível, custe o que custar, todos os entraves naturais, econômicos e sociais para a implantação de seus projetos; mas Fausto nunca diz a eles exatamente como devem operar para fabricar a terra arrasada necessária para isso. Precisamente nesse ponto começam a proliferar situações cinzentas em que Fausto, sempre que confrontado com um dilema ético ligado a uma decisão operacional, opta por lavar as

---

32. Berman. *Tudo que é sólido desmancha no ar – A aventura da modernidade*, p. 67.
33. Harvey. *A condição pós-moderna: uma pesquisa sobre as origens da mudança cultural*, p. 26.

mãos diante dos efeitos colaterais catastróficos de suas exigências. Para Marshall Berman, o modelo de gestão de Fausto corresponde a um "estilo de maldade caracteristicamente moderno: indireto, impessoal, mediado por complexas organizações e funções institucionais".[34]

4. A MENTIRA TORNADA VIDA

Como *Fausto* se situa na transição do mundo medieval ao moderno, a obra não tematiza a competição entre projetos e empreendedores rivais. Por isso, embora contemple uma série de situações cinzas, não tematiza a zona cinza. Esta corresponde, antes, ao complexo fenômeno em que competidores colaboram para se desresponsabilizarem e se mobilizarem uns aos outros face ao compromisso de promover o progresso a todo custo, independentemente do risco de catástrofe. Vejamos então como a destruição criativa, associada à exigência de respostas simples, produz os acidentes cinzentos característicos da zona cinza capitalista.

Observado de perto, o cotidiano do mundo moderno mais se assemelha a um "caleidoscópio de incidentes e acidentes, catástrofes e cataclismas, nos quais estamos correndo incessantemente contra o inesperado, que ocorre do nada, por assim dizer".[35] Poucos se debruçaram melhor que Henrik Ibsen sobre o cotidiano acidentado de uma sociedade que progride sob o chicote da destruição criativa.

> Considere o universo social do ciclo de doze peças de Ibsen: construtores de navios, industriais, financiadores, comerciantes, banqueiros, desenvolvedores, administradores, juízes, gerentes, advogados, médicos, diretores, professores, engenheiros, pastores, jornalistas, fotógrafos, designers, contadores, balconistas, impressores. Nenhum outro escritor se concentrou tão decididamente no mundo burguês.[36]

Não é preciso muita imaginação para conceber a infinidade de situações cinzentas, de acidentes inesperados e de catástrofes aterrorizantes que resultam da vertiginosa interação dessa infinidade de profissionais, todos impulsionados pela busca de vantagem a qualquer custo. Os empreendedores

---

34. Berman. *Tudo que é sólido desmancha no ar – A aventura da modernidade*, p. 67.
35. Virilio. *Unknown Quantity*, p. 5. Tradução nossa do inglês.
36. Moretti. The Grey Area: Ibsen and the Spirit of Capitalism, p. 117. Tradução nossa do inglês.

de Ibsen, em geral, não hesitam em ir até o limite do enquadramento legal e ético de sua profissão; são banqueiros que enxergam oportunidades na própria falência, engenheiros que veem com bons olhos as deficiências em seus projetos, arquitetos que sonham com a destruição do próprio lar...

Ibsen chama atenção para o fato de que, nas disputas intraburguesas, os *acidentes cinzentos* têm um papel fundamental: eles permitem que o empreendedor obtenha uma vantagem competitiva contra um rival, ou que ele subjugue a classe média que lhe serve de suporte, sem que tenha de arcar com os custos políticos e socioeconômicos da ação.

Em *Os pilares da sociedade* (1877), por exemplo, o empresário Bernick é confrontado com um rumor de que sua firma havia sido roubada. Ele sabe que o boato é falso, mas sabe também que esse boato poderá salvá-lo da falência. Bernick decide deixar o rumor correr – mesmo que isso possa destruir a reputação de seu melhor amigo. Ainda assim, ele lava as mãos, afinal, ele não é nem autor nem beneficiário do boato: é, em primeiro lugar, sua vítima.

Para o crítico italiano Franco Moretti, a grande intuição de Ibsen foi conceber a sociedade burguesa como uma grande zona cinza:

> É assim que a zona cinza é: reticência, deslealdade, calúnia, negligência, meias-verdades. Até onde sei, não existe um termo geral para essas ações, o que a princípio foi frustrante; pois muitas vezes achei a análise de palavras-chave esclarecedora para entender a dinâmica dos valores burgueses, tais como: utilidade, seriedade, indústria, conforto, diligência. Tome "eficiência": uma palavra que existe há séculos e que sempre significou, como diz o Dicionário Oxford, "o fato de ser uma causa eficiente": causalidade. Mas então, em meados do século XIX, de repente o significado muda, e a eficiência começa a indicar "a aptidão ou o poder de realizar (...) o objetivo pretendido; potência adequada". Adequado; adaptado ao objetivo: não mais a capacidade de causar algo em geral, mas de fazê-lo de acordo com um plano e sem desperdício: o novo significado é uma miniatura da racionalização capitalista.[37]

As respostas simples são justamente respostas eficazes. E, no entanto, os empreendedores de Ibsen já não agem do mesmo modo que Fausto. Eles já não almejam ser visionários, diligentes, esforçados; ou, pelo menos, não com a mesma sóbria objetividade do sábio alemão, orientada para a produção real de bem-estar, conforme veremos. O empreendedor de Ibsen

---

37. Moretti. The Grey Area: Ibsen and the Spirit of Capitalism, p. 119. Tradução nossa do inglês.

sequer almeja a honestidade. Afinal, "qual seria uma previsão 'honesta' do preço do petróleo ou de qualquer outra coisa daqui a cinco anos? Mesmo se você quiser ser honesto, você não pode, porque a honestidade precisa de fatos firmes, dos quais a 'especulação' – mesmo em seu sentido etimológico mais neutro – carece".[38]

Essa mudança de comportamento está ligada a uma ruptura no seio da própria burguesia. Para Moretti, Ibsen foi o grande cronista da falência da ética burguesa provocada pela emergência do novo homem capitalista. A velha ética burguesa, como demonstraram Weber e Hobsbawm, herdou princípios de outras culturas não capitalistas. É o caso do hábito de trabalho, da "disposição dos seres humanos de adiar a satisfação imediata por um longo período, isto é, poupar para recompensas futuras, do orgulho da conquista, dos costumes de confiança mútua e de outras atitudes".[39] O trabalho duro e honesto, em si, não condiz com o que Adam Smith definiu como a mola mestra da economia capitalista, o princípio da busca do indivíduo por vantagens. Max Weber provou que a predisposição ao trabalho diligente devém, antes, de uma ética protestante, menos que de uma suposta essência capitalista.[40] Esse hábito, segundo Eric Hobsbawm, há muito cedeu para o atual "padrão americano de anarquismo individualista, temperado pelo litígio e a política de mamatas".[41] Assim sendo, os vestígios de outras éticas foram apagados à medida que o capitalismo avançava, e com isso emergia o homem capitalista. Ibsen examina em detalhes o processo de divisão e confrontamento entre duas subjetividades capitalísticas. O bom burguês, de Adam Smith, e o sóbrio puritano, de Max Weber, perdem força frente à nova classe capitalista e seus "hipnóticos empreendedores" e "financistas inescrupulosos".[42] A ordem racional baseada na ética do trabalho cede à ordem irracional baseada na lógica da especulação financeira.

Ibsen se concentra nas disputas intraburguesas, mais que nos conflitos de classe com proletariado. Aí também o capitalista faz valer sua força sem rival contra o antigo burguês, mas preferencialmente de modo indireto e velado. Tais disputas raramente tomam a forma de um conflito declarado.

---

38. Moretti. *The Grey Area: Ibsen and the Spirit of Capitalism*, p. 129-130. Tradução nossa do inglês.
39. Hobsbawm. *A era dos extremos – O breve século XX*, p. 335.
40. Ver: Weber. *A ética protestante e o "espírito" do capitalismo*.
41. Hobsbawm. *A era dos extremos – O breve século XX*, p. 557.
42. *"hypnotic entrepreneur"*, *"unscrupulous financist"*. Moretti. *The Grey Area: Ibsen and the Spirit of Capitalism*, p. 131. Tradução nossa.

Tanto os burgueses quanto os capitalistas preferem agir dissimuladamente e usar de linguagem elusiva. Pois assim evitam dar informações ao mercado que facilitem o processo de especulação, e podem transferir os riscos da atividade empreendedora para seus oponentes e subalternos. Desse modo, a disputa ocorre quase sempre a partir de rumores, meias-verdades, mentiras; o acidente cinzento é o corolário dessa lógica de conflito, que dinamiza a zona cinza. O empreendedor capitalista é um especialista em produzir cortinas de fumaça.

> O ato inicial pode ser ambíguo: é assim que as coisas começam na zona cinza. Uma oportunidade não planejada surge por si só: um incêndio; um parceiro removido de uma foto; rumores; encontrar documentos perdidos de um rival. Acidentes. Mas acidentes que se repetem com tanta frequência que se tornam a base estrutural, o alicerce oculto da vida moderna. O evento inicial tinha sido pontual, irrepetível; a mentira perdura por anos ou décadas; torna-se "vida". (...) O primeiro passo pode permanecer para sempre indecidível: o que se seguiu – a "mentira", como Ibsen o chama – é inconfundível.[43]

A *conversão da mentira em vida* é um ponto chave para compreender a zona cinza capitalista. A obra que talvez melhor exemplifique esse processo é *Solness, o construtor* (1892), que narra a história do império de um arquiteto cuja maior invenção foi apostar no acidente que destruiria seu próprio lar.

O protagonista, Halvard Solness, é um grande empreendedor do ramo imobiliário às voltas com uma crise de meia-idade. Seu ímpeto de inovação começava a esfriar, e ele temia que um construtor mais jovem pudesse tomar seu lugar; ainda assim, permanecia imóvel, porque era atormentado por uma recordação: o incêndio do casarão de sua esposa.

Dez anos antes, Solness se casava com Aline; era então um jovem arquiteto ambicioso que ganhara alguma notoriedade com a construção de igrejas cuja principal marca eram as torres portentosas. Logo se mudaram para o casarão herdado por Aline, onde ela vivera a sua infância, levando consigo o casal de filhos gêmeos recém-nascidos. Ao examinar o estado do casarão – amadeirado, amplo e robusto, mas de aspecto muito envelhecido e soturno –, o jovem arquiteto descobre uma pequena rachadura na chaminé. Rachaduras assim representam alto risco de incêndio; mesmo

---

43. Moretti. *The Grey Area: Ibsen and the Spirit of Capitalism*, p. 118. Tradução nossa do inglês.

assim, Solness se recusa a consertá-la – "era-me impossível – sim, impossível – proceder de outro modo".[44]

Solness especulava que um incêndio não seria de todo mal. O casarão estava situado em um imenso lote e era o único entrave para a implantação de um audacioso projeto imobiliário que ele vinha desenvolvendo em segredo. Por vezes, Solness delirava com a sorte grande. Tudo ocorreria num dia de inverno. Ele e sua família estariam voltando de um belo passeio, quando, de repente, avistariam de longe uma imensa fumaça. Mais tarde, descobririam que foi um serviçal que quis acender a lareira para recebê-los...

Exatamente como Solness vislumbrara, o casarão acaba destruído por um incêndio, e ninguém se fere no acidente. Rapidamente ele começa a construir o condomínio imobiliário no local, que o alçará imediatamente à fama e à fortuna. Mas sua esposa sofre muito com a perda do lar em que vivera desde a infância; profundamente deprimida, Aline acaba acometida de "febre de leite", o que provocará a morte de seus bebês meses depois.

A peça se passa dez anos após o incêndio. Solness está completamente atormentado. Aos amigos, diz sentir ainda culpa pelo óbito de seus filhos e pela infelicidade de sua esposa, cuja única vocação teria sido tornar-se uma "arquiteta de almas". Diz ainda possuir uma fortuna indigna, porque foi paga pela destruição da felicidade em seu lar. Lamenta que a destruição criativa exija ser paga "não com dinheiro, mas com felicidade humana",[45] com a sua felicidade e a felicidade alheia. Aqui, contudo, um detalhe deve chamar a atenção do leitor: o fogo não se originara na rachadura da chaminé, mas do lado oposto da casa, em um guarda-roupas.

Solness não é, portanto, culpado pelo acidente. Tivesse ele consertado ou não a chaminé, o incêndio teria ocorrido do mesmo modo. Assim sendo, o dilema infeliz que a obra examina é justamente o dilema da zona cinza: o contraste entre o que sabemos e o que nos mobiliza. Solness sabe que há risco de incêndio, mas busca meios de se desresponsabilizar dele; por outro lado, há a misteriosa força que resulta na impossibilidade de proceder de outro modo, e é esse poder demoníaco – e não a culpa pela catástrofe – que verdadeiramente o atormenta.

Nem todos nós vivemos o dilema da zona cinza da mesma maneira. O empreendedor capitalista tende a encará-lo sob a ótica da esperteza diabólica, enquanto *private affair*, que ele deve explorar ativamente para obter vantagens

---

44. Ibsen. Solness, o construtor, p. 237.
45. Ibsen. Solness, o construtor, p. 232.

contra seus concorrentes e por meio do qual pode mobilizar seus subordinados. Desse modo, ele poderá mais livremente não só incorporar, como produzir os acidentes e catástrofes que favoreçam suas estratégias de especulação e acumulação de capital.

Em *Fausto*, a metáfora da terra vazia assinalava que a destruição de tudo – inclusive de si mesmo – é uma precondição inerente para que a criação possa dar curso ao desenvolvimento. Em *Solness, o construtor*, é a própria criação que sofre um rebaixamento de importância. Fausto era movido por uma concepção de projeto; toda ação de destruição criativa convergia nesse ponto – e é nesse sentido que Berman associava o projeto faustiano às políticas de bem-estar social e ao socialismo. Já na obra de Ibsen, o princípio de ação começa a ceder para a especulação. A destruição criativa sucumbe à lógica capitalista de acúmulo de capital pelo caminho mais curto. Nesse contexto, os acidentes passam a ter valor semelhante ou superior ao de um projeto – são também oportunidades de espoliação e acumulação. A maior invenção de Solness não foi tal ou qual obra, mas a especulação sobre a destruição de seu lar.

Desse modo, a terra vazia cede lugar à *mentira*. Já começamos a discutir a mentira com Arendt, embora ainda no contexto do Estado; agora vamos examinar o seu significado preciso no contexto da atividade capitalista. Halvard Solness mente em tudo o que faz. A começar pela mentira mais óbvia: que se tornou um grande construtor de lares porque o incêndio de seu próprio lar o fizera apreciar a importância deles. "Foi depois daquele incêndio que pude dar lares aos homens, pude construir-lhes habitações claras, confortáveis, onde é bom viver, onde pai, mãe e filhos passam a existência na alegre certeza de que se é realmente feliz de pertencer a este mundo".[46] Solness sabe que tudo isso é mentira. Mas sabe também que, na terra constantemente esvaziada pela destruição criativa, nada pode permanecer de pé até ganhar a consistência de uma verdade:

> Solness: Construir habitações para os homens, Hilda... Não vale nada. (...) Sim. Porque hoje os homens pouco se interessam pelo lar. Eles não encontram a felicidade ali. Que faria, eu mesmo, de meu lar, se tivesse um? (*com olhar triste e amargo*) Sim, por mais longe que olhe para o passado, é tudo o que

---

46. Ibsen. Solness, o Construtor, p. 230.

vejo. Não edifiquei nada sólido, nem sacrifiquei nada para construir uma coisa que pudesse durar. Nada, nada, nada![47]

Essa mentira, contudo, não tem o mero valor de publicidade para Solness. Sua função é dissimular um poder demoníaco. Solness alimentava a mentira de que era um devoto construtor de lares para dissimular seu *private affair*, esconder que o que o atormentava não era a culpa pelo óbito dos filhos ou a tristeza da esposa, mas a sensação de ser o detentor de uma terrível onipotência, "a graça, a faculdade, o poder de *almejar* uma coisa, de *desejá-la*, de *querê-la*... com tanta intensidade... tão implacavelmente... que por fim a obtém".[48] Em outras palavras, ele mente para dissimular sua relação com o acidente, do qual devém sua vantagem competitiva.

À primeira vista, Solness chegou a imaginar que o incêndio de seu lar poderia ser obra de Deus. Como era um notável arquiteto de igrejas, conjectura se o Altíssimo não havia destruído seu lar e família para que pudesse se dedicar de corpo e alma à criação das igrejas mais sublimes. Essa possibilidade o revolta. Não porque achava indigno que sua vida fosse destruída em nome da trajetória empreendedora; ele próprio havia desejado isso. Solness não admite que seu poder seja rivalizado, ou controlado. Assim, decide não mais construir igrejas, mas lares para os homens, a fim de disputar com Deus a capacidade de "*fazer as potências exteriores agirem*. E é preciso prestar-se a elas. Quer se queira, quer não... é preciso".[49]

À medida que sucede em sua carreira, Solness passa a crer que pertence a uma seleta classe de seres dotados da mais pura ambição, os beneficiários da mais alta "sorte", seres capazes de lançar o mundo às chamas com a força de sua imaginação: os empreendedores. Ele chega à conclusão de que o incêndio jamais teria ocorrido por acaso, mas por força da atração de sua vontade empreendedora. Ele diz sentir arder em seu peito uma chama infatigável, que deve ser alimentada com "mil pedaços de pele dos outros",[50] "de ajudantes e de servidores", em suma, de toda essa gente incapaz de fazer acender a chama da destruição criativa do mundo.

(O leitor já notou que é precisamente nesse ponto que ele – que provavelmente pertence à classe média – entra nessa equação demoníaca; será

---

47. Ibsen. Solness, o construtor, p. 277.
48. Ibsen. Solness, o construtor, p. 238.
49. Ibsen. Solness, o construtor, p. 241.
50. Ibsen. Solness, o construtor, p. 239.

uma chama violenta dessa monta que tentará mobilizá-lo a todo custo para que corra o risco de catástrofe em função de uma oportunidade de lucro.)

O paradoxo do poder demoníaco de Solness – em que a destruição resulta de um ato de especulação, e não de uma ação – pode ser assim formulado. A classe capitalista especula sobre os riscos da atividade produtiva. Todavia, como esses riscos são produzidos pelo próprio sistema capitalista, eles podem ser fabricados ou controlados indiretamente, mediante o domínio dos fluxos de capital. Fazer as potências exteriores agirem significa, portanto, o processo capitalista de captura do risco de catástrofe. Por isso, não importa exatamente de que ponto o incêndio ocorreu, e sim que havia plenas condições de o capitalista apoderar-se do terreno tão logo o risco de incêndio, que era alto, se concretizasse. O que o leitor deve compreender é que o sistema capitalista forneceu garantias para que, no caso de uma ocorrência de incêndio, nenhum outro resultado fosse possível senão a construção de um condomínio luxuoso. A ocorrência de um incêndio se torna comercialmente atraente, não só em virtude do matrimônio, como também da especulação imobiliária, das seguradoras de imóveis etc. O que a mentira faz, portanto, é dissimular o processo de captura do risco de catástrofe pela especulação. Uma mentira especialmente eficaz, como veremos, para os que serão forçados a colaborar com a trajetória imprudente do empreendedor.

Os acidentes fornecem muitas vantagens. Fausto, que as desconhecia, precisava recorrer à violência financeira e/ou física para expandir seus empreendimentos. Mas a violência direta, além de custosa, é excessivamente responsabilizante. Melhor agir para garantir que um acidente necessariamente ocorra nas proporções exigidas pelo empreendimento, sem que ninguém seja culpado por ele.

Dotado de afiada subjetividade capitalística, Solness foi capaz de calcular, com a velocidade de uma "ave de rapina", como ele diz, tanto as garantias de apropriação (o laço matrimonial, a posse do terreno, a seguradora etc.) quanto as garantias de ocorrência do acidente (a fenda na chaminé, o casarão de madeira envelhecida, o inverno da Noruega etc.).

Ibsen sugere que outra função da mentira é fabricar a "sorte" do empreendedor. Sorte é um aspecto fundamental da zona cinza, na medida em que os que vivem nela se sentem constantemente azarados. Solness acredita que sua ambição fez dele também um sortudo, isto é, *o beneficiário natural de tudo o que acontece, inclusive a catástrofe*. O empreendedor deve se certificar de que sairá vencedor de cada situação cinzenta, cada acidente cinzento.

Solness, porém, teme que possa perder sua sorte, e também isso o enlouquece. Ele teme que outro jovem mais ambicioso passe a ser o beneficiário de tudo o que acontece. A sucessão capitalista é outro tema central em *Solness, o construtor*. Notemos que o protagonista não teme ser ultrapassado por uma visão mais inovadora. Em um mundo dominado pela impermanência, a qualidade do projeto já não é essencial. Para ele, mais importante é dominar a única certeza desse mundo: que acidentes ocorrerão, e é preciso ter sorte para se apropriar deles.

Assim, Ibsen apresenta o embate entre dois modelos de sucessão, um baseado na competência técnica, o outro baseado na especulação de risco. Os modelos são representados, respectivamente, pelas famílias Brovik e Solness.

No passado, Knut Brovik era o principal arquiteto da Noruega, e Solness, apenas um de seus estagiários. Mas, por obscuras razões ligadas ao incêndio, Knut e seu filho, Ragnar, tiveram de passar a trabalhar para Solness. Os Brovik são os sóbrios puritanos de Weber. Trabalhadores racionais, esforçados, objetivos. Concebem a sucessão capitalista como uma trajetória linear baseada na aquisição de conhecimento, na dedicação ao trabalho e na preservação da família nuclear. Desse modo, Ragnar busca encaminhar-se na vida: está noivo e se esforça para tornar-se um arquiteto inovador. Knut espera que Solness apoie seu filho como agradecimento ao fato de ter ensinado a Solness tudo do ofício da arquitetura. Por sua vez, Ragnar sonha em fazer por merecer, em mesmerizar seu chefe com um projeto ousado. Então, decide desenhar por conta própria o novo lar de um cliente que Solness havia dispensado porque se encontrava em um momento de amargura. O cliente se impressiona com sua visão arrojada, mas Ragnar pede-lhe que aguarde, porque deve respeito ao seu chefe e só poderá atendê-lo com a aprovação dele. Mas Solness jamais teve qualquer intenção de apoiar Ragnar. Na verdade, já vinha manipulando impiedosamente a fé dos Brovik. Trabalhava para que o pai duvidasse do talento do filho, enquanto seduzia "hipnoticamente" a noiva de Ragnar para tão somente impedir-lhes o casamento e, assim, cortar na raiz uma das fontes do desejo de empreender por conta própria. Então, Solness examina impacientemente o projeto e diz haver muitas inconsistências, sem dizer quais, e nega inclusive que tenha rejeitado o cliente. O pai dos

Brovik, já muito envelhecido e moribundo, se surpreende com tamanho egoísmo e ingratidão de Solness. Knut o interroga: por que ele não lhe dava o direito de ver erguida, ainda em vida, uma obra do filho? Solness dá de ombros: "que quer o senhor! *Tive sorte*".[51]

Eu gostaria de que o leitor incluísse essa frase entre outras já analisadas aqui, tais como: "E agora? Enterram-se os mortos e cuidam-se os vivos"; "parece que eles reconheceram o erro apesar do acidente"; "não há mais nenhum lugar para ir, não há nada mais a ser feito"; "para isso, teremos que ter a resposta da Corporação, com base nas nossas posições técnicas"; "há *aspectos jurídicos* em análise". Assim, vamos aos poucos construindo um léxico da zona cinza.

Para Solness, os Brovik – que agora pertencem à classe média – não passam de "ajudantes". Podem até ser competentes no que fazem, mas falta-lhes a capacidade de correr riscos. Solness chega a especular que se a chama tivesse atacado o lar de Ragnar "ela nunca teria ardido tão a propósito. Isso é certo. Porque ele não sabe chamar em seu auxílio os ajudantes e os servidores".[52] Do mesmo modo que Solness conquistou o poder para fazer as potências exteriores agirem a seu favor, ele deve agir para impedir que as potências interiores de seus subalternos tenham poder. Desresponsabilidade, mobilização. E como os Brovik sequer suspeitam do verdadeiro nexo que dinamiza as relações comerciais – a captura do risco de catástrofe –, eles não podem senão sucumbir à mentira de que Solness entende de lares, o que os torna "azarados" de muitas maneiras.

5. HETEROTOPIAS DA ZONA CINZA

Ibsen deixa claro seu ponto de vista sobre a mentira ao conceber um construtor que, ao contrário de Fausto, é, no fundo, um medíocre. Solness é estéril sob todos os pontos de vista. Desde o incêndio, ele se recusa a ter mais filhos. Já sua mulher decaiu em depressão profunda, que ele é incapaz de mitigar. Quando aluno, Solness foi medíocre; agora, na condição de mestre, não tem pupilos – admite que jamais ensinou sequer a Ragnar qualquer coisa de valioso. Nem a idade parece tê-lo tornado mais sábio, mas apenas mais infeliz e insano. E seu sucesso comercial, ao invés de testemunhar seu

---

51. Ibsen. Solness, o construtor, p. 171.
52. Ibsen. Solness, o construtor, p. 239.

gênio, só confirma a suspeita de que o homem moderno já não se interessa por lares, porque não é capaz de encontrar felicidade no enraizamento. De qualquer ângulo, podemos constatar que Solness foi tomado pela terra vazia em seu ser; no entanto, ao contrário de Fausto, não legou ao mundo um projeto inovador. A única coisa que podemos dizer com segurança é que Solness tem tido "sorte", e que seus clientes se beneficiam dela porque são indiferentes à necessidade que ela soluciona.

Em outras palavras, em *Solness, o construtor*, o acidente cinzento passa a determinar a destruição criativa. No paradigma demoníaco da modernidade, passa a caber ao acidente o papel de força motriz do progresso, antes delegado à inovação. Vamos examinar mais de perto essa questão. Comparemos as obras mais sublimes dos dois mestres construtores: o farol de Fausto e o castelo nas nuvens de Solness.

A metáfora central para Fausto é a imensa torre de observação à beira-mar, o lugar onde todos podem "contemplar a distância até o infinito". Ela foi projetada para o local em que morava um casal de velhos ordeiros, Filemo e Báucia. Fausto ordena a Mefistófeles e seus ajudantes que conquistem o terreno custe o que custar. Mas Filemo e Báucia teimam em resistir às somas vultosas ou às casas melhores que lhes eram oferecidas; sentiam-se adaptados àquela região e, por prudência, achavam melhor não se mudarem. Assim, sem outra opção para cumprirem a ordem, Mefistófeles e sua gangue decidem assassiná-los e incendiar a casa. Fausto celebra a tarefa cumprida, mas, quando é informado de como o terreno foi conquistado, se indigna: não foi isso o que ele ordenara. Chama Mefisto de monstro e manda-o embora, e

> O príncipe das trevas se vai, elegantemente, como cavalheiro que é; porém ri antes de sair. Fausto vinha fingindo não só para outros, mas para si mesmo, que podia criar um novo mundo com mãos limpas; ele ainda não está preparado para aceitar a responsabilidade sobre a morte e o sofrimento humano que abrem o caminho. Primeiro, firmou contrato com o trabalho sujo do desenvolvimento; agora lava as mãos e condena o executante da tarefa, tão logo esta é cumprida.[53]

Marshall Berman destaca que a construção do farol significa o fim do mundo medieval, mas também o fim de Fausto, pois ele não encontrará mais nada adiante para destruir em nome da modernidade.

---

53. Berman. *Tudo que é sólido desmancha no ar – A aventura da modernidade*, p. 67.

A metáfora do farol deve ser, portanto, inscrita no limiar entre o mundo antigo e o moderno. Sua função é racionalizar o espaço a partir de uma visada do alto e em perspectiva, tipicamente moderna; ele promove a substituição do espaço de localização medieval pelo espaço de extensão moderno;[54] com ele emerge um novo mundo planificado, em que já não se trata de, como o antigo peregrino,[55] encontrar o caminho entre o céu e a terra, mas de, como o cientista, apoderar-se de todo o espaço com os olhos.

Também em *Solness, o construtor* uma casa deverá ser destruída em prol do progresso. É o lar de Aline Solness, casarão amplo e construído com madeira robusta, mas que vinha se tornando soturno e precário devido à falta de cuidados – imagem que reforça a metáfora do desejo de enraizamento em um mundo ameaçado pelo deserto da destruição criativa. O destino de Aline, contudo, não será o mesmo de Filemo e Báucia. Em primeiro lugar, ninguém lhe oferecerá dinheiro ou outro lugar para morar. Em segundo, quando tudo for destruído, ela será obrigada a permanecer no mesmo lugar, na terra vazia da destruição criativa, ainda que a contragosto, pois deve confirmar a *mentira que através dela se tornará vida*.

Após transformar o terreno de Aline em um grande condomínio, Solness decide construir para ela um simulacro do antigo casarão, com o quarto dos filhos e outras tantas coisas que a fará se lembrar do antigo lar...[56] Mas ela dá de ombros: de que adiantaria recuperar a casa, se em seu pátio agora se encontram "casas para estranhos", para gente que ela não conhece... e que das janelas a podem ver...,[57] lares ocupados por pessoas desenraizadas, tão infelizes quanto ela? Ainda assim, Solness insiste na construção desse simulacro, afinal, ele formalizará a mentira.

Em todo caso, não é a perda da casa, ou sequer a morte dos filhos, que deixa Aline triste. Ela aceita tudo isso como fatos da vida: ela teve azar. O que a deixou mesmo deprimida foram as "pequenas perdas da vida",[58] que,

---

54. Ver: Foucault. Outros espaços.
55. Goethe reconhece a importância da peregrinação medieval e teria dito que "a Europa nasceu no caminho de peregrinação a Santiago". A peregrinação desempenha um papel importante em *Fausto*, embora em sentido inverso ao da *Divina comédia*, de Dante, e se realiza em um ambiente já cartografado racionalmente. Ver: Roszak. The "Prelude" to the Camino. The Way of St. James and the Cultural Identity of Kuyavia e Pomerania, p. 648.
56. Ibsen. Solness, o construtor, p. 215.
57. Ibsen. Solness, o construtor, p. 254.
58. Ibsen. Solness, o construtor, p. 257.

"para os outros, não significam nada"⁵⁹ – os retratos na parede, as velhas rendas da mãe, as nove bonecas que ela cultivava desde pequena... Tudo isso foi descartado junto aos escombros e já não podia ser recuperado, nem reconstruído, porque sequer foi notado. Ou seja, o que incomoda Aline é a destruição suplementar que indica que o capitalismo não só havia capturado, como fomentado o risco de catástrofe a fim de produzir a terra vazia de que ele necessita – tanto no espaço quanto na alma de seus "ajudantes e servidores".

O simulacro do casarão de Aline lembra a Fazenda dos Doze, da família de Carlos Drummond de Andrade, que foi destruída para dar lugar a uma barragem de rejeitos mas, em seguida, reconstruída poucos metros adiante, e cujas janelas agora se voltam para a lama tóxica que se acumula mais abaixo, em seu pátio.

Em todo caso, a obra que Solness deseja como definitiva não será o simulacro do casarão, mas um *castelo nas nuvens*. Esse projeto está ligado a um desejo de Hilda, personagem por meio da qual Ibsen levará até as últimas consequências a ambição demoníaca do Mestre Construtor. Hilda é uma jovem sensual e sonhadora que veio do campo até a cidade para cobrar de Solness uma antiga promessa. Há exatos dez anos – pouco depois do incêndio – Hilda, ainda criança, viu Solness subir na imensa torre de uma igreja que ele próprio acabara de construir. Lá no alto, ela o viu triunfante acenar para os céus. Horas depois, ela encontrará Solness durante a festa de inauguração da igreja. Bêbado e tomado de euforia – pois havia acabado de desafiar Deus –, Solness toma-a nos braços e a cobre de beijos, quando então promete que irá torná-la sua princesa e construir-lhe um imenso castelo; ela apenas teria que aguardá-lo por dez anos, quando ele então voltaria montado num belo cavalo para buscá-la. Hilda vem cobrar a promessa na exata data estipulada.

Solness não se recorda da jovem, nem da promessa; lembra-se apenas de um ser endiabrado da plateia que lhe acenava tão agitadamente que ele chegou a sentir náuseas e quase cair da torre. Confirma que, nessa ocasião, desafiara Deus por causa do incêndio, dizendo-lhe que aquela seria a última igreja que ele construiria. Mas nada disso importa agora a Solness, pois ele considera a chegada de Hilda outro momento de sorte. Através dela, ele vê o descortinar de uma nova vida. Solness se admira com Hilda, "o dia que desponta", o "nascer do sol", uma "ave de rapina".⁶⁰ Graças ao fogo da ambição da jovem, Solness sente a sua própria chama

---

59. Ibsen. Solness, o construtor, p. 257.
60. Ibsen. Solness, o construtor, p. 243.

reacender. Decide então atender a promessa que fizera; mas Hilda já não quer um castelo qualquer, deseja uma obra à altura do Mestre Construtor, o mais sublime império e, por que não, um "castelo no ar", um "castelo nas nuvens" possuidor da mais alta torre.

Solness topa, entusiasmadamente. Mas, para construir o castelo, ele sente que terá de vencer seu tormento. Decide então confessar em detalhes o seu *private affair* a Hilda, que ele julga poder entendê-lo, já que possuiria uma ambição igual; e é assim que ficamos sabendo de toda a fantasia de onipotência demoníaca de Solness, que já descrevemos.

Ouvindo-o, Hilda se convence de que está diante de um verdadeiro "feiticeiro", um "viking". Alguém capaz de destruir uma comunidade inteira pela manhã e, à noite, jantar com as "esposas raptadas" (e ela diz que adoraria ser uma delas). Mas Hilda teme que os resquícios de culpa em relação ao incêndio e ao óbito dos filhos possam colocar em risco o novo projeto, e então pede a Solness que desenvolva uma "consciência robusta" e que aja como um autêntico destemido.

O castelo nas nuvens faz Solness se desinteressar pelo projeto de reconstrução do antigo casarão. Este, é bem verdade, já era um projeto "sem chão" – só existia para confirmar uma mentira, contada para que ele pudesse se apoderar da terra vazia no espaço e nas almas. Mas com o castelo ele poderá ir até o limite do risco.

O castelo nas nuvens é um projeto irrealizável, o qual nenhuma técnica poderia erguer.[61] Ele não pode, portanto, exercer função equivalente à do farol de Fausto. Não cabe a ele racionalizar o espaço; pelo contrário, o castelo é uma *heterotopia da zona cinza*.

Michel Foucault, em sua teoria do espaço, chamou a atenção para a existência de lugares heterotópicos. Ao contrário das utopias, as heterotopias são espaços reais, mas capazes de estabelecer relações virtuais com o conjunto da sociedade. Os hospícios, os cemitérios, os motéis de beira de estrada são heterotopias. O espelho é a metáfora precisa dessa relação: os espaços heterotópicos espelham em seu interior todos os demais posicionamentos da cultura. No hospício, encontra-se espelhada a normalidade, e o que acontece em seu interior é determinante para o cotidiano das sociedades. As heterotopias são, portanto, espaços sincrônicos, e sua função pode mudar de acordo com as transformações da sociedade. Além

---

61. Só poderia existir, digamos, num metaverso... E não é aleatório que justo uma sociedade neoliberal sonhe com o metaverso.

disso, são espaços fechados, cujo acesso é restrito e regulado por rituais. A função da heterotopia, descreve Foucault, é fornecer uma *reserva inesgotável de imaginação*, isto é, um espaço no qual a civilização possa exercitar a perpétua metamorfose dos posicionamentos reais de que é composta. Desse modo, a heterotopia estabelece, em relação ao real, uma *heterocronia* – uma ruptura com o tempo corrente que constitui um tempo infinito (ex.: museus, bibliotecas) ou um tempo precário (ex.: festas, cidades de veraneio). E desempenha ainda, em relação à imaginação, uma *função* – que pode ser de ilusão (em que são denunciados como ilusórios todos os demais posicionamentos reais, p. ex.: o bordel em relação ao sexo conjugal) ou de compensação (espaço meticulosamente organizado na proporção inversa da desordem do espaço real, p. ex.: colônia de jesuítas).

Assim sendo, o castelo nas nuvens é uma heterotopia de ilusão, porque não existe em lugar algum do espaço real; e uma heterotopia de compensação, um lugar à parte da realidade cuja função seria a de espelhar toda a zona cinza em seu interior, de modo invertido e idílico.[62] O castelo nas nuvens corresponde à fantasia de um mundo protegido da especulação, da competição, da mentira, dos simulacros e das catástrofes da vida moderna. Daí toda a referência a um imaginário medieval perdido (castelo, torre, cavalo, princesa) que paira mais acima no ar, numa nuvem sublime fora do alcance da fumaceira que emana sem cessar da zona cinza. O castelo nas nuvens é a única verdade de que o empreendedor de risco, habituado a construir simulacros e a apostar na destruição de tudo, é capaz.

Assim como o farol de Fausto, o castelo de Solness precipita a derrocada do empreendedor. Eis o final da peça: sabemos que Solness está construindo um simulacro do casarão antigo. Essa obra é ressignificada com a chegada de Hilda. Solness perde todo o interesse em materializar a mentira de que desejava reconstruir seu antigo lar. Mesmo assim, ele acelera a obra, porque deseja exibir-se triunfante outra vez para Hilda do alto da torre e renovar seu desafio a Deus. Chegado o dia, ele põe-se a subir uma imensa escada externa que leva ao cume da torre. Mas Solness sempre sofreu de vertigens e nunca foi capaz de chegar sequer à sacada do antigo casarão (por esse motivo, Aline jamais acreditou na história de que no passado ele teria sido capaz de subir na torre da Igreja). A duras penas, ele consegue chegar ao topo e então acena triunfante para Hilda;

---

62. Ver: Foucault. Outros espaços.

em seguida, volta-se para Deus a fim de desafiá-lo, mas nesse instante se desequilibra e desaba fatalmente. A peça termina no exato momento da queda. Hilda está "imóvel, com uma expressão de desvario e triunfo",[63] a olhar fixamente para o alto da torre em que o construtor já não está mais.

6. FEITIÇARIA SEM FEITICEIROS

"Se você não tem um sonho, acorda vazio." Essa frase, que bem poderia ser do Mestre Construtor, é de Eike Batista, famoso por seus poços de petróleo no ar lastreados por elementos esotéricos.[64] Que Eike tenha optado por dar a seus filhos o nome de deuses nórdicos: eis uma nota de rodapé cômica à megalomania irracional do empreendedor de risco. As obras de Ibsen são frequentemente descritas como herméticas e simbolistas, mas sua linguagem metafórica carregada reflete a megalomania do empreendedor de risco. "Estávamos fazendo algo especial, mágico. Não era um trabalho – era uma missão. Estávamos mudando o mundo. Estávamos fazendo a obra de Deus",[65] disse o CEO da Enron, Jeffrey Skilling. Mas como sua obra divina envolvia atos de "contabilidade criativa",[66] tudo acabou indo por água abaixo; por fim, restou a ele somente lamentar ter perdido a vida que conquistara:

> Minha vida está fodida (...). As pessoas não iam apenas trabalhar para a Enron, ela se tornava parte de sua vida, tão importante quanto sua família. Mais importante que sua família. Mas pelo menos eu sabia que tínhamos essa empresa. (...) Agora, vejo minha vida como acabada (...) dependendo de

---

63. Ibsen. Solness, o construtor, p. 284.
64. Uol. "Eike contrata consultoria esotérica e muda logotipo do grupo, diz revista". *Uol*, 29 abr. 2013.
65. Skilling citado por McLean; Elkind. *The Smartest Guys in the Room – The Amazing Rise and Scandalous Fall of Enron*, e-book. Tradução nossa do inglês.
66. Contabilidade criativa é a "intencionalidade das empresas em aproveitar a existência da subjetividade, das alternativas existentes e da vaga regulamentação de alguns aspectos contábeis com a finalidade de obter demonstrações financeiras que representem a imagem desejada". Kraemer. "A maquiagem das demonstrações contábeis com a contabilidade criativa". *Gestiópolis*, 17 set. 2005.

> como tudo se desenrolar, pode chegar a um ponto em que não valha a pena ficar por aqui. Cliff[67] [sócio de Skilling] descobriu como tudo ia acontecer.[68]

Essa é a tragédia do empreendedor de risco: seu fim ocorrerá no exato momento em que ele *acreditar ter uma vida* – e não uma mentira transformada em vida. Solness passou a acreditar que era mesmo capaz de construir lares onde a felicidade poderia habitar, e não simulacros de lar à espera do próximo acidente – e essa foi a causa de sua derrocada.

A genialidade do empreendedor de risco está na captura do risco de catástrofe inerente à destruição criativa. Ele explora a possibilidade de catástrofe para gerar desresponsabilidades e fomentar a mobilização. Graças ao incêndio, Solness pôde agir desresponsavelmente, roubando a herança, usurpando a propriedade, subjugando seus competidores, eliminando obrigações familiares e laços de enraizamento; e pôde ainda se dissimular como vítima para mobilizar consumidores, familiares, empregados em torno da mentira de sua vocação construtora. O grau de desresponsabilidade dá a medida de sua sorte, e o grau de mobilização dá a medida de sua grandeza. Por tudo isso, Ibsen não parece exagerar quando atribui a Solness a qualidade de feiticeiro.

> Houve, por muito tempo, um nome para algo capaz de produzir uma coincidência entre escravização, a colocação em serviço, e sujeição, a produção daqueles que fazem livremente o que devem fazer. É algo cujo poder assustador e a necessidade de cultivar meios apropriados de proteção são conhecidos pelos mais diversos povos, exceto nós, modernos. Seu nome é feitiçaria.[69]

Para Stengers, o capitalismo pertence à linhagem de sistemas de feitiçaria, mas de um tipo específico: feitiçaria sem feiticeiros. Já vimos que o capitalismo evita dar ordens diretas ou exigir adesão ideológica na hora de nos mobilizar a correr o risco de catástrofe. A força da opressão capitalista devém sobretudo da movimentação impessoal de seu sistema; as ordens e os atos diretos de violência são reservados para último caso de insubordinação, porque são mais custosos e ineficazes. A cada situação perigosa, o capitalismo cria desresponsabilidades, que, por sua vez, autorizam a

---

67. John Clifford "Cliff" Baxter é um ex-CEO da Enron que renunciou ao cargo no auge do escândalo para, pouco depois, se suicidar.
68. Skilling citado por McLean; Elkind. *The Smartest Guys in the Room – The Amazing Rise and Scandalous Fall of Enron*, e-book. Tradução nossa do inglês.
69. Stengers; Pignarre. *Capitalist Sorcery – Breaking the Spell*, p. 35. Tradução nossa do inglês.

abstração da realidade e a obstrução dos afetos. O homem cinzento capitalista é alguém enfeitiçado, isto é, um escravo que livremente decidiu investir sua criatividade na própria sujeição. Continuando o uso do vocabulário da feitiçaria, podemos defini-los como seres "tomados"[70] – isto é, foi "a própria capacidade de pensar e sentir que foi vítima da operação de captura. (...) Ser capturado implica que é a própria capacidade de ver a si mesmo que foi afetada".[71]

O erro de Solness – e de Eike, Skilling e toda série de empreendedores de sua linhagem – foi acreditar que ele era de fato um feiticeiro, quando no capitalismo só há "máquinas de feitiçaria".[72] Para explicar esse conceito, Stengers faz uma analogia com Lacan, que dizia que a análise só faz criar analistas. Do mesmo modo, no capitalismo, os feiticeiros só podem fabricar outros feiticeiros; mas cabe à máquina garantir que haja feitiçaria. "A psicologia individual é perfeitamente descabida quando se trata do capitalismo. Este deve, antes, ser compreendido como uma função ou uma máquina, que fabrica a cada conjuntura sua própria necessidade, seus próprios atores, e destrói aqueles que não souberam abraçar as novas oportunidades".[73]

Há extraordinária complementaridade entra as críticas de Ibsen e de Stengers ao capitalismo. Hilda diz que se Solness detém o "poder de sedução do impossível", é porque para ele "há feitiçaria"; o que ele admite como sendo "talvez o termo exato". Já vimos que não há nada de propriamente impossível na ocorrência do incêndio, porque o sistema capitalista, ao capturar o acidente, cria a necessidade de sua ocorrência. A função do feiticeiro, portanto, é mais seduzir do que produzir; o projeto que ele concebe para o sítio da catástrofe é menos importante que sua capacidade de ativar a máquina de feitiçaria, isto é, o processo de subjetivação capitalística que alia desresponsabilidades do sistema e mobilização de novos homens cinzentos. O que garante a incorporação suave do acidente ao regime de destruição criativa é o esforço do empreendedor-feiticeiro para desresponsabilizar a atividade capitalista e, ao mesmo tempo, garantir que a classe de meio se sinta atraída por ela em decorrência de um sentimento de azar.

---

70. No original, *eaten up*. Optamos pela tradução que se aproxima do léxico popular do candomblé.
71. Stengers; Pignarre. *Capitalist Sorcery – Breaking the Spell*, p. 43. Tradução nossa do inglês.
72. Stengers; Pignarre. *Capitalist Sorcery – Breaking the Spell*, p. XXXIII. Tradução nossa do inglês.
73. Stengers. *No tempo das catástrofes*, p. 46.

Como contraefetuar um feitiço capitalista? Para responder a essa pergunta, precisamos rever o papel de Hilda na trama de *Solness*. Seu comportamento é profundamente ambíguo. Seu olhar desvairado, que encerra a peça, o que ele significa? Que Hilda é um duplo de Solness, sua sucessora e feiticeira irracional fabricada por ele? Ou significa que era a queda o seu verdadeiro objetivo, isto é, que ela teria buscado contraefetuar o poder demoníaco para eliminar outro competidor de Deus? Ora, Hilda exerce um papel duplo. Sua função na trama é a de ser confidente, não só de Solness, mas também de Aline e Ragnar. Mas ela não exerce nestes o mesmo efeito intensificador que exerce naquele. Pelo contrário, ela contribui para desmobilizá-los. Esclarece a cada um como eles foram mobilizados pelo Mestre Construtor.

Hilda reafirma aquilo que eles já suspeitavam: Ragnar possui um talento extraordinário, é amado pela esposa e admirado pelo pai; e Aline tem um coração generoso, cheio de amor por gerar. No entanto, Hilda expõe o perigo dessa suspeita. Por exemplo, Hilda diz a Ragnar que Solness "enfeitiçava" sua esposa unicamente para refrear seu impulso empreendedor. Ragnar reage, pedindo provas. Mas Hilda dá de ombros: "Mas é a verdade! É *preciso* que seja verdade! (*com arrebatamento.*) Eu quero... quero que seja a *verdade*".[74] Então Ragnar conclui que o Mestre Construtor seduzia sua esposa porque, no fundo, temia seu talento. Hilda ri: "Medo?... Ele?... O senhor é realmente muito presunçoso!".[75] Ragnar exigia o reconhecimento da verdade – da justeza de seu pai, do amor de sua esposa e de seu talento como construtor. Mas a única coisa que Hilda fez foi mostrar-lhe o *efeito da mentira*. Por querer que a verdade fosse revelada, Ragnar não podia reconhecer a mentira – que, em última instância, remonta ao incêndio, mas que há muito se tornou vida, inclusive através dele próprio, de seus acessos de ciúme e presunção.

Hilda deixa claro que não basta *querer expor a verdade*, é preciso, no mesmo movimento, *revelar os efeitos da mentira*. Hilda aponta para o verdadeiro caráter de um feitiço: sua impessoalidade. Em outras palavras, para contraefetuar o feitiço capitalista, não basta denunciar a ideologia, é preciso investigar de que modo a mentira se transformou em vida através de nós, é preciso fabricar a cada instante as condições para que nos desmobilizemos. Conforme escreve Stengers: "se a singularidade do capitalismo é

---

74. Ibsen. Solness, o construtor, p. 271.
75. Ibsen. Solness, o construtor, p. 269.

ser um 'sistema de feitiçaria sem feiticeiros', lutar contra tal sistema impõe a necessidade de tornar os seus procedimentos visíveis, sensíveis; e nunca renunciar ao que ele capturou, como se a operação de captura constituísse um julgamento da verdade".[76]

Ao lado de Justine e Saldiva, Hilda deve ser incluída na galeria de personagens refratárias à zona cinza. Mas para compreender melhor seu modelo de resistência, convém distinguir o que Robert Musil chamava de *senso de possibilidade* ("se existe senso de realidade, tem de haver senso de possibilidade"),[77] a partir do qual, consequentemente, seria possível viver "uma história de ideias em vez de uma história do mundo".[78] O senso de realidade é dominado por uma lógica causal, linear, cumulativa, de base materialista; é a teleologia da história do mundo pensada como culminação na verdade. Os dotados de senso de possibilidade, por sua vez, se desinteressam pelo caráter factível e materialista das coisas, seu interesse "pode ser definido como capacidade de pensar tudo aquilo que também poderia ser, e não julgar que aquilo que é seja mais importante do que aquilo que não é".[79] Tais sujeitos "vivem, como se diz, numa teia mais sutil, feita de nevoeiro, fantasia, devaneio e condicionais".[80] Por esse motivo, são os mais aptos a combater a zona cinza.

A grande ideia de Hilda – o castelo nas nuvens – deve ser compreendida a partir do impacto que ela produz no senso capitalista de possibilidade. O primeiro efeito imediato de sua ideia é o de atiçar ao máximo a megalomania do empreendedor de risco. Seu projeto exige uma "consciência robusta", uma capacidade ilimitada de correr riscos. Ele impõe ainda outra exigência: a realização total da mentira, sua conversão em verdade. Solness deve provar que não só é um grande construtor, como também um autêntico feiticeiro. Tudo isso permite a Hilda provocar uma ruptura na relação de Solness com o sistema de feitiçaria *sem* feiticeiros. Ela então o questionará: se você é um homem de sorte, por que gasta seu tempo seduzindo a esposa de um funcionário? Se teme Ragnar, é porque não acredita verdadeiramente em seu poder de feiticeiro. E se você é capaz de construir autênticos castelos, por que ainda aborrece sua esposa com simulacros? E se sua imaginação

---

76. Stengers; Pignarre. *Capitalist Sorcery – Breaking the Spell*, p. 135. Tradução nossa do inglês.
77. Musil. *O homem sem qualidades*, e-book.
78. Musil. *O homem sem qualidades*, e-book.
79. Musil. *O homem sem qualidades*, e-book.
80. Musil. *O homem sem qualidades*, e-book.

se volta para as nuvens, por que você ainda continua temendo a altura?... Hilda se aproveita da megalomania de Solness para levá-lo a cometer erros; assim, ela consegue fazer com que ele aprove o projeto de Ragnar e pare de seduzir a esposa dele, e libere Aline do fardo de representar sua mentira.

O brilho do olhar imóvel e de desvario que Hilda lança para o topo da torre em que Solness já não mais está pode ser interpretado, à luz de seu esforço para contraefetuar o feitiço, como outro momento *de afeto maximamente intenso*, em que foi possível recuperar com o cosmos o laço que o empreendedor de risco julgava ter cortado para sempre.

05

**METÁFORAS REFRATÁRIAS
AO RISCO**

A zona cinza, na prática, é composta por situações cinzentas: impasses de escolhas, ambiguidades legais, dilemas éticos, conflitos afetivos, informações confusas, que, em última instância, remontam à contradição infeliz entre o que sabemos sobre o risco de catástrofe e o que nos mobiliza a correr esse risco. As metáforas podem nos ajudar a lançar um olhar sobre cada uma dessas situações cinzentas; mas há uma qualidade específica das metáforas capaz de lançar um olhar de "desvario e triunfo", isto é, capaz de tornar perceptível e politizável a contradição infeliz da zona cinza – e é isso que vamos examinar neste capítulo.

1. NEOLIBERALISMO E DESIGUALDADE DE RISCO

Risco não é sinônimo de catástrofe, é o reconhecimento da possibilidade de catástrofe. Nesse sentido, pode-se viver a catástrofe sem conhecer os riscos que ela implica, suas causas e consequências, as recorrências e projeções, o passado e o futuro, o fim e o começo. Mas nem sempre a intrusão do risco na experiência cotidiana vai se dar por intermédio do conhecimento científico; a consciência coletiva também elabora, às vezes silenciosamente, as potencialidades da catástrofe. Em *Parasita* (2019), o cineasta Bong Joon-ho conseguiu um feito notável: abordar de modo contundente o impacto da crise climática na desigualdade social sem sequer mencionar o tema, isto é, filmando-o do ponto de vista dos que ainda ignoram, por desconhecimento ou indiferença, o risco de aquecimento global. Assim, o filme retrata a zona cinza em sua plena operação – quando o dilema infeliz entre o que sabemos e o que nos mobiliza se encontra maximamente distendido, pois sabemos apenas que um acidente ocorreu e ainda não somos capazes de imaginar os meios para nos desmobilizar de correr o risco de catástrofe.

Em primeiro plano, o enredo retrata a luta pela sobrevivência da família Kim no cenário desolador da Coreia do Sul neoliberal. Há muito, sofrem com o desemprego crônico; os pais, ex-operários, não conseguem recolocação profissional em virtude da idade e do impacto da tecnologia no mercado, e os filhos, por sua vez, apesar de inteligentes e enérgicos, não conseguem acesso à universidade e, sem experiência, estão condenados a viver de trabalhos de bico. A família Kim é vítima da precarização do trabalho.

Grosso modo, podemos descrever os Kim como "batalhadores", isto é, membros de uma faixa híbrida ou limiar entre a classe operária e a classe média; nesse aspecto, pais e filhos compõem uma imagem espelhada da classe batalhadora – os primeiros são ex-operários forçados a se transformarem em "empreendedores" precarizados; já os últimos, que possuem acesso restrito ao conhecimento especializado e ao capital simbólico monopolizados pela classe média (aparência, hábitos, trejeitos, repertório), só estão aptos a ocupar cargos precários e intermitentes. Em todo caso, será justamente o acesso restrito dos filhos aos capitais da classe média que produzirá o conflito dinamizador do enredo em torno das expectativas de ascensão social.[1]

Bong Joon-ho representa a vida precarizada a partir da metáfora do parasita. Os Kim sofrem para arcar com um apartamento localizado no subsolo da periferia de Seul; a única janela da casa mais parece a boca de um bueiro, pois dá para o chão da rua de um beco em que bêbados urinam com frequência. Mal tendo o que comer, eles precisam competir com insetos pelos restos de comida que sobrou. Para conseguirem trabalhos de bico, precisam se esgueirar pelos cantos da casa atrás de redes Wi-Fi vulneráveis a acesso clandestino. Desse modo, diante da completa falta de redes de proteção social, só resta aos Kim parasitar a comunidade e o mercado locais.

Há uma cena que condensa a metáfora do parasita – e que expõe de modo pungente o cerco da zona cinza sobre o precariado. Uma equipe de dedetizadores da prefeitura passa pelo beco borrifando veneno pelo ar. O patriarca da família Kim se aproveita da ocasião e decide abrir a janela da casa para que a fumaça entre e combata a infestação de insetos, já que ele não teria condições de arcar com uma dedetização. Mas ocorre que nesse

---

1. A rigor, Jessé Souza propõe o conceito de "batalhador" tendo em vista a sociedade brasileira; mas podemos aproximar – não sem algum prejuízo de sentido – as realidades periféricas brasileira e coreana na medida em que são submetidas a uma forma de exploração neoliberal mais ou menos semelhante.

momento os Kim tinham finalmente conseguido um bico e precisavam com urgência dobrar centenas de caixas de delivery de pizza. Por isso, eles terão de continuar trabalhando às cegas em meio à fumaceira tóxica e sufocante. No dia seguinte, serão multados por desleixo pela contratante. Eis esclarecido o significado econômico do parasitismo.

A precarização do trabalho consiste, basicamente, na transferência dos riscos da atividade produtiva ao trabalhador. A contratante da família Kim exige ser compensada financeiramente pelas eventuais perdas e erros cometidos na dobradura das caixas; algo que não ocorreria, pelo menos não da mesma maneira, em relações formais de trabalho, em que os erros e atrasos da produção são de responsabilidade do gestor de produção e devem ser arcados pela empresa.

A transferência dos riscos ao trabalhador, porém, vai além da penalização pela falha e pelo desperdício. Por exemplo, para que o motorista de Uber possa concorrer a alguns centavos por quilômetro rodado, não basta que ele saiba dirigir bem – ele precisa investir seu próprio dinheiro na compra ou na locação do veículo, na manutenção e na limpeza deste e ainda cultivar uma aparência e atendimento profissionais se quiser evitar ser penalizado pelo sistema de reputação do aplicativo. A empresa Uber não participa de nenhum desses investimentos, e sequer oferece seguro ou compensações para os danos sofridos pelo veículo e/ou trabalhador durante o serviço – afinal, segundo a Uber, ela apenas presta serviço de conexão entre motoristas "empreendedores" e clientes potenciais.

Ocorre que o fenômeno de "uberização" do trabalho impacta não só as classes mais baixas, como também as profissões especializadas típicas da classe média, como a advocacia, a contabilidade, a medicina, a educação etc. A tecnologia permite que a elite se reaproprie do capital cultural e de conhecimento e passe a utilizar a classe média escolarizada apenas para executar uma ínfima parte do processo de geração e acúmulo de valor. Tudo isso acirra a competição entre a classe batalhadora e a classe média tradicional. Os efeitos são vários. O patriarca Kim lamenta que, hoje em dia, "uma vaga de vigilante atraia 500 universitários" – o que abala duramente as perspectivas de futuro não só dele próprio, membro da classe operária, como também de seus filhos, aos quais só restara sonhar com o acesso à universidade como meio cada vez mais improvável de ascensão social.

O destino da família Kim parece tomar novo rumo a partir da visita de um universitário de classe média que é amigo de infância de Kiwoo, o filho mais novo da família. Como cortesia, o estudante os presenteia com uma *suseok*, que pode ser traduzida como "cristal do erudito" ou "pedra de contemplação" – uma pequena rocha natural que, se examinada de perto, lembra paisagens naturais e que, de acordo com a cultura sul-coreana, traz sabedoria e riqueza material para o seu portador. "Teria sido melhor ganhar comida", murmura a matriarca; em todo caso, os Kim agradecem o presente – que logo adquirirá misteriosa força simbólica entre eles. Com efeito, o estudante trazia boas-novas: uma oferta de emprego para seu velho amigo Kiwoo. Na verdade, ele precisava fazer uma viagem e temia perder seu posto no lar de Mr. Park – um magnata da tecnologia – como tutor da filha colegial, com quem ele planejava secretamente se casar. Como solução, pensou em oferecer seu cargo interinamente ao amigo desempregado; afinal, Kiwoo era inteligente e dominava as matérias, inclusive o inglês, e saberia substituí-lo à altura – embora pesasse contra ele o fato de não possuir ensino superior, mas, nesse caso, bastaria mentir que eram colegas de faculdade para fazê-lo ser aceito sem protestos, com a condição, é claro, de que ele não se envolvesse emocionalmente com a aluna.

Essa trama se repetirá ao longo de todo o filme. Para poder assumir um posto de trabalho na casa dos Park, cada membro da família Kim terá que mentir sobre sua formação e origem humilde, dissimulando uma postura empreendedora. Por exemplo, para facilitar a admissão da mãe como empregada, a filha usará seus conhecimentos em design para desenvolver logotipo e cartão de visita refinados, que serão elogiados pelos Park como sendo de "alta classe".

A lógica do empreendedor de si mesmo, essencial para o funcionamento do mercado neoliberal, visa tornar intercambiáveis as posições antes rigidamente marcadas pela desigualdade de riqueza (de capital econômico, material, simbólico e cultural). Como a tecnologia permite agora a reapropriação do conhecimento especializado, que é o principal recurso da classe média, como vimos, a elite proprietária atua para remodelar o *status quo* a fim de criar um novo ambiente em que universitários, engenheiros formados, advogados etc. se sintam à vontade para disputar vagas de segurança ou de motorista de Uber a título de complementação de renda; e que pessoas sem formação, ou com formação parcial ou restrita, sintam-se aptas a disputar cargos de tutor, designer, crítico de arte etc. – em ambos os casos, sem que a elite proprietária gaste um centavo sequer com a infraestrutura, a formação e os riscos do trabalho.² No mundo neoliberal, as posições entre a classe média tradicional e a classe batalhadora tornaram-se mais fluidas e intercambiáveis em virtude da precarização; *Parasita*, a partir do acordo escuso entre o universitário e o jovem talentoso e desempregado, discute a ideologia opressora que ratifica a nova desigualdade de riquezas.

A lógica do empreendimentismo é particularmente perversa para a classe batalhadora, que se vê forçada a investir parte de seus recursos escassos para simular uma aparência de massa da classe média a fim de não ser penalizada pelos sistemas de ranqueamento dos aplicativos. *Parasita* resume a perversidade dessa situação numa cena comovente, em que os Park farejam com ojeriza no patriarca Kim, que vinha se esforçando para entregar um serviço de alto nível, o odor sutil de "gente que usa metrô". Em outras palavras, quer dizer que a condição batalhadora *coloca permanentemente em risco* a ocupação por essa classe de postos precarizados submetidos à lógica neoliberal do empreendimentismo controlado por sistemas de ranqueamento.³

A intercambialidade de posições servis e precarizadas entre a massa da classe média e a classe batalhadora cria novas modalidades de exploração entre elas. É o que ocorre entre Kiwoo e seu amigo universitário; este só lhe oferecera o emprego porque, além de explorar o conhecimento restrito do amigo, podia exercer total controle sobre a situação, afinal, ele poderia desmascará-lo a qualquer momento caso descumprisse o acordo. A pobreza ronda os batalhadores, que são constantemente induzidos ao pânico frio pelo governo e pelo mercado – no Brasil, um dos principais mecanismos de mobilização da classe trabalhadora é o neoliberalismo neopentecostal; já em *Parasita*, cabe à *suseok*, ou pedra de contemplação,

---

2. Os pais da família Kim têm menos habilidade para dissimular sua origem e condição, o que prova sua filiação à classe operária. O patriarca deixa isso claro quando diz achar muito bonita a ideia de passar "30 anos conduzindo veículos" e então poder saber de cor todas as estradas. Mas o mercado precarizado, estruturado em torno de tecnologias como o GPS, não precisa de motoristas profissionais, e justamente por isso se esforça por fazer dessa atividade uma oportunidade de complementação de renda atraente para a classe média escolarizada. Os filhos da família Kim, por sua vez, são os que *poderiam ter sido universitários, artistas, psicanalistas, designers etc*. Que poderiam ter sido tudo, ocupado todas as profissões, talvez até ao mesmo tempo; com um pouco de sorte, teriam dado até belos herdeiros – como confirma ao jovem Kim sua nova amante, a filha do magnata. Por isso mesmo, os filhos Kim são mais vulneráveis à ideologia neoliberal.
3. Sobre o fenômeno da precarização, ver: Braga. *A rebeldia do precariado – Trabalho e neoliberalismo no Sul Global*.

sugerir um vago princípio religioso como outro meio de mobilização para a ideologia empreendimentista.

Ao mesmo tempo que redefine o *status quo* ligado às desigualdades de riqueza, o neoliberalismo redistribui e acirra as *desigualdades de risco*. Primeiro, através da eliminação de direitos trabalhistas e de mecanismos de proteção social. Segundo, criando uma situação em que qualquer erro ou acidente passa a ter o poder de provocar a expulsão do batalhador do mercado de trabalho precarizado. Tudo isso no momento em que se intensifica a agenda de catástrofes socialmente manufaturadas.

Parasita compõe uma cartografia dantesca do mundo neoliberal. Os vários graus de desigualdade de risco e riqueza são organizados conforme estratos geológicos. Assim, no topo da montanha está a hiperprotegida mansão dos Park, cujo horizonte não dá para Seul, como seria de se esperar em mansões nessa localização, mas para um jardim idílico;[4] já a casa dos Kim se encontra no subsolo da periferia, no mesmo nível dos bueiros; a distância que os separa é mediada por inúmeras escadas. Mais tarde, quando um dilúvio inunda Seul e destrói inteiramente a casa dos Kim, estes terão que disputar com outros parasitas o subsolo da mansão Park,[5] que é ignorado pelos atuais proprietários e que foi originalmente construído para proteção em caso de guerra nuclear contra a Coreia do Norte. A transferência dos Kim da antiga periferia para o atual bunker marca justamente o entrelaçamento das desigualdades de riqueza e de risco provocado pelo impacto do aquecimento global em um mundo neoliberal.

Desse ponto de vista, a mansão Park pode ser considerada como uma metáfora em miniatura das *zonas verdes*, que, segundo Naomi Klein, consistem em uma nova modalidade de colonização: o processo de gentrificação dos pontos do globo considerados menos vulneráveis aos efeitos do aquecimento global e das eventuais turbulências sociais, nos quais a elite proprietária pretende construir comunidades afluentes bunkerizadas e hipermilitarizadas. "Destruidoras tanto da *bio* quanto da '*socio*diversidade'", as zonas verdes são ainda fortemente equipadas para fuga "imediata e em

---

4. De acordo com o fictício arquiteto Namgoong Heonja (o real autor foi o produtor de cenários Lee Ha-jun), o primeiro andar da casa foi propositadamente construído para maximizar as vistas do jardim.
5. É significativo que Bong Joon-ho tenha feito do marido da antiga governanta dos Park um ex-comerciante atolado em dívidas decorrentes de falência. Novamente, trata-se da intercambialidade das posições entre a pequena burguesia e o precariado, provocada pela extrema vulnerabilidade financeira.

grande estilo"[6] em caso de catástrofe – mas não para os parasitas, que serão prontamente esquecidos no subsolo para onde foram atraídos em busca de trabalho precário e proteção contra o risco de catástrofe; momento em que a cena da festa de aniversário, que termina em fuga e morte, já prenuncia.

Como é característico do estilo de Bong Joon-ho, que gosta de ser didático com cenas pungentes, a metáfora da zona verde atinge seu ápice quando, no momento do dilúvio, é contraposto o lar destruído dos Kim à ultratecnológica tenda indígena do pequeno filho do magnata Park – importada dos EUA, impermeável e resistente a chuva pesada, na qual o garoto experimentava passar a noite sozinho em seu quintal. Assim, temos, de um lado, a hiperprotegida elite capitalista e, de outro, as camadas inferiores expostas às crises sociais, financeiras e às catástrofes naturais que são sistematicamente geradas pelo capitalismo neoliberal. Temos, de um lado, a fantasia burguesa de um capitalismo global ecossustentável, ao mesmo tempo primitivo e ultratecnológico, isto é, apenas ficcionalmente liberado das contradições do progresso;[7] e, de outro, o futuro distópico de uma sociedade bunkerizada – em que a única esperança de sobrevivência das classes subalternas será parasitar o subsolo infernal das zonas verdes.

Dilúvios dessa magnitude têm sido cada vez mais frequentes na Coreia do Sul, em decorrência da crise climática. Bong Joon-ho já havia abordado esse tema em seu filme anterior, *Snowpiercer* (2013), em que narra o fracasso de um massivo experimento para impedir o aquecimento global, o que acarreta no congelamento de toda a Terra. Em *Parasita*, o risco de alteração do clima compõe o subtexto invisível da reconfiguração das desigualdades.

A cartografia dantesca do neoliberalismo apresentada por *Parasita* contempla ainda uma espécie de mapa do ciclo atmosférico da zona cinza. Temos os três elementos: água, solo e ar, todos degradados (um pouco como vislumbrara Paulo Saldiva). A nuvem tóxica de dedetização representa o acúmulo de riscos no trabalho precarizado; a rocha de contemplação, que não é comida, mas logo será transformada em arma, representa a adesão forçada à ideologia empreendimentista; por fim, o dilúvio de proporções bíblicas que se precipita violentamente do topo ao fundo da hierarquia

---

6. Klein. *Doutrina do choque – Capitalismo de desastre*, p. 498.
7. Durante a pandemia do coronavírus, essa fantasia consistiu num retorno generalizado ao campo. O fenômeno acabou descrito pelo termo ou hashtag "*cottagecore*", que significa uma espécie de *fugere urbem* contemporâneo. Os vídeos no YouTube marcados com essa hashtag atingiram picos de audiência, consolidando o *cottagecore* como uma das principais tendências de produção de conteúdo para 2021-2022.

social representa o entrelaçamento das desigualdades de riqueza e de risco em um mundo neoliberal atravessado pelo aquecimento global.

2. METÁFORA REFRATÁRIA AO RISCO

Em *Parasita*, os batalhadores se movem – ou melhor, rastejam, se esgueiram, penetram, invadem – ao longo do estratificado mundo dantesco do neoliberalismo, fluido somente do ponto de vista das fantasias de ascensão social. Junto deles, vale acompanhar o movimento da *suseok*, a "pedra do erudito" ou "de contemplação", ao longo de toda a cartografia.

Dentre todos os objetos perdidos durante a inundação, a *suseok* será a única a restar intacta, flutuando misteriosamente na água imunda. Kiwoo não sabe como reagir a essa imagem, que ele considera "simbólica". Decide então carregar a *suseok* consigo – ou melhor, é ela que se "agarra" a ele, que o "persegue", como ele constatará mais tarde. Assim, a pedra também ascenderá do fundo do rio ao topo da montanha, ou, mais especificamente, do esgoto inundado ao jardim idílico da zona verde.

Com efeito, dentre todas as personagens, Kiwoo é o mais mobilizado pela fantasia típica da classe média de ascensão social via aquisição de conhecimento especializado. Ele vinha se esforçando para cumprir à risca a promessa neoliberal de intercambialidade controlada entre as classes média e batalhadora para a ocupação de postos precarizados de prestação de serviço. Não obstante, é a ele que a pedra "se agarra". Sem saber como compreender a catástrofe, Kiwoo tenta imaginar o que seu amigo universitário faria se estivesse em seu lugar; mas sua irmã, mais realista, dá de ombros – o universitário jamais se encontraria "na mesma situação" que eles.

A pedra de contemplação, embora "simbólica" do ponto de vista das desigualdades de riqueza, é imprestável do ponto de vista das desigualdades de risco; quando Kiwoo se dá conta disso – de que a pedra não é nem comida e nem valiosa, isto é, de que é inútil sonhar com a ascensão social quando a vida se encontra em risco –, ele compreende que a pedra é, além de metáfora, uma arma. Assim, ele descerá outra vez ao subsolo, dessa vez na mansão Park, para tentar golpear rivais com a pedra; mas acabará sendo ele próprio atingido na cabeça com ela. (Aliás, a personagem que golpeia Kiwoo com a pedra e assassina sua irmã é um exemplo típico de homem cinzento: são sempre estes os mais aptos a utilizar de um viés ideológico de dominação não só como princípio de mobilização de si e do outro, mas como arma de extermínio.) Kiwoo desmaiará e, ao acordar do coma, dias depois, passará a rir de tudo – especialmente das pessoas que "não têm a cara da profissão que exercem", como o detetive que parece um universitário e o médico que parece um camponês; o que deixa claro que a intercambialidade das posições sociais no mundo neoliberal não constitui uma chance, uma promessa, mas um princípio de exploração via precarização.

A metáfora da pedra de contemplação, entretanto, não se resume ao seu significado no interior do enredo. Ela me parece adequada também para descrever a experiência do espectador, pois seu significado, frequentemente contraditório, se complexifica à medida que este vai se dando conta dos inúmeros dilemas e impasses ligados à posição precária dos batalhadores diante do entrelaçamento das desigualdades de riqueza e de risco. Assim, num primeiro momento, a *suseok* é amuleto religioso, é a evocação de um saber primordial ligado à promessa de ascensão social; mas é também algo sem utilidade, que não é comida. À medida que se torna "bastante simbólica", conforme diz Kiwoo, a pedra converte-se em metáfora da adesão férrea e acrítica à ideologia neoliberal do empreendimentismo. No entanto, após restar intacta da catástrofe, ela se torna metáfora dos riscos que "perseguem" o batalhador precarizado. Ao mesmo tempo, quando Kiwoo decide guardar, carregar aquilo que todavia se agarra a ele, a *suseok* se torna metáfora também de tudo o que tem o poder de nos mobilizar a correr o risco de catástrofe. Mas como a pedra de contemplação finalmente se revela contraditória do ponto de vista do entrelaçamento das desigualdades de riqueza e de risco, ela se converte em metáfora-arma da violenta disputa entre batalhadores e miseráveis pela condição de parasitas do mercado neoliberal. Por fim, quando o desfecho confirma a fatalidade do destino miserável dos batalhadores, a *suseok* será devolvida ao rio, supostamente para que tudo seja esquecido; mas, na verdade, ocorre apenas que a fantasia precária penetrou mais fundo na corrente da vida, restando somente ela como estímulo para continuar batalhando face a um destino sob todos os aspectos intolerável.

Assim exposto, fica claro que a pedra de contemplação, do ponto de vista do espectador, é capaz de exercer precisamente a função que lhe dá nome: ela permite que cartografemos as inúmeras situações ambíguas, os impasses morais, os dilemas afetivos que compõem a experiência dos batalhadores na fumaceira da zona cinza. Assim, a "força sugestiva" da metáfora que Kiwoo interpreta como convite à adesão ao neoliberalismo é *refratada* pelo cineasta a fim de que o espectador possa com ela *produzir uma percepção da zona cinza*. A extraordinária maleabilidade, frequentemente contraditória, dos significados associáveis à metáfora da pedra do erudito/de contemplação em *Parasita* é a principal característica que faz dela uma *metáfora refratária ao risco*. Isso pois ela contém força sugestiva suficiente para aclarar inúmeras situações cinzentas não só do enredo do filme, como do cotidiano de todos aqueles que portarem esse amuleto como lembrete dos riscos de se viver em um mundo neoliberal atravessado pela catástrofe climática. Mais adiante, discutiremos, do ponto de vista da estética, como o espectador pode participar incorporando e/ou usurpando para si as metáforas refratárias para fins de politização do cotidiano.

Viemos até aqui insistindo que, para ocupar uma posição refratária ao risco, é preciso produzir uma percepção de risco a cada momento – jamais confiar que as "lições da natureza", as "aulas da dura realidade", as estatísticas e enunciados científicos que as acompanham possam servir automaticamente como meios de politizar uma definição de risco ou de desmobilizar o indivíduo e a comunidade a correrem esse risco. Assim sendo, se falamos no segundo capítulo sobre a necessidade de encontrar abrigos em que se possa dar as costas e fechar os olhos para a catástrofe a fim de se apoderar de tudo o que acontece por meio dos olhos, convém agora ressaltar que é preciso, nesse mesmo instante, fabricar metáforas refratárias ao risco – como é o caso do planeta Melancolia, da cena de guerra no Parque Trianon, do olhar desvairado da personagem Hilda, em *Solness, o construtor*, ou até mesmo da pedra que esmaga o carro em *Still Life with Stone and Car* (2003), de Jimmie Durham, cuja imagem inserimos no capítulo 3 e que não carece de ser comentada à luz de nosso ensaio sobre o papel da pedra de contemplação em *Parasita*. Vimos também como é vantajoso se colocar questões como: a fumaceira que recobriu o céu de São Paulo é uma espécie de planeta Melancolia? Melhor dizendo: convém experimentar refratar a percepção dessa catástrofe real a partir dessa metáfora artística? Ampliamos, desse modo, nossa capacidade de tornar perceptível a catástrofe, de apoderarmos de tudo com os olhos, de nos deixarmos afetar por ela? Ao longo de todo o livro vamos pontuar mais metáforas refratárias que possam servir como instrumentos estéticos de produção de percepção de risco – ao lado dos instrumentos técnicos responsáveis por fabricar os "órgãos sensoriais" da ciência –, a fim de desanuviar a trama cerrada da zona cinza.

Neste ponto, pretendo esclarecer melhor o que compreendo por metáfora refratária apta a produzir uma percepção de risco. Como dissemos, na prática, a zona cinza é composta por situações ambíguas, impasses éticos, dúvidas legais, confusões afetivas que remontam, no fundo, ao dilema infeliz entre o que sabemos sobre um risco de catástrofe e o que nos mobiliza a abstrair os fatos e obstruir os afetos para correr esse risco. Nesse sentido, a função de uma metáfora refratária é a de desmobilizar o conhecimento, ou, antes, de produzir uma percepção afetiva do risco. O que não é o mesmo que explicar ou ilustrar uma definição científica de risco.

Imagem 3 – *Ice Watch* (2014-2019), de Olafur Eliasson e Minik Rosing.

Consideremos a controvérsia em torno de outra pedra, desta vez as pedras de gelo que compõem *Ice Watch* (2014-2019), de Olafur Eliasson e Minik Rosing. Os artistas conceberam, por ocasião da publicação do *Quinto Relatório de Avaliação da COP-21* (Painel Intergovernamental sobre Mudanças Climáticas da ONU),[8] uma instalação composta por 12 grandes blocos de gelo que haviam se desprendido da calota polar da Groenlândia e foram transpostos para a Europa. A obra foi exposta a céu aberto em três ocasiões: em Copenhague (2014), Paris (2015) e Londres (2019); o público foi

---

8. Disponível em: https://pt.wikipedia.org/wiki/Quinto_Relatório_de_Avaliação_do_ Painel_Intergovernamental_sobre_Mudanças_Climáticas.

convidado a se reunir em torno dessa espécie de "fogueira de gelo" efêmera, em que se podia observar (*to watch* significa "ver" em inglês) o crepitante e veloz processo de derretimento do gelo (*the watch* significa "relógio"). Com a obra, Eliasson e Rosing pretendiam tornar tangível, ao público das grandes metrópoles, a definição abstrata de risco de mudança climática.

Não é incomum que um artista tente superar a abstração das definições de risco a partir da incorporação da matéria da catástrofe em suas obras. É o caso do "artivista" Mundano, que foi até o Córrego do Feijão para colher 250kg de lama tóxica com a qual pintaria, entre outras obras, o mural *Operários de Brumadinho* (2019), uma releitura do quadro de Tarsila do Amaral.

Ice Watch pretendia encurtar as distâncias conceituais e sensíveis entre as grandes metrópoles e o impacto que estas exercem nas longínquas calotas polares. Mas houve quem discordasse da necessidade de uma abordagem ilustrativa, quase tautológica, do problema da crise climática. Eis os principais argumentos contra a obra. Em primeiro lugar, todo mundo conhece o processo de derretimento do gelo; logo, de um ponto de vista estritamente sensível, a novidade se limitaria à observação da beleza da forma cristalina do gelo em proporções imensas. Poder-se-ia, neste caso, argumentar em favor da obra que ela impunha um tique-taque de urgência para a questão do combate à crise climática – ajudando a alertar para o fato de que, segundo os cientistas da COP-24, teríamos apenas 12 anos para limitar os piores efeitos das mudanças climáticas. Ora, mas a Europa já vinha sendo sistematicamente devassada por catástrofes ligadas ao risco de aquecimento global – como a enchente que inundou a Bienal de Veneza –, a tal ponto que o público já estava maduro o suficiente para não precisar ser convencido da "materialidade" da questão. Por fim, era possível concluir que a obra servia ao menos para promover o debate; mas ativistas mostraram que, mesmo nesse caso, ela não só simplificava a ponto de empobrecer a questão como *contribuía materialmente* para o aquecimento global. Ativistas passaram a exigir que se fizesse um estudo sobre o impacto climático do transporte, da refrigeração e da instalação das peças de gelo do polo Ártico até a Europa. Uma análise realizada pela Julie's Bicycle, comissionada pelos artistas para a instalação da obra em Paris, estimou que a pegada de carbono era de cerca de 30 toneladas métricas de CO_2 – um valor "pequeno se comparado com as emissões totais de carbono do mundo, mas, para uma única obra de arte, pode ter sido um dos projetos mais poluentes feitos durante essa década, principalmente quando se conta o impacto das três apresentações em conjunto".⁹ Em outras palavras, sequer a operação conceitual – essa tentativa de realizar um *ready-made* polar – parecia algo eficaz, a coisa certa a ser feita.

Mas os questionamentos não pararam aí. Chamou-se atenção para o fato de que as três exposições de *Ice Watch* foram financiadas pela Bloomberg Philanthropies, fundada pelo bilionário ex-prefeito de Nova York Michael Bloomberg. Além de notório investidor de empresas de petróleo e gás, Bloomberg atuou fortemente contra uma série de iniciativas para o clima, como o "Green New Deal".¹⁰ Mesmo assim, como ficou patente em sua breve campanha à presidência dos EUA, em 2020 – vide seus infames anúncios em massa autopatrocinados no Google Ads para termos como "climate change" –, ele vem tentando se passar por um candidato verde. Tudo isso permitia levantar a suspeita de que a obra de Eliasson e Rosing não passava de "*greenwashing* corporativo".

Evidentemente, as críticas contra a obra não estão livres de questionamentos. Afinal, o debate acerca da relação entre responsabilidade climática e autonomia artística é certamente espinhoso e perigoso, não só porque pode descambar para a censura, mas sobretudo porque pode estimular a criação de um mercado de "certificação de consciência" que, na prática, servirá mais para desresponsabilizar a atividade artística – um pouco como vimos no capítulo anterior, na discussão a respeito da natureza da relação entre a mineradora Vale e a empresa de certificação de segurança de barragens.

Não é esse o debate que eu gostaria de propor. A meu ver, o problema de *Ice Watch* é que a obra não é capaz de *produzir uma percepção*, porque se baseia numa concepção errada do processo de desmobilização. Vejamos como Eliasson se justifica:

> Olafur Eliasson está ciente da ironia que está no cerne de *Ice Watch*, sua nova obra de arte pública. (...) Mas como o impacto da obra no meio ambiente se compara com o de outras atividades? Bem, os relatórios também afirmam que "a pegada de carbono do *Ice Watch* seria equivalente a 30 pessoas voando de volta de Paris, França, para Nuuk, Groenlândia". Não parece muito carbono. Eliasson acredita que vale a pena, porque, embora a maioria das pessoas possa

---

9. Raspet. Remember when contemporary art solved the climate crisis?, n.p. Tradução nossa do inglês.
10. Ver: Raspet. Remember when contemporary art solved the climate crisis?

entender as causas e as consequências das mudanças climáticas, os indivíduos ainda precisam de *alguma experiência direta para que possam mudar seus caminhos*. (...) "Está claro que temos apenas um curto período de tempo para limitar os efeitos extremos das mudanças climáticas", disse Eliasson no lançamento nesta manhã. "Ao permitir que as pessoas experimentem e realmente toquem os blocos de gelo, espero que as conectemos ao ambiente de uma maneira mais profunda e inspiremos mudanças radicais".[11]

Ora, será mesmo que tocar blocos de gelo – que só sabemos de maneira abstrata que pertencem originalmente à Groenlândia – pode ser uma maneira de enriquecer o conhecimento abstrato sobre o risco de aquecimento global e até mesmo um princípio deflagrador, ou ao menos inspirador, de mudanças radicais? É provável que sim. Mas aqui voltamos à posição em suspenso da classe média, para a qual tudo se resume a aprender as lições da natureza, as aulas da dura realidade... para a qual toda ação é bem-vinda, tudo deve contribuir, pois as boas intenções deveriam bastar quando é o futuro da humanidade que está em jogo... Porque ela é incapaz de conceber outra maneira de se desmobilizar senão através da aquisição de conhecimento especializado e da promoção de experiência sensível individual.

Podemos, porém, experimentar recolocar a questão da efetividade da obra. Existiria alguma outra situação em que o conceito ou a experiência de tocar o gelo em *Ice Watch* produziria um novo significado, uma outra percepção de risco? Ou sempre que experimentarmos empregar a obra em um novo contexto teremos de repetir, a cada vez, o que é evidente (que a crise climática existe) e o que é óbvio (que devemos agir o quanto antes para mitigá-la)?

Ora, o que os ativistas conseguiram demonstrar é que a obra não foi capaz de *fazer proliferar questões pertinentes entre os interessados na própria proteção*, sequer durante o processo de feitura do trabalho. O modelo de financiamento usado foi convencional (em que não se questiona a boa intenção dos financiadores); o método de fabricação foi convencional (empregaram-se especialistas em transporte de bens perecíveis); a análise de custo-benefício foi básica (tolerou-se um pouco de agressão à natureza em prol do bem-estar da humanidade, sendo que o problema aqui é justamente a escala abstrata e genérica dos termos, que correspondem ao lócus abstrato

---

11. Site Phaidon. Olafur Eliasson's Ice Watch will give you a climate change chill. *Phaidon*, 11 dez. 2018. Disponível em: https://www.phaidon.com/agenda/art/articles/2018/december/11/olafur-eliassons-ice-watch-will-give-you-a-climate-change-chill/.

global da atividade capitalista); e por fim: sequer a ideia de arte foi revista (uso de *ready-made* convencional, que não dialoga nem mesmo com os avanços da *land art* e muito menos se coloca como cosmotécnica). E todo esse circuito de concepção, projetação, captação de recursos, fabricação e exposição pode se dar de modo convencional, porque a cada instância, a cada situação, tratava-se de repetir o mesmo, o que é da ordem do óbvio e do evidente, que a crise climática é real e que ela deve ser solucionada com urgência pela humanidade.

Desse modo, as pedras de gelo dos artistas, ao contrário das pedras de contemplação de Bong Joon-ho, não são capazes de refratar a zona cinza, isto é, de incitar novos significados nas inúmeras situações experimentadas tanto pelo produtor quanto pelo espectador, para quem, à luz do risco de aquecimento global, toma forma um dilema infeliz entre o que sabemos e o que nos mobiliza.

Mais adiante, discutiremos que o essencial para uma metáfora refratária não é "denunciar a verdade" sobre o risco, mas "apresentar a captura". No entanto, já podemos adiantar que, no caso de *Parasita*, o que foi capturado pelo neoliberalismo, e que a metáfora da pedra de contemplação expõe, é a vontade de sabedoria – essa vontade toca de maneiras diferentes as personagens, mas, como o capitalismo a capturou para dar curso à precarização dos postos de trabalho, todas as trajetórias ligadas a ela tornam-se trágicas (aliás, a beleza do filme vem justamente do brilho sublime dessa vontade de sabedoria que pais e filhos ainda nutrem, apesar de tudo, para além do desejo mais mundano de ascensão social). Voltaremos ao tema da captura mais adiante.

Ice Watch é uma obra ilustrativa, e não uma metáfora refratária ao risco apta a produzir uma percepção do risco. Não obstante, ela se adequa mal às *manifestações de objeção*, tão essenciais para a constituição de uma cultura refratária ao risco, uma vez que a prudência exige não só pensar a possibilidade de acontecimentos imprevistos, como levar em consideração que ela só poderá devir "amorosamente" de uma multitude de pontos de vista. Voltaremos ao tema da prudência no capítulo seguinte.

Em todo caso, diante de tantas objeções, Olafur Eliasson preferiu fazer valer seu direito à "consciência tranquila dos que protestam, essas *cabeças pensantes da humanidade* encarregadas de levar o rebanho humano rumo ao progresso".[12] Ele exige ter o direito de, para o bem da humanidade, apontar para as "lições da natureza", para a "aula da dura realidade", fazer as pessoas sentirem na pele o derretimento das calotas polares... E é por isso que ele solicitou uma vez – mas não todas as vezes – a avaliação da pegada de carbono de *Ice Watch*; porque o objetivo não era potencializar a proliferação de questionamentos e objeções em torno da obra, mas apenas desresponsabilizá-lo de respondê-los. Pois, de posse dessa análise, ele poderá, enfim, dizer que "está ciente da ironia que está no cerne de *Ice Watch*", mas que a "pegada de carbono seria equivalente a 30 pessoas voando de Paris, França, para Nuuk, Groenlândia", e que portanto "a arte vale a pena", pois permite às pessoas "experimentarem realmente o aquecimento global".

As *cabeças pensantes da humanidade* preferem falar de "lições da natureza" e de "aulas da dura realidade"; seus discursos giram em torno de evidências e obviedades incontestáveis que devem ser trazidas com urgência a um público abstrato global definido de antemão como massa amorfa de "apáticos, ignorantes, isolados" cuja única força seria se "unir enquanto humanidade" para evitar um "futuro terrível". Evidentemente, esse discurso jamais poderia interessar a uma vítima direta ou potencial, ou a uma refratária ao risco, mais interessadas na fabricação de cosmotécnicas viáveis em cada lócus social de risco. No entanto, ele se adequa perfeitamente aos interesses da classe de meio, que necessita de argumentos que justifiquem sua posição em suspenso diante do dilema entre o que ela sabe e o que a mobiliza a correr o risco de catástrofe.

Para Stengers, o "tempo das catástrofes" exige a prudência de não se colocar o papel de "cabeça pensante" da humanidade, de não atribuir para si a tarefa heroica de proteger os homens alertando-os das tentações e ilusões que os cercam. Ela alerta que o fenômeno do aquecimento global é suficientemente veloz e complexo para exceder a exigência científica de abstração dos fatos e generalização dos interlocutores. Para combatê-lo, não há soluções incontestes que excluam de antemão a necessidade de aprendizado com o imprevisto e o imprevisível. A crise climática impõe como horizonte um futuro que não pode ser dado como certo; o que significa, por seu turno, que precisamos aprender a pensar a partir dessa indeterminação – do seu poder agenciador de afinidades coletivas e de exercícios experimentais de prudência.

---

12. Stengers. *No tempo das catástrofes*, p. 75.

Ao contrário da pedra de contemplação de Bong Joon-ho (que sequer carece de fazer referência ao aquecimento global para auxiliar na produção de percepções refratárias a esse risco), as pedras de gelo de Eliasson só servem para aumentar nosso conhecimento sobre a catástrofe, mas não para contraefetuar desresponsabilidades ou promover processos de desmobilização. As pedras de gelo não são metaforicamente móveis, não são passíveis de suscitar significados contraditórios. Assim sendo, não nos ajudam a expor o processo de captura que nos força a aderir ao dilema infeliz entre o que sabemos e o que nos mobiliza. A cada situação cinzenta de impasses técnicos, práticos, conceituais, relacionais, afetivos relacionados ao risco de aquecimento global, só poderemos repetir o óbvio – que o gelo derrete, que o mundo ruma para o apocalipse, que a humanidade precisa se unir. E assim retornamos ao confortável mundo das "lições da natureza", das "aulas da dura realidade", em que cabe à natureza politizar a catástrofe, em que todos são culpados por ela – mas nunca ninguém em específico (senão os de sempre, os que nunca fazem nada...). Mas, para compor essas lições, Deus não deveria precisar de ajuda; e para alertar a humanidade, uma enchente na Bienal de Veneza deveria bastar.

06

**CONTAR A
CATÁSTROFE**

Este capítulo aborda a percepção social da violência no Brasil em dois momentos distintos. Inicialmente, o foco recai sobre as redes sociais, analisando a repercussão no Instagram e no Twitter do trágico assassinato de Evaldo Rosa e Luciano Macedo pelo Exército em 2019, no Rio de Janeiro, episódio simbolizado pela hashtag #80tiros. Serão explorados os argumentos mais frequentes, seus embasamentos sociológicos e possíveis limitações interpretativas, além da influência da infraestrutura algorítmica nas narrativas. A hipótese central é que certos discursos amplamente propagados dificultaram a compreensão de nuances críticas associadas ao avanço das políticas de violência estatal. Em seguida, o ensaio propõe uma reinterpretação desse evento à luz da crônica "Mineirinho", de Clarice Lispector. A obra serve como base para uma análise "jusliterária", evidenciando mudanças na dinâmica da violência policial desde o caso Mineirinho até a morte de Evaldo. Destacando-se a visão clariciana de justiça, que desafia a crescente dicotomia na "sensibilidade jurídica" brasileira, o estudo se aprofunda na reflexão sobre a injustiça da violência desmedida, contrastando os destinos de Mineirinho e de Evaldo.

1. O FATO

No cruzamento da avenida Brasil com a estrada do Camboatá – Zona Oeste do Rio de Janeiro, entre os bairros Deodoro e Vila Militar, próximo a uma unidade do Senat, ao depósito da Comlurb, ao Piscinão de Deodoro, a um PNR (condomínio residencial militar) e a um batalhão militar –, soldados do exército disparam 257 vezes contra um Ford Ka Sedan branco que virava a esquina. Dentro do carro estava Evaldo Rosa, sua esposa, grávida, seu filho, seu sogro e uma amiga do casal; o destino seria um chá de bebê. Doze oficiais do exército atiram, sem aviso prévio, a partir de um caminhão militar. Eles supostamente teriam confundido o carro de Evaldo com um Honda Civic branco,[1] roubado momentos antes nas imediações. O primeiro tiro que alvejou Evaldo é dado a uma distância de mais de 250 metros, entrando pelo para-choque traseiro do veículo. Duas sessões de tiros ocorrem. No intervalo entre elas, parte da família de Evaldo consegue escapar. Nesse instante, o catador de latinhas Luciano Macedo se aproxima do carro para resgatar Evaldo, mas acaba atingido pela segunda sessão de tiros, mais longa e violenta (estima-se que cerca de 70% dos disparos foram dados nesse momento). Evaldo morreu na hora, Luciano viria a falecer dias depois no hospital. Os soldados alegam que ambos estariam armados, mas não é identificado nenhum indício que sustente essa hipótese. No total, apenas 20% dos tiros atingem o carro. Os soldados, mesmo com a confirmação da inocência das vítimas, debocham da situação e praticam fraude processual.

O Rio de Janeiro é o município com maior número absoluto de mortes decorrentes de intervenção policial, e 79% das vítimas de ações policiais no Brasil são de cor negra.[2] Mas as estatísticas, sozinhas, não são suficientes para explicar o caso em sua totalidade. Quando consideramos o sexo e a faixa etária dos ocupantes do Ford Ka branco, as taxas de violência policial caem drasticamente. Apenas 2% das vítimas são mulheres e, do total, apenas 0,9% têm entre 50 e 54 anos, e 0,5% têm 60 anos ou mais, respectivamente as faixas etárias de Evaldo e de seu sogro.[3] Além disso, os índices de violência da região da Vila Militar e de Deodoro são também baixos; trata-se de bairros de classe média com IDH alto, segundo o censo de 2000.[4] A renda é outro fator de influência determinante para ocorrência de violência policial: a

---

1. Ou Honda City; as matérias que tratam do caso titubeiam quanto ao modelo do veículo alegado.
2. Bueno; Marques; Pacheco. As mortes decorrentes de intervenção policial no Brasil em 2020, p. 65.
3. Bueno; Marques; Pacheco. As mortes decorrentes de intervenção policial no Brasil em 2020, p. 65.
4. No último censo, de 2000, o bairro de Guadalupe tinha IDH de 0,810, e tanto a Vila Militar quanto Deodoro tinham IDH de 0,856, sendo ambos o quinquagésimo melhor bairro entre as 126 regiões do Rio de Janeiro. Ver: Instituto Pereira Passos. Tabela 1772. In: *Índice de Desenvolvimento Humano (IDH) Municipal, por ordem de IDH, segundo os Bairros ou grupo de Bairros, no Município do Rio de Janeiro em 1991/2000.*

família de Evaldo Rosa pertence à classe média baixa, menos vitimada por esse tipo de intervenção.[5]

As apurações da jornalista Natalia Viana para a Agência Pública ajudam a esclarecer as várias dúvidas que pairam sobre o caso. Descobriu-se que, naquela ocasião, o exército havia sido mobilizado para a Operação Muquiço, que ocuparia a favela de mesmo nome, localizada nas adjacências da Vila Militar. Tratar-se-ia de uma operação clandestina, sem previsão legal, que teria sido concebida como resposta à invasão, por traficantes, de apartamentos do condomínio PNR (Próprios Nacionais Residenciais), onde vivem famílias de militares. Em linhas gerais, a Operação Muquiço seria semelhante às operações de Garantia da Lei e da Ordem (GLO) decretadas por Michel Temer e encerradas oficialmente meses antes do assassinato de Evaldo. Ela previa patrulhamento diário de pontos de controle e comercialização do tráfico no Muquiço, comandado pelo traficante Bruno da Silva Loureiro, o "Coronel".

Conta-se que, na manhã do assassinato de Evaldo Rosa, várias unidades de patrulha do exército teriam sido recebidas a tiros, tanto dentro do Muquiço quanto cá embaixo, na praça da Jaqueira, onde ficam os PNRs da avenida Brasil (nas imediações, portanto, do local de execução de Evaldo). Os militares só teriam conseguido escapar do tiroteio após a chegada de um "caveirão" da PM, viatura blindada usada em operações especiais. Entre os sobreviventes, estariam os soldados que mais tarde atirariam em Evaldo. Relata-se que eles, muito abalados com o tiroteio da manhã, teriam pedido para serem liberados na parte da tarde, mas acabaram sendo enviados numa nova missão: entregar quentinhas para colegas lotados numa região próxima ao Muquiço. "O pessoal tava bem assustado porque sabia que a gente tava indo prum local onde queriam matar a gente."[6] Como as viaturas blindadas do exército estavam danificadas devido ao tiroteio da manhã, os soldados tiveram de seguir na traseira de um caminhão a descoberto. Ao longo do trajeto, eles alegam que teriam avistado marginais assaltando um Honda Civic branco e então decidido correr no encalço deles; algumas esquinas depois, os soldados

---

5. Com as informações apuradas em diversas entrevistas e notícias, é possível assinalar que Evaldo e família pertencem à classe média baixa, mais especificamente à Classe C1, segundo o Critério de Classificação Econômica 2018 da ABEP (Associação Brasileira de Empresas de Pesquisa). Disponível em: http://www.abep.org/criterio-brasil.
6. Viana. "Exclusivo: A desastrosa operação do Exército que levou à morte de Evaldo Rosa". *Agência Pública*, 29 abr. 2020.

terminariam fuzilando, alegadamente "por engano", o Ford Ka Sedan branco de Evaldo Rosa.

Toda a história reflete mudanças importantes na dinâmica da violência no Rio de Janeiro. Em primeiro lugar, ela chama a atenção para uma possível formação de *zona cinza* entre militarização e milicianização. A metáfora cinzenta é precisa para descrever sobretudo a situação da Zona Oeste, que, segundo Lia Rocha e Jonathan da Motta, permanece oculta "entre luzes e sombras".[7]

De acordo com a conceituação dos autores, a região-luz abrangeria as áreas centrais do Rio de Janeiro, desde o circuito turístico até as favelas naquelas imediações. Os holofotes que iluminam essa região vêm dos megaeventos, como a Copa do Mundo e as Olimpíadas, que contribuíram para transformar o Rio em uma das principais "cidades-mercadoria" da América Latina.[8] À primeira vista, o Estado teria acionado, em função dessa demanda turística, um *dispositivo de militarização*,[9] que abrangeria inúmeras iniciativas, tais como: os programas de "pacificação" das favelas via Unidades de Polícia Pacificadora (UPPs) – primeiro atingindo as favelas do "cinturão olímpico", do estádio do Maracanã à Zona Sul, onde se concentra a maior parte dos hotéis); a ocupação das favelas do Alemão e da Maré, em 2010 e 2014, pelo exército brasileiro; as operações de Garantia da Lei e da Ordem – GLO durante os megaeventos; a Lei de Antiterrorismo, de 2016; as medidas de austeridade aprovadas pela Assembleia Legislativa do Rio de Janeiro em 2017; e a Intervenção Federal Militar na segurança do Estado em 2018.

Esse dispositivo de militarização não se limitava à ação policial e combinava

---

7. Ver: Rocha; Motta. Entre luzes e sombras: o Rio de Janeiro dos megaeventos e a militarização da vida na cidade.
8. Ver: Fachin; Arantes. "A cidade-mercadoria e os limites da reforma urbana brasileira. Entrevista especial com Pedro Arantes". *Revista IHU On-Line*, 20 jun. 2017.
9. O conceito de *dispositivo* deve ser compreendido conforme o conceitua Foucault: um "conjunto absolutamente heterogêneo, comportando discursos, instituições, organizações arquitetônicas, decisões regulamentares, leis, medidas administrativas, enunciados científicos, proposições filosóficas, enfim: o dito, assim como o não dito, eis os elementos do dispositivo. O dispositivo em si é a rede que podemos estabelecer entre esses elementos". Ver: Foucault. Le jeu de Michel Foucault (In: *Dits et écrits – v. III*), p. 299. Tradução nossa do francês.

atuações do tipo militar (podendo ser realizadas por agentes militares ou não) com a disseminação de uma doutrina securitária que reordena a vida social, transformando todos os espaços em potenciais "campos de batalha" e todo tipo de insurgência em ameaça à segurança.[10]

Assim sendo, a ativação do dispositivo militar segue do corpo social ao tecido cultural, atravessando os processos de subjetivação. Processos que não ocorreriam em sentido único. O dispositivo vai gerar ainda um "efeito bumerangue"[11] reverso para as demais "regiões-sombra" do Rio de Janeiro, como seria o caso da Zona Oeste.

Embora ocupe quase um terço do território e abrigue quase metade da população da capital, a Zona Oeste ainda é considerada pelo imaginário popular como um local distante e pouco desenvolvido; costuma ser representada pela mídia de modo homogêneo, sendo suas diferenças internas desconsideradas, e sempre à parte da imagem da cidade-mercadoria.[12]

A Zona Oeste é, hoje, um dos principais focos de atuação de grupos paramilitares, conhecidos como "milícias". Trata-se de grupos que contam com a participação de agentes públicos – parlamentares, policiais civis, militares da ativa e da reserva, membros do Judiciário. As milícias remontam aos "esquadrões da morte", que começaram a atuar no Rio nos anos 1960 e 1970, sobretudo os da Baixada Fluminense, e ganham impulso justamente com a organização local de moradores da Zona Oeste para patrulhamento durante a década de 1990.[13] Segundo o Ministério Público Federal, as milícias duplicaram sua área de atuação entre 2010 e 2017.[14]

Um dos principais focos de atuação das milícias hoje é na atividade imobiliária legal e ilegal, seja nos mercados de construção, venda, aluguel e financiamento de imóveis, seja no cadastramento e na administração de

---

10. Rocha; Motta. Entre luzes e sombras: o Rio de Janeiro dos megaeventos e a militarização da vida na cidade, p. 232.
11. "A *alegoria do bumerangue*, acionada por Foucault em 'Em defesa da sociedade' (...), é utilizada por diversos autores (Jensen, 2016; Graham, 2012; Wall, 2013) para ilustrar como técnicas, tecnologias e práticas securitárias circulam entre (ex) colônias e (ex) metrópoles, fazendo das primeiras um campo de experimentação e teste para o que será posteriormente – e com variações – aplicado nas segundas". Rocha; Motta. Entre luzes e sombras: o Rio de Janeiro dos megaeventos e a militarização da vida na cidade, p. 244.
12. Ver: Davies. *Deodoro: formas de governo para uma "região olímpica"*.
13. Ver: Rocha; Motta. Entre luzes e sombras: o Rio de Janeiro dos megaeventos e a militarização da vida na cidade.
14. Otávio; Araújo. "Em oito anos, número de áreas controladas por grupos paramilitares dobrou". *O Globo*, 10 abr. 2018.

unidades condominiais.[15] Os megaeventos teriam beneficiado as milícias não apenas com as melhorias promovidas na Zona Oeste, mas também com o deslocamento do foco de interesse da sociedade civil e do escopo da atuação repressora do Estado para a proteção das orlas iluminadas da cidade-mercadoria. Assim sendo, o dispositivo de militarização vai suscitar, nas sombras dos territórios marginais, um processo de milicianização, que em linhas gerais incorpora as mesmas técnicas, táticas e práticas necropolíticas de Estado, porém usadas para fins privados de controle e extorsão das populações locais.

Todavia, a região em que ocorreu o assassinato de Evaldo Rosa não corresponde ao estereótipo da Zona Oeste como domínio da milícia. O bairro de Deodoro, repleto de quartéis, e da Vila Militar, onde ficam as habitações dos soldados, são regiões de classe média – bairros "pacatos" em que "o verde das árvores (...) e o profundo silêncio (...) saltam aos olhos".[16] Não obstante, o sogro de Evaldo Rosa, que é morador da Zona Oeste, quando perguntado sobre a intervenção militar de Michel Temer, salientou o seguinte: "Em parte deu uma segurança boa. Então por isso que eu digo: a gente *nunca iria imaginar* que ali, naquela área, por ser militar, iria acontecer essa tragédia".[17]

---

15. "Se nas pesquisas pioneiras sobre milícias (Burgos, 2002; Zaluar e Conceição, 2007; Cano, 2008 e Cano e Duarte, 2012) as análises centraram-se sobre os mercados de proteção e as práticas de extorsão exercidas por esses grupos, mais recentemente, as atividades imobiliárias legais e ilegais têm sido apontadas por reportagens do jornalismo investigativo como uma das principais – senão a principal – fonte de renda das milícias. Silva, Fernandes e Braga (2008) já haviam assinalado que o crescimento das milícias estava intimamente relacionado ao processo de expansão da fronteira urbano-imobiliária na zona oeste da cidade e municípios da região metropolitana, onde a grilagem de terras e a formação de novos loteamentos são frequentemente coordenadas por esses grupos armados. Mais recentemente, pesquisas qualitativas, concluídas e em andamento, têm assinalado a participação de milicianos nos mercados de construção, venda e aluguel de imóveis e no cadastramento e administração condominial de unidades do programa Minha Casa, Minha Vida (MCMV) (Araújo Silva, 2017; Petti, 2020). Também a investigação do assassinato da vereadora Marielle Franco e de seu motorista, Anderson Gomes, apresentou fortes indícios de participação de parlamentares ligados às milícias no seu planejamento e de que a sua motivação se relacionava com a atuação da vereadora contra as formas de atuação desses grupos no mercado imobiliário." Hirata et al. *A expansão das milícias no Rio de Janeiro: uso da força estatal, mercado imobiliário e grupos armados*, p. 18.
16. Rocha; Motta. Entre luzes e sombras: o Rio de Janeiro dos megaeventos e a militarização da vida na cidade, p. 237.
17. Viana. "Eu queria que os soldados do Exército fossem a júri popular". *Agência Pública*, 6 set. 2019.

Assim sendo, o assassinato de Evaldo Rosa aponta para uma possível nova dinâmica em curso, com a formação de uma área cinzenta entre a militarização e a milicianização do Rio de Janeiro. A Operação Muquiço é rescaldo das operações de GLO, que oficialmente teriam sido encerradas no dia 31 de dezembro de 2018[18] e que foram deslocadas, agora, para o campo da segurança privada. Com efeito, ao contrário do que se supõe, a própria intervenção militar não teria sido motivada, conforme aponta o sociólogo Edson Miagusko, apenas pelas "imagens que circularam com o ataque a turistas ou a moradores por assaltantes. O que parece ter motivado foi o aumento do roubo de carga no estado, os custos do transporte e a logística da chegada de produtos na região metropolitana e, sobretudo, na capital".[19] Isso explicaria em parte por que os militares estavam dispostos a abrir fogo numa das principais rodovias da Zona Oeste.

O deslocamento de operações do âmbito do Estado para fins privados, como é o caso flagrante da Operação Muquiço, reflete o fenômeno global de privatização da segurança. Segundo Michel Wieviorka, as instituições que detêm monopólio do uso legítimo da força, como a polícia e o exército, são "pervertidas" pela segurança privada e acabam deixando de atuar como instrumento de manutenção da paz para se especializar na execução de "fins hediondos" que extrapolam o poder e o alcance das forças privadas.[20] Seria o caso da Operação Muquiço, que, embora fosse empregada para fins privados, continuava a responder à mesma hierarquia e a procedimentos institucionais do aparelho estatal (ao contrário das milícias, que efetivamente se reorganizaram como forças paramilitares).

Assim sendo, considerando-se o mosaico de regimes territoriais do Rio de Janeiro – em especial "a contiguidade entre áreas dominadas por

---

18. O dispositivo constitucional "Garantia da Lei e da Ordem" concede temporariamente aos militares a capacidade de atuar com poderes de polícia até que as condições que levaram à sua ativação sejam superadas. Segundo o Ministério de Defesa, trata-se de "casos em que há o esgotamento das forças tradicionais de segurança pública, em graves situações de perturbação da ordem", contra as quais as Forças Armadas são convidadas a reagir "de forma episódica, em área restrita e por tempo limitado, com o objetivo de preservar a ordem pública, a integridade da população e garantir o funcionamento regular das instituições". In: Ministério da Defesa. "Garantia da Lei e da Ordem". *Portal Gov.br*, 1 jan. 2014.
19. Miagusko. A pacificação vista da Baixada Fluminense: violência, mercado político e militarização, p. 160.
20. Wieviorka. O novo paradigma da violência, p. 137.

milícias e por quadrilhas de traficantes"²¹ na Zona Oeste –, compreende-se que a atuação privada do exército ocuparia justamente a zona cinza entre militarização da "região-luz" e milicianização da "região-sombra"; daí a característica híbrida da Operação Muquiço, que atuaria simultaneamente como força oficial de repressão policial e instrumento privado de defesa de propriedade imobiliária.

2. COMO CONTAR A VIOLÊNCIA?

"1 2 3 4 5 6 7 8 9 10 11 12 13 14 15 16 17 18 19 20 21 22 23 24 25 26 27 28 29 30 31 32 33 34 35 36 37 38 39 40 41 42 43 44 45 46 47 48 49 50 51 52 53 54 55 56 57 58 59 60 61 62 63 64 65 66 67 68 69 70 71 72 73 74 75 76 77 78 79 80 #80tiros é muito, né não Gentem?".²² Assim a cantora negra Elza Soares reagiu, no calor do momento, ao assassinato de Evaldo Rosa e Luciano dos Santos. Sua postagem resume, em linhas gerais, a estratégia narrativa mais usada no Instagram e no X (antigo Twitter): dar ênfase ao signo numérico, buscando deduzir da contagem dos tiros a contação da história da violência no Brasil. "80 tiros! Sim, 80 tiros (…). Até quando?".²³

Encontramos num ensaio publicado pelo blogueiro Leonardo Sakamoto as razões metalinguísticas que levaram à escolha dessa estratégia argumentativa baseada na ênfase ao signo numérico. "80 tiros. Se você *deduziu* qual a cor da pele de Evaldo sem que alguém precisasse dar dicas, parabéns. Você conhece bem o seu país". Tratar-se-ia, portanto, de apenas *mais um* episódio de violência contra pretos periféricos. "Por que isso ocorre com negros pobres nos Extremos da Zona Norte e Oeste do Rio ou nos Extremos da Zona Leste e Sul de São Paulo? Se você já tinha deduzido que é porque a vida, nesses locais, vale muito menos, parabéns. Você realmente conhece o seu país". Afinal, 80 tiros "podem ser espantosos para quem vive em um bairro nobre (…), mas *os dados não trazem novidade* para quem sente na pele um genocídio em curso".²⁴ Pois, conforme concluem os escritores pretos Gabriel Gaspar e Vanessa

---

21. Rocha; Motta. Entre luzes e sombras: o Rio de Janeiro dos megaeventos e a militarização da vida na cidade, p. 243.
22. Tweet de Elza Soares, 8 abr. 2019.
23. Tweet de Guilherme Boulos, 7 abr. 2019.
24. Sakamoto. "Os governantes que elogiam execuções vão pedir perdão à viúva de Evaldo?". *Uol*, 8 abr. 2019.

Oliveira, em ensaio publicado numa coletânea que busca responder a esse e outros episódios recentes de violência contra pretos no Brasil, "toda bala perdida tem uma trajetória só".[25]

Ambos os textos refletem o principal mote de argumentação dos usuários do antigo Twitter e do Instagram:[26] enfatizar a absurdidade da quantidade de disparos para, logo em seguida, deduzir sobre a normalidade do caso em um país racista e violento. Isso vai estimular os usuários a denunciar o imobilismo das classes dirigentes e a frieza da sociedade civil, que teima em normalizar a violência contra pretos pobres da periferia.

Mas a mesma estratégia de deduzir a contação da história da contagem dos disparos foi adotada por perfis alinhados ao *cluster* de direita.[27] No *cluster* de esquerda, o argumento mais recorrente é de que se trataria evidentemente de "#80tiros: *mais um* preto pobre da periferia assassinado pelo Estado". Já para o *cluster* de direita, tratar-se-ia de "*mais um* incidente"[28] que infelizmente ocorre em um cenário de "guerra irregular",[29] com a observação complementar de que seria necessário lembrar ainda que, nessa guerra, "*todos os dias* policiais são mortos com *muito mais* que #80tiros, mas ninguém protesta".

---

25. O trecho completo: "toda bala perdida tem uma trajetória só: vem de cima para baixo; de rico para pobre, de branco para preto, de homem para mulher, de madeireiro para indígena, de fazendeiro para sem-terra, de hétero para LGBT. Toda bala tem endereço, porque o genocídio é política de Estado desde antes de existir Estado no Brasil. Somos um país que se fez nação para justificar a existência da milícia". Gaspar; Oliveira. Brancos, sangrem conosco, p. 12.
26. Aqui, referi-me a textos que refletem, tanto na forma quanto no conteúdo, o teor geral das postagens feitas no antigo Twitter e no Instagram, mas que, talvez em virtude do formato de publicação em texto longo, expuseram de modo mais completo o argumento que de outro modo se encontra fragmentado e pulverizado nas postagens. Assim, busco economizar ao leitor a tarefa de ler centenas de tweets e posts para ter uma compreensão do todo.
27. *Cluster* de direita e de esquerda, neste contexto, refere-se ao conjunto de usuários que os algoritmos das redes sociais irão classificar, à parte de qualquer definição política clássica das noções de direita e esquerda, em virtude somente da chance de esse usuário engajar com argumentos conservadores e/ou progressistas na área de segurança.
28. Os três (Moro, Mourão e Witzel), respectivamente, declararam: "O Exército não matou ninguém, houve um incidente"; um "incidente lamentável"; um incidente que não devemos "julgar o valor".
29. O general Antônio Carlos de Souza, comandante da Força de Pacificação, definiu seu campo de atuação como "um conflito moderno. Uma guerra irregular, sem fronteiras, com inimigo difuso. E o mais difícil é atuar no meio do povo, com as ruas cheias de gente". DefesaNet. "Complexo da Maré: força de pacificação já realizou mais de 65 mil ações". *Defesanet*, 17 mar. 2015.

Desse modo, ambos os campos buscaram deduzir da contagem dos disparos a contação da violência, ainda que desemboquem em algébricas diferentes sobre a normalidade da violência no Brasil. O modo de construção desses argumentos, conforme veremos, remonta à significação mítica. Ao analisarmos o grosso dos enunciados veiculados nas redes sociais em ocasião dos #8otiros, pudemos distinguir dois mitos proeminentes sobre a violência policial no Brasil: no *cluster* de esquerda, o *mito do preto pobre*; já no *cluster* de direita, o *mito da vítima policial*.

2.1. MITO E INFRAESTRUTURA ALGORÍTMICA

Antes de examinar os fundamentos sociológicos desses mitos – que remontam, como veremos, à tradicional oposição entre trabalhador e bandido –, gostaria de tecer alguns comentários sobre o tipo de linguagem predominante nas redes sociais capitalistas, a linguagem mítica, e também sobre as razões de seu sucesso.

Independentemente do perfil ideológico de cada *cluster*, aí circularam predominantemente mensagens sintéticas de alto teor de redundância e valor de evidência. A estratégia mais comum foi partir do signo mais imediata e amplamente reconhecível – a contagem inicial dos disparos dados pelos militares – para, em seguida, construir um discurso que dependesse do mínimo de referência a fatos extrínsecos ou informações desconhecidas pelo usuário receptor. Em outras palavras, a referência aos #8otiros foi usada para levar o usuário a *deduzir* o que deve ser compreendido – isto é, aquilo que ele já sabe – sobre a realidade da violência no Brasil. É somente em relação a esse conteúdo previamente adquirido que as diferenças ideológicas vão aparecer: de um lado, a convicção de que o Estado brasileiro atua contra pretos pobres da periferia; de outro, a certeza de que policiais são trabalhadores honestos, verdadeiros heróis que infelizmente acabam cometendo erros em virtude de um cenário de guerra contra o crime.

O maior alcance desse tipo de mensagem sintética, redundante e evidente explica-se, em parte, pela infraestrutura algorítmica das redes sociais capitalistas. Privilegiam-se mensagens curtas, de alto coeficiente de reprodução, engajamento e compartilhamento. Isso porque, na economia digital, conforme argumentam Arthur Kroker e Michael A. Weinstein em *Data Thrash: The Theory of Virtual Class*, a velocidade de circulação da informação é determinante para seu potencial de acumulação de valor. Em outras palavras, é o fluxo de informação – *independentemente de seu conteúdo* – que vai determinar a lucratividade da plataforma. Isso explicaria o grande alcance de conteúdos com maior carga de redundância e obviedade, especialmente os que causam alarme e impulsionam a reação: são informações mais velozes que requerem menor esforço por parte do usuário na hora de produzir, interpretar e compartilhar.[30]

Em virtude desse modelo de negócio, o filósofo Franco Berardi conclui que "a aceleração do fluxo de informações traz implícita a eliminação do significado", pois "o significado desacelera esse processo, já que ele precisa de tempo para ser produzido e para ser elaborado e entendido".[31] Esse é um dos motivos que permitem explicar por que as discussões nas redes sociais, que contam com a intervenção de milhares de usuários, costumam passar ao largo dos aspectos mais ambíguos, menos evidentes dos fatos. Tais aspectos só podem ser deslindados através de uma reflexão mais detida e profunda; e a chance de um conteúdo reflexivo viralizar nas redes é, em decorrência da própria infraestrutura algorítmica, significativamente menor que a das mensagens sintéticas, redundantes e evidentes. Em outras palavras, não depende somente da boa vontade das comunidades interpretativas fazer circular uma interpretação mais sofisticada dos fatos; a infraestrutura algorítmica joga contra argumentos reflexivos.

Assim, em geral, tanto os *clusters* de esquerda quanto os de direita foram incapazes de captar as nuances, ambiguidades e dúvidas relativas ao caso Evaldo Rosa. No *cluster* de esquerda, mais interessado em fazer uma denúncia das práticas necropolíticas do Estado, passou-se ao largo do fato de o atentado ter ocorrido em um bairro de classe média e contra membros de diferentes etnias, gêneros e idades pertencentes à classe média baixa. Já no *cluster* de direita, mais interessado em fazer uma defesa da legitimidade e eficácia do aparelho repressivo do Estado, passou-se ao largo do problema da baixíssima eficiência dos disparos – problema este que os próprios políticos desse espectro ideológico tiveram de mencionar a contragosto.[32]

---

30. Cf. Seymour. *The Twittering Machine*.
31. Berardi. *Asfixia: capitalismo financeiro e a insurreição da linguagem*, e-book.
32. O então governador, Wilson Witzel, embora tenha se abstido de fazer juízo de valor da ação, fez a seguinte ressalva: "Com todo respeito, ressalto aqui, às Forças Armadas: o que nós precisamos é de polícia *treinada na rua*". O vice-presidente, Hamilton Mourão, por sua vez, se viu forçado a admitir que: "Sob pressão e sob forte emoção, ocorrem erros dessa natureza. (...) Houve uma série de disparos contra o veículo da família, então você vê

Isso porque, em se tratando de discursos políticos, a infraestrutura algorítmica vai favorecer o que o filósofo Byung-Chul Han chama de "ondas de indignação". Elas consistem num momento de alto compartilhamento de mensagens redundantes "eficientes em *mobilizar e compactar a atenção*"[33] em prol de uma experiência coletiva de comoção, choque e raiva diante de um fato reprovável. Todavia, destaca o filósofo, o coeficiente de redundância e velocidade dessas mensagens as torna inapropriadas "para organizar o discurso público, a esfera pública. Elas são incontroláveis, incalculáveis, inconstantes, efêmeras e amorfas demais para tanto".[34] E como se trata de reagir o mais rapidamente ao calor dos fatos, as ondas de indignação não permitem "nenhuma comunicação discreta e factual, nenhum diálogo, nenhum discurso".[35]

Para o filósofo Slavoj Žižek, a obrigação de reagir ao calor dos fatos aderindo à reprodução de mensagens redundantes é uma forma de *pseudoativismo*, um "tipo de ação que faz com que os agentes 'se sintam bem consigo mesmos' sem desafiar seriamente o poder político e econômico".[36] Como contrapartida, Žižek propõe "não agir, apenas pensar"[37] como meio de escapar ao imperativo de adesão às ondas de indignação. Desacelerar o processo de interpretação e produção de enunciados pode ser determinante para a preparação de uma ação política efetiva.

Em termos semióticos, a infraestrutura algorítmica favorece a *fala mítica*. Roland Barthes distingue dois tipos de sistema semiótico: a "linguagem-objeto" e a "linguagem mítica". Grosso modo, a linguagem-objeto é a fala corrente, literal, em que o signo é resultante de uma associação direta entre significante e significado. Já o mito não resulta da mesma associação. Na fala mítica, nunca há um significante vazio, puro. Em seu lugar, há sempre um *signo roubado* da linguagem-objeto, que o mito força a operar como significante.[38] Nesse sentido, o mito consiste numa "exposição decorativa

---

que foram disparos péssimos, né? Porque se fossem disparos controlados e com a devida precisão, não teria sobrado ninguém. Seria ainda pior a tragédia. Então isso é um fato".
33. Han. *No enxame – Perspectivas do digital*, p. 21. Grifo nosso.
34. Han. *No enxame – Perspectivas do digital*, p. 21.
35. Han. *No enxame – Perspectivas do digital*, p. 22.
36. Žižek citado por Bjerre; Lausten. *The Subjects of Politics: Slavoj Zizek's Political Philosophy*, p. 116. Tradução nossa do inglês.
37. *"Don't act, just think"*. Slavoj Žižek para o canal Big Thing, 2012. Disponível em: https://www.youtube.com/watch?v=IgR6uaVqWsQ.
38. Trata-se literalmente de um roubo: é o caso do estilista que rouba a calça jeans rasgada dos operários e militantes e, em seguida, força esse rasgo a "falar" de uma suposta

do-que-é-óbvio",[39] um discurso das coisas por elas mesmas. O mito requer uma compreensão orgânica e imediata; representa verdades que devem ser "sentidas na pele".

A fala mítica é especialmente conveniente para as classes dominantes porque permite transformar "a realidade do mundo em imagem do mundo, a História em Natureza".[40] O processo consiste em fazer com que os significados da linguagem-objeto sofram um processo de esvaziamento de sentido, ou, melhor dizendo, uma "evacuação do real: literalmente, o mito é um escoamento incessante, uma hemorragia, ou, se se prefere, uma evaporação; em suma, uma ausência sensível".[41] Por tudo isso, conclui Barthes, o mito não visa comunicar os fatos, mas um valor, não busca estabelecer relações de verdade, mas de utilidade. É essencialmente uma *fala despolitizada*.

> O oprimido faz o mundo, possui apenas uma linguagem ativa, transitiva (política). O opressor conserva o mundo, a sua fala é plenária, intransitiva, gestual, teatral: é o Mito; a linguagem do oprimido tem como objetivo a transformação, a linguagem do opressor, a eternização.[42]

Voltando à análise do discurso dos #8otiros, fica claro que a estratégia de deduzir da contagem dos disparos a contação da história da violência no Brasil é, de um ponto de vista metalinguístico, de ordem mítica. Pois o signo numérico não surge como significante, não surge como fato puro que carece de análise contextual detida; ele já surge saturado de discurso ideológico – é justamente o "significante roubado" que suscita ao mesmo tempo que comprova um conteúdo óbvio, redundante, eterno; que confirma *a natureza, a normalidade, a naturalidade* da violência no Brasil. Naturalidade essa que, paradoxalmente, as ondas de indignação – espalhadas em *clusters* ideológicos opostos –, ao mesmo tempo que confirmam e reforçam, vão criticar em seguida.

O mito dá colorido e dinamismo às verdades eternas; nesse sentido, ele é essencial para a percepção de relevância dos conteúdos favorecidos pelos algoritmos das redes sociais. A "exposição decorativa do-que-é-óbvio", além de favorecer a formação de bolhas em torno de "significados naturais

---

essência natural da juventude, estrategicamente desconectada das lutas de resistência e atrelada ao consumo.
39. Barthes. *Mitologias*, p. 11.
40. Barthes. *Mitologias*, p. 162.
41. Barthes. *Mitologias*, p. 163.
42. Barthes. *Mitologias*, p. 169.

evidentes" (o que Barthes chama de *pseudophysis*), serve ainda de estímulo para que cada usuário adicione sua marca pessoal à transmissão de uma mensagem que, sem essa marca, seria prontamente percebida como óbvia e redundante.

A eficácia de um mito – seu coeficiente de despolitização – se mede por seu poder de evidência. Mas Barthes alerta: a fala mítica se destina sempre a intérpretes específicos; ela nunca aspira a falar para qualquer um. O mito só almeja fazer sentido – isto é, gerar valor – para o intérprete a que ele se destina. Daí uma característica inerente às ondas de indignação, que prontamente se convertem em instrumentos acusatórios, mais conhecidos como "ondas de cancelamento". O usuário passa a atuar para proteger o significado mítico; à primeira vista, por adesão ideológica, mas, no fundo, respondendo a gatilhos de vício disparados pelo algoritmo.[43] Tudo isso dificulta a exposição de pontos de vista mais complexos, sofisticados e nuançados que seguem a contrapelo das verdades míticas. As disputas entre conteúdos míticos são vantajosas para o modelo de negócio baseado na aceleração do fluxo de informação.

Ainda em relação ao caráter da "exposição decorativa do-que-é-óbvio", vale notar uma mudança significativa promovida pelas redes sociais. No âmbito da televisão, do jornal e do cinema, ainda predomina o fenômeno conhecido como *estetização da violência* e *espetacularização da miséria*. Em ambos os casos, trata-se da prática de exposição crua e nua das catástrofes sociais, com a primeira buscando certo requinte no tratamento formal, em busca do máximo apelo visual e emotivo.[44] As redes sociais seguem em caminho contrário. Imagens do carro alvejado de balas, do corpo morto ou até mesmo dos choros e gritos de protesto dos sobreviventes e familiares foram significativamente menos compartilhadas que selfies sorridentes de Evaldo Rosa, às vezes estilizadas para compor peças ilustradas, bem como

---

43. Ver: Seymour. *The Twittering Machine*.
44. A estetização da violência e a espetacularização da miséria remontam, pelo menos, à Segunda Guerra Mundial e se consolidam sobretudo a partir da Guerra do Vietnã, sendo impulsionadas, de um lado, pelas transmissões 24/7 da CNN e, de outro, pelo sucesso de revistas especializadas em fotojornalismo, como a *Life Magazine*, que repercutiam um novo ponto de vista globalizado sobre a miséria e a opressão. A pensadora Susan Sontag, ecoando as críticas mais recorrentes a esse tipo de produção imagética, escreve que tais imagens, sobretudo as estetizadas, ao darem máxima ênfase à exposição crua do sofrimento, acabam por transformá-lo, aos olhos do espectador, em algo demasiadamente grande, irreversível, fora do alcance da política e de ações de solidariedade. Ver: Sontag. *Diante da dor dos outros*, p. 67-68.

fotos de pessoas brandindo cartazes de protesto ou peças gráficas que jogam criativamente com o signo numérico "80".

Essa mesma tendência já podia ser percebida no caso Ágatha Felix, em que a imagem que mais circulou foi a da criança sorridente vestida como Mulher Maravilha. O caso chama atenção, porque os familiares de Ágatha buscaram meios de transformar sua dor em um protesto público visualmente comovente, mas não obtiveram sucesso no engajamento pretendido. No funeral da Ágatha, centenas de pessoas se apinharam na ala apertada do cemitério de Inhaúma portando brinquedos, bandeiras, cartazes e camisetas estampadas com fotos de familiares, conversas de WhatsApp etc. Houve muitos discursos emocionados. Tudo foi filmado, fotografado e postado. Tais imagens foram parar na capa do *The Washington Post*, mas não obtiveram grande alcance nas redes, onde continuava a circular a mesma fotografia, em infinitas versões estilizadas, da garota vestida de super-heroína norte-americana.

Novamente, a infraestrutura algorítmica pode ter sido decisiva para a escolha de compartilhar imagens de protesto visualmente alegres e criativas. Conteúdos identificados pelo sistema como negativos, violentos, dramáticos, de baixa qualidade estética têm automaticamente seu alcance reduzido. Os perfis que postam esse tipo de conteúdo correm risco de sofrer *shadowban*, ou "banimento temporário" não declarado. Além disso, conforme demonstra uma pesquisa do *The New York Times*, o usuário das redes sociais tende a compartilhar conteúdos com os quais ele quer que sua imagem seja associada; em outras palavras, quando compartilhamos, buscaríamos expor mais a nós mesmos que o conteúdo em si.[45] Assim sendo, sob influência do algoritmo capitalista, as marcas da tragédia e da pobreza do *outro* tendem a desaparecer para dar lugar a uma falsa igualdade do *eu*. O algoritmo impõe uma falsa equivalência entre seus usuários, todos forçados a aderir a uma mesma linguagem "instagramática". Daí o mito liberal de que #somostodosiguais, #somostodosevaldo, #somostodosagatha, que não dá margem para perceber as acachapantes distâncias socioeconômicas, a pluralidade de percepções de mundo e as nuances e ambiguidades da realidade multifacetada da violência.

---

45. Ver: Customer Insight Group; The New York Times. *The psychology of sharing: why do people share online*. Disponível em: https://bostonwebdesigners.net/wp-content/uploads/POS_PUBLIC0819-1.pdf.

2.2. TRABALHADOR *VERSUS* BANDIDO

Os mitos do preto pobre periférico e da vítima policial que circularam com mais intensidade nas redes sociais vão refletir, no fundo, a "sensibilidade jurídica"[46] há muito sedimentada nas classes sociais brasileiras.

O sociólogo Michel Misse argumenta que, no Brasil, a "acumulação social da violência" – um complexo de fatores, uma síndrome, que envolve circularidade causal acumulativa – se deu em caminho inverso à direção racional-legal de evolução do direito penal moderno. De acordo com a cronologia legal típica, deve-se passar da criminalização (em que um curso de ação passa a ser considerado crime, em virtude de uma campanha pública ou da tradição) à criminação (isto é, o processo de análise contextual de cada evento possivelmente criminoso à luz de um enquadramento normativo) e, por fim, à incriminação (a identificação de um autor, para busca e punição do sujeito causal).[47] No Brasil, esse processo tende a ocorrer de modo invertido: a incriminação do sujeito antecede a criminação e a criminalização. Assim surge o que Misse define como *dispositivo do sujeito criminal*.

> Ao contrário do criminoso hegeliano, que realiza sua liberdade tanto ao cometer o crime quanto ao ser condenado a perdê-la, o que supõe uma trajetória racional-legal tanto do criminoso quanto dos procedimentos de criminação/incriminação que lhe condenaram, o nosso criminoso já perdera sua liberdade antes de cometer o crime e, ao cometê-lo, procura resgatá-la, atualizando-a no crime, identificando-se com ele, tornando-se seu sujeito potencial a ponto de, no limite, reconhecer-se em sua superioridade moral. Ao fazê-lo, no entanto, aliena-se completamente nos dispositivos que o assujeitam ao Código Penal. É comum no Brasil o sujeito ganhar o nome do artigo do Código que transgrediu: "171" (estelionato), "121" (assassino), "157" (assaltante), "213" (estuprador), "12" (traficante) etc.[48]

O sujeito criminal é o Outro de antemão incriminado pelo sistema penal e pela sociedade civil. Esse dispositivo reflete, ao mesmo tempo que cria, uma desigualdade de direitos que atravessa todo o sistema de crenças acerca da incriminação no Brasil; e vai ser determinante para a

---

46. Ver: Misse. Sobre a acumulação social da violência no Rio de Janeiro.
47. Misse. Sobre a acumulação social da violência no Rio de Janeiro, p. 379.
48. Misse. Sobre a acumulação social da violência no Rio de Janeiro, p. 380-381.

"sensibilidade jurídica" de todas as classes sociais brasileiras para a questão da insegurança.⁴⁹

No campo das percepções sociais, uma das formas mais perversas de ativação do dispositivo de sujeição criminal é a oposição *trabalhador versus bandido*. O cientista social Gabriel Feltran afirma que essa distinção perpassa tanto as dinâmicas domésticas das famílias de favela quanto o universo social e os debates públicos. É a nível macro que os sentidos políticos implícitos a essa categorização social vão adquirir caráter mais plástico, variando-se os critérios de categorização do "trabalhador" e do "bandido" caso a caso.

> Social e publicamente, estas categorias são muito mais plásticas, e não necessariamente se referem aos praticantes de atos criminais. Mais do que isso, nestas esferas não há composição possível entre "trabalhadores" e "bandidos" – ali, é consensual que os "trabalhadores" merecem proteção, e que os "bandidos" carecem de repressão. As forças sociais e públicas destinadas a um e outro, portanto, são opostas e complementares: a repressão dos "bandidos" significa a proteção dos "trabalhadores". Os conjuntos não se misturam (mas as categorias que os classificam incluem mais ou menos indivíduos em seu interior, a depender da situação).⁵⁰

Segundo Feltran, quanto mais a ação repressiva policial é "pública" (no sentido de que o espaço público realmente existente é organizado centralmente por atores dominantes), mais abrangente e inclusiva se torna a categoria de "bandido". Assim sendo, em tempos de normalidade, a ação policial de rotina se limita a agir contra indivíduos já bem identificados como praticantes de atos criminais (os com passagem criminal ou notoriamente conhecidos nas ruas como tal). Já em operações policiais ostensivas, de caráter mais público, a categoria "bandido" passa a incluir grupos de amigos, vizinhos e familiares dos que supostamente praticam atos ilícitos. Por fim, quando se trata de instituir um regime de exceção em larga escala, a categoria "bandido" atinge a máxima abrangência inclusiva.⁵¹

---

49. Misse. Sobre a acumulação social da violência no Rio de Janeiro, p. 382.
50. Feltran. Trabalhadores e bandidos: categorias de nomeação, significados políticos, p. 44.
51. Feltran (p. 49) dá como exemplo a resposta da polícia aos "ataques do PCC" de 2006, em que a facção demonstrou sua força praticamente paralisando toda a São Paulo por três dias. A Polícia Militar vai responder à ação com uma ofensiva contra as periferias – deixando um saldo de 493 mortos, em sua maioria jovens sem ligação comprovada com o crime organizado, mortos em decorrência da fisionomia jovem e preta, mesmo quando estavam em deslocamento para o trabalho. O autor argumenta que, embora fosse

Assim sendo, o dispositivo de militarização que mencionamos anteriormente, ao reordenar a vida social transformando todos os espaços em potenciais "campos de batalha" e todo tipo de insurgência em "ameaça à segurança", vai atuar também para redefinir, inclusive no âmbito da subjetividade, a fronteira entre trabalhadores e bandidos.

Feltran conclui que a divisão entre "trabalhadores" e "bandidos" não é um problema de ordem legal, mas de *repartição da legalidade*. Toda vez que as ações de repressão carecerem de expandir seu escopo de atuação e a intensidade da violência praticada, a demarcação entre as categorias será suscitada, sempre de modo plástico, a fim de legitimar tais ações. Assim sendo, a finalidade do mito da vítima policial é garantir que este seja percebido como um trabalhador – e, enquanto tal, um herói, uma vez que arriscaria sua vida para proteger outros trabalhadores. Com isso, o mito busca desculpar o policial da agressão, percebida como casual, contra os que em outras situações seriam classificados igualmente como "trabalhadores" no campo de batalha.

Compreende-se que ambos os mitos (do preto pobre periférico e da vítima policial) são determinados pela mesma lógica da sujeição criminal – em que o incriminado antecede a criminação e a criminalização, enquanto sujeito que encarna um potencial de crime. Como vimos, o *cluster* de esquerda aderiu apressadamente à tese de que os #8otiros teriam sido motivados por uma percepção racista e classista da figura *individual* do "bandido". Mas os fatos e o contexto apontam que, na verdade, o caso é decorrente de uma definição mais *plástica* de "bandido", que de repente passa a incluir brancos, pardos, mulheres, velhos e crianças de classe média baixa, em virtude de uma demanda privada de segurança. Daí a função compensatória do mito do preto pobre periférico; ele é ao mesmo tempo uma forma segura de *pseudoativismo*, conforme Žižek, e uma mensagem tranquilizadora para as classes médias e altas, porque ajuda a fixar a imagem individual do Outro pressuposto pelo dispositivo de sujeição criminal, dissimulando sua dimensão plástica.

Em contrapartida, se nos dispusermos a escutar, em vez da fala mítica amplificada pelas redes, a linguagem-objeto dos sobreviventes, veremos que

---

amplamente notório, inclusive para setores da mídia conservadora, que se tratava de um ataque coordenado e profissional, o extermínio de jovens pretos e pobres foi percebido publicamente como legítimo, e não como uma contradição ou testemunho da ineficiência da PM no combate ao crime organizado.

é justamente a angústia acerca da plasticidade das definições de "trabalhador" e "bandido" que vai ser mais questionada. Para ilustrar as diferentes modalidades de angústia, vou destacar dois discursos distintos de sobreviventes, um relativo à experiência periférica e outro que expressa o ponto de vista da classe batalhadora. Luciana, esposa de Evaldo e sobrevivente do atentado, narra como foram os últimos momentos com o marido:

> Por que o quartel fez isso? Eu disse, *amor, calma, é o quartel*. Ele só tinha levado um tiro, os vizinhos começaram a socorrer. Eu ia voltar, mas eles continuaram atirando, vieram com arma em punho. Eu coloquei a mão na cabeça e disse: "Moço, socorre meu esposo". Eles não fizeram nada. Ficaram de deboche.[52]

Percebe-se logo que Luciana confia nas instituições e tem dificuldades para compreender a postura de desprezo dos oficiais. "Meu marido era um pai carinhoso, atencioso, especial. Nem bandido merecia aquilo. Eles atiraram muito. Foi uma guerra. Tenho pena dos militares. Só desejo que tenham Deus no coração. Eles não atiraram sem ter ordem para isso. Tem sempre alguém que manda atirar".[53]

Esse discurso condiz com alguém que não tem por hábito se considerar diariamente como o Outro da sociedade civil, como alguém que poderá ser deslocado a qualquer momento para a categoria de "bandido", tornar-se objeto do dispositivo de sujeição criminal. A explicação pode estar no fato de ela e sua família não pertencerem à comunidade periférica. De acordo com critérios de renda, a família de Evaldo pertence à classe média baixa. Mas podemos definir essa classe de um ponto de vista social. É o que propõe o sociólogo Jessé Souza com a categoria dos *batalhadores*. Estes ocupam uma posição híbrida entre a classe média e a classe trabalhadora. Como aquela classe, dispõem de recurso e tempo para aquisição de conhecimento valorizado – mas são recursos escassos, e o acesso ao conhecimento é restrito.[54]

Luciana é uma enfermeira de cuidados paliativos para pacientes terminais; Evaldo era sambista, segurança e camareiro conhecido entre famosos. Ambos são evangélicos. Haviam comprado o Ford Ka recentemente e moravam numa casa própria de dois andares, localizada a 2km de distância de onde ocorreu a tragédia, em Marechal Hermes, que atingiu IDH Alto

---

52. Viana. "Eu queria que os soldados do Exército fossem a júri popular". *Agência Pública*, 6 set. 2019.
53. Soares. "Os 257 tiros contra o carro de Evaldo dos Santos Rosa". *Revista Época*, 23 mai. 2019.
54. Ver: Souza. *Os batalhadores brasileiros: nova classe média ou nova classe trabalhadora?*.

na última avaliação.⁵⁵ Se comparado com os redutos tradicionais da classe média carioca da Zona Sul, o local em que viviam pode ser considerado perigoso, mas, para a maioria batalhadora, trata-se de um bom bairro. A classe batalhadora ascendeu vertiginosamente com o Governo Lula e, em tese, teria sido ela a ir às ruas em 2013 para pedir por mais saúde, segurança e educação, porque enfrentava dificuldades para dar continuidade à sua trajetória ascendente. Mas essa classe, até o final de 2019, era a faixa com menor rejeição ao governo Bolsonaro.⁵⁶

Porque pertencem à nova classe batalhadora, Luciana e Evaldo não vivenciavam direta e sistematicamente a violência urbana.

> Entrevistador: Vocês, mesmo morando aqui no Rio e se conhecendo na favela do Muquiço, não conviviam muito com essa questão da violência?
>
> Luciana dos Santos Nogueira: A gente *vê o mundo em que a gente vive*, mas a gente nunca imagina que pode acontecer com a gente, sabe? Às vezes você vê que acontece assim, pertinho de você, caramba, aconteceu com meu vizinho, caramba, você sente, você sofre, você sente a dor do teu próximo quando você liga o jornal... Quando eu paro, assim, pra fechar os olhos, eu me pego, assim, meu Deus, aconteceu comigo! Mas só quem passa mesmo é que sabe o tamanho da dor, entendeu?⁵⁷

Se escutarmos atentamente os sobreviventes dos 257 tiros e seus familiares, veremos que é exatamente este o problema que levantam: quais são as fronteiras da violência para os que batalharam para ascender à classe média? Por exemplo, no enterro de Evaldo, um amigo fez questão de salientar que também tem um Ford Ka branco, indagando-se *se quando sair de casa*, também será alvejado como Evaldo: "a comunidade está com medo".⁵⁸

Esse ponto de vista, coerente com a classe batalhadora, é muito diferente daquele dos moradores da periferia, sobretudo dos pretos. Vejamos como

---

55. Ver: Instituto Pereira Passos. Tabela 1772. In: *Índice de Desenvolvimento Humano (IDH) Municipal, por ordem de IDH, segundo os Bairros ou grupo de Bairros, no Município do Rio de Janeiro em 1991/2000*.
56. Ver: Rosário. "Datafolha: Bolsonaro continua perdendo a classe média, mas ganha eleitores mais humildes e de baixa instrução". *O Cafezinho*, 30 abr. 2020.
57. Viana. "Minha felicidade ficou para trás, diz viúva de Evaldo Rosa". *Carta Capital*, 7 out. 2019.
58. Barreira; Coelho. "'A gente ia morrer junto', diz mulher no enterro do músico fuzilado pelo Exército no Rio". *Portal G1*, 10 abr. 2019.

o avô de Ágatha Felix, no calor do momento, interpretou o assassinato de sua neta:

> Foi a filha de um trabalhador, tá? Ela fala inglês, tem aula de balé, era estudiosa. Ela não vivia na rua não. Agora vem um policial aí e atira em qualquer um que está na rua. Acertou minha neta. Perdi minha neta. Não era para perder ela, nem ninguém (...). Mais um na estatística. *Vai chegar amanhã e dizer que morreu uma criança no confronto.* Que confronto? Confronto com quem? Porque não tinha ninguém, não tinha ninguém. *Ele atirou por atirar na Kombi.* Atirou na Kombi e matou minha neta. Isso é confronto? A minha neta estava armada por acaso para poder levar um tiro?[59]

O subtexto desse discurso é a experiência de pretos periféricos. O avô até evoca a categoria de "trabalhador", mas, no instante seguinte, protesta contra a plasticidade desse termo, que sempre joga contra ele. Ele sabe que os marcadores sociais do "trabalhador" – a honestidade, a cultura, a propriedade privada – deixam de importar quando a ação de repressão policial passa a atuar em escala pública mais ampla.

O avô reflete a experiência do que Machado da Silva chama de "vida sob cerco", qual seja, "uma experiência de confinamento socioterritorial e política que causa nos moradores de favelas uma intensa preocupação com manifestações violentas que impedem o prosseguimento de suas rotinas e dificultam a manifestação pública de suas demandas".[60] Por ser um morador do Complexo do Alemão – que se situa na "região-luz" da repressão necropolítica carioca –, o avô de Ágatha tem mais consciência dos conflitos inerentes à plasticidade da fronteira entre bandido e trabalhador. Compreende mais rapidamente que a ascensão social à classe batalhadora não significa necessariamente sair da condição de Outro da sujeição criminal, pois, sobre a vida sob cerco, paira permanentemente a ameaça de tornar-se, a qualquer momento, alguém "que pode ser morto", como no *Homo Sacer* de que nos fala Agamben, criticamente reinterpretado por Achille Mbembe em sua teoria das práticas racistas de necropolítica de Estado.

É assombroso ouvir o avô de Ágatha expressar-se tão lucidamente quando sua neta ensanguentada há pouco estava ao seu lado; mas essa

---

59. Portal G1. "Corpo da menina Ágatha, morta a tiro no Alemão, é enterrado em Inhaúma, Zona Norte do Rio". *G1 Rio*, 22 set. 2019.
60. Machado da Silva; Menezes. (Des)continuidades na experiência de "vida sob cerco" e na "sociabilidade violenta", p. 513.

capacidade de clareza é típica de quem vive sistematicamente a guerra urbana e se prepara todos os dias para o momento em que será vitimado. Em outras palavras, seu testemunho claro é exemplo de como os dispositivos de militarização e sujeição criminal vão interferir nos processos de subjetivação. Então, porque vivia sistematicamente a proclamada guerra urbana na pele do Outro, o avô de Ágatha pode conhecer melhor a psicologia dos policiais. Ele sabe que eles são capazes de reagir sob "escusável medo, surpresa ou violenta emoção";[61] que têm por hábito mentir debochadamente para escaparem das consequências. Sabe, ainda, que sua família será retratada como "pobre" pela mídia, como "estatística" pelo governo e como "mais um caso... até quando?" pelas pessoas bem-intencionadas da classe média que vez ou outra se indignam nas redes sociais.

Perceba-se que, nesse ponto, o discurso do avô de Ágatha é, em linhas gerais, muito semelhante ao mito do preto pobre periférico; no entanto, como é articulado a partir de uma linguagem-objeto, ele se abre para outras potencialidades políticas, porque não visa confirmar uma percepção de normalidade, mas a sua denúncia e transformação. O discurso mítico não é necessariamente ruim; o desafio é abrir caminho para que a potência da linguagem-objeto se faça ouvir nos meios em que ele predomina, e que sua carga de redundância e evidência não desobrigue os intérpretes de enfrentar as novidades, as nuances e as ambiguidades da realidade.

Por sua vez, a classe batalhadora, em virtude de sua nova condição ambígua, tem enfrentado mais dificuldades cognitivas e perceptivas para encarar a violência policial de um ponto de vista político. Note-se, por exemplo, a chave de leitura religiosa e institucional operada por Luciana e seus familiares. Eles creem que tudo só poderia ter ocorrido mediante uma ordem expressa, vinda de cima; e confiam que, apesar dos erros, os oficiais teriam boa índole. Têm dificuldade de compreender por que o carro financiado, a casa própria, o emprego estável, o bairro bom e o comportamento ordeiro não foram suficientes para provar que eles eram batalhadores

---

61. Inciso do *Projeto de Lei de Excludente de Ilicitude*, apresentado em 2019 pelo então ministro da Justiça e Segurança Pública Sérgio Moro, como parte de um pacote de lei anticrime que visava realizar alterações em 14 leis que abrangem desde o Código Penal (CP) e o Código de Processo Penal (CPP) até leis menos conhecidas, como a 12.037/2009 (que trata do reconhecimento de criminosos pelo Estado) e a 13.608/2018 (que trata de recebimento de denúncias e oferta de recompensas). Uma versão desidratada do projeto, que excluía a Lei de Excludente de Ilicitude, acabou sendo aprovada no dia 5 de dezembro de 2019 pela Câmara dos Deputados.

honestos, pais de família. Todavia, os 257 tiros foram dados justamente *em defesa da propriedade*; nesse caso, em defesa tanto das habitações militares quanto do carro – que os militares confundiram com um veículo mais caro.

A extrema direita bolsonarista, amplamente apoiada pelas igrejas neopentecostais, há muito vem explorando as fobias da classe batalhadora diante da possibilidade de decair na condição do Outro da sujeição criminal. O "fascismo à brasileira"[62] vai se endereçar também àqueles cujo status de trabalhador e proprietário é ambíguo, reforçando "argumentos discriminatórios, sob a ótica de que existem diferenças naturais entre os indivíduos na sociedade que 'desfazem a obrigação de considerá-los como iguais'".[63] O bolsonarismo vai explorar a condição ambígua dessa classe para legitimar, no plano institucional, uma nova "ordem estatal que convive com o poder de facções e milícias, justiceiros e policiais agindo fora da lei".[64]

Daí a necessidade de fazer circular um novo discurso crítico no campo progressista que não se limite à denúncia da necropolítica contra pretos pobres periféricos, mas também contra os batalhadores de muitos matizes etários, étnicos e de gênero que habitam novas fronteiras geográficas e simbólicas do mosaico de territórios tanto do Rio de Janeiro quanto do Brasil. O principal desafio é construir um novo discurso que, sem provocar o apagamento da percepção dos contrastes bem-marcados (graças a uma longa tradição intelectual de reflexão sobre a violência brasileira) entre periferia e centro, pretos e brancos, pobres e ricos, consiga também se endereçar àqueles que se encontram em posições ambíguas no tecido social e que, com toda razão, gostariam de escapar das leituras binárias da realidade. Para pensar a realidade da classe batalhadora, será preciso criar novos conceitos e discursos sobre a violência que deem conta do caráter absolutamente plástico que as definições racistas e classistas de "trabalhador" e "bandido" podem eventualmente adquirir à luz das demandas de repressão estatal.

---

62. Bernardi; Morais. Fascismo à brasileira? Análise de conteúdo dos discursos de Bolsonaro após o segundo turno das eleições presidenciais de 2018, p. 319.
63. Bernardi; Morais. Fascismo à brasileira? Análise de conteúdo dos discursos de Bolsonaro após o segundo turno das eleições presidenciais de 2018, p. 319.
64. Feltran. "Polícia e política: o regime de poder hoje liderado por Bolsonaro". *Blog Novos Estudos Cebrap*, 27 jun. 2021.

3. O PRIMEIRO DISPARO

Desse modo, a pergunta permanece: como *contar* a violência? Muitos leitores buscaram na crônica "Mineirinho", de Clarice Lispector, um meio de passar da *contagem* dos tiros à *contação* da história da violência policial. Pois nela, Clarice também buscou contar o que sentiu diante de cada um dos 13 disparos desferidos à queima-roupa pela polícia contra um bandido. Assim começa seu texto:

> Perguntei a minha cozinheira o que pensava sobre o assunto. Vi no seu rosto a pequena convulsão de um conflito, o mal-estar de não entender o que se sente, o de precisar *trair sensações contraditórias* por não saber como harmonizá-las. Fatos irredutíveis, mas revolta irredutível também, a violenta compaixão da revolta. Sentir-se dividido na própria perplexidade diante de não poder esquecer que Mineirinho era perigoso e já matara demais; e no entanto nós o queríamos vivo. A cozinheira se fechou um pouco, vendo-me talvez como a justiça que se vinga. Com alguma raiva de mim, que estava mexendo na sua alma, respondeu fria: "O que eu sinto não serve para se dizer. Quem não sabe que Mineirinho era criminoso? Mas tenho certeza de que ele se salvou e já entrou no céu". Respondi-lhe que "mais do que muita gente que não matou". Por quê? No entanto a primeira lei, a que protege corpo e vida insubstituíveis, é a de que não matarás. Ela é a minha maior garantia: assim não me matam, porque eu não quero morrer, e assim não me deixam matar, porque ter matado será a escuridão para mim.

> Esta é a lei. Mas há alguma coisa que, se me faz ouvir o primeiro e o segundo tiro com um alívio de segurança, no terceiro me deixa alerta, no quarto desassossegada, o quinto e o sexto me cobrem de vergonha, o sétimo e o oitavo eu ouço com o coração batendo de horror, no nono e no décimo minha boca está trêmula, no décimo primeiro digo em espanto o nome de Deus, no décimo segundo chamo meu irmão. O décimo terceiro tiro me assassina – porque eu sou o outro. Porque eu quero ser o outro.[65]

Diante do assassinato brutal de Evaldo, também sentimos algo semelhante: pois 80, 257 tiros assassinam a todos nós – aniquilam o outro de que cada um de nós é feito. Mas devemos logo fazer a ressalva de que Evaldo

---

65. Lispector. *Mineirinho*, e-book.

– pai, preto e trabalhador – era também inocente. Nesse caso, a contagem dos disparos não pode proceder da mesma maneira, afinal, se no passado a polícia alvejou um assassino com "treze balas quando *uma só bastava*",[66] Evaldo não merecia uma bala sequer.

Então, como contar *o primeiro disparo*? Essa questão também atormenta Luciana, esposa de Evaldo, que conta:

> Por que o quartel fez isso? Eu disse, amor, calma, é o quartel. *Ele só tinha levado um tiro*, os vizinhos começaram a socorrer. Eu ia voltar, mas eles continuaram atirando, vieram com arma em punho. Eu coloquei a mão na cabeça e disse: "Moço, socorre meu esposo". Eles não fizeram nada. Ficaram de deboche. Tem um moreno que ficou de deboche e rindo. (...) Não sei o que falar para meu filho. Eles me deixaram e mandaram eu correr. Eu tinha que ter ficado para morrer com ele, eu e meu filho.[67]

Entre o "alívio de segurança" sentido pela cronista e a exortação de tranquilidade – "amor, calma, é o quartel" – da vítima, paira o primeiro disparo. Seriam essas as duas faces paradoxais de uma mesma moeda cunhada pelo monopólio da violência pelo Estado? É esse o preço a ser pago por nossa segurança: reagir com tranquilidade à possibilidade de que um outro – ou nós mesmos – possa ser alvejado ao menos uma vez pela polícia em troca de nossa defesa?

A seguir, examinaremos justamente os afetos ligados ao primeiro disparo policial. O que eles implicam em termos de subjetividade, sociedade, política. Em última instância, perguntaremos: como transformar esses afetos em prol de uma comunidade mais justa? Para abordar tais afetos, precisaremos seguir à risca a prevenção de não trair sensações contraditórias diante de fatos irredutíveis, mas revolta irredutível também. Assim sendo, passaremos sempre dos fatos à insubordinação. Primeiro, vamos discutir o contexto da crônica "Mineirinho" para, em seguida, propor uma leitura do conceito alternativo proposto por Clarice. Na sequência, passaremos ao caso Evaldo Rosa, elucidando o contexto e refletindo sobre a pertinência da reflexão clariciana à luz do cenário da violência atual.

---

66. Lispector; Lerner. A última entrevista de Clarice Lispector, p. 12.
67. Agência Brasil. "Não sei o que falar para meu filho, diz viúva de músico morto no Rio". *Revista Exame*, 8 abr. 2019.

4. MINEIRINHO E O SURGIMENTO DA VIOLÊNCIA URBANA

José Miranda Rosa, mais conhecido como Mineirinho, foi o inimigo número um da polícia carioca em seu tempo. Assaltava lojas à luz do dia, confrontava policiais de peito aberto, protagonizava fugas das mais improváveis das cadeias e de perseguições. Agia quase sempre sozinho, mas podia liderar com visão quadrilhas e rebeliões prisionais. Mesmo assim, Mineirinho era pobre e mal tinha posses; alegre e amigável, ia gastar tudo que roubava se divertindo no morro, pois gostava muito de samba e namorava Maria Helena, "a maior de todas as mulatas da Mangueira".[68] Para a polícia e a imprensa marrom, Mineirinho era um bandido com inteligência acima da média; mas, para o morro, ele era uma lenda – uma espécie de Robin Hood às avessas; e por isso podia contar com guarida dos moradores sempre que precisasse escapar da polícia.

No dia 1º de maio de 1962, dia dos trabalhadores, mais de 300 policiais saíram em seu encalço. Após algumas estripulias, Mineirinho seria executado com treze belas disparadas à queima-roupa, tendo seu corpo despejado em um descampado afastado do local original do assassinato, onde os oficiais tentariam simular a cena de um crime comum. Conta-se que mais de duas mil pessoas compareceram em seu enterro. O noticiário sensacionalista assim festejou a morte:

> Com uma oração de Santo Antônio no bolso e um recorte sobre seu último tiroteio com a Polícia, o assaltante José Miranda Rosa, "Mineirinho", foi encontrado morto no Sítio da Serra, na estrada Grajaú-Jacarepaguá, com três tiros nas costas, cinco no pescoço, dois no peito, um no braço esquerdo, outro na axila esquerda e o último na perna esquerda, que estava fraturada, dado à queima-roupa, como prova a calça chamuscada.[69]

O líder da megaoperação que assassinou Mineirinho foi o detetive Milton Le Cocq. Conta Zuenir Ventura que dois "tiras da pesada" dominaram o imaginário do Rio de Janeiro nos anos 1950 e 1960: Le Cocq e Perpétuo. Vale a pena conhecê-los, porque tinham filosofias muito distintas sobre o primeiro disparo: um orgulhava-se de nunca precisar disparar; já o outro preferia atirar primeiro, para perguntar depois.

---

68. Lygia Pape citada por Ventura. Seja marginal, seja herói (In: *Cidade partida*), p. 39.
69. Weguelin. "Mineirinho". *O Rio de Janeiro Através dos Jornais*, [s.d.].

"Moreno como um índio, alto e forte",[70] Perpétuo ficou famoso por prender grandes bandidos sem dar um único tiro. Ele era hábil em se passar por trabalhador, mendigo ou malandro. Assim, ia despercebido aos bares e bordéis, ou se escondia nos matagais, para então emboscar a caça indefesa em seus momentos de descanso e lazer. Depois de cada grande feito, Perpétuo se vestia com seu tradicional terno de linho branco e posava para a imprensa, dando lição de moral. Na medida do possível para alguém de sua profissão, era benquisto no morro. Gostava de distribuir balas à criançada, arranjava emprego para ex-detentos, enviava comida e roupas para as viúvas cujos maridos foram vítimas de assassinos que ele não havia conseguido prender a tempo. Corria a lenda de que Perpétuo tinha o corpo fechado, pois nunca havia sido alvejado numa emboscada. Mas acabou assassinado a tiros – não por bandidos, mas por colegas de profissão em meio a uma campanha de vingança pela morte do outro, Le Cocq.

Este tornou-se conhecido menos pelo ardil que pela brutalidade. Milton Le Cocq orgulhava-se da fama de justiceiro matador. Aliava visão tática com extrema frieza. Não gostava de aparecer na mídia, mas sempre tramava caçadas espetaculares com emprego de força desproporcional – como a campanha contra Mineirinho. À frente do "Grupo de Diligências Especiais", cujos membros ele recrutara do antigo "Esquadrão Motorizado" da Polícia Especial da ditadura Vargas, da qual ele próprio fez parte, Le Cocq logo se tornaria o mais temido delegado carioca. O emblema escolhido pelo grupo trazia uma caveira sobre ossos cruzados, seguida da sigla E.M., que a imprensa logo começaria a traduzir como Esquadrão da Morte.

Não foi à frente de uma grande operação, mas a mando do jogo do bicho que Le Cocq acabaria morto na Vila Isabel, numa emboscada fracassada que tentara armar contra um ladrão chinfrim, jovem cafetão e achacador de bicheiros; preguiçoso, feio e pobre, um tanto esperto, mas sem a inteligência de Mineirinho; em suma, alguém que Le Cocq não deveria ter tido problema algum para apagar – com esse único feito, o bandido Cara de Cavalo tornou-se inimigo número um do Rio de Janeiro.

Para vingar a morte do delegado, surge a Scuderie Le Cocq, força paramilitar que em seu auge contou com mais de 7 mil associados, e que seria extinta apenas nos anos 2000 – coincidentemente, momento em que se expandem as milícias por todo o território do Rio, e que declaradamente se

---

70. Ventura. Dois tiras da pesada (In: *Cidade partida*), p. 25.

inspiraram nela. Não se sabe ao certo quantas pessoas morreram ao longo da caçada a Cara de Cavalo apenas por se parecerem com ele; e como havia um prêmio para a captura, um clima de competição desenfreada instaurou-se entre os policiais – num desses desentendimentos, morreu Perpétuo "com um tiro que lhe atravessou o coração (entrou na axila direita e saiu na mesma região, do lado esquerdo)".[71] Conta-se que Perpétuo tinha boas informações sobre o paradeiro de Cara de Cavalo, mas preferiu naquela noite agir sozinho: queria surpreendê-lo indefeso, como de costume. Acabou despertando inveja e ira de dois colegas da Invernada da Olaria (a mais temida delegacia daquele tempo, devido às práticas de tortura e execução de bandidos, além de aterrorizamento constante da população), que o assassinaram. Dias mais tarde, a Scuderie Le Cocq executaria Cara de Cavalo com 62 tiros dentre os mais de cem disparados. A fotografia do corpo alvejado de Cara de Cavalo – que era amigo do artista Hélio Oiticica, ao contrário de Mineirinho, com quem o artista disputava em vão o coração de Maria Helena – seria eternizada no *B33 Bólide Caixa 18 "Homenagem a Cara de Cavalo"* (1965) e na bandeira-poema *Seja marginal, seja herói* (1968).

Estava chocado o "ovo da serpente", conforme descreve Zuenir Ventura a respeito do arco que levou do Estado Novo à ditadura militar.[72] Segundo Michel Misse, um dos principais sociólogos da criminalidade brasileira, a violência urbana começa "exatamente no mesmo período em que surgem os primeiros esquadrões da morte no Rio de Janeiro, em meados dos anos 1950".[73] Misse recorda que, até essa década, os crimes mais comuns eram contravenções penais e crimes de menor gravidade, tais como pequenos furtos, brigas com ferimentos leves, estelionato; e ainda, crimes sem uso de violência, como sedução, adultério e lenocínio. O homicídio, quando ocorria, era quase sempre em decorrência de crimes passionais ou ligados à honra, e costumava desembocar em suicídio do autor. Mesmo os crimes contra propriedade privada raramente recorriam ao uso de força física ou ameaça. A sociedade brasileira dos anos 1950, explica Misse, refletia ainda uma certa normalização do comportamento que evoluíra desde o século XIX, e que se baseava na internalização de valores tradicionais mais que na escolha racional de aderir ou não a condutas publicamente legitimadas. O Brasil era ainda

---

71. "Perpétuo morre na Favela do Esqueleto". *Correio da Manhã*, 2 set. 1964.
72. Ver: Ventura. Dois tiras da pesada (In: *Cidade partida*).
73. Misse. Sobre a acumulação social da violência no Rio de Janeiro, p. 375.

(...) um país hierárquico, tradicional, desigual, mas onde não havia ainda uma demanda forte de igualdade, onde não havia uma pressão por acesso a direitos, onde não havia também uma sensibilidade maior para a violência, que já estava ali, mas que ainda não era percebida como um problema. Ficava confinada aos jornais sensacionalistas, lidos apenas pelas classes populares.[74]

É somente em meados dos anos 1950 que, nas principais capitais do Brasil, os assaltos à mão armada se tornam mais frequentes – contra taxistas, postos de gasolina, residências, bancos etc. O contrabando e o jogo do bicho são reconfigurados, ganhando poder político e influência social; começa assim o crime organizado, no formato moderno de estilo empresarial, o que levará a imprensa carioca a comparar a capital fluminense à Chicago dos anos 1920.

É nesse contexto que o protagonismo de Le Cocq e o ostracismo de Perpétuo começam. Para este, como vimos, era a *capacidade de colocar-se no lugar do outro* que era mais determinante para a eficácia tática da investigação e prisão. Como a sociedade tradicional refletia ainda certa estabilidade e circularidade de valores, conhecer como eles eram internalizados pelos indivíduos e atuar com mínima perturbação das relações sociais era fundamental. Le Cocq, por sua vez, vai refletir uma sociedade cujos valores cambiavam em virtude de um vertiginoso processo de modernização, e que lutava ainda para manter intactas as hierarquias sociais que, em virtude desse mesmo processo, começavam a ser questionadas pelas classes oprimidas. Assim emerge a figura do *justiceiro*, também mencionada por Clarice, que vai amplificar uma "insatisfação com a modernidade judicial, lenta e cercada de garantias, em benefício do eterno retorno da vingança, mesmo que uma vingança impessoal e universalizada como justa".[75] A vingança contra o outro passa a ser o principal elemento de estabilização de uma sociedade que se transforma incessantemente, mas que, em prol do *status quo*, atua para excluir as demandas do outro do processo de modernização.

Importante destacar que toda essa mutação da violência só será tardiamente registrada pelos sociólogos brasileiros. Até a década de 70, o tema da criminalidade urbana era pouquíssimo estudado. Reinava ainda a imagem de um país cordial e pacífico – que, inconfessadamente, virava as costas para a experiência da escravidão.[76] Assim sendo, a crônica de Clarice, além de

---

74. Misse. Sobre a acumulação social da violência no Rio de Janeiro, p. 376.
75. Misse. Sobre a acumulação social da violência no Rio de Janeiro, p. 377.
76. Misse. Sobre a acumulação social da violência no Rio de Janeiro, p. 375.

testemunhar os primórdios de uma transformação crucial do processo de "acumulação social da violência",[77] é também pioneira ao enfatizar a necessidade de se fazer uma crítica do processo de subjetivação que acompanha a nova demanda por segurança.

"Conheci o Mineirinho, a mulher dele, Maria Helena, e o Cara de Cavalo. Eram bandidos românticos. Poderiam até atirar num policial, o que significava que estariam jurados de morte. Mas você podia frequentar o morro inteiro",[78] recorda a artista Lygia Pape. Esse mundo deixa rapidamente de existir. Tanto o justiceiro quanto o bandido deixam de representar indivíduos desviantes das normas tradicionais, para se tornarem categorias sociais abstratas, ou melhor dizendo, funções de um dispositivo repressor.

Para compreender o funcionamento desse dispositivo, é preciso considerar de que modo nossa sociedade desenvolveu a ideia moderna de crime. Misse explica que a evolução do direito penal se deu aqui de modo inverso que na Europa. Lá, ela teria seguido de acordo com uma cronologia típica *racional-legal*. Isto é, se passa da: 1) *criminalização*: em que um curso de ação passa a ser considerado crime, em virtude de uma campanha pública ou da tradição; à 2) *criminação*: em que ocorre a análise de contexto para determinar, à luz de uma norma ou lei, se um evento suspeito deve ser classificado como crime; e, por fim, à 3) *incriminação*: em que há identificação de um autor, para busca e punição do sujeito causal.

No Brasil, o processo não se deu por via racional-legal, mas inversamente, através do que Misse define como *dispositivo de sujeição criminal*. Isto é, aqui, define-se primeiro o criminoso, em seguida o espaço de "atuações criminosas", e, em último caso, procuram-se os crimes aplicáveis. Certos brasileiros passam a ser classificados como bandidos antes mesmo de nascer, somente devido à renda de sua família, ao lugar onde mora, à cor da pele... Esse dispositivo não vai só determinar como esses corpos serão vistos, retratados, reprimidos. Ele vai modelar até mesmo a subjetividade desse sujeito.

Aquele que foi previamente definido como "bandido" terá sua vida colocada "sob cerco", conforme descreve o sociólogo Luiz Antônio Machado da Silva, "uma experiência de confinamento socioterritorial e político que causa nos moradores de favelas uma intensa preocupação com manifestações violentas que impedem o prosseguimento de suas rotinas e dificultam

---

77. Misse. Sobre a acumulação social da violência no Rio de Janeiro, p. 378.
78. Name; Pape. "'Estou em busca do poema': entrevista com Lygia Pape por Daniela Name". *O Globo*, 13 dez. 2001.

a manifestação pública de suas demandas".[79] Nos territórios mantidos sob cerco, como os morros cariocas, o "bandido" é meramente alguém "que pode ser morto" – o que virtualmente inclui todos os que se encontram nesses territórios mantidos sob um regime de exceção; são por excelência figuras do *Homo Sacer* definido por Giorgio Agamben, que foi criticamente reinterpretado por Achille Mbembe em sua teoria das práticas racistas de necropolítica de Estado.

O dispositivo de sujeição criminal reflete, ao mesmo tempo que cria, uma desigualdade de direitos que passa a atravessar todo o sistema de crenças acerca da incriminação no Brasil, e que vai ser determinante para a emergente "sensibilidade jurídica" de todas as classes sociais brasileiras para a questão da insegurança. Essa sensibilidade passa a ser organizada a partir da oposição entre *trabalhador e bandido*. Segundo Gabriel Feltran, essa oposição categórica perpassa desde as dinâmicas domésticas das famílias de favela até o universo social e os debates públicos. Não se trata de categorias fixas, mas altamente plásticas; o poder repressivo tem liberdade para definir o que deve significar "bandido" e "trabalhador" caso a caso, de acordo com o escopo da repressão.

> Social e publicamente, estas categorias são muito mais plásticas, e não necessariamente se referem aos praticantes de atos criminais. Mais do que isso, nestas esferas não há composição possível entre "trabalhadores" e "bandidos" – ali, é consensual que os "trabalhadores" merecem proteção, e que os "bandidos" carecem de repressão. As forças sociais e públicas destinadas a um e outro, portanto, são opostas e complementares: a repressão dos "bandidos" significa proteção dos "trabalhadores". Os conjuntos não se misturam (mas as categorias que os classificam incluem mais ou menos indivíduos em seu interior, a depender da situação).[80]

Segundo Feltran, quanto mais a ação repressiva policial é "pública" (no sentido de que a atuação num espaço público realmente existente é organizada centralmente por atores dominantes), mais abrangente e inclusiva se torna a categoria de "bandido". Assim sendo, em tempos de normalidade, a ação policial de rotina se limita a agir contra indivíduos já bem identificados como praticantes de atos criminais (os com

---

79. Machado da Silva; Menezes. (Des)continuidades na experiência de "vida sob cerco" e na "sociabilidade violenta", p. 513.
80. Feltran. Trabalhadores e bandidos: categorias de nomeação, significados políticos, p. 44.

passagem criminal ou notoriamente conhecidos nas ruas como tal). Já em operações policiais ostensivas, de caráter mais público, a categoria "bandido" passa a incluir grupos de amigos, vizinhos e familiares dos que supostamente praticam atos ilícitos. Por fim, quando se trata de instituir um regime de exceção em larga escala, a categoria "bandido" atinge máxima abrangência inclusiva, podendo incluir qualquer um que se encontre nas áreas mantidas sob cerco pelo aparato repressivo. Nesse sentido, se observarmos cronologicamente, a violência contra Mineirinho é um exemplo da atuação contra o "bandido" em sentido estrito; já a caçada de Cara de Cavalo teve caráter mais público, e por isso muitos inocentes foram mortos inadvertidamente; e por fim, como irei sugerir mais adiante, o assassinato de Evaldo representará a categoria "bandido" em sua máxima plasticidade, em virtude de um regime de militarização e milicianização do Rio.

5. A CRÍTICA DO *ACUSADOR ÚLTIMO*

A crônica "Mineirinho" oferece uma crítica radical da sensibilidade jurídica justiceira fomentada pelo dispositivo de sujeição criminal. Clarice vai mapear tanto o que esse dispositivo produz quanto buscar meios de superá-lo e concentrar nesse limiar último e essencial – em que são distinguidos o trabalhador e o bandido – o cidadão de bem e o criminoso, sem o qual o dispositivo não pode operar. A autora teria intuído que o fundamento da sujeição criminal não é apenas o extermínio físico do outro, mas também a eliminação de toda experiência de ser e desejar tornar-se um outro. Para tornar o outro matável, o dispositivo vai erigir um nós que deve ser protegido. Com isso, temos o bandido *versus* o cidadão de bem, e ainda a vida sob cerco *versus* a vida doméstica; categorias que Clarice vai redefinir como o homem acuado que age "feito doido" *versus* os sonolentos "sonsos essenciais", e ainda o terreno, o chão *versus* a casa fraca.

Como Clarice vai buscar entender – no sentido de desorganizar – essa oposição entre nós e o outro mediada pelo dispositivo de sujeição criminal? A partir da instância do *eu*. Mas esse "eu" tem sentido ambíguo. A crônica foi escrita na primeira pessoa do singular, na medida em que Clarice investiga sua própria dor diante da morte de um facínora. Mas a autora destaca que se interessa pelo eu enquanto "um dos representantes do nós";[81] não obstante, o texto frequentemente passa à terceira pessoa do singular. Essa relação de representatividade, por sua vez, não é predeterminada, mediada por conceitos categóricos, gerais e abstratos, como cidadão e sociedade, o homem e a humanidade. O eu compreende, antes, uma tensão: o confronto aberto entre nós e o outro, mas também uma possibilidade de reconciliação. Assim sendo, o "eu" será caracterizado pelo texto como uma instância que pode tanto separar o outro do nós quanto tornar-se matéria de um devir--outro em nós. Haveria, portanto, o eu absoluto e um eu imanente.

Clarice recorre à metáfora do espelho para apresentar as oposições absolutas, todas elas mediadas pelo dispositivo. O bandido espelharia o cidadão de bem; seu corpo inerte justiçado refletiria o sono tranquilo dos que se consideram justos; seu "bruto grito desarticulado" de violência refletiria a furtividade dos que evitam "o olhar do outro para não corrermos o risco de nos entendermos";[82] sua vontade de amar e agredir "feito doido" espelharia a nossa capacidade de ser sonso, para não ter de exercer nossa revolta e o amor. Em resumo, Mineirinho seria, para usarmos uma expressão contemporânea,[83] o "bicho louco"[84] em que Clarice vê refletida a calculada indiferença dos "sonsos essenciais" – os sempre predispostos a fingir "que estamos todos certos e que nada há a fazer".[85]

À primeira vista, o eu de Clarice é um representante do nós, os sonsos essenciais. Isso a revolta. Ela se recusa a aderir a essa inocência impotente, em cuja fraqueza se legitima a ação do justiceiro. Porque foi assim que "em Mineirinho se rebentou o meu modo de viver".[86] E se "tudo o que nele foi violência é em nós furtivo", afinal, "como não amá-lo, se ele viveu até o décimo terceiro tiro o que eu dormia?", se ele "viveu por mim a raiva, enquanto eu tive calma"?[87] Essas perguntas aludem à revolta e ao desejo

---

81. Lispector. Mineirinho, e-book.
82. Lispector. Mineirinho, e-book.
83. "(...) um tipo histórico completamente utilitarista, dirigido por pulsões e não por valores intersubjetivamente compartilhados. O exemplo mais acabado da sociabilidade violenta é o 'bicho louco' – representação que enfatiza o caráter incontrolável e aleatório das práticas de alguns traficantes." In: Machado da Silva; Menezes. (Des)continuidades na experiência de "vida sob cerco" e na "sociabilidade violenta", p. 513.
84. Na crônica, Clarice sugere que Mineirinho seria um bandido doido, também capaz de amar "feito doido"; e que só como doidos poderíamos entendê-lo.
85. Lispector. Mineirinho, e-book.
86. Lispector. Mineirinho, e-book.
87. Lispector. Mineirinho, e-book.

de escapar de outra função do dispositivo de sujeição criminal: a figura do *acusador último*.

Misse explica que o dispositivo de sujeição criminal funciona recorrendo sempre a "um intérprete virtual, um acusador último, que em rodízio ocupará as várias posições, mas que restará sempre crente de que ele próprio não cederá à sujeição".[88] Trata-se, vulgarmente, da "pessoa de bem", "acima de qualquer suspeita". Do mesmo modo que o dispositivo fabrica o sujeito criminal que ele irá reprimir, ele atua institucional e culturalmente para produzir a figura imaginária de um nós ontologicamente inocente. Novamente, se trata de uma categoria plástica, que pode eventualmente incluir, entre os cidadãos de bem, o justiceiro que tortura e mata com prazer.[89]

Clarice demonstra consciência do risco de se colocar no papel de acusador último. Logo no início da crônica, testemunhamos justamente as tensões entre classe trabalhadora e classe média. A escritora e sua cozinheira, embora partilhassem a dor confusa diante da execução de um facínora, vão travar um diálogo tenso, em que esta, ao ser interrogada pela patroa, chega a se sentir incomodada, como se estivesse diante de uma "justiça que se vinga".[90] Isso porque a relação entre elas é sobredeterminada pela oposição entre nós e outro que, como vimos, é plástica e pode passar a incluir, a qualquer momento, toda a classe pobre trabalhadora como objeto da ação repressora.

Os sonsos essenciais são os que se consideram acima de qualquer suspeita, ou seja, ontologicamente à margem da ação do dispositivo de sujeição criminal. Clarice vai descrevê-los como os que se apresentam como "baluartes de alguma coisa",[91] os que buscam refúgio no abstrato, em palavras que misturam perdão e caridade vaga. Eles são os acusadores últimos, os que se recusam a entender o mundo ao seu redor, que eles, todavia, julgam. "Porque quem entende desorganiza. Há alguma coisa em nós que

---

88. Misse. Sobre a acumulação social da violência no Rio de Janeiro, p. 381.
89. "No Rio de Janeiro, um '*survey*' recente – de ampla divulgação na imprensa – constatou que cerca de um terço da população defende o uso da tortura para arrancar confissões dos sujeitos criminais. Naturalmente, a tortura deverá ser empregada nesse Outro, que é o sujeito criminal, e não em qualquer pessoa incriminada, muito menos em mim, que não me vejo como passível de ser incriminável. Do mesmo modo, defendo a 'lei seca' que criminaliza, na direção de veículos, o motorista que bebeu, mas defendo 'para os outros', não para mim". In: Misse. Sobre a acumulação social da violência no Rio de Janeiro, p. 318.
90. Lispector. Mineirinho, e-book.
91. Lispector. Mineirinho, e-book.

desorganizaria tudo – uma coisa que entende".[92] Os sonsos essenciais são os que vão consentir com o primeiro disparo, com alívio, tranquilidade.

Aos sonsos interessaria, essencialmente, dormir; por isso, vivem presos em casa e carecem de uma "justiça que vela meu sono".[93] Uma justiça "estupidificada", uma "maldade organizada" em defesa de uma "casa fraca (...) cuja porta protetora eu tranco tão bem", mas que "não resistirá à primeira ventania que fará voar pelos ares uma porta trancada".[94] Para que essa casa funcione e não estremeça – para que permaneça fora do alcance do outro – não bastaria a justiça; é preciso ainda que o sonso se mantenha fechado à existência do outro, e ao desejo de tornar-se ele. É preciso que "não exerça a minha revolta e o meu amor, guardados. Se eu não for sonsa, minha casa estremece. Eu devo ter esquecido que embaixo da casa está o terreno, o chão onde nova casa poderia ser erguida. Enquanto isso dormimos e falsamente nos salvamos".[95]

Albert Camus escreveu certa vez que "quando todos formos culpados, essa sim será a verdadeira democracia!".[96] Clarice chega a uma conclusão análoga para o caso Mineirinho. Ao ver no corpo inerte de Mineirinho refletido o seu sono tranquilo, Clarice admite que errou, e que esse "erro é o meu espelho, onde vejo o que em silêncio eu fiz de um homem". Mas acrescenta que "não nos salvaremos enquanto nosso erro não nos for precioso", pois "meu erro é o modo como vi a vida se abrir na sua carne e me espantei, e vi a matéria de vida, placenta e sangue, a lama viva".[97]

Note-se que Clarice não faz uma denúncia da injustiça em função da noção abstrata dos direitos humanos universais, pois isso implicaria resgatar o eu absoluto, mais vulnerável à ação do dispositivo que vai deduzir dele o outro absoluto, matável. Conforme explicam Andityas Matos e Francis Garcia Collado, "invocar pretensões de direito produz, como efeito necessário, separações (...) dizer algo como 'meu/nosso direito' implica imediatamente a cisão com os outros".[98] O léxico jurídico-político necessariamente opera através de "lógicas da separação e da exclusão-inclusiva excepcional", em que a mais importante será a oposição nós/outro, isto é, aqueles a quem

---

92. Lispector. Mineirinho, e-book.
93. Lispector. Mineirinho, e-book.
94. Lispector. Mineirinho, e-book.
95. Lispector. Mineirinho, e-book.
96. Virilio. *The Information Bomb*, p. 165. Tradução nossa do inglês.
97. Lispector. Mineirinho, e-book.
98. Matos; Collado. *Para além da biopolítica*, p. 52.

uma lei concerne e os que foram dela excluídos. Nesse sentido, "não é coincidência o fato de que a afirmação dos direitos universais do 'homem' veio historicamente acompanhada pela expansão policial e administrativa dos Estados chamados a concretizá-los".[99]

Os direitos humanos só podem ter como objeto o eu absoluto. Com isso concorda Giorgio Agamben, que produz uma crítica provocativa dos direitos humanos, argumentando que eles seriam, ao mesmo tempo, libertação e submissão da vida à soberania, o local em que se tramaria o elo entre direito e sujeição biopolítica. No primeiro tomo de *Homo Sacer*, Agamben afirma que todo homem viria a se tornar vida nua em função da máquina jurídico-política ocidental, que produziria a política, o direito e a vida a partir de uma estrutura de exceção.[100]

Em caminho contrário, Clarice vai fazer um elogio da vida imanente, a defesa de uma "justiça prévia", que podemos chamar de biopotente.[101] O filósofo Gilles Deleuze descreve o movimento da imanência como a potência irredutível de um "fazer-se, que extravasa qualquer matéria vivível ou vivida (...) um processo, ou seja, uma passagem de Vida que atravessa o vivido e o vivível".[102]

Em entrevista à TV Cultura em 1977, Clarice explica que em sua crônica, motivada por uma revolta enorme, "eu me transformei no Mineirinho, massacrado pela polícia".[103] Ao se ver refletida em Mineirinho, Clarice pode recriar, em função de uma relação de *devir eu-eu*, o que havia sido separado em termos abstratos categóricos como outro/nós. Esse movimento desautoriza a lógica de separação, bem como de exclusão-inclusiva que, na prática, legitima a ação justiceira. O objetivo dessa manobra é fundar uma outra "justiça que olhasse a si própria, e que visse que nós todos, lama viva, somos escuros, e por isso nem mesmo a maldade de um homem pode ser entregue à maldade de outro homem".[104]

Segundo a crítica Yudith Rosenbaum, a ética clariciana comporta "a ideia de uma força vital, informe e indeterminada, substrato humano mais arcaico e fundamento tanto do mal quanto da virtude, assume as mais variadas figurações metafóricas na obra clariciana. O traço comum

---

99. Matos; Collado. *Para além da biopolítica*, p. 53.
100. Agamben. *Homo sacer I: o poder soberano e a vida nua*.
101. Matos; Collado. *Para além da biopolítica*, p. 52.
102. Deleuze. Literatura e vida, p. 11.
103. Lispector; Lerner. A última entrevista de Clarice Lispector, p. 62-69.
104. Lispector. Mineirinho, e-book.

em todas elas é sua volatilidade, sua inconsistência material, seu aspecto liquefeito ou energético".[105] Isso explicaria, inclusive, a própria forma da crônica "Mineirinho", que, de acordo com Rosenbaum, comporta uma estrutura litúrgica, em que a repetição de frases e palavras sugerem uma reza ou oração.

Tal força vital é evocada como princípio de entendimento – mudo, feroz – capaz de desorganizar a sensibilidade jurídica que se organiza, conforme o dispositivo de sujeição criminal, de modo binário e excludente. Para Clarice, o que levou Mineirinho a gostar "feito doido" de Maria Helena seria a mesma força que em nós

> (...) é tão intensa e límpida como uma grama perigosa de radium, essa coisa é um grão de vida que se for pisado se transforma em algo ameaçador – em amor pisado; essa coisa, que em Mineirinho se tornou punhal, é a mesma que em mim faz com que eu dê água a outro homem, não porque eu tenha água, mas porque, também eu, sei o que é sede; e também eu, não me perdi, experimentei a perdição.[106]

Waly Salomão, ao comentar o slogan "seja marginal, seja herói", explicava que toda postura crítica implica inevitáveis ambivalências, e nisso residia o potencial subversivo do mote. Ele explicava citando Maria Helena, a mulher que pusera doido tanto Mineirinho quanto o homossexual Hélio Oiticica:

> Por exemplo, Maria Helena, ex-passista da Mangueira, foi mulher de bandido, do Mineirinho, depois ela se tornou mulher do cara que matou Mineirinho, Euclides, um dos homens de ouro do grupo de extermínio. Sobre Maria Helena, Hélio repetia dezenas de vezes, incontido: – Maria Helena, ninguém samba como você![107]

Salomão, citando Oiticica, arremata: sem estarmos abertos à perigosa beleza das ambivalências – atentos para o momento em que, de repente, alguém se incendeia em samba –, não poderemos propriamente colocar em questão o todo intolerável estado de coisas. Esse mesmo tipo de olhar que se volta para a passista, Clarice pede que voltemos para seu amante, um facínora.

Assim sendo, haveria o nós em que reina o eu absoluto, em absoluta oposição ao outro que encarna o mal; mas haveria ainda um outro nós, em

---

105. Rosenbaum. A ética na literatura: leitura de "Mineirinho", de Clarice Lispector, p. 158.
106. Lispector. Mineirinho, e-book.
107. Salomão. *Hélio Oiticica: qual é o parangolé? E outros escritos*, e-book.

que o eu é sempre um outro, isto é, em que o eu é imanente a um devir-outro, em si belo e amoroso, mas que pode tornar-se perigoso sempre que pisado. Desse modo, o objetivo da crônica não é denunciar uma injustiça, mas propor uma outra lógica de justiça imanente a um sentido de comunidade.

Se a oposição eu/nós sancionava a fronteira entre bicho louco e sonso essencial, em que age o justiceiro, o devir eu-eu, por seu turno, fundará a possibilidade de um "nós" mais divino, pois "se adivinhamos o que seria a bondade de Deus é porque adivinhamos em nós a bondade, aquela que vê o homem antes de ele ser um doente do crime".

Mas, nesse ponto, Clarice alerta, com um lamento: "Continuo, porém, esperando que Deus seja o pai, quando sei que um homem pode ser o pai de outro homem". A justiça imanente de Clarice se opõe a toda forma de acusador último, e nisso se volta contra a noção de Deus.

> [Mineirinho] Foi fuzilado na sua força desorientada, enquanto um deus fabricado no último instante abençoa às pressas a minha maldade organizada e a minha justiça estupidificada: o que sustenta as paredes de minha casa é a certeza de que sempre me justificarei, meus amigos não me justificarão, mas meus inimigos que são os meus cúmplices, esses me cumprimentarão; o que me sustenta é saber que sempre fabricarei um deus à imagem do que eu precisar para dormir tranquila e que outros furtivamente fingirão que estamos todos certos e que nada há a fazer.[108]

A revolta irredutível de Clarice exige que nosso erro seja nosso, e não delegado a um Deus que sanciona as oposições absolutas entre bem/mal, do qual se deduz as categorias de pessoa de bem *versus* bandido.

O quinto mandamento – "a primeira lei, a que protege corpo e vida insubstituíveis" – possui uma contradição inaparente. Não matarás: eis a garantia da segurança do corpo e da salvação do espírito. E no entanto, como se trata de uma lei, ela vai produzir, segundo o princípio da exclusão--inclusiva excepcional, o assassino em danação que ameaça a todos – e que deve ser morto, para não matar. Não obstante, Clarice escreve que: "Esta é a lei. Mas há alguma coisa que, se me faz ouvir o primeiro e o segundo tiro com um *alívio de segurança*...".[109]

Daí a contradição do primeiro disparo. A lei "não matarás", na medida em que se refere a um Deus absoluto que sanciona a oposição bem/mal e

---

108. Lispector. Mineirinho, e-book.
109. Lispector. Mineirinho, e-book.

nós/outro, vai *legitimar e inocentar* aquele que mata um assassino. É contra esse alívio de segurança, fundamentado na figura do acusador último, que, em última instância, é Deus, que a "violenta compaixão da revolta" de Clarice vai emergir. Ela exige uma "justiça prévia", isto é, anterior à legitimação e inocentação ontológica do justiceiro. Esta se funda, como já dito, não na oposição nós/outro, mas na força vital de um devir eu-eu; assim, na ausência de Deus, a justiça se funda na *experiência maior,* conforme explica Clarice noutro texto: "Eu antes tinha querido ser os outros para conhecer o que não era eu. Entendi então que eu já tinha sido os outros e isso era fácil. Minha experiência maior seria ser o outro dos outros: e o outro dos outros era eu".[110] Daí que, para Clarice, o princípio "não matarás" é menos uma lei que *"minha maior garantia*: assim não me matam, porque eu não quero morrer, e assim não me deixam matar, porque ter matado será a escuridão para mim".[111] Em lugar da promessa de segurança e salvação, há a garantia mútua de reconhecimento e proteção, não matarás "porque eu sou o outro. Porque eu quero ser o outro".

6. TRABALHADOR, PAI DE FAMÍLIA, ASSASSINADO

Luciana pediu calma a Evaldo após o primeiro tiro, mas os soldados dispararam mais tiros contra ele. Ela ficou sem palavras para explicar ao filho, lamentando não ter morrido com Evaldo. Luciana se revolta por ter sido salva por alguém capaz de debochar da morte do outro, se recusa a ter tido a vida preservada por uma justiça dedicada a exterminar o outro. Por isso, escuto em suas palavras um eco da "revolta irredutível" de Clarice. Porque ela também é o outro, quer ser o outro; e, sem essa possibilidade, não valeria a pena viver.

O contexto do assassinato de Evaldo, conforme apurações da Agência Pública, é a Operação Muquiço. Trata-se de uma ação clandestina do Exército na favela de mesmo nome, que fica nas adjacências da Vila Militar, alegadamente em proteção das famílias dos soldados que moram nos condomínios. Rescaldo da intervenção militar decretada por Michel Temer, a operação teve caráter híbrido entre grupo de extermínio e formação de milícia.

---

110. Lispector. *A legião estrangeira*, p. 142-143.
111. Lispector. Mineirinho, e-book.

"O primeiro foi para matar, o segundo para confirmar e o *terceiro para fazer a festa*".[112] Assim os membros da Scuderie Le Cocq resumiram os mais de cem tiros que deram contra Cara de Cavalo. Todo ato de justiçamento comporta um aspecto festivo; daí o excesso característico de disparos, de brutalidade, de indiferença, de deboche. Isso porque o justiceiro age como se tivesse sido inocentado de antemão da violência contra o outro. Como uma tal violência poderia ser inocente, inocentada? Nas suas campanhas políticas, Sivuca, um dos exterminadores de Cara de Cavalo, usava a frase que se tornaria famosa: "bandido bom é bandido morto". Eis o fundamento divino do ato de justiçamento: na medida em que o outro passa a encarnar todo o mal, me sinto autorizado a ser um instrumento de Deus e matá-lo. Mas que Deus é esse? A resposta pode estar na mesma campanha de Sivuca, que trazia ainda a exortação: "diga sim à natureza".

Imagem 4 – Cartaz da campanha de Sivuca para deputado estadual pelo PFL (1986).

Como foi de antemão inocentado por matar bandidos – como vimos, pela lei absoluta que opõe bem e mal, mas também pela fraqueza e indiferença dos sonsos essenciais –, o justiceiro pratica uma violência naturalizada,

---

112. Marini. "Le Cocq gerou o Esquadrão da Morte e 'parcerias' com os bicheiros do Rio". *Portal R7*, 16 out. 2019.

natural. Nesse sentido, o acusador último passa a assumir um papel de *seletor natural*. O filósofo Franco Berardi mapeou a emergência dessa figura no contexto do avanço das sociedades neoliberais a partir da década de 70, em que vem ocorrendo um aumento vertiginoso não só de grupos paramilitares de justiçamento como também de assassinatos em massa.

O seletor natural é aquele que reduziu sua relação com o outro a um princípio de violência. Essa seria a norma na racionalidade neoliberal, que estabelece a competitividade como único critério válido para todas as relações sociais. Tanto o assassino em massa e o justiceiro quanto o economista e o gestor público vão orientar seus atos a partir do "ponto de vista da Natureza, de um fluxo de tempo desprovido de emoção".[113] Este seria também "o ponto de vista do Deus do Velho Testamento, do Deus que criou o homem sem sentir seu sofrimento". Em outras palavras, a única relação possível com o outro passa a ser a violência, de tal modo que a própria eliminação desse outro – extermínio físico via a ação justiceira, ou extermínio econômico e simbólico via competitividade desenfreada – acaba naturalizada.

Nesse contexto, Evaldo e Luciana ocupam o limiar entre nós, a classe média branca, e o outro, a classe trabalhadora, preta e pobre. Afinal, não pertencem à classe batalhadora nem a cozinheira, nem a patroa e autora da crônica "Mineirinho". Não obstante, em virtude de sua condição ambígua, essa classe tem enfrentado grandes dificuldades cognitivas e afetivas para encarar a violência policial de um ponto de vista político. O desespero e a vontade de suicídio de Luciana é testemunho da falência sociopolítica dessa classe, que vem sendo habilmente instrumentalizada pela extrema direita no Brasil em prol de uma política francamente necropolítica, militarizada e milicianizada – que vai vitimar, além dos pobres, também ela.

Daí a necessidade de se retomar a "justiça prévia", imanente e divina – mas sem Deus – de Clarice, como instrumento que faça circular, entre essa classe, novos afetos de empatia em relação ao outro, e de revolta irredutível contra a tentativa de nos impedir de ser e desejar nos tornarmos esse outro. Em palavras literais, trata-se de criar meios de fazer com que essa classe possa ser e desejar ser o pobre preto que ela já não é mais, de tal modo que não haja mais temor de que essa identificação possa transformá-la em alguém igualmente matável. Pois eles serão matáveis, de qualquer forma, sempre que o escopo da ação de repressão se tornar mais público; e também

---

113. Berardi. *Heroes: Mass Murderer and Suicide*, e-book. Tradução nossa do inglês.

é preciso alertá-los. Somente assim a ascensão dessa classe poderá contribuir para desativar, em vez de incrementar, o dispositivo de sujeição criminal. O caráter ambíguo dessa classe pode servir como meio e fundamento de um devir eu-eu que desative, de modo ainda mais efetivo, a oposição nós/outro. Mas, para isso, é preciso passar do susto e tranquilidade que um primeiro disparo ainda desperta em nós para a contínua revolta contra toda segurança que se baseia em "atirar, para depois perguntar", isto é, na proteção do eu contra o outro. É preciso fazer com que essa classe não deseje o modo de vida de uma "calma" que, na prática, irá rebentar contra ela própria, debochadamente.

07

**O SELETOR
NATURAL**

Se o neoliberalismo é a adoção da competitividade metrificada como único critério de sociabilidade, como são definidos os vitoriosos e os derrotados na zona cinza? Neste capítulo, vamos prosseguir na crítica ao neoliberalismo, agora enfocando a falácia da seleção natural em economia. Vamos investigar os fundamentos da ideologia do mais forte versus mais fraco, desde a teoria do fim da história até a teoria do último homem, passando pelos conceitos de desigualdade convencional e natural e de mutação no front tecnológico. Por fim, vamos propor uma crítica do paradigma da inovação, demonstrando que ela não funciona de modo análogo à seleção na natureza ou à evolução na ciência, e sim a partir de um processo de captura molecular de subjetividades.

1. SELEÇÃO NATURAL CAPITALISTA

"Se ficar todo mundo em casa [a economia] entra em colapso. Se ficar todo mundo na rua também tem problemas, deve ter um meio-termo", comentou Paulo Guedes, ministro da economia do governo Jair Bolsonaro, no início da pandemia do coronavírus. "A economia é um organismo vivo, muito semelhante à biologia. São átomos e células que raciocinam, que se adaptam e têm capacidade de reação". O fundamento desse argumento é outra falácia da ideologia neoliberal: a premissa de que a economia funcionaria conforme a *seleção natural*.

Observemos o modo como o economista Joseph Schumpeter, fundador da teoria da inovação, resume o conceito de destruição criativa:

> Não se deve esse caráter evolutivo do processo capitalista apenas ao fato de que a vida econômica transcorre em um meio natural e social que se modifica e que, em virtude dessa mesma transformação, altera a situação econômica.

Esse fato é importante e essas transformações (guerras, revoluções e assim por diante) produzem frequentemente transformações industriais, embora não constituam seu móvel principal.

(...) A abertura de novos mercados, estrangeiros e domésticos, e a organização da produção, da oficina do artesão a firmas, como a U.S. Steel, servem de exemplo do mesmo processo de mutação industrial – *se é que podemos usar esse termo biológico* – que revoluciona incessantemente *a estrutura econômica a partir de dentro, destruindo incessantemente o antigo e criando elementos novos. (* Essas revoluções não são permanentes, num sentido estrito; ocorrem em explosões discretas, separadas por períodos de calma relativa. O processo, como um todo, no entanto, jamais para, no sentido de que há sempre uma revolução ou absorção dos resultados da revolução, ambos formando o que é conhecido como ciclos econômicos.) Este processo de destruição criadora é básico para se entender o capitalismo. É dele que se constitui o capitalismo e a ele deve se adaptar toda a empresa capitalista para sobreviver.[1]

Organismos, transformações, mutações, absorções, ciclos, adaptações... Todo o texto é amparado por uma perspectiva biológica. Na economia, haveria *organismos*: as indústrias, os proletários, os gestores etc. Cada organismo deve buscar se adaptar às mudanças de *meio*, isto é, do mercado. Schumpeter, contudo, introduz uma diferença. As *transformações* (cataclismas naturais, guerras e revoluções) não seriam a principal força de seleção dos organismos mais adaptados; são sobretudo as *mutações* (inovação técnica e tecnológica da produção) que irão definir quais serão selecionados ou eliminados pela competição de mercado.

Há um século, as teses de Darwin vêm influenciando os economistas. As primeiras tentativas de reformulação da teoria da firma neoclássica, como as de Milton Friedman, buscaram em Darwin uma metáfora para explicar a integração entre as esferas micro e macrodinâmica. Mas coube à "Escola da Inovação", de matriz neoschumpeteriana, efetivamente traçar paralelos teóricos. Dos anos 1950 em diante, o neodarwinismo em economia se consolida com o abandono da ortodoxia em detrimento da ênfase em comportamentos e estratégias de mercado em aberto, fora do equilíbrio, sob incerteza e racionalidade limitada.[2] Atualmente, a perspectiva darwi-

---

1. Schumpeter. *Capitalismo, socialismo e democracia*, p. 106-107. Grifo nosso, asterisco do autor.
2. Ver: Luz. *Por uma concepção darwiniana de economia evolucionária: abordagens pioneiras, conflitos teóricos e propostas ontológicas*.

niana é invocada ora como metateoria geral das ciências sociais, conforme o "darwinismo universal" de Geoffrey Hodgson,[3] ora como referência para a análise de processos adaptativos e inovativos em aberto, realizados em ambientes submetidos a constante mutação, conforme as teses de Nelson & Winter.[4] Para estes, a referência à teoria da seleção natural deve ir além da mera analogia entre a geração endógena de variedade e seleção na natureza e as trajetórias de mercado não deterministas. Seria possível até mesmo estabelecer uma correspondência direta entre os conceitos da biologia e da economia:

> Os organismos individuais (fenótipos) correspondem às firmas; populações aos mercados (indústrias); genes (genótipos) às rotinas (regras de decisão) ou formas organizacionais; mutações às inovações (em sentido amplo, schumpeteriano); e lucratividade à aptidão (fitness).[5]

O economista Mario Luiz Possas aponta as inconsistências e dificuldades desse paralelismo teórico. Lucratividade, por exemplo, não parece esgotar o conceito de aptidão de Darwin, haja vista que há uma série de comportamentos estratégicos das empresas que não têm como base a expectativa de lucro. Além disso, ao contrário do que ocorre com a transmissibilidade endógena de material genético, é bastante comum acontecer de as empresas perderem ou esquecerem rotinas inteiras sob efeito, por exemplo, de aquisição ou de troca de gestão.[6] Em todo caso, o maior desafio para qualquer abordagem darwinista da economia reside, sem dúvida, em solucionar a questão da intencionalidade.

Afinal, ao contrário da natureza, a fonte preponderante de variação na economia é a deliberação consciente. É ela a fonte das "causas não causadas" de G.L.S. Shackle, e também do ambiente de incerteza fundamental keynesiano. Então, para contornar uma reprovável influência lamarckiana (a ideia de que a vontade do animal teria o poder de determinar sua evolução biológica), os teóricos do neodarwinismo econômico passaram a admitir dois mecanismos evolucionários simultâneos: um via competição de mercado, o outro via aprendizado adaptativo. O primeiro é equivalente ao da "seleção

---

3. Hodgson. *Economia e instituições*.
4. Nelson; Winter. *An evolutionary theory of economic change*.
5. Possas. Economia evolucionária neo-schumpeteriana: elementos para uma integração micro-macrodinâmica, p. 287.
6. Possas. Economia evolucionária neo-schumpeteriana: elementos para uma integração micro-macrodinâmica, p. 287.

natural", consiste na competição aberta entre organismos econômicos. Mas há ainda a dimensão mutacional. No caso do desenvolvimento tecnológico, por exemplo, as demandas de mercado condicionam tanto *ex ante* quanto *ex post* o processo de inovação. Ainda assim, a inovação tecnológica possui uma dinâmica própria, restrita a um leque de possibilidades baseado em experiências e conhecimentos acumulados, de tal modo que a demanda de mercado, sozinha, não teria o poder de determinar sua evolução. A lógica de evolução via aprendizado adaptativo é, portanto, menos competitiva que paradigmática.

2. ÚLTIMO HOMEM

Mais adiante voltaremos a discutir o papel da tecnologia na ideologia evolucionária. Por ora, basta assinalar que essa é a base epistemológica que levará Fukuyama a afirmar anos depois que, com a queda da URSS, chegamos ao fim da história: as mutações tecnológicas teriam superado de modo definitivo as transformações históricas. Desse ponto em diante, o Estado deveria se tornar mero promotor de ecossistemas de inovação e gestor de competição de mercado. Assim, o evolucionismo biológico substitui a teleologia histórica, e o progresso passa a ser concebido a partir da analogia entre mutação orgânica e inovação tecnológica.

A teoria da seleção natural é incompatível com a teoria humanista da história. Lembremos que a teoria do fim da história, de Francis Fukuyama, é também uma teoria evolucionária sobre *o último homem*. Essa segunda tese foi pouco discutida, mas é tão importante quanto para entender os vieses da ideologia neoliberal.

Fukuyama parte de uma dura crítica da pretensão comunista de fazer uma "engenharia social em larga escala"[7] dedicada a travar ou romper com os "processos naturais e orgânicos da evolução social".[8] Em sua visão, o problema do comunismo estaria em confundir *desigualdades convencionais* e *desigualdades naturais*. Apenas as primeiras teriam solução, enquanto as segundas seriam de alguma maneira "necessárias e inerradicáveis".[9]

---

7. Fukuyama. *End of History and the Last Man*, e-book. Tradução nossa do inglês.
8. Fukuyama. *End of History and the Last Man*, e-book. Tradução nossa do inglês.
9. Fukuyama. *End of History and the Last Man*, e-book. Tradução nossa do inglês.

As desigualdades convencionais teriam como origem convenções sociais; entre elas, estão as barreiras legais (por exemplo, a "divisão da sociedade em estados fechados, apartheid, leis Jim Crow, requisitos para votação etc.")[10] e barreiras culturais (por exemplo, grupos étnicos e religiosos). As desigualdades convencionais seriam difíceis de serem superadas; mas, de acordo com Fukuyama, o capitalismo liberal já teria dado mostras de que é, entre os sistemas econômicos, o que mais favoreceria a progressiva eliminação dos entraves à liberdade e autodeterminação.

Entre as desigualdades naturais, ligadas à biologia e ao meio ambiente, estariam a "distribuição desigual de habilidades naturais ou atributos entre a população".[11] Fukuyama afirma que nem todo mundo pode ser um "pianista de concerto ou um jogador de basquete"[12] e que "garotos e garotas bonitas têm mais chance de atraírem parceiros para o casamento".[13] Do mesmo modo, haveria outras formas não menos naturais de desigualdade na economia: "a produtividade de uma economia moderna não pode ser alcançada sem a divisão racional do trabalho, e sem criar vencedores e perdedores enquanto o capital passa de uma indústria, região ou país a outro".[14] Em resumo, Fukuyama unifica todas as formas de competição – esportiva, sexual, técnica, econômica – numa só rubrica de desigualdade natural.

Para o autor, tanto os sistemas liberais quanto os comunistas combateriam as formas convencionais de desigualdade (liberalismo não deveria ser confundido com a atribuição de uma igualdade universal artificial que ratificaria as convenções desiguais). A principal diferença entre eles seria em relação à abordagem das desigualdades naturais. O comunista se engajaria numa luta vã contra a natureza em nome de uma igualdade antinatural; já os liberais buscariam compreender de que modo as desigualdades naturais poderiam ser exploradas a fim de tornar mais eficientes os modelos de produção. Desse modo, somente os liberais seriam os verdadeiros herdeiros da tradição moderna de crítica social:

> As ciências sociais deste século nos disseram que o homem é um produto de seu condicionamento social e ambiental e que o comportamento humano, como o animal, opera de acordo com certas leis determinísticas. Estudos do

---

10. Fukuyama. *End of History and the Last Man*, e-book. Tradução nossa do inglês.
11. Fukuyama. *End of History and the Last Man*, e-book. Tradução nossa do inglês.
12. Fukuyama. *End of History and the Last Man*, e-book. Tradução nossa do inglês.
13. Fukuyama. *End of History and the Last Man*, e-book. Tradução nossa do inglês.
14. Fukuyama. *End of History and the Last Man*, e-book. Tradução nossa do inglês.

comportamento animal indicam que eles também podem se envolver em batalhas de prestígio e, quem sabe, podem sentir orgulho ou desejo de reconhecimento. O homem moderno agora vê que existe um continuum da "lama viva", como Nietzsche colocou, até o próprio ser humano; ele era diferente quantitativamente, mas não qualitativamente, da vida animal da qual ele veio. O homem autônomo, racionalmente capaz de seguir as leis que criou para si mesmo, foi reduzido a um mito de autocongratulação.[15]

É nesse sentido que Fukuyama sugere atribuir ao liberal capitalista a alcunha de o *último homem*. Pois somente ele seria capaz de abordar, do ponto de vista da eficiência, sua eterna condição não histórica de animal. O fim da história, portanto, não consiste apenas na estabilidade de um regime de hegemonia unipolar liderada pelos EUA. Trata-se, antes, da substituição da história pela biologia e pela tecnologia. Não significa que, para Fukuyama, os eventos históricos cessariam de ocorrer, mas que o sistema econômico passaria a funcionar em função de uma relação estática de eficientização do homem a partir de sua condição de "lama viva".

Fukuyama, portanto, segue, em linhas gerais, a divisão de Schumpeter entre transformações históricas e mutações orgânicas; e seu trabalho teria sido simplesmente transpor para o campo da história, para fins ideológicos, a afirmação de que, no capitalismo, as transformações históricas são subordinadas às mutações dos "organismos" de mercado.

No entanto, é justamente por operar no campo da história e da filosofia que Fukuyama não pôde dar a mesma ênfase à inovação enquanto evidência de uma força de seleção indisputável. Os teóricos da inovação podiam tentar nos convencer de que certas mercadorias inovadoras equivalem aos mecanismos de sobrevivência dos animais, como guelras e asas. Mas Fukuyama tem a missão de levar o neodarwinismo econômico para "áreas mais prosaicas"[16] a fim de convencer, do atendente do McDonald's ao corretor de seguros, que a competição de mercado é a melhor forma de solucionar a desigualdade socioeconômica. Daí as comparações esdrúxulas entre fenótipos orgânicos (pianistas, jogadores, garotos bonitos), a divisão do trabalho e a globalização.

---

15. Fukuyama. *End of History and the Last Man*, e-book. Tradução nossa do inglês.
16. "Mas as economias modernas devem inovar de maneira geral, não apenas nos campos de alta tecnologia, mas em áreas mais prosaicas, como a comercialização de hambúrgueres e a criação de novos tipos de seguros". In: Fukuyama. *End of History and the Last Man*, e-book. Tradução nossa do inglês.

Fukuyama não ignora a discriminação social; de fato, há longas passagens em que ele denuncia o racismo e outras formas de desigualdade "por convenção". A sofisticação do seu aparato ideológico consiste, na verdade, em impor uma *alternativa infernal entre história e natureza*. Segundo ele, seria inútil buscar suplantar a natureza pela cultura; seria preciso tornar o animal que somos mais eficiente. Assim, se todos desejam comer, e comer bem, seria inútil tentar resolver o problema da fome como os comunistas; por meio de subsídios de renda, por exemplo. Ações históricas como esta até poderiam resolver o problema em curto prazo, mas em longo prazo somente causariam inflação e perda de eficiência. Para Fukuyama, seria preciso batalhar para que inovações no front tecnológico e/ou da produção reconfigurem o mercado de alimentos; e enquanto a inovação não ocorrer, melhor seria garantir que a solução ocorra através da competição de mercado. Pois qualquer tentativa de saída histórica para um problema natural seria ineficiente para o conjunto da sociedade e da economia. Em outras palavras, enquanto a Monsanto ou a farinata de João Doria[17] não puderem solucionar de modo inovador o problema da fome, os pais de família famintos devem se esforçar para "empreender", se quiserem um pouco de comer.

Hoje, é ponto pacífico a crítica à tese do fim da história – tornada obsoleta em face da crise do regime unipolar pós-Guerra Fria, com a explosão de guerras locais e o surgimento de novos atores políticos globais entre os países emergentes, como os BRICs. Tivesse Fukuyama sido menos ambicioso e dito que, em vez do "fim da história", o futuro revolveria eternamente em dois fronts de guerra – as guerras episódicas da cultura *versus* as guerras permanentes da inovação –, teríamos tido mais dificuldades em descartá-lo. Na realidade, o próprio Fukuyama se vê hoje bastante confortável em admitir o fracasso de sua tese sobre o fim da história, enquanto se dedica de corpo e alma a analisar o pós-humano e o impacto da engenharia genética. Assim sendo, não basta fazer uma crítica da ideologia da ordem liberal (teoria do fim da história); é preciso criticar também aquilo em que se baseia suas pretensões naturalizantes (teoria do último homem).

---

17. Becker; Dal Piva; Aguiar. A Farinata, o alimento e os erros de combate à fome em São Paulo. *Revista Piauí*, 24 out. 2017.

3. O SELETOR NATURAL

Na teoria da seleção natural em economia, o empreendedor inovador é quem define o destino da civilização, uma vez que ele detém os meios e recursos para promover a mutação dos "organismos" econômicos. A ele respondem os feitores de risco, cuja função primordial é preservar a liberdade de ação do empreendedor a um mínimo custo social e econômico. Com efeito, os processos de "adaptação" ao meio – o suporte legislativo, jurídico, administrativo, técnico, operacional – são em geral mobilizados pela classe média; uma vez que a atuação dos empreendedores tende a se limitar à parte de financiamento, tomada de decisão e ao monopólio do acúmulo de capital.

Assim sendo, significa que o empreendedor opera tanto *dentro* quanto *acima* do mercado. Como todos nós, ele é vulnerável às mutações tecnológicas e transformações socioeconômicas; mas crê distinguir-se dos demais por seu raro faro para oportunidades, afinal "às feras, o olfato basta".[18] Por outro lado, justamente por monopolizar o capital e a tecnologia, ele pode colocar-se acima do mercado. Do alto do farol de Fausto ou do castelo das nuvens de Solness, o homem empreendedor capitalista observa triunfante a ação do fluxo de capital. Não foi à toa que Ibsen optou por descrevê-lo através das metáforas do viking e do feiticeiro. De acordo com a ideologia neoliberal, o empreendedor é alguém dotado de espírito animal e, ao mesmo tempo, um *deus ex machina*; o empreendedor *é a paradoxal figura metade animal, metade divina do seletor natural*.

"Existem forças ao seu redor quando você administra uma empresa... prontas para jogá-lo para fora", disse Travis Kalanick, fundador do Uber. "Os [CEOs] que sobrevivem são os que deveriam estar lá desde o início".[19] Um de seus funcionários reconhece: "ele é uma espécie de animal".[20] Toda vez que a Uber aportava em uma nova metrópole para conquistá-la, Kalanick – famoso por sua cultura de gestão parte *O lobo de Wall Street*, parte *Animal House*[21] – promovia festas de arrombo para os habitués da elite tecnocrática

---

18. Marinetti. Fundação e manifesto do Futurismo, p. 289.
19. Isaac. *Super Pumped: The Battle for Uber*, e-book. Tradução nossa do inglês.
20. Isaac. *Super Pumped: The Battle for Uber*, e-book. Tradução nossa do inglês.
21. Filme de 1978 que faz uma ode ao hedonismo e à misoginia machista. "Sobre a cultura da empresa, algumas fontes disseram que parecia uma descrição de 'Animal House'". In: Chang. Uber CEO Talks About What's Chang For The Company in the Last Year. *NPR News*, 30 ago. 2018. Tradução nossa do inglês.

local. Numa delas, ele decidiu dar aos convidados um gostinho do que é estar no topo da cadeia de seleção natural: deu-lhes acesso ao "Heaven", um aplicativo interno de gestão da Uber que proporcionava, de acordo com a nomenclatura de seus criadores, a "Visão de Deus" – o acesso à "lista telefônica, à câmera, a registros de conversas por mensagens de texto, a conexões Wi-Fi",[22] que permitia aos usuários do "Heaven" observar em tempo real o que faziam usuários e motoristas da Uber em todo o mundo.

A controvérsia divina, hoje, parece ter ficado no passado, junto com o fim da Era Kalanick. Ainda assim, a mentira tornada "vida" continua a incomodar – o momento em que o substantivo se torna verbo, em que Uber se torna "uberização" do mundo; fenômeno que culmina com o cenário em que, "todos trabalhando sob demanda, sem rede de segurança, constantemente classificados para cima ou para baixo, *o mercado de trabalho começa a parecer exaustivamente darwiniano*".[23]

O seletor natural empreendedor, portanto, é aquele que observa, do *ponto de vista da Natureza*, aquilo que nós, trabalhadores, só podemos observar do *ponto de vista da humanidade*. Na verdade, ele pode disputar mais livre e irascivelmente pela sobrevivência no mercado justamente porque conta com o acesso ao ponto de vista impassível da natureza.

"A HUMANIDADE É SUPERESTIMADA! Está na hora de colocar A SELEÇÃO NATURAL E A SOBREVIVÊNCIA DO MAIS APTO de volta nos trilhos!".[24] Eis o mote do *Manifesto do Seletor Natural*, publicado pelo jovem Pekka-Eric Auvinen[25] horas antes de executar o massacre da Escola Secundária de Jokela, em 2007, que resultou em 9 mortos, entre eles o próprio atirador, por suicídio. "Eu, como seletor natural, eliminarei todos os que considero impróprios, desonras da raça humana e falhas na seleção natural".[26] O manifesto de Auvinen é coerente com a ideologia neoliberal do mais fortes *versus* mais fracos, que justifica a destruição de mecanismos "socialistas" de proteção social. Como o corretor de Wall Street e o engenheiro

---

22. Isaac. *Super Pumped: The Battle for Uber*, e-book. Tradução nossa do inglês.
23. Foroohar. "Travis Kalanick – Person of the Year number 6". *Time Magazine*, 2015. Tradução nossa do inglês; grifo nosso.
24. Auvinen. Natural Selector's Manifesto. *Blog Odd Culture*, 2007. Tradução nossa do inglês.
25. Pekka-Eric Auvinen (1989-2007) foi o autor do Massacre da Escola Secundária de Jokela. Ele descreveu a si próprio como "um humanista anti-humano, um darwinista social antissocial, um idealista realista e um ateu divino" em sua página de usuário do YouTube. Fonte: Wikipedia [Massacre da Escola Secundária de Jokela].
26. Auvinen. Natural Selector's Manifesto. *Blog Odd Culture*, 2007. Tradução nossa do inglês.

do Vale do Silício, o assassino em massa também é filho do culto do indivíduo forte, do vitorioso solitário, do inovador audaz. Mas faltam-lhe meios e recursos para se apropriar do fundamento criativo da destruição.

Em *Heroes: Mass Murder and Suicide*, o filósofo Franco Berardi afirma que os assassinatos em massa que explodiram em todo o Primeiro Mundo são causados por contradições da sociedade neoliberal. Esta se baseia numa adesão irrestrita à subjetividade capitalística, isto é, à disposição permanente de calcular todos os fatos da vida sob a lógica de uma competição desenfreada. A cultura tóxica de triunfo a qualquer custo, na prática, serve para dissimular o processo de transferência dos riscos às classes operária e média – fato que torna o mercado exaustivamente "darwiniano". Mas nem todos têm estrutura psicológica e financeira para tolerar a rotina de fracassos imposta pela sociedade neoliberal. A contradição entre o cálculo do triunfo e a rotina de fracasso acaba criando o desejo de "ser herói só por um dia", como na música de Bowie. Diariamente humilhados, alguns jovens passam a buscar escape para as pressões cotidianas da sociedade neoliberal na fantasia do assassinato em massa. Mais importante, eles a concebem como uma inovação apta a transformar o destino da humanidade – para eles, trata-se efetivamente de uma mercadoria, como um novo aplicativo ou filme de Hollywood; o assassinato em massa tem de ser projetado, financiado, lançado, publicizado e vendido, conforme as regras de mercado.

Nesse ponto, chama atenção o fato de que tais jovens direcionem sua "vontade de inovar" contra a classe média, em vez da elite proprietária. Como já dissemos, os processos de adaptação ao meio – com toda a dose de violência necessária e implícita à sensação de que a seleção em economia ocorreria "naturalmente" – são liderados por membros da classe média. Cabe a ela garantir que um garoto considere perfeitamente naturais as exigências de triunfo e as rotinas de fracasso, fluxo garantido por baterias de exames escolares, consumo de neurofármacos, aprendizado de novas tecnologias etc.

O assassino em massa que se coloca no papel de seletor natural ambiciona, no fundo, passar do ponto de vista do trabalhador ao do empreendedor, isto é, passar do precário ponto de vista humano da história ao "*ponto de vista da Natureza*, de um fluxo de tempo desprovido de emoção. Este é o ponto de vista do Deus do Velho Testamento, do Deus que criou o homem sem sentir seu sofrimento".[27] A ambição do jovem assassino também é poder destruir criativamente o mundo; mas sem acesso ao capital e à tecnologia, ele só pode dispor das ferramentas demoníacas mais elementares de destruição (assassinato) e de criação (espetáculo). Não obstante, Karlheinz Stockhausen afirmou que o Ataque às Torres Gêmeas foi a "maior obra de arte de lúcifer".

Desse modo, a expressão "a humanidade é superestimada" epitomiza a crise do humanismo em tempos neoliberais. Mas a grande invenção do Novo Testamento em relação ao Antigo, como explica Berardi, foi justamente a mudança de perspectiva: Deus torna-se homem e vem para a Terra para sentir e sofrer as mesmas paixões e dores a que seres humanos estão acostumados. Essa inversão permitiu o surgimento do Humanismo no contexto do Cristianismo: ambos "concebem a história não mais como parte de uma esfera temporal da verdade eterna, da Natureza impassível, mas localizada no interior da esfera do relativismo humano".[28] Com a revolução científica de Galileu, essa cisão é aprofundada – as leis imutáveis da física são definitivamente separadas do espaço histórico; e toda a civilização moderna passa a ser fundamentada na *indeterminação humanista*, em que o mundo social deixa de se adequar às leis do universo para ser regido segundo as "leis da compaixão: compreensão mútua, solidariedade. O estabelecimento do direito político só é possível com a compreensão dos interesses e paixões humanas".[29] Pico della Mirandola dizia que não apenas Deus criara o Homem como ser diferente do resto do universo como também, ao contrário das leis precisas que estipulou para a natureza, determinou que não há regras inerentes vinculadas ao Homem.

O socialismo poderia ser considerado como uma radicalização do humanismo, ou do princípio de indeterminação humanista e das leis da compaixão. Inversamente, com o neoliberalismo, as distinções entre vida social e natureza voltam a ser outra vez suprimidas. A sobrevivência do mais adaptado passa a se impor como única regra de evolução histórica (acima até mesmo das guerras, revoluções e desastres naturais, como vimos); e as proteções sociais tornam-se meras distorções na marcha inexorável da seleção natural. Notadamente, o economista Friedrich Hayek afirmou que a mão invisível de Adam Smith regula o mercado quase como uma força natural...

---

27. Berardi. *Heroes: Mass Murderer and Suicide*, e-book. Tradução nossa do inglês.
28. Berardi. *Heroes: Mass Murderer and Suicide*, e-book. Tradução nossa do inglês.
29. Berardi. *Heroes: Mass Murderer and Suicide*, e-book. Tradução nossa do inglês.

> Falaram que eu estou zombando dos mortos e só penso na parte econômica, não é nada disso, muito pelo contrário. Eu falo muito de estatística. Se nós olharmos para o número de casos do mundo, são 300 mil casos de corona vírus no planeta inteiro, são 15 mil mortos. Ninguém gosta de lidar com pessoas morrendo, é muito triste, não tenho dúvidas disso, mas 15 mil mortos para 7 bilhões de habitantes é um número muito pequeno.[30]

Essa frase não foi proferida por um assassino em massa, mas por um empreendedor. "As minorias têm que se curvar para as maiorias",[31] resume o presidente Jair Bolsonaro, cuja gestão comemora, no momento em que escrevo, quase 700.000 mortos por coronavírus. Eis a necropolítica exposta como fundamento de mercado.

Em um certo sentido, o surgimento do coronavírus forçou uma transdescendência do seletor natural. Quando o ministro da Economia Paulo Guedes gagueja diante do coronavírus, e se vê forçado a tratar da economia não mais como *o meio*, e sim como *um* organismo – e um organismo frágil, que, como os velhos e as crianças, precisaria dos cuidados dos homens –, ele acaba confessando que, por ora, a classe que se julgou acima da natureza transdescendeu em virtude de uma

> (...) vertiginosa sensação de incompatibilidade – senão de incompossibilidade – entre o humano e o mundo (...) a violenta reentrada da noosfera ocidental na atmosfera terrestre, em um verdadeiro e inaudito processo de "transdescendência". Acreditávamo-nos destinados ao vasto oceano sideral, e eis-nos de volta rejeitados ao porto de onde partimos (...).[32]

O coronavírus perturba a analogia entre natureza e economia. O fluxo de capital, que costumava se apresentar como força natural, pela primeira vez em décadas é refreado em escala global, em função de uma necessidade

---

30. Frase atribuída a Roberto Justus, publicitário e apresentador da versão brasileira do programa de Donald Trump, "O Aprendiz". Ver: Redação BHAZ. "Roberto Justus diz que '15 mil mortos é número muito pequeno' e acaba 'demitido': 'Devia ficar calado'". *Portal BHAZ*, 24 mar. 2020.
31. Frase atribuída a Jair Bolsonaro. Ver: AFP. "Frases de Bolsonaro, o candidato que despreza as minorias". *Isto É*, 24 set. 2018.
No exato momento em que escrevo, dois jovens assassinaram a tiros e machado 10 pessoas em uma escola secundarista em Suzano, São Paulo. Um dos assassinos era apoiador de Bolsonaro, notável promotor de políticas neoliberais e de armamento da população. Ver: Portal G1. "Vídeo mostra assassino atirando em funcionários e alunos de escola em Suzano". *G1 Mogi das Cruzes e Suzano*, 13 mar. 2019.
32. Danowski; Viveiros de Castro. *Há mundo por vir? Ensaios sobre os medos e os fins*, p. 14.

humana. Então descobrimos que o capitalismo, ao contrário da natureza, pode perfeitamente "parar" em virtude da intervenção de um elemento não econômico por excelência. Em todo caso, há dúvidas se a transdescendência forçada do seletor natural de fato ajudará a minar seu poder necropolítico, ou se servirá apenas para que, como aposta David Harvey, as velhas retóricas de mobilização do "organismo único" fascistas retornem à pauta.[33] Cabe a nós resistirmos.

4. SELEÇÃO NATURAL E CLASSE MÉDIA

A função da classe média – da alta à média, dos CEOs e corretores de investimento a publicitários – é prestar suporte à elite proprietária. Logo, sua função é tornar o processo de seleção natural o mais natural possível. Cabe a ela fabricar as garantias de que nos adaptaremos às mudanças de meio provocadas pelo fluxo de capital. Essas garantias envolvem a desresponsabilização da elite proprietária, além da mobilização da sociedade ao paradigma do progresso até a ocorrência de catástrofe. O exemplo mais paradigmático da participação da classe média na seleção natural neoliberal é a Crise de 2008.

A origem da crise de 2008 remonta a uma crise do mercado financeiro. A entrada no mercado de investidores oriundos de economias em ascensão, como a China, Índia e Brasil, provocou uma crise de liquidez ao longo dos anos 1980 e 1990. Para contornar esse problema, os investidores de Wall Street saíram do tradicional mercado de ações e foram até o mercado imobiliário atrás de taxas atraentes de retorno – um mercado até então considerado seguro, uma vez que o preço dos imóveis nos EUA subia sem parar desde 1945. Isso provocou uma verdadeira "chuva de ouro" no setor, o que fez disparar o valor dos imóveis. Mas o que, à primeira vista, pareceria um pesadelo de gentrificação e especulação imobiliária, aos poucos tomou um rumo inesperado.

Corretores imobiliários e financeiros (em sua maioria, membros da alta classe média) começaram a perceber – e devemos ouvir aqui um eco da pergunta *como perceber a catástrofe?* – que, uma vez que o mercado se encontrava hiperaquecido, o aumento vertiginoso de preços

---

33. Harvey. "A política anticapitalista na época da COVID-19". *Instituto Humanitas Unisinos*, 26 mar. 2020.

virtualmente eliminava o risco de comercialização dos imóveis. Nesse sentido, podiam-se vender imóveis caros a pessoas de baixa renda pois, em caso de devolução por inadimplência, haveria ampla margem de ganhos resultante da inflação.

Para famílias pobres, em geral pretas e latinas, parecia que um pequeno milagre havia acontecido: de repente o mercado imobiliário abrira as portas para elas. Por um breve período, era como se a mão invisível do mercado tivesse se tornado, por tortas vias, um generoso promotor de Estado de bem-estar social. Mas elas jamais iriam de fato ter a posse desses bens. Na verdade, elas eram apenas o mínimo lastro com a realidade necessário para ativar um gigantesco e engenhoso esquema financeiro rentista.

Para alimentar esse esquema, passou-se a negociar com qualquer um a aquisição dos créditos de risco *subprime* – apelidados em alguns casos de créditos "ninja" (acrônimo em inglês que significa "sem renda, sem trabalho e sem ativos"), com taxas de juros altíssimas de empréstimo. A referência aos ninjas é precisa, se considerarmos o potencial letal que se esconde por detrás das névoas. Como toda a estratégia não passava de um espontâneo e gigantesco esquema Ponzi,[34] era preciso tornar os créditos *subprime* mais atraentes para a outra ponta da operação, isto é, o alto mercado financeiro. Sobretudo os pequenos investidores, como os de fundos de pensão, foram atraídos para investir numa roda de fortuna tida por especialistas como "segura". Pois havia entrado em jogo uma inovação: os famosos CDOs ou "Obrigações de Dívidas Colateralizadas", que são grandes lotes de hipotecas *subprime* combinadas a uma pequena proporção, em geral de 5%, de hipotecas de baixo risco, que foram incluídas com a finalidade de aumentar a pontuação junto às seguradoras de risco; lotes estes que eram segurados, em sua maioria, por Credit Default Swaps que em tese garantiriam o pagamento em caso de calote das instituições.

Podemos deixar de lado as tecnicidades para prestar atenção ao paradoxo em jogo aqui, que lembra justamente a confusão conceitual da tese

---

34. "Quem gostaria de ouvir os economistas sombrios alertando que tudo era, de fato, um esquema Ponzi gigante?". In: Krugman. "Lest We Forget". *New York Times*, 27 nov. 2008. Tradução nossa do inglês. Um *esquema Ponzi* é uma operação fraudulenta sofisticada de investimento do tipo esquema em pirâmide, que envolve a promessa de pagamento de rendimentos anormalmente altos ("lucros") aos investidores à custa do dinheiro pago pelos investidores que chegarem posteriormente, em vez da receita gerada por qualquer negócio real. O nome do esquema refere-se ao criminoso financeiro ítalo-americano Charles Ponzi. [Verbete "Esquema Ponzi", Wikipedia.]

do último homem de Fukuyama. O mercado financeiro havia conseguido uma maneira de explorar a desigualdade social para gerar, na outra ponta, investimentos sem risco para grandes investidores. Ou seja, o risco de catástrofe do mundo real foi manobrado para diminuir os riscos virtuais do fluxo de capital. Assim, iniciou-se uma verdadeira corrida a Serra Pelada, com corretores imobiliários e financeiros indo até os subúrbios barras-pesadas em busca de pessoas dispostas a adquirir imóveis que jamais chegariam a usufruir propriamente, mas cuja mera assinatura era necessária para iniciar uma longa cadeia de operações financeiras lucrativas. Assim sendo, a ideologia neoliberal – competição de mais fortes *versus* mais fracos, arbitrada pela inovação tecnológica – alcança sua máxima operatividade na zona cinza, em que o limiar entre legal e imoral, propriedade privada e ativo financeiro, real e virtual, atinge o ponto máximo de tensão. E a classe média aderiu em peso à brincadeira da elite proprietária; o dinamismo desse esquema Ponzi dependeu diretamente da ação de milhares de pequenos corretores financeiros e do "espírito animal" de CEOs interessados nos gordos bônus distribuídos anualmente pelos bancos. Todos sabendo que uma hora a corda esticada entre o mundo financeiro e o real se partiria.

"Depois de mim, o dilúvio". A certa altura, começou a ficar claro para a maioria dos *players* que eles deveriam se apressar se quisessem fazer com que a tempestade recaísse sobre a cabeça do próximo – para azar dos pequenos corretores imobiliários e de pequenos investidores, como as centenas de fundos de pensão que foram à falência em decorrência das "mutações tecnológicas" que transformaram papéis podres em atraentes. Estas são outras vítimas da mais obscura profecia neoliberal, que assinala que todos os riscos do fluxo de capital devem ser transferidos para as classes trabalhadoras.

Conta a fábula que o CDO foi criado durante as tardes paradisíacas de Boca Raton, onde se reunia um pequeno grupo de jovens financistas recém-formados – a nata da classe média – que mais tarde ficaria conhecido como "The Morgan Mafia". Será que ali – naquela faixa da Costa de Ouro da Flórida, entremeio às estátuas romanescas e longas palmeiras importadas daquele hotel rosa-choque de estilo mediterrâneo, com uma vista que se estende para além das desertas faixas de praia privadas obscurecidas pelo apinhado estacionamento de iates, onde a mente pode divagar extenuada pela sequência de orgias regadas a prostitutas, cocaína e novidades da indústria farmacêutica –, nessa parte da costa onde a alta classe média pode fantasiar pertencer à elite proprietária, essa meia dúzia de garotos vindos de Tóquio, Londres e Nova York, quando se depararam com a "máquina dos sonhos"[35] que tinham acabado de inventar, teria experimentado algo do sublime da destruição criativa? Será que alguém – um funcionário do hotel, talvez – teria os olhado "imóvel, com uma expressão de desvario e triunfo"?

5. CRÍTICA DA INOVAÇÃO

"Nós só queremos um limite, o limite de nossa própria habilidade", escreveu o então jovem cientista Fritz Haber, autor da descoberta da síntese do amoníaco em 1908. Sua descoberta provocou uma verdadeira mutação no front tecnológico, e pode ser considerada "de importância mais fundamental para o mundo moderno do que o avião, a energia nuclear, o voo espacial ou a televisão".[36] Graças ao amoníaco, foi possível alimentar milhões com o aumento de produção agrícola gerado pelos novos fertilizantes e pesticidas; mas também matar milhões, seja com a contaminação por agrotóxicos, seja com as novas bombas de gases químicos letais como o Zyklon A. Diante de tudo isso, Haber defendia a autonomia da ciência e o direito à livre iniciativa, os dois marcos que regulam a inovação nas sociedades capitalistas.

Haber é um dos raros casos em que se combinam na mesma pessoa o prodigioso cientista, o ambicioso empreendedor e o inclemente estrategista militar. Quando Haber fora enfim premiado com o Nobel de Química de 1918, diplomatas britânicos, franceses e americanos se recusaram a comparecer ao evento – porque seus exércitos tinham sido massacrados pelas novas bombas químicas desenvolvidas por Haber quando esteve à frente do departamento de guerra química do Ministério de Defesa alemão. A infame Batalha de Ypres – em que morreram mais de 5.000 soldados da entente, sob efeito de uma nova forma de ataque até então completamente desconhecida – é uma metáfora adequada para o legado da livre iniciativa e o direito à imprudência. Pois ainda hoje, para muitos de nós, as inovações tecnológicas parecem "cair dos céus" – a inovação soa sempre como uma

---

35. Ver: Tett. "The dream machine: invention of credit derivatives". *The Financial Times*, 24 mar. 2006.
36. Mickie. "From fertiliser to Zyklon B: 100 years of the scientific discovery that brought life and death". *The Guardian*, 3 nov. 2013. Tradução nossa do inglês.

ocorrência acidental, imprevisível; tão inelutável quanto uma catástrofe natural, tão benéfica quanto uma descoberta científica.

A teoria da seleção natural em economia parte de uma analogia simplista entre descoberta de mercado, descoberta científica e mutação orgânica. A finalidade é despolitizar a ocorrência de inovação. Em que sentido?

De acordo com Schumpeter, a inovação ocorre em três níveis: incremental, radical e disruptivo.[37] As inovações incrementais visam introduzir melhorias em produtos, serviços, processos, metodologias já existentes. A inovação radical introduz um bem ou qualidade nova, diferente das já existentes; promove uma abertura de mercado; conquista novas fontes de matéria-prima e/ou bens semimanufaturados. Por fim, a inovação disruptiva produz mudanças paradigmáticas de mercado, tanto no âmbito da mercadoria quanto da forma de organização (como novas posições de monopólio). Entre as incrementais estão, por exemplo, os avanços na resolução de telas de smartphone; já um exemplo de inovação radical é a criação do iPhone; e, por fim, a criação do primeiro smartphone seria uma inovação disruptiva. Schumpeter distingue ainda inovação de invenção; esta pertenceria ao campo da ciência e tecnologia, enquanto a inovação está necessariamente ligada ao mercado.[38]

A analogia biológica visa despolitizar as inovações de tipo incremental e radical. Assim como os animais em face das adversidades precisariam melhorar suas estratégias de sobrevivência, e a natureza, por sua vez, atuaria para selecionar as mutações orgânicas mais bem adaptadas a essas adversidades, a competição de mercado estimularia e selecionaria "naturalmente" as inovações mais adaptadas. Já a analogia com a descoberta científica visa despolitizar a inovação disruptiva. A ideia é convencer o cidadão de que a inovação no front tecnológico e organizacional é, em primeiro lugar, um ato de genialidade; em segundo lugar, uma ocorrência imprevisível; e por fim, que seu poder de transformação é incontrolável, inelutável. A nós, se não pudermos explorar as oportunidades abertas por uma inovação disruptiva, só restaria nos adaptar às mudanças que ela impõe. A estratégia é conferir ao direito à livre iniciativa as mesmas prerrogativas da autonomia científica, com a finalidade de desqualificar qualquer tentativa de politizar o processo de inovação. Desse modo, fazendo recurso ora à natureza, ora

---

37. Ver: Christensen. *The innovator's dilemma*.
38. Ver: Schumpeter. *Teoria do desenvolvimento econômico: uma investigação sobre lucros, capital, crédito, juro e o ciclo econômico*.

à ciência, a ideologia neoliberal tem conseguido com sucesso apresentar a inovação como uma ocorrência supra-histórica, apolítica – portanto inevitável, inelutável.

Mas o que devemos de fato deduzir dessa diferença entre invenção, que ocorre no front científico e tecnológico, e inovação, que é a criação atrelada ao mercado? O que acontece no exato instante em que uma práxis vital, ou um enunciado científico, passa a ser atrelado ao mercado?

Consideremos a grande inovação que deu origem ao Google, o algoritmo PageRank.[39] Quando Larry Page e Sergey Brin patentearam essa discreta inovação matemática pela Universidade de Stanford, em 1998, eles já tinham como objetivo inovar o mecanismo de busca na internet. Na época, a busca era feita por um método de indexação simples, que não hierarquizava de modo satisfatório o problema crescente de spams e links de baixa relevância. Sem saber como resolver no âmbito algorítmico, os buscadores de internet passaram a inovar de modo incremental, incorporando aos seus sites uma lógica de portal de notícias, em que havia curadorias por temas e palavras-chave. Uma infraestrutura de publicidade baseada na venda de espaços associados a tópicos, semelhante à dos jornais e classificados, sustentava a gratuidade da operação.

O PageRank inovou ao propor a indexação de valores semânticos. Além de mais veloz e profundo – indexava mais páginas, em tempo mais curto –, o algoritmo do Google inovava ao propor o ranqueamento semântico da estrutura de links da web: cada "citação" de uma página encontrada ao longo de toda a rede passava a ser encarada pelo sistema como uma espécie de "voto" na relevância dessa página.

> Toda vez que uma pessoa com um site da Web se conecta a outro site, ela está expressando um julgamento. (...) enquanto cada link na Web contém um pouco de inteligência humana, todos os links combinados contêm uma grande quantidade de inteligência – muito mais, de fato, que qualquer mente individual poderia possuir. O mecanismo de busca do Google explora essa

---

39. PageRank™ é um algoritmo utilizado pela ferramenta de busca Google para posicionar websites entre os resultados de suas buscas. O PageRank mede a importância de uma página contabilizando a quantidade e qualidade de links apontando para ela. Não é o único algoritmo utilizado pelo Google para classificar páginas da internet, mas é o primeiro utilizado pela companhia e o mais conhecido. [Verbete "PageRank", Wikipedia].

inteligência, link por link, e a usa para determinar a importância de todas as páginas da Web.[40]

Mas essa não é a melhor maneira de contar o que aconteceu. Devemos, antes, dar um passo atrás e interrogar: por que a invenção PageRank foi pensada como uma inovação para o mercado de buscador de internet? Afinal,

> (...) a matemática do PageRank (...) é inteiramente geral e aplica-se a qualquer gráfico ou rede em qualquer domínio. Assim, o PageRank agora é usado regularmente em bibliometria, análise de redes sociais e de informações e para previsão e recomendação de links. É usado até para análise de sistemas de redes de estradas, bem como biologia, química, neurociência e física.[41]

Significa que Brin e Page poderiam ter optado por inovar em qualquer outra área que demandasse busca por dados, porque o PageRank é igualmente útil para qualquer uma delas. Então, por que a opção por inovar justo no mercado de buscador de internet? E por que essa escolha parece ter sido tão crucial para dar início a uma trajetória disruptiva e monopolista que, hoje, tem o poder de redefinir o próprio conceito de informação em escala mundial?

É justamente esse tipo de questão que a teoria da seleção natural quer dissimular. Ela quer nos convencer de que esse tipo de ocorrência é ou natural, ou fruto de gênio. Quer nos convencer de que é porque havia demanda por melhorias no ramo de buscadores de internet, e porque Brin e Page eram garotos-prodígio, que o Google surgiu para revolucionar o mundo. Não é bem assim que ocorre. Como dizia Robert Musil, a história das ideias – que, ao contrário da história do mundo, não se orienta pela realidade, mas pelo senso de possibilidade – é um céu cheio de pontas soltas, e, nesse caso,

> (...) provavelmente nem é preciso tanto quanto se imagina para transformar o homem gótico ou o grego antigo no moderno homem civilizado. Pois o ser humano é tão capaz de canibalismo quanto de crítica da razão pura; pode realizar as duas coisas com as mesmas convicções e qualidades, quando a situação exige, e diferenças exteriores muito grandes correspondem a diferenças interiores muito reduzidas.[42]

---

40. Carr. *The Big Switch: Rewiring the World, from Edison to Google*, p. 118. Tradução nossa do inglês.
41. Gleich. PageRank Beyond the Web, p. 321. Tradução nossa do inglês.
42. Musil. *O homem sem qualidades*, e-book.

Evidentemente, as sociedades imperiais não podem admitir que a história das transformações do mundo que elas provocam, sempre em benefício próprio, seja contada do ponto de vista da contingência; afinal, não convém permitir que nós, dominados, possamos imaginar que, se Page e Brin tivessem sido um pouco menos empreendedores que inventores, e tivessem escolhido aplicar sua discreta inovação matemática no ramo hospitalar, o PIB norte-americano teria sido ultrapassado pelo chinês uma década antes. Tim Berners-Lee que o diga. Em todo caso, para explicar o que está em jogo nessa escolha empreendedora – para apresentar uma porta de entrada para a politização da inovação –, precisamos saber distinguir não só a invenção da inovação, como também o inventor do empreendedor.

O inventor é, necessariamente, um especialista em criar soluções. É o cientista, o engenheiro de produção, o psicólogo, o analista de sistemas etc. Se ele trabalha para a ciência, sua missão é gerar novos paradigmas; se trabalha para o mercado, sua missão será criar novas formas de atender a demandas de mercado. Desse modo, podemos dizer que há invenções de mercado – isto é, em que a criação da solução delega para um terceiro a decisão de como ela será atrelada a uma demanda de mercado.

Já o empreendedor, o que faz? Em primeiro lugar, ele contrata o inventor. São raros os casos em que empreendedor e inventor são a mesma pessoa. Na verdade, a *invenção* disruptiva é, quase em sua totalidade, produzida e financiada pelo Estado, que arca com o altíssimo risco desse tipo de pesquisa (as estimativas de sucesso no front tecnológico não passam de 1%). O que o mercado em geral faz é se apropriar dessas invenções a um custo praticamente zero para produzir inovações de mercado (como é o caso da internet, do GPS etc.).

Assim sendo, a principal função do empreendedor não é nem desenvolver a solução, nem detalhar a necessidade de mercado. Para todas essas etapas, é possível contratar um inventor, um especialista. O essencial da função do empreendedor é a *tomada de decisão*. O economista G.L.S. Shackle escreve que a tomada de decisão é o ato que distingue o empreendedor dos que colaboram na produção, acrescentando que essa tomada de decisão "não são escolhas entre consequências reais, mas entre consequências imaginadas",[43] o que faz do empreendedorismo uma "ação em busca da

---

43. Shackle. *The Nature of Economic Thought*, p. 126. Tradução nossa do inglês.

imaginação".⁴⁴ Assim sendo, se o inventor é aquele que produz o objeto da solução, o empreendedor é aquele que decide sobre *potenciais de mercado*.

Assim como a ciência opera a partir do paradigma da prova, a inovação opera a partir do protótipo. É em torno do protótipo que inventor e empreendedor entrarão em acordo. Do ponto de vista das decisões reais, o protótipo serve para testar funcionalidade, eficácia etc. Já do ponto de vista das decisões imaginadas, a função do protótipo é tornar um potencial de mercado visível, verificável, metrificável. Desde os primeiros momentos da concepção de uma inovação, quando ela não passa ainda de um rabisco no papel, um slogan, uma gambiarra, seu potencial precisa ser verificável pelo empreendedor; pois nenhuma inovação pode existir para o mercado capitalista se não estiver atrelada a um princípio de mensurabilidade.

Mas esse cálculo não precisa assumir, necessariamente, a forma contábil. Aqui, falamos, em última instância, da subjetividade capitalística – a enorme máquina de calcular um tipo de resposta para cada necessidade. Em outras palavras, o que o empreendedor verdadeiramente especula a partir de um protótipo é a chance de *capturar a produção de subjetividade*. Não obstante, escreve Shackle, um investimento é uma atividade essencialmente "poética":

> *Investimento* é o nome dado pelo economista para a mais abrangente e psiquicamente exigente das atividades profissionais características do homem de negócios. A atividade exige que o verdadeiramente preparado e talentoso homem de negócios tenha um notável conjunto de caracteres e qualidades intelectuais, emocionais, morais e, acima de tudo, "poéticos". Do dom psíquico do poeta, o empreendedor deve reter a imaginação. Pois o negócio de investimento é o negócio de dar a um conjunto de recursos agora ao seu alcance um significado baseado inteiramente naquele complexo tecido de pensamento que chamamos de Imaginado, Julgado Possível, os caminhos rivais variantes de evolução dos negócios que a consciência prática lhe permite prever para algum empreendimento, de algum modo coerente, englobando o alinhamento atual dos itens componentes do conjunto.⁴⁵

Hollywood costuma caracterizar a primeira etapa de prototipagem de modo romântico: o empreendedor como visionário destemido, sedutor, eloquente, incompreendido etc.; capaz de ir às ruas com alguns poucos papéis, ou um produto que não funciona, e mesmo assim convencer investidores a

---

44. Shackle. *Imagination and the Nature of Choice*, p. 140. Tradução nossa do inglês.
45. Shackle. *Imagination and the Nature of Choice*, p. 65. Tradução nossa do inglês.

fazer grandes aportes em seu projeto. Não foge muito da realidade. Como sugere o vencedor do Prêmio Nobel de Economia Daniel Kahneman, em seu *Rápido e devagar: duas formas de pensar* – best-seller sobre a teoria de tomada de decisão –, é bem possível que, ao contrário do que se pressupõe, o verdadeiro "motor do capitalismo" não seja o planejamento racional, mas uma superconfiança intuitiva:

> A evidência sugere que um viés otimista desempenha um papel – às vezes, um papel dominante (...) como interpretam errado os riscos, os empresários otimistas muitas vezes acreditam que são prudentes, mesmo quando não o são. Sua confiança no sucesso futuro sustenta um estado de espírito positivo que os ajuda a obter recursos junto a outras pessoas, eleva o moral de seus empregados e acentua suas perspectivas de triunfo. Quando agir é necessário, otimismo, mesmo *da variedade moderadamente delirante*, pode ser algo bom.[46]

Como a calculabilidade de um potencial de mercado nunca é inteiramente racional, a subjetividade capitalística desempenha um papel importante e intuitivo nesse processo – o empreendedor deve estar apto a fazer, através de sua imaginação, "as potências exteriores" do mercado agirem em seu favor.

Para aqueles que buscam se colocar na posição de refratárias ao risco, é fundamental compreender que o empreendedor é irresponsável *inclusive em relação à sua empresa e ao mercado*. Daí a importância de, ao examinar uma tomada de decisão do empreendedor relativa a um protótipo, nos concentrarmos sobretudo na parcela de imaginação que lhe permite ser otimista de modo "quase delirante" em relação aos riscos que ele assume; e essa imaginação, se se trata de um bom empreendedor, consistirá necessariamente no vislumbre da possibilidade de captura de um potencial, em que reside a força que reorientará a produção de subjetividades capitalísticas em seu favor. Já vimos, no capítulo 04, que um incêndio pode ter valor de inovação; agora resta saber como uma inovação, propriamente dita, age para capturar as potencialidades da subjetividade capitalística.

Voltemos ao caso do Google. Como distinguir as decisões reais das imaginadas, ou a invenção da solução? Como identificar o processo de captura de um potencial, que não é o mesmo que a solução de uma demanda de mercado? Partamos daquilo que o Google faz. Ora, a hipótese de que o sucesso do Google se deve exclusivamente ao fato de ele fornecer resultados

---

46. Kahneman. *Rápido e devagar: duas formas de pensar*, p. 320.

de busca melhores é imprecisa. Porque, na verdade, ele introduziu uma diferença inovadora nos critérios.

A *importância* de uma informação não é o mesmo que a *relevância* de uma informação. A importância mede o valor da informação; a relevância mede seu interesse. Para que o leitor compreenda essa diferença, proponho um simples exercício. Vá ao Google e pesquise um termo qualquer pelo qual você não tem interesse algum no momento. Por exemplo, "bíblia testemunha de jeová", "rock", "grama de jardim", "Michel Foucault" etc. Analise os resultados. Em virtude de toda a imensidão de sites da internet, os resultados da primeira página são os mais valiosos *desse ponto de vista desinteressado?* Digamos que você tenha pesquisado Michel Foucault. Há logo na primeira página os artigos mais expressivos escritos sobre sua obra, as melhores biografias, os documentários mais completos? (Ignore os links da Wikipedia, pois, como veremos, ela trabalha com outro conceito de hierarquia da informação.) Afinal, em todo o universo da informação, que vem desde a Biblioteca de Alexandria e aumenta vertiginosamente de tamanho a cada segundo, os resultados apresentados na primeira página são os melhores resultados possíveis? Provavelmente não. Porque o que o algoritmo fez não foi procurar pelos melhores resultados possíveis, mas tentar interpretar o interesse por trás da pesquisa; e como buscas genéricas como "Michel Foucault" tendem a indicar um interesse diletante, escolar, ele optou por fornecer exatamente o que você precisa para enrolar o professor da faculdade num trabalho escrito de última hora.[47]

Claro, com duas ou três buscas é possível encontrar o que há de melhor sobre Foucault. Mas, para encontrá-lo, é preciso deixar claro para o Google que é esse exatamente o seu interesse. Porque o algoritmo se baseia na lógica da relevância, que é *informação atrelada a um interesse*. O Google não aspira a resultados profundos, mas eficientes. Todos os seus esforços de melhoria se voltam para isso. E é realmente extraordinário o que ele faz: nem terminamos de digitar a palavra e ele já foi capaz de acertar não só

---

47. Outro exercício interessante é comparar os resultados entre dois termos correlatos, como "Andy Warhol" e "Jeff Koons". No Brasil, pelo menos em meu computador e no de alguns colegas, a pesquisa pelo primeiro retorna resumos escolares, enquanto a pelo segundo retorna sites de leilões e vendas de mercadorias falsificadas no eBay, Mercado Livre e AliExpress. Ainda que a quantidade de produtos falsificados relacionados a Warhol seja infinitamente maior que a dos relacionados a Koons, o algoritmo inferiu que a busca genérica por um é de interesse predominantemente escolar, enquanto a outra tem caráter consumista.

o conteúdo, como a forma e o viés da informação que deve nos interessar. Entretanto, o compromisso com a profundidade e com o valor desinteressado de uma informação é justamente um dos pilares do edifício humanista do conhecimento; sem esse princípio, não há garantias de que a compreensão de mundo possa evoluir paradigmaticamente; afinal, cada um pode tornar-se especialista em Terra redonda ou plana, de acordo com seu interesse.[48] Mas estamos nos adiantando. Ainda estamos falando da solução, e não do processo de captura.

Como o PageRank conseguia deduzir a relevância de uma página a partir da estrutura de links da web? Ou ainda, como ele conseguia deduzir – melhor dizendo, *indexar* – o interesse do usuário? O método de ranqueamento por citação não é a inovação essencial do PageRank. Sua principal novidade foi a introdução de um *surfista* no mundo do conhecimento.

No ensaio seminal "O ranking de citações do PageRank: trazendo ordem para a web", Brin e Page evocam a figura de um usuário aleatório, ou "surfista", gerado pelo algoritmo. Sua função é percorrer bilhões de páginas da web a partir de *passeios aleatórios* ou *rotas de transição* ("o surfista clica aleatoriamente em um link na página atual e faz a transição para a nova página").[49] Graças às rotas percorridas pelo surfista, o algoritmo começa a ter uma ideia de uma espécie de mapa de links da rede, identificando as páginas para as quais há uma maior quantidade de links apontados; logo, mais relevantes. Nas vezes em que o surfista se depara com uma página sem link para outra, os inventores do Google decidiram incluir uma segunda possibilidade de passeio aleatório. Agora, ele não irá mais transicionar, mas se *teletransportar*. Ele irá saltar desta para uma outra página qualquer em toda internet, sem qualquer correlação com a atual. Na verdade, essa possibilidade foi incluída em todas as páginas; naquelas em que há possibilidade de transição, o surfista também se teletransportará a uma menor taxa.

Na verdade, a ênfase no movimento de teletransporte *é* a principal inovação do PageRank: "as páginas em que o surfista aleatório tem maior probabilidade de aparecer com base na estrutura da Web são mais importantes no sentido do PageRank".[50] Graças ao teletransporte, o Google passa

---

48. Se você pesquisar "terra plana", os resultados, na maioria dos casos, são de refutação. Mas outras buscas como "provas de que a terra é plana", "quem provou que a terra é plana" já apresentam resultados mais promissores para quem tem o interesse de refutar de uma vez por todas Ptolomeu.
49. Gleich. PageRank Beyond the Web, p. 321. Tradução nossa do inglês.
50. Gleich. PageRank Beyond the Web, p. 321. Tradução nossa do inglês.

a poder interrogar, olhando exclusivamente para a estrutura da web, qual a chance de um usuário individual passar de uma página a outra não correlacionada ("para calcular as classificações de página da perspectiva de um indivíduo que nos forneceu informações contextuais consideráveis com base nos links de sua página inicial").[51]

Pode parecer estranho para um leigo, mas o teletransporte aleatório de uma página a outra nunca é tão aleatório. Por ora, não é necessário entrar em detalhes matemáticos. O que é importante reter é que o algoritmo concebe dois movimentos distintos. O passeio por transição registra a estrutura da web; já o via teletransporte, por sua vez, mapeia a flutuação de interesse ao longo da web. Algo que o próprio ensaio de Brin e Page já insinua: "[o teletransporte] pode ser visto como uma forma de modelar o seguinte comportamento: o surfista periodicamente '*fica entediado*' e pula para uma página aleatória escolhida com base na distribuição em E".[52] Essa metáfora não é gratuita. Ela pode até não ter passado de uma brincadeira de jovens nerds, mas é sintoma do ponto de captura imaginado pelo faro de empreendedor. Pois foi a introdução do tédio – isto é, do interesse – que provocou a disruptura do edifício humanista do conhecimento, que jamais levou em consideração a possibilidade de a humanidade entediar-se com o saber acumulado ao longo dos anos.

Os saltos entediados do surfista permitem ao algoritmo do Google produzir uma nova interpretação do gráfico ou mapa de links da web. Os passeios aleatórios via transição geram um ponto de vista semelhante ao modelo de ranqueamento por citação tradicional, usado na academia para avaliar artigos acadêmicos. Já os passeios por teletransporte registram vetores assimétricos de dados, de energia, de atenção ou de valor. Temos, assim, um mapa de linhas ou rotas justaposto ou condicionado por um mapa de nódulos. Para que o leitor não se perca em tecnicidades, podemos fazer a seguinte analogia. Os passeios aleatórios do surfista – em que ele passa de um link a outro – fornecem uma visada da estrutura de links da internet que se assemelha a um mapa rodoviário, com suas principais rotas, vias alternativas, as maiores cidades, os lugares mais visitados etc. Já a visada da estrutura de links fornecida pelo passeio de teletransporte mais

---

51. Page et al. *The PageRank citation ranking: Bringing order to the web*, n.p. Tradução nossa do inglês.
52. Page et al. *The PageRank citation ranking: Bringing order to the web*, n.p. Tradução nossa do inglês.

se assemelha a um mapa de calor. O surfista do Google, como um autêntico californiano, mete o pé na estrada sem rumo definido, mas ciente das áreas mais quentes do país, o que lhe permite evitar os banais hotéis Hilton, as tediosas cidades do Meio Oeste, os restaurantes Michelin para os quais todas as rotas rodoviárias parecem querer levar. De posse do mapa de calor, o surfista se diverte ao descobrir motéis de beira de estrada e inferninhos, aos quais, à primeira vista, ninguém dá nada, mas que escondem as aventuras mais quentes da região.

No dia a dia, estamos sempre nos "teletransportando" de um interesse a outro – nesse instante, escrevo este livro; no minuto seguinte, faço um tira-gosto e penso no chuveiro que devo consertar. Entre cada um desses interesses, muito raramente há relações de transição – a vontade de tomar um chá após ler Proust, digamos. Relações de transição *são mais apropriadas a relações de conteúdo*. A Wikipedia se estrutura dessa maneira, como o passeio infinito de leitor imortal por toda a árvore de conhecimento. Já as relações de teletransporte são mais apropriadas à noção de interesse – aqui, trata-se do leitor entediado que passa alguns minutos em uma livraria de shopping folheando páginas de um livro que ele não irá comprar. Compreender essa diferença é importante, porque o objetivo do Google não é exatamente personalizar a busca.[53] O que ele quer é capturar o processo de geração de interesse, a própria dinâmica de flutuação e fluxo de interesse no âmbito global.

Em resumo, o mapa de rotas leva aos sites mais importantes, o mapa de fluxos leva para os sites mais "quentes". O empreendedor capitalista enxerga tal qual um gavião precisamente o que está em jogo aqui. A conquista técnica do PageRank dava a chance de *destruir criativamente o sistema de reputação baseado no modelo humanista*; ao mesmo tempo que permitia *se apoderar de toda a inteligência relacionada à geração de interesses* disponível na internet.

O edifício do conhecimento humanista, é verdade, já vinha sofrendo na mão da imprensa marrom, de publicitários, charlatães, populistas etc. Entretanto, mesmo os jornais preservavam resquícios do ranqueamento do conhecimento baseado na importância. Esta se mede pelo impacto

---

53. A personalização de buscas, introduzida em 2004 pelo Google, teve sua atuação reduzida a um mínimo devido ao ruído gerado em buscas subsequentes. Pesquisadores revelaram que a personalização de buscas desempenhou um papel irrelevante nas campanhas políticas e que, portanto, o fenômeno de "bolha" deve-se mais a outros fenômenos de mídia e redes sociais. Ver Dutton et al. Search and Politics: The Uses and Impacts of Search in Britain, France, Germany, Italy, Poland, Spain, and the United States.

paradigmático de uma proposição. Por isso, o humanismo sempre reservou espaço privilegiado para trabalhos que, mesmo difíceis, pouco lidos ou de baixo valor sincrônico, de um ponto de vista diacrônico constituíram contribuições paradigmáticas para o conhecimento. Com o Google, a única coisa que importa é, além de responder a um interesse, que tipo de informação não deixará o usuário entediado.

O Google nos promete um mundo em que se tornou simplíssimo satisfazer uma necessidade imediata de informação. Tornar-se autodidata, mas também se autoenganar, nunca foi tão fácil. No Google, não há confronto com ideias heterogêneas, contato com a profundidade imprevista do pensamento; só somos confrontados com disputas de interesses comerciais. É o caso de palavras como *"Latina"*, *"Black"*, *"Asian"*. Durante anos, as feministas exigiram que o Google removesse das primeiras páginas os resultados pornográficos associados a esses termos. Agora que isso aconteceu, descobriu-se que os sites que ocuparam a vaga não são mais edificantes. O algoritmo do Google substituiu os sites pornôs por aplicativos de namoro.

O mapeamento da internet, especialmente o mapeamento de fluxo – que chamamos de mapa de calor, ou de "sites mais quentes" –, foi atrelado a um sistema de inteligência artificial que explora o feedback de trilhões de pesquisas diárias, e cujo único objetivo é deduzir e antecipar com acurácia as flutuações de interesse da humanidade. Com pouco tempo o sistema já era capaz de antecipar as flutuações individuais de interesse, estabelecendo probabilidades de cada usuário se interessar por este ou aquele assunto. Com isso, o Google destruiu de vez a possibilidade de os canais tradicionais – melhor dizendo, de qualquer canal – negociarem espaços publicitários diretamente com os anunciantes. Isso porque o interesse da audiência em um grande jornal ou em um blog obscuro já não pertence aos produtores, mas ao Google. Pois ele passou a fornecer garantias de que os anúncios acompanhariam o usuário onde quer que ele estivesse, e, mais importante, seriam exibidos a ele antes mesmo que soubesse que se interessaria por eles.

Assim, a estratégia monopolista imaginada – visível e mensurável *desde o momento do protótipo* – se baseara na possibilidade de capturar a inteligência relativa à geração de interesse e usá-la para destruir a árvore de conhecimento humanista, com o objetivo de se apoderar de toda a fatia de verba publicitária distribuída com base nesse modelo.

Quando Brin e Page decidiram atuar para destruir a árvore enraizada do conhecimento, em detrimento das zonas quentes do interesse, eles pouco se importaram com o fato de que, ao fazê-lo, destruíam também os freios que o humanismo havia imposto para evitar um uso raso, interesseiro, narcísico, violento do conhecimento. Sempre que vamos à biblioteca em busca de uma informação, corremos risco de ver o passado rir de nossos interesses imediatos, ou de nossas intenções narcísicas, e de nos vermos confrontados com imaginações de futuro imprevistas. De que outro modo, senão através do confrontamento constante com uma multitude de interesses irredutíveis aos nossos, poderíamos combater as pretensões totalitárias daquele que se serve de uma informação exclusivamente do ponto de vista de seu interesse? Nesse vácuo gerado, a extrema direita racista e fascista tramou sua volta ao poder explorando os mecanismos de ranqueamento do Google.[54] Curiosamente, o primeiro slogan do Google foi *"Don't be evil"* – já aludindo ao modelo de subjetividade cínica que a plataforma passaria a mobilizar entre seus usuários.

Todas essas catástrofes poderiam ter sido perfeitamente previstas e contornadas, sem qualquer prejuízo para a eficácia do buscador, já desde o momento do protótipo. Não há nada de natural, inelutável, imprevisível. O que há tão somente é o rompimento de qualquer laço social entre processo de inovação e interesse público, com o objetivo de garantir que o processo de captura de uma práxis vital e de um enunciado científico pela subjetividade capitalística.

6. DOMINAÇÃO MOLECULAR

O algoritmo PageRank foi apenas o primeiro passo – o primeiro ato "indecidível", como dizia Moretti – de uma longa escalada para o monopólio dos fluxos de interesse da humanidade. Mas a maioria dos estudos críticos sobre o Google focam a dimensão *imperial* de seu monopólio: os problemas de privacidade, censura política, vigilância global da dadosfera etc. São poucos os estudos sobre "o motor econômico *molecular* no centro deste domínio".[55]

O que é a dominação molecular? Podemos descrevê-la como a captura da "vida". No caso do Google, operação monopolista de captura em larga escala dos fluxos de geração e satisfação de interesse da humanidade. Em

---

54. Ver: Noble. *Algorithms of Oppression: How Search Engines Reinforce Racism*.
55. Pasquinelli. Google's PageRank Algorithm: A Diagram of the Cognitive Capitalism and the Rentier of the Common Intellect, p. 152. Tradução nossa do inglês.

nome dessa possibilidade de captura, destruiu-se criativamente a episteme humanista, em busca do monopólio do mercado publicitário numa escala sem precedentes.

Como a classe média/de meio colabora para esse processo? Cabe a ela desresponsabilizar o Google em relação ao seu monopólio sobre a geração e satisfação de interesse. Ela o faz gerenciando estratégias de SEM, SEO, tráfego pago, acompanhando o Google Meu Negócio, Analytics etc. Tudo isso não passa de transferência dos riscos de publicidade para o usuário. Como o Google se apoderou da totalidade da geração de interesse online, ele sequer se dá o trabalho de investigar se há ou não público para tal ou qual anúncio, e de garantir as performances desse anúncio. Porque sua commodity não é interesse substancial, mas potencial.

Como vende o nosso interesse em potencial, o modelo de negócios do Google é o leilão. Ele leiloa nosso interesse para um conjunto de empresas que, de acordo com o algoritmo, teriam alguma chance de serem consideradas relevantes pelo usuário. Significa que é a nossa vida que está sendo comercializada. A depender de quem vence o leilão, nossa vida pode rumar para um destino ou outro.

Podemos definir então a dominação molecular como *transformação da força de trabalho potencial em commodity*. Paolo Virno esclarece a relação entre potencial de força de trabalho e o processo de captura capitalística da "vida" que está nas bases das operações biopolíticas:

> O que é "força de trabalho"? É o potencial de produzir. Potencial, isto é, uma aptidão, uma capacidade, dynamis. Um potencial genérico, não determinado: não se trata de um tipo particular de trabalho, mas de qualquer trabalho que se realiza, seja a fabricação de uma porta de carro, a colheita de peras, a tagarelice numa linha de "disque-amizade" ou o labor de um revisor. (...) Mas, ao dizer isso, ainda nos resta uma questão fundamental: por que a vida, como tal, é gerida e controlada? A resposta é evidente: porque a vida opera como substrato de uma simples faculdade, a força de trabalho, que se cristaliza como mercadoria. (...) Não devemos imaginar, então, que a biopolítica inclui em si mesma, como uma de suas articulações, a gestão da força de trabalho. Pelo contrário: a biopolítica é um efeito, uma reverberação, ou melhor, uma das articulações daquele fato primário – ao mesmo tempo histórico e filosófico – que é o comércio do *potencial enquanto tal*.[56]

---

56. Virno. *A Grammar of the Multitude*, p. 83-84. Grifo do autor.

O império do Google devém de seu domínio molecular; é porque ele tornou possível comercializar o interesse potencial *enquanto* potencial, isto é, a nível molecular, que, na escala macro, ele poderá controlar o conceito de realidade através da censura, desenvolver regimes de vigilância, redefinir as políticas de privacidade etc. A relação, aqui, é análoga à que definimos entre mobilização, na escala micropolítica, e as alternativas infernais que esvaziam a política. O suposto processo de seleção natural, no fundo, corresponde a uma captura a nível molecular.

Nenhuma atividade capitalista pode se dar ao luxo de esperar que nos interessemos "naturalmente" por ela. Ela produz a necessidade e, ao mesmo tempo, os atores necessários para garantir a lucratividade da operação, e trabalha para excluir os que não se adaptam. A isso chamamos subjetividade capitalística, feitiçaria capitalista. O Google produz a necessidade de informações relevantes ao mesmo tempo que faz proliferarem surfistas entediados, incapazes de se relacionar com enunciados da episteme humanista. O homem cinzento é aquele que atingiu o último grau de mobilização, que foi escravizado graças à perfeição com que cria a própria sujeição. É aquele que se entediou do mundo e já não sai de casa, e prefere passar seus dias caçando fake news monetizadas pela infraestrutura publicitária do Google. O seletor natural deixou de ser uma mão invisível para tornar-se algorítmico.

Nesse ponto, é importante fazer uma ressalva. A principal razão pela qual até aqui não fizemos referência, senão brevemente, às teses de biopoder, biopolítica e necropolítica é o fato de elas se concentrarem pouco no problema da inovação. O enfoque em geral recai no problema da gestão dos corpos, sobretudo do ponto de vista do Estado. Tanto em Foucault quanto em Agamben, Negri & Hardt e Mbembe, trata-se sempre de interrogar como o poder gere a dimensão biológica do indivíduo e das populações a fim de controlar a produtividade e limitar o potencial político desses corpos. Assim sendo, quando a perspectiva neodarwinista é objeto de crítica desses autores, é sempre de um ponto de vista gestionário/gestacional (o *management* inerente à *oikonomia*).

Quando Agamben confessa que sente um "ódio implacável" do telefone celular, e que se surpreende muitas vezes "pensando em como destruir ou desativar os 'telefoninos' e como *eliminar ou ao menos punir e aprisionar* aqueles que o usam", ainda que não acredite "que seja esta a solução justa do problema",[57] ele está justamente confessando sua incapacidade de produzir uma crítica da inovação de um ponto de vista não gestacional (desativação, eliminação, punição, aprisionamento, tudo isso são princípios de gestão). Daí a marcante pobreza do termo "profanação" para pensar os embates a nível molecular.

 Encontramos a mesma dificuldade na tese do comum de Negri e Hardt. Ao se concentrarem exclusivamente nas questões de *governance*, os autores puderam opor de modo binário o modelo imperial de gestão à produção do comum pela multidão. Desse modo, a relação entre o império e o comum, entre a elite proprietária e a multidão, pode ser pensada de modo espelhado, em termos de mera exploração, expropriação e privatização das linguagens, códigos, afetos e bens imateriais que compõem o comum, que é produzido por sujeitos multitudinários. Inversamente ao que propõem os autores, nos parece mais eficaz pensar a relação enquanto *processo de captura*.

 O biopoder requer inovação de mercado a nível de dominação molecular, assim como a biopolítica requer inovação no âmbito imperial. A inovação lida fundamentalmente com potenciais; o que ela visa produzir são oportunidades de captura que, se bem-sucedidas, permitirão em seguida implementar regimes de exploração, expropriação e privatização. É um erro crasso imaginar que a inovação "expropria" a inteligência humana do mesmo modo que os antigos proprietários de terra expropriaram camponeses. A disputa a nível molecular não ocorre desse modo. Como vimos, o Google não expropriou a inteligência coletiva; ele, antes, procurou fabricar maneiras de capturar o processo molecular de geração de interesse – o que envolvia utilizar a crescente demanda por pesquisa na internet para alimentar uma inteligência artificial capaz de mapear em tempo real as variações de interesse em escala planetária, e em seguida utilizar essa inteligência para "destruir criativamente" o paradigma humanista de conhecimento, isto é, para impedir qualquer modelo de financiamento direto baseado em publicidade desse tipo de produção de conhecimento.

 Então, como libertar-se de um processo de captura em nível molecular? Um front de combate é, certamente, a politização da inovação já a partir do protótipo. O direito à livre iniciativa, na prática, equivale a uma garantia de ocorrência de captura; ele cria as condições para que emerjam situações inelutáveis, em que só resta mitigar as catástrofes e sobreviver do modo

---

57. Agamben. O que é um dispositivo?, p. 42.

que for possível. Em *Politizar as novas tecnologias* (2003), Laymert Garcia dos Anjos faz uma defesa enfática da politização da inovação como meio de combater o determinismo tecnológico, cujo futuro hoje se apresenta a partir da alternativa infernal entre a "grande saúde" de uma vida reduzida à perspectiva do pós-humano e a "grande política" defendida pela nova eugenia. Somente através da reapropriação coletiva da inovação já a partir do protótipo poderemos escapar desse "conceito de seleção natural que afirma a necessidade do sofrimento e de uma abertura para o sofrimento como condição de inovação e de evolução".[58]

Outro front de combate à dominação molecular – também aludida por Laymert Garcia dos Anjos, Arlindo Machado, Paolo Virno e Yuk Hui – deve ser travado no âmbito da arte como meio de desobstrução da imaginação cosmotecnológica face ao "desafio permanente de se contrapor ao determinismo tecnológico, de recusar o projeto industrial já embutido nas máquinas e aparelhos".[59] É o que procura fazer Thomas Pynchon em seu último romance, *O último grito* (2017). Ele descreve um buscador de internet fictício que, se observarmos bem, se opõe molecularmente à captura efetivada pelo Google.

Trata-se do DeepArcher (um jogo sonoro com *departure*, partida), um navegador de internet capaz de transformar a *deep web*[60] em um ambiente 3D navegável, uma espécie de Second Life.[61] Aí o usuário pode fazer buscas, ou perambular indefinidamente. A cada passo, surge uma infinidade de links quebrados, obscuros, misteriosos, que correspondem a tudo que algum dia foi inscrito na forma de bit na rede, e que *nunca levam a lugar algum*.

A infraestrutura do DeepArcher, a princípio, lembra a do Google. Como o surfista do PageRank, o usuário pode teletransportar-se de uma página a outra, aleatoriamente. Mas esse é o único movimento permitido; o usuário do DeepArcher não pode seguir uma sequência linear de links

---

58. Dos Anjos. *Politizar as novas tecnologias*, p. 317.
59. Machado. Tecnologia e arte contemporânea: como politizar o debate, p. 79.
60. *Deep web* e *surface web* conformam uma divisão do conteúdo da rede mundial de computadores quanto à indexação feita por mecanismos de busca padrão. *Deep web* corresponde à parte não indexada e *surface web* é a parte indexada. [Verbete "Deep web e surface web", Wikipedia.]
61. *Second Life* é um ambiente virtual e tridimensional que simula em alguns aspectos a vida real e social do ser humano. Foi criado em 1999 e desenvolvido em 2003, e é mantido pela empresa Linden Lab. Dependendo do tipo de uso, pode ser encarado como um jogo, um mero simulador, um comércio virtual ou uma rede social. [Verbete "Second Life", Wikipedia.]

interconectados, como acontece na navegação normal. Então, quando ele clica em um link, outros links aparecem aleatoriamente, e assim ele pode seguir saltando de uma página a outra, aleatória e infinitamente. Mas, aqui, há uma diferença crucial em relação ao algoritmo do Google. No DeepArcher, toda vez que o usuário clica em um link, a informação, tanto do seu percurso quanto da página atual em que ele está, é apagada pelo sistema. Nenhuma informação sobre seu caminho é retida. Logo, não há nenhuma possibilidade de o sistema controlar o percurso desse usuário, nem mesmo estocasticamente.

O modo mais simples pelo qual o Google toma conhecimento de nosso interesse é registrando cada percurso que fazemos. Assim sendo, depois de entrarmos num site de carrinho de bebês, ele continuará mostrando anúncios desse tipo. Mas a inteligência artificial avalia também o potencial de nosso interesse. E para isso, há o passeio via teletransporte. Digamos que é a primeira vez que você acessa o Google na vida. A partir da primeira página que você acessa, o algoritmo já consegue mapear não só os interesses correlatos, mas inclusive a chance de você acessar *aleatoriamente* qualquer outra página indexada. Estranho, não é? A explicação técnica é a seguinte: o algoritmo do Google se baseia em Cadeias de Markov que, grosso modo, estabelecem que a "distribuição de probabilidade do próximo estado depende apenas do estado atual e não da sequência de eventos que precederam".[62] Trocando em miúdos: a matemática estabelece que as chances de o surfista do PageRank se teletransportar "aleatoriamente" de uma página a outra não são iguais. Pode parecer absurdo, mas os saltos de teletransporte aleatórios do surfista do PageRank nunca são totalmente aleatórios (mas nem por isso deixam de sê-lo). Se o surfista algorítmico está numa página de receitas de bolo, a chance de ele ir parar "aleatoriamente" numa página do FBI ou numa página de futebol não são as mesmas. O PageRank não confunde rota e fluxo, ponto e nódulo; e é assim que o algoritmo consegue fabricar um mapa de "calor" da estrutura da internet. Como o DeepArcher não registra nem o trajeto, nem a página atual do usuário, logo todo salto aleatório dado pelo usuário é aleatório *mesmo*. Por assim dizer, no DeepArcher o usuário está constantemente *teleportando para o próprio teletransporte...*

Isso significa que o DeepArcher de Pynchon não permite cartografar nem as rotas, nem os fluxos de interesse; isto é, não permite saber nem quais

---

62. Verbete "Cadeias de Markov", Wikipedia.

são os sites mais importantes ou mais "citados", nem os mais interessantes ou "quentes". Significa que nem os grandes jornais, nem os "blogs-esgoto", têm qualquer chance de se impor ao usuário do DeepArcher como um conteúdo relevante.

O navegador de Pynchon não pode satisfazer a um interesse; ele nem advinha o motivo de uma busca, nem calcula as probabilidades de se interessar por outra coisa, nem estimula o usuário a ficar mais interessado. No DeepArcher, é perfeitamente possível não se interessar por nada, numa postura zen. Assim sendo, ele se esquiva absolutamente ao que Guilherme Wisnik definiu como *"imperativo de mobilidade permanente* (...) [em que] as informações têm que ser mantidas em constante movimento, pois os atributos que constituem a sua razão de ser e lhe conferem valor são a circulação e o intercâmbio".[63]

Todas essas características fizeram do DeepArcher, entre os geeks que abundam no romance, a epítome da fantasia de liberdade e de desejo de escapismo – como se o usuário pudesse, finalmente, se libertar do tédio justamente porque não foi mais forçado a agir de acordo com um interesse. Em suma, o DeepArcher constitui precisamente uma *zona*. Guilherme Wisnik, inspirado nos trabalhos de Tarkóvski e Strutgátski, define a zona como:

> Atmosfera de bruma e lixos tóxicos, a *zona* (...) é um lugar proibido, mas que guarda a promessa de oferecer uma experiência iniciática através da qual os desejos mais profundos da pessoa que ali chega podem se tornar reais. Ela é, portanto, a metáfora de um lugar de evasão em meio a um real imobilizado, hipernormalizado. Miragem de um salto no escuro para o desconfinamento, entendido como possibilidade adormecida e invisível na própria realidade.[64]

Evidentemente, os magnatas do Vale e do Beco do Silício (a contraparte nova-iorquina) estão enlouquecidos em busca de descobrir um modo de explorar lucrativamente o DeepArcher, ou até mesmo de capturar seu algoritmo-base; mas o sistema vem se mostrando resiliente a qualquer forma de captura. Enquanto isso, até mesmo viciados em jogos de azar continuam escapando cada vez mais para o DeepArcher, "porque não é Las Vegas. Não tem cassino, o jogo é honesto. Aqui número aleatório é aleatório mesmo".[65]

---

63. Wisnik. *Dentro do nevoeiro*, p. 103.
64. Wisnik. *Dentro do nevoeiro*, p. 117.
65. Pynchon. *O último grito*, e-book.

A cada busca, o Google nos informa, orgulhosamente, da imensa vastidão de resultados que ele conseguiu encontrar em poucos milissegundos. Mas essa informação significa apenas que nós, usuários, só podemos chegar atrasados em relação ao nosso próprio desejo. A função dessa métrica não é nenhuma outra senão nos mobilizar. Porque há resultados demais, melhor ficar na primeira página. Pois, para seu modelo de negócio, uma nova busca é mais lucrativa que o acesso à segunda página.

Pynchon inventou um algoritmo capaz de contraefetuar uma operação de controle *sub-hegemônica*. Como explica o filósofo da tecnologia Richard Seymour,

> O maquinário algorítmico produz, industrialmente, uma vida social que gira em torno dos imperativos dos Estados e dos mercados. A tecnologia é projetada sob medida para uma era pós-democrática, para o domínio da tecnocracia e da crueldade. (...) A persuasão subterrânea de modelagem da realidade é o que a grande tecnologia faz muito bem. É bem diferente do que costumava ser chamado de hegemonia. A hegemonia é uma estratégia de obter a liderança de uma ampla coalizão da sociedade civil para alcançar objetivos políticos. Significa construir alianças com outros grupos levando a sério seus interesses e desejos, em vez de apenas coagi-los. Significa oferecer liderança moral em vez de simplesmente incentivos materiais. Em seus momentos mais bem-sucedidos, os grupos dominantes são capazes de explicar seus próprios interesses em termos de uma "missão histórica" para toda a sociedade. (...) O que as plataformas digitais fazem é muito mais subterrâneo. A Máquina Tuitante não propõe nada, não declara nada como sendo bom ou ruim, mas trabalha nas infraestruturas da vida cotidiana. Essa prática pode ser chamada de sub-hegemônica.[66]

O capitalismo atua de modo essencialmente sub-hegemônico; daí o caráter extremamente volátil das ideologias e dos afetos que ele suscita, ou a ele aderem. Nesse ínterim, nosso desejo perde a chance de sair à deriva infinitamente, aleatoriamente, como na Biblioteca de Alexandria ou no DeepArcher. Uma vez capturada nossa atenção, tornamo-nos, assim, homens cinzentos, desinteressados de tudo aquilo que imponha dificuldades, desafie a percepção; entediados, incapazes de reagir ao mundo senão mediante pânico frio, ou pelo frenesi do agito vazio – afeto que estudaremos logo a seguir.

---

66. Seymour. *The Twittering Machine*, e-book. Tradução nossa do inglês.

No que tange a um dos objetivos deste livro, isto é, politizar a classe média para o combate à catástrofe, é fundamental que consideremos o problema da prudência sempre a nível molecular, e não só no âmbito imperial, porque é justamente nesse nível que a classe média tem mais chances de contribuir, de ser efetiva. Afinal, nenhum protótipo pode ser vendido, negociado, aprovado, sem seu apoio nos aspectos técnicos, tecnológicos, práticos, jurídicos, administrativos etc. Cada um dos engenheiros e professores universitários que apoiaram o processo de inovação que mais tarde levaria à fundação do Google tiveram ampla oportunidade para politizar o processo de tal modo que pudéssemos evitar coletivamente a ascensão do tecnototalitarismo fascista e racista facilitado pela plataforma. Evitar, aqui, não significa, evidentemente, empreender uma futurologia capaz de eliminar todos os riscos da inovação de uma vez por todas; pelo contrário, uma defesa da prudência significa menos eliminar riscos que subverter a identificação entre inovação e sofrimento, entre criação e destruição, e facilitar processos de colaboração entre inovador e usuário, de tal modo que a relação entre eles deixe de ser da ordem da zona cinza – isto é, em que ambos mobilizam e desresponsabilizam um ao outro para correr o risco em nome do progresso – e se transforme numa prática ativa de prudência.

08

**O AGITO VAZIO DO
HOMEM CINZENTO**

Neste capítulo, vamos ensaiar sobre os afetos cinzentos. Ele será estruturado em torno de três imagens distintas, que abordam diferentes situações de catástrofe: a cidade reconstruída (após uma guerra), a cidade destruída (após um ataque terrorista) e a cidade abandonada (após um vazamento nuclear e o aquecimento global). O objetivo é fazer um breve panorama dos afetos tristes que circulam na zona cinza. Vamos apresentar a noção de "acídia", um estado psíquico paradoxal que vai na direção oposta à definição psiquiátrica de depressão, cujo sentido é sancionado pelas noções modernas de trabalho e consumo.

IMAGEM 1 – A CIDADE RECONSTRUÍDA

Perambulando pelas ruas de Frankfurt, o escritor alemão W.G. Sebald foi tomado de espanto. Na vitrine de uma banca de jornal, havia um cartão-postal que trazia um comparativo da cidade há 50 anos com a atual, celebrando a reconstrução em tempo recorde do que se tornou o maior centro financeiro da Europa. Mas um detalhe chamou sua atenção: embora a imagem antiga fosse de uma cidade inteiramente arrasada pelo bombardeio aéreo, o postal não fazia nenhuma menção à memória da Segunda Guerra Mundial. Eis outro exemplo de uma postura caracteristicamente moderna que "impede de olhar para trás, quanto mais não seja pelo trabalho desenvolvido e pela criação de uma nova realidade sem rosto que orienta a população para o futuro e lhe impõe silêncio sobre o passado".[1] Mesmo assim, o escritor não deixa de se assombrar com a força dessa corrente psíquica de mobilização para o progresso, aparentemente imune à dor da história.

---

1. Sebald. *Guerra aérea e literatura*, p. 18.

Na gênese do milagre econômico [da Alemanha] estiveram estes fatores mais ou menos identificáveis. Porém, o catalisador foi uma dimensão puramente imaterial: uma *torrente de energia psíquica* que ainda hoje não secou e cuja nascente se encontra no segredo bem guardado dos cadáveres em que assentam as fundações do nosso Estado, um segredo que manteve os alemães unidos a seguir à guerra e ainda hoje assim os mantém, mais estreitamente do que qualquer objetivo positivo, no sentido da realização da democracia, jamais logrou alcançar.[2]

Segundo Sebald, tal energia psíquica seria o oposto da "*acedia cordis*, essa depressão lívida, já sem remédio, que joga contra a vontade de sobreviver, em que os alemães confrontados com tal fim tinham necessariamente de cair".[3] A acídia seria um estado de espírito mais condizente com os sentimentos de culpa e de horror, que as experiências do nazismo e do bombardeio aéreo, combinados, deveriam despertar entre os alemães em lugar do compromisso com a mobilização para o progresso.

Imagem 5 – Frankfurt: Ontem + Hoje. In: Sebald. *História natural da destruição*.

---

2. Sebald. *Guerra aérea e literatura*, p. 22.
3. Sebald. *História natural da destruição*, p. 20.

"Quando *todos formos culpados*, essa sim será a verdadeira democracia!",[4] escreveu Camus, atribuindo à culpa a tarefa de resgatar um sentido humanista da política derivado da história e da compaixão. Sebald e Camus ecoam a desconfiança generalizada de que a modernidade, cuja mão invisível nos empurra ineflutavelmente para a catástrofe, seria incapaz do sentimento de culpa e compaixão. Daí a imagem melancólica, assaz recorrente entre os críticos da modernidade, de que somente um sentimento de culpa total, associado a uma depressão sem remédio, seria capaz de conter a força técnica e a corrente psíquica monstruosas da modernidade.

Talvez por isso, a "ideia de pensar forças da autodestruição em pecados capitais ainda exerce alta atração no homem atual".[5] Não obstante, no início deste século correu um boato de que a Igreja Católica planejava expandir o número de pecados capitais como resposta à manipulação genética, uso de drogas, desigualdade social crescente, terrorismo e poluição ambiental.[6] Na verdade, tratava-se de um mal-entendido. A Igreja buscava implementar uma nova concepção de "pecado social", em que o fiel passa a ser culpado também pelos efeitos colaterais causados por atos de imprudência. Essa nova orientação levou, por exemplo, à realização do Sínodo da Amazônia em 2019, liderado pelo Papa Francisco. Assim como a justiça, também a religião católica vem esboçando ir além das tradicionais imputações de crime e culpa individuais, para incluir o combate às desresponsabilidades sistêmicas e a necessidade de reparação de danos sociais. Em todo caso, nem sempre prevaleceu uma compreensão individualizada da culpa; a reemergência do conceito de "pecado social" testemunha, com efeito, um esquecimento decisivo para a modernização dos pecados capitais.

Ao contrário dos dez mandamentos, os sete vícios variaram ao longo do tempo. Originalmente, eram oito; e entre os diversos autores religiosos que tratam do tema, é comum haver divergências entre quais e quantos seriam. A última grande mudança ocorreu entre o século XVIII e XIX – embora esse debate remonte até pelo menos o século XIII –, com a exclusão e/ou ressignificação do *pecado da acídia*, que desde então passou a significar meramente "preguiça". Com efeito, o ponto 1886 do atual *Catecismo da Igreja Católica* traz ainda a marca dessa antiga hesitação ao enumerar os sete vícios:

---

4. Albert Camus citado por Virilio. *The Information Bomb*, p. 65. Tradução nossa do inglês.
5. Lauand. O pecado do agito vazio, p. 36.
6. Ver: Vlahou. "Vaticano divulga lista de novos pecados capitais". *Estadão*, 10 mar. 2008.

"Sunt superbia, avaritia, invidia, ira, luxuria, gula, *pilgritia seu acedia*".[7] Ou seja, são sete ou oito vícios, a depender do sentido que se atribui à preguiça e à acídia. A tradução portuguesa do trecho optou por "negligência", em vez dos termos naturais "acídia" ou "acédia", o que mostra o quanto esse conceito, outrora central para o debate teológico, caiu em desuso.

De acordo com o grande filósofo católico Josef Pieper, o oblívio do sentido da acídia deve ser explicado a partir das novas relações de produção tipicamente modernas, pois "o fato de que a preguiça esteja entre os pecados capitais parece que é, por assim dizer, uma confirmação e sanção religiosa da ordem capitalista de trabalho. Ora, esta ideia é não só uma banalização e esvaziamento do conceito primário teológico-moral da acídia, mas até mesmo sua verdadeira inversão".[8]

A *acedia cordis* – "inércia do coração" – não significa apenas preguiça ou negligência. Comparada à *pilgritia*, "desejo imoderado de repouso e de prazeres",[9] a *acedia* consiste, antes, na "falta de gosto para as coisas espirituais e de ardor para lutar contra o peso da Terra e se elevar às coisas divinas".[10] Logo se compreende por que esse termo é inconveniente para a ética da produtividade. Fazer corpo mole, agir com displicência, são faltas graves no trabalho; já trabalhar por mera obrigação, sem ter gosto ou enxergar sentido naquilo que se faz, é perfeitamente tolerável, desde que se atenda aos critérios de eficiência.

O acidioso não é meramente indolente ou preguiçoso; mas não é, também, o sujeito depressivo. Não convém descrever a acídia como "depressão lívida e sem remédio", porque essa categoria clínica corresponde a uma compreensão da economia psíquica que é incompatível com o pensamento medieval. A depressão só pode ser compreendida, nos termos atuais, a partir das definições modernas de trabalho e consumo, e sob o horizonte de normalização da psicofarmacologia. Assim o manual MSD descreve os transtornos depressivos:

> Caracterizam-se por tristeza suficientemente grave ou persistente para interferir no funcionamento e, muitas vezes, para diminuir o interesse ou o prazer

---

7. "Soberba, avareza, inveja, ira, luxúria, gula e preguiça ou negligência". Ver: Vaticano. *Catecismo da Igreja Católica – Compêndio*.
8. Pieper citado por Lauand. O pecado do agito vazio, p. 36.
9. Häring citado por Matos. Educação para o ócio: da acídia à "preguiça heroica", p. 58.
10. Häring citado por Matos. Educação para o ócio: da acídia à "preguiça heroica", p. 58.

nas atividades. A causa exata é desconhecida, mas provavelmente envolve hereditariedade, alterações nos níveis de neurotransmissores, alteração da função neuroendócrina e fatores psicossociais. O diagnóstico baseia-se na história. O tratamento geralmente consiste em medicamentos, psicoterapia ou ambos e, algumas vezes, eletroconvulsoterapia ou estimulação magnética transcraniana rápida. (...) A depressão pode prejudicar acentuadamente a capacidade de funcionar no trabalho e interagir socialmente; o risco de suicídio é significativo.[11]

Nota-se que o verbete ainda traz a marca de uma certa instabilidade conceitual – o que denuncia seu vínculo com a acídia, conforme veremos – uma vez que a depressão consiste numa tristeza que interfere no funcionamento *e/ou* na diminuição do interesse e prazer nas atividades. No entanto, a definição moderna de depressão vai solucionar essa instabilidade justamente referindo-se à ética da produtividade. A solução da depressão é pensada a partir do retorno às atividades funcionais e interativas; nesse sentido, a depressão só pode ser compreendida – e curada – em função das noções modernas de trabalho e de consumo.

O acidioso não é nem negligente, nem preguiçoso, nem depressivo; na verdade, ele pode muito bem passar pelos três estados sem prejuízo de sentido, porque a acídia é um transtorno de espírito, menos que uma disfunção de atividade. O melhor termo que a descreve é *um sentimento de vazio espiritual*. Pois a definição central do pecado de acídia é a incapacidade de se orientar para o bem divino, que na prática significa incapacidade ou indisposição para buscar e sentir *alegria espiritual através da caridade*.

Preguiça, negligência e depressão podem consistir em estados ou modos de afastamento e/ou recusa da alegria espiritual e da caridade, da vontade de cuidar do outro e de zelar pela obra divina. Mas esses estados nunca existem em si; o teólogo medieval vai se interessar pelo *modo* como a busca imoderada por prazeres, a agitação mental, o trabalho exaustivo etc. vão implicar num movimento de acídia. Porque a acídia corresponde a um agito vazio do coração; isto é, consiste menos numa tristeza que *ausência de alegria*, e é preciso aprender a detectar até mesmo nos atos de caridade a insinuação de um esvaziamento espiritual resultante da perda de contato com o bem divino e de falta de disposição para participação na obra divina.

---

11. Verbete "Transtornos depressivos", Manual MSD (2022). Disponível em: https://www.msdmanuals.com/pt-br/profissional/transtornos-psiquiátricos/transtornos-do-humor/transtornos-depressivos

Assim sendo, o acidioso vai ser diagnosticado a partir do momento em que se torna incapaz de realizar um *encadeamento moderado* do trabalho, ócio e repouso, em que o bem de si e do outro está contemplado.

Assim sendo, precisamos discordar de W.G. Sebald. A *acedia cordis* pode significar o sujeito lívido que padece de uma depressão sem remédio, mas pode significar também o sujeito que adere freneticamente à mobilização para o progresso. Tanto um quanto o outro – se manifestarem uma incompetência para a caridade e uma inaptidão para a alegria espiritual – vão empreender movimentos da acídia. Porque esse conceito se baseia na compaixão, e não na capacidade de realizar atividades laborais, comerciais e sociais. Logo, pode haver uma perfeita contiguidade afetiva entre o morrente depressivo, o consumidor lascivo e o empreendedor frenético – basta que se exclua o outro enquanto objeto da compaixão e da caridade, enquanto fundamento da alegria individual e do bem-estar coletivo. Pois sujeito acidioso é aquele que, em tudo que faz e sente, *recusa o bem e a alegria divina emanados pela caridade.*[12]

Embora São Tomás de Aquino não considerasse a acídia um pecado capital, ele a considerava um delito de maior importância – pois a alegria espiritual derivada da caridade é a manifestação mesma de Deus no espírito. Não obstante, a Terra se torna pesada para o acidioso, porque ele se tornou incapaz de regozijar-se com sua própria presença, e nem incorpora a leveza divina. Aquino descreve duas maneiras de vencer o pecado: fugir ou resistir. Fugir é escapar de um pensamento contínuo que aumenta a excitação pecaminosa; já resistir é devotar-se a uma reflexão prolongada que suprime a atração do pecado causada por um pensamento ou vontade superficial. Em relação aos dois caminhos, a acídia vai prejudicar sobretudo a capacidade de resistir aos pecados, porque ela destrói justamente a capacidade de contemplação espiritual, que está ligada tanto à capacidade de fazer um encadeamento moderado entre ócio, trabalho e lazer quanto à disposição para se relacionar com o outro com empatia e compaixão.

Ainda segundo Aquino, o acidioso pode padecer tanto sensualmente (prevalecendo a carne contra o espírito) quanto racionalmente (consentindo com o afastamento do bem divino).[13] Nesse sentido, as formas mais leves de acídia vão manifestar uma indisposição para sentir alegria espiritual e agir com caridade; já nas formas extremas, o acidioso é tomado por

---

12. Matos. Educação para o ócio: da acídia à "preguiça heroica", p. 83.
13. Aquino. *Suma Teológica*, p. 486-487.

pensamentos febris e passa a *fugir do bem divino como se fugisse de um mal*. Aquino descreve esse movimento deliberado de fuga como um fluir que vai da tristeza ao prazer, da prostração à atividade frenética, do tédio ao pensamento febril:

> Gregórios designou as filhas da acídia como devia. Com efeito, segundo o Filósofo, "ninguém pode ficar muito tempo sem prazer em companhia da tristeza". Por isso a tristeza tem necessariamente dois resultados; leva o homem a se afastar do que o entristece; e o faz passar a outras atividades nas quais encontra seu prazer. Assim, os que não podem alegrar-se com as alegrias espirituais voltam-se para as alegrias corporais, segundo o Filósofo. Nesse movimento de fuga em relação à tristeza, observa-se o seguinte processo: *primeiro, o homem foge das coisas que o entristecem; em seguida, combate o que lhe traz tristeza*. Ora, os bens espirituais com os quais a acídia se entristece são o fim e os meios para o fim. *Foge-se do fim por desespero*. Foge-se dos bens que são meios, quando se trata de bens difíceis pertencentes à via dos conselhos, pela *pusilanimidade*; quando se trata de bens que provêm da justiça comum, pelo *torpor em relação aos preceitos*. – O combate contra os bens espirituais entristecedores se dá por vezes contra os homens que os propõem, e surge então *o rancor*; por vezes o combate se estende contra os próprios bens espirituais, o que leva a detestá-los, e surge então *a malícia* propriamente dita. – Enfim, quando por causa da tristeza alguém passa dos bens espirituais para os prazeres exteriores, a filha da acídia é então *a divagação por coisas proibidas*.[14]

Daí a paradoxal fórmula do agito vazio. A prostração e a inquietação, a paralisia e a instabilidade, a anestesia e o torpor, a apatia e o frenesi, todos pertencem a um mesmo movimento de afastamento ou fuga da alegria espiritual; sendo o próprio fluir espiralado a garantia de que o acidioso permanecerá enquanto tal, afastado do bem divino, vazio para os sentimentos de culpa e tristeza em relação à sua condição de abandono e deriva.

Para Aquino, esse "vazio" é grave, pois até mesmo uma certa medida de tristeza é importante para o bem viver. É a tristeza que nos chama a atenção para os obstáculos, em nós e no mundo, que nos afastam do bem divino, e também é a melancolia que muitas vezes vai nos levar a padecer pela privação do bem do outro.[15] Por sua vez, o acidioso prefere uma ausência de

---

14. Aquino. *Suma Teológica*, p. 486-489.
15. Aquino. *Suma Teológica*, p. 392.

alegria combinada a uma ausência de tristeza. Daí a importância do fluxo em espiral entre polarizações contrárias de afetos esvaziados.

Por tudo isso, a acídia é mais bem caracterizada como um pecado social. Os que vão senti-la primeiro foram alijados do convívio social, ou vivem e trabalham em funções isoladas; o miserável e o velho, o asceta e o escriba, o religioso e o trabalhador humilhado por seus superiores etc.

1.1. *PHARMAKON*, OU A ARTE DO CUIDADO

Mas como curar a acídia? Como vimos, é um pecado de forma inespecífica. Ela pode atravessar a depressão, a preguiça, a luxúria, a gula etc.; todo pecado ou vício, se puder ser reconhecido em seu fundo uma recusa deliberada da alegria de *caritas*, já constitui um movimento imperfeito da acídia.

A modernidade tem dificuldade para operar conceitos inespecíficos, instáveis, paradoxais e metafísicos, como a acídia. Porque não resistem às definições, categorizações, procedimentos, práticas e técnicas que operam a partir de termos abstratos, universalizáveis. A depressão – porque descreve um conjunto abstrato e geral de condições psíquicas, estados neuronais, vícios comportamentais etc. – pode ser objeto da farmacologia; mas como fabricar um remédio antiacidiante? A acídia é mais resistente a critérios gerais de eficácia exigidos pela racionalidade moderna pautada pela ética da produtividade. Como se trata de uma enfermidade do espírito – uma *inaptidão para o cultivo de nossa humanidade* –, os remédios e terapias para doenças psíquicas diversas, como depressão, ansiedade crônica, transtorno de déficit de atenção/hiperatividade etc., jamais poderiam curar a acídia, ao menos não totalmente. O inverso do acidioso não é o sujeito produtivo e emocionalmente estável, mas aquele capaz de ser espiritualmente alegre e caridoso, capaz de reconhecer em si e em sua vida – representada nos ciclos de trabalho, lazer e ócio – a finalidade mesma do bem comum.

É justamente pelo fato de a acídia ser um conceito altamente instável que ela favorece a constituição de uma *arte do cuidado*. Ao longo de todo o livro, fizemos uma defesa importante dos *signos sem identidade, que só podem adquirir sentido na medida em que é produzida uma percepção*. É o caso das metáforas refratárias ao risco, ou do próprio conceito que dá título a esta obra, "zona cinza". Também é o caso da acídia, que não descreve situações aprioristicas, não pode ser metrificada, abstraída, universalizada.

A acídia só existe na medida em que nos tornamos capazes de perceber naquilo que fazemos um movimento de afastamento da alegria proporcionada pela caridade; o que, por outro lado, exige imaginar que essa alegria seria possível, exige perceber que seria possível preencher uma potência de ser e devir outro.

Viemos apostando em signos e metáforas instáveis, sem sentido apriorístico, porque eles se prestam melhor a operar no contexto da zona cinza, em que é manifesta uma contradição inelutável entre o conhecimento positivado (o que sabemos) e a captura dos processos de afecção e cognoscibilidade (o que nos mobiliza). As situações cinzentas são situações corriqueiras que forçam ao paroxismo o conflito entre interpretação e produção de sentido, em que somos levados a perceber o risco de catástrofe, se não como algo natural e procedimental, ao menos como algo da ordem do inelutável, inevitável. Os signos instáveis vão ajudar justamente nisso, eles permitem levantar problemas ora no âmbito da cognição e percepção, ora no âmbito dos afetos, com suficiente maleabilidade e sempre caso a caso, contexto a contexto, pessoa a pessoa.

É também nesse sentido que Stengers defende uma revalorização da *pharmakon* como instrumento de resistência política. Ela toma de empréstimo esse conceito das antigas práticas medicinais, e que pode ser resumido da seguinte maneira: "o que caracteriza o *pharmakon* é, a um só tempo, sua eficácia e sua ausência de identidade: ele pode ser, conforme a dosagem e o uso, tanto veneno quanto remédio".[16] Trata-se de uma *arte* do cuidado, e não apenas de uma prática médica. A modernidade baniu as práticas de *pharmakon*, mas podemos identificar seu vestígio, por exemplo, na noção de vacina, que se baseia na descoberta de que o princípio ativo da doença, quando atenuado, pode servir de estímulo para as defesas do próprio corpo contra o mal. Devemos buscar a cura da acídia na *pharmakon*.

No pensamento medieval, não há qualquer esforço para se banir, controlar, excluir a acídia. Pelo contrário, admite-se a importância de se experimentar formas atenuadas da acídia. A *pharmakon* é uma arte dos usos e dosagens – e é isso que os escritores medievais não cessam de colocar em pauta: a recusa deliberada da acídia pode ser mais perniciosa que sua experimentação; e até mesmo buscar agir desesperadamente com misericórdia pode nos transformar, por tortas vias, em sujeito acidioso. Logo, o

---

16. Stengers. *No tempo das catástrofes*, p. 126.

verdadeiro desafio consiste em saber, em cada momento da vida, em cada situação que se depara, até que ponto *a acídia é necessária* e vice-versa.

A arte do cuidado, então, estabelece: sem aprender a identificar o verdadeiro mal e o bem aparente, o sujeito não poderá experimentar o verdadeiro bem e o mal aparente – e é nesse sentido que ele deve tolerar a acídia impermanente, especialmente as formas veniais, que devem ser encaradas como oportunidades para o exercício de resistência que, como tal, é sempre imanente a cada sujeito.

Por exemplo, a acídia, do ponto de vista da *pharmakon*, deve chamar nossa atenção para a tênue demarcação entre *meditativo* e preguiça; mais especificamente, entre "a contemplação religiosa e o *contemptus mundi* [desprezo pelo mundo]".[17] Os ascetas e escritores religiosos, que viviam de acordo com um rigoroso regime de estudos e privações, conheciam, ao mesmo tempo, os perigos e os remédios que concernem a essa fronteira. Pois até mesmo trabalhar em excesso na causa divina pode acabar nos conduzindo a um *mal do pensamento*: o "tédio e desânimo que se apossam de uma alma impossibilitada de se fixar em alguma coisa e realizar aquelas tarefas às quais devia dedicar-se".[18] A *evagatio mentis* assalta o espírito daquele que caiu em um tédio agitado, instalando nele uma "febre de espírito" caracterizada por uma torrente de pensamentos incontroláveis, em que é a própria capacidade de raciocínio – *supputatio, computatio, raciocinium* – que acaba tomada de *logismoi*.

Na medida em que a dificuldade de raciocinar atua para afastar de vez o homem cristão da contemplação religiosa, este torna-se mais vulnerável ao *contemptus mundi*, ou desprezo do mundo e insignificância dos homens, que se expressa sobretudo como uma "clarividência demoníaca" (para retomarmos a expressão que usamos para definir a visão de Justine, protagonista de *Melancolia*) capaz de inverter toda perspectiva da redenção. O homem acidioso passa a se isentar de culpa em relação a toda destruição, não só a que ele pratica, mas até mesmo a de que ele é vítima, em nome de um fim absoluto em que Deus também desaparecerá.

Ora, se transpormos esse conjunto de prevenções e alertas com vistas a uma arte do cuidado para o mundo moderno, não estaríamos aqui diante de riscos inerentes, por exemplo, à atividade de produzir uma crítica do capitalismo? Quantos de nós não fomos tomados, de um lado, por um

---

17. Matos. Educação para o ócio: da acídia à "preguiça heroica", p. 58.
18. Matos. Educação para o ócio: da acídia à "preguiça heroica", p. 58.

tédio agitado diante desse contexto em que, como provoca Fredric Jameson, tornou-se "mais fácil imaginar o fim do mundo que imaginar o fim do capitalismo"? Quantas vezes, em nossa crítica dos dispositivos de poder, não acabamos tomados por um "ódio implacável" que se coaduna com uma vontade de "eliminar, punir, aprisionar"? Ou, inversamente, não somos tomados da convicção de que é inútil produzir mais algumas páginas, pois o vazio alastrou-se por todo o coração, que deixou de ser orgulhoso e já não tem "pressa de confessar tua derrota/ e adiar para outro século a felicidade coletiva"?

A filósofa Olgária Matos recorda que Descartes, reconhecendo a possibilidade de "febre de pensamento", procurou incorporar a acídia à atividade filosófica através justamente de uma entrega preguiçosa à *coagitatio*, isto é, "a desordenada agitação dos fantasmas em nosso espírito. É uma sobreatividade do pensamento, uma hipertrofia da imaginação, ligada à melancólica acídia".[19] À beira bem aquecida de sua lareira, Descartes se deixava divagar perdidamente, em busca tanto do descanso do labor científico quanto de algo que pudesse ser de interesse científico. Mesmo que corresse o risco de que fossem "falsos todos os conteúdos do pensamento, dos sonhos e da imaginação",[20] mesmo assim restaria "de todos uma fonte segura – o eu pensante não poderia ser falso".[21] Esse esforço por fazer coincidir no mesmo sujeito aquilo que, em geral, tem o poder de cindi-lo, é fundamental. Diz a filósofa Olgária Matos que, para o homem medieval, a acídia, enquanto estado ou sensação de desconsolo vindo do interior do próprio homem, é justamente

> (...) essa não coincidência do homem consigo mesmo e, por isso, "vício do espírito". A acídia não é tempo livre, porque este só é possível quando o homem faz-se "um" consigo mesmo e, sem conflitos na alma, consente em seu próprio ser, esquecendo as preocupações e entregando-se ao lazer piedoso, semelhante ao dormente que se abandona ao sono justamente para poder dormir.[22]

Nesse sentido, para escapar definitivamente ao mal do pensamento, Descartes não abria mão da febre da imaginação que diverte o labor muitas vezes repetitivo e tedioso da busca da verdade – mas buscava ativamente

---

19. Matos. Educação para o ócio: da acídia à "preguiça heroica", p. 62.
20. Matos. Educação para o ócio: da acídia à "preguiça heroica", p. 62-63.
21. Matos. Educação para o ócio: da acídia à "preguiça heroica", p. 63.
22. Larue citado por Matos. Educação para o ócio: da acídia à "preguiça heroica", p. 60.

evitar toda forma de vício do espírito que produziria a não coincidência de si consigo mesmo, sempre em busca do momento em que "não é mais tempo de cogitar, dormir, sonhar talvez perto do fogo ou ser assaltado por *logismoi*, mas de afirmar, em novas bases, um novo reino do pensamento".[23]

Compreende-se que a acídia é uma afecção grave sobretudo entre as pessoas da classe de meio engolidas pela zona cinza, já que elas são mais vulneráveis à contradição dilacerante e embrutecedora entre o que sabemos e o que nos mobiliza. Na medida em que decaem na acídia, uns vão ser tomados por pensamentos febris, outros por clarividência demoníaca, enquanto mais outros se limitaram a executar sua tarefa com os corações vazios. Não obstante, para tornarmo-nos refratárias ao risco, será necessário cultivar a arte da *pharmakon*, em que a melancolia, diante de um futuro catastrófico, possa ser experimentada sem implicar uma impotência incurável, enlouquecedora, embrutecedora.

Afinal, se a "alegria é tudo o que consiste em preencher uma potência",[24] devemos resistir à acídia incurável a partir de uma arte do cuidado, buscando experimentá-la não só como meio de denúncia do horror capitalista que nos conduz para a catástrofe final, mas também como ponto de partida para a nova potência de perceber, pensar, afetar outras cosmotécnicas.

Os filósofos Andityas Matos e Francis Garcia propõem resistir a partir da *biopotência*, em contraposição à biopolítica. Esta se baseia num controle hegemônico (ou sub-hegemônico, como veremos) em que as potencialidades afetivas e cognitivas humanas passam a ser consideradas como

> (...) propriedades inerentes à espécie humana, ou seja, como se fossem a atualização de uma potência geneticamente determinada que impede qualquer alternativa (...) que parece tomar como evidência a ideia de que toda forma de vida se move impulsionada por uma vontade de poder que consiste em se submeter e se impor às outras.[25]

Daí o fato de a biopolítica só se relacionar com os conceitos e afetos do ponto de vista de sua dominação molecular e imperial, ratificada pela ideologia neoliberal da seleção natural. Mas podemos, inversamente, partir

---

23. Matos. Educação para o ócio: da acídia à "preguiça heroica", p. 64.
24. Deleuze; Parnet. "O abecedário de Gilles Deleuze: entrevista de G. Deleuze a Claire Parnet" [realizada em 1988-1989]. *Machine Deleuze*, 7 jun. 2021. [Dir. de Pierre-André Boutang; produção de Éditions Montparnasse. No Brasil, foi divulgada pela TV Escola, Ministério da Educação, com tradução e legendas de Raccord.]
25. Matos; Collado. *Para além da biopolítica*, p. 65.

da potência enquanto "mais 'potente' do que o ato, já que o ato não pode o não-ato; a potência pode ainda mais: pode poder e pode poder-o-não (mas nunca o não poder, pois nesse caso se negaria a potencialidade)".[26] A biopotência *pode* tanto o progresso quanto o não progresso, e é justamente por isso que ela autoriza a politização da ciência, da tecnologia, da arte e da atividade produtiva.

Assim sendo, devemos abraçar a instabilidade da *pharmakon* – para a qual tudo *pode* ser veneno e remédio – como forma de preencher uma biopotência. Devemos procurar aprender a correr o risco de experimentar a acídia – seus pensamentos febris, suas melancolias paralisantes, seu impulso frenético pela busca de prazer, sua vontade imoderada de trabalho – não para desenvolver uma clarividência demoníaca acerca do fim do mundo, mas para constituir uma cultura efetivamente refratária ao risco, que só pode tornar-se efetiva a partir do momento em que a potência do luto, da melancolia, da tristeza, do medo, da agitação, da solidão passa a ser contemplada de um ponto de vista da arte do cuidado e da prudência. Sendo assim, as refratárias ao risco devem aprender a "sonhar talvez perto do fogo", isto é, multiplicar as chances de emergência de novas cosmotécnicas estéticas, relacionais, científicas, produtivas em um mundo tornado mais precário, não apenas no âmbito econômico e ambiental, como também afetivo.

IMAGEM 2 – A CIDADE DESTRUÍDA

Quando os bombeiros atravessaram a torrente de fumaça causada pelo desmoronamento das Torres Gêmeas para prestar socorro a um executivo imóvel e com os olhos fixos em sua pasta eles testemunharam, por um breve instante, a realização do antigo sonho do Mestre Frenhofer: a conversão da arte em vida.

---

26. Matos; Collado. *Para além da biopolítica*, p. 35.

Imagem 6 – "Statue", série *Ground Zero, September 11* (2001), de Jeff Mermelstein.

Mas que vida é essa que o executivo passou a emanar? Que energia é essa que ele manifesta através de sua concentração obstinada nos objetos de sua pasta executiva? Eis outra imagem capitalista da acídia, ou agito vazio do homem cinzento.

A obra em questão é *Double Check* (1982), de John Seward Johnson II, um típico escultor de figuras *trompe l'œil* de bronze. Trata-se de um comentário banal sobre a cultura yuppie da década de 80, porém, a catástrofe remove a dimensão celebratória e irônica da obra. O estereótipo cede lugar à subjetividade capitalística, esse "imenso parasita interno" do homem cinzento. A vida do executivo é apresentada em toda sua dimensão contábil, animada pela corrente psíquica imune à dor da história. O que vemos vivo aí é o estereótipo da "gente que conseguiu conservar a cabeça e está com os dedos prontos para clicar"[27] – como descreveu Thomas Pynchon a turma de CEOs e políticos dispostos a encarar o Onze de Setembro como uma oportunidade de negócios.

---

27. Pynchon. *O último grito*, e-book.

No capítulo "Da preguiça" de *Nau dos insensatos*, publicado por Sebastian Brant em 1494, há uma gravura que representa a acídia.[28] Um anjo tecelão tem em mãos o fuso e a roca, mas já não tece, nem fia; ele foi tomado de maus pensamentos e adormeceu. Não cumpre, assim, a tarefa que Deus lhe havia designado ao entregar-lhe o fio divino. O tear é símbolo da resignação cristã. A oração aliada ao tecer torna o aspecto repetitivo e tedioso da atividade manual mais tolerável; ao mesmo tempo, o trabalho com tear estimula o ato contínuo e regular de contemplação espiritual da fé. O anjo foi tomado pela acídia duplamente: nem seu corpo coincide com o seu dever, nem seu espírito coincide com sua beatitude. Tomado pela febre de um sono sem descanso, o anjo resta à deriva sem fim de maus pensamentos.

Assim como na gravura do livro de Brant, o executivo cinzento tem algo em suas mãos: uma calculadora e um gravador de voz. Mas, ao contrário do anjo de Brant, ele não se encontra nem sonolento, nem perdido em maus pensamentos. Antes, parece um sonâmbulo. As máquinas que ele tem em mãos, ao contrário do tear, parecem funcionar por si mesmas; cabe a ele apenas checar o funcionamento. E como o executivo coberto de cinzas só faz rechecá-las exaustivamente, temos a sensação de que ele espera pelo momento em que surgirá uma nova mensagem, um novo número, um novo insight na tela de suas máquinas. Imerso na zona cinza da catástrofe, eis o *anjo especulador*. O que ele aguarda é a revelação de uma linha de código, uma oferta de ação, uma mutação de mercado... Em suma, o que ele faz é especular sobre as oportunidades de captura abertas pela catástrofe que acabara de ocorrer, e das futuras a que ele já deve se antecipar.

2.1. POKER FACE

Uma pasta de documentos marrom-avermelhada com detalhes em cromo, em que há um celular, um gravador de voz, uma escova de dentes elétrica, água com gás e um disco de músicas brasileiras. É o que o advogado de 39 anos, Keith Neudecker – protagonista de *Falling Man* (2007), de Don DeLillo –, carregava em mãos quando escapou do atentado ao World Trade Center, onde trabalhava.

---

28. Ver: Matos. Educação para o ócio: da acídia à "preguiça heroica".

Este era o mundo agora. Fumaça e cinzas vieram rolando pelas ruas e virando esquinas, rebentando ao redor das esquinas, maré sísmica de fumaça, com papéis de escritório passando rapidamente, folhas comuns com pontas cortantes, deslizando, ficando rapidamente para trás, coisas de outro mundo na manhã pálida.[29]

É bem provável que DeLillo tenha se inspirado em *Double Check*; assim como se inspirou na fotografia de Richard Drew que registra um homem caindo da Torre Norte do World Trade Center, cujo título ele toma de empréstimo para seu romance; além das acrobacias de Philippe Petit, que andara em um fio alto a mais de 1.300 pés no ar suspenso entre os topos das Torres Gêmeas do antigo World Trade Center. DeLillo se baseou nessas performances para criar a personagem de um artista contemporâneo que simula cenas de queda por toda Nova York.

A pasta é uma das coisas que restaram do "outro mundo". Passaram-se dias até que Keith se desse conta de que havia carregado consigo uma pasta que não era sua, nem de alguém que conhecia. Mas foi ao ligar para o telefone contido na pasta que Keith cogitou que ela poderia pertencer a alguém que havia morrido. Todavia, sua dona também havia sobrevivido. Assim começa o conturbado relacionamento entre Keith e Florence Givens.

A pasta de documentos pode ser interpretada como uma metáfora da acídia. Ela representa a condição de não coincidência do sujeito consigo mesmo que costuma acompanhar as vítimas de catástrofe. Mas o modo como Keith e Florence reagem a essa condição não é a mesma. Para Florence, a mala havia sido perdida como tudo em sua vida. Por isso, ela não dera baixa nos cartões de crédito, não pedira por novos documentos, nem sentiu falta do celular; preferia permanecer trancada em seu apartamento pois, "bem, tudo se foi, ela pensou que tudo estava enterrado, se perdeu e se foi".[30] Assim, é o mistério do retorno da mala – a possibilidade de recuperar a própria identidade – que a atrai. Já Keith não consegue responder por que carregara a mala – "veja, o que aconteceu é que eu não sabia que tinha a pasta comigo. Não foi nem um caso de esquecimento. Acho que não sabia".[31] Keith é incapaz de compreender as razões por trás desse gesto automático. Assim sendo, a pasta simboliza para ele o inverso, o risco de completa despersonalização.

---

29. DeLillo. *Falling Man*, e-book. Tradução nossa do inglês.
30. DeLillo. *Falling Man*, e-book. Tradução nossa do inglês.
31. DeLillo. *Falling Man*, e-book. Tradução nossa do inglês.

A relação entre Florence e Keith "não foi um caso. Havia sexo, sim, mas não romance. Havia emoção, sim, mas gerada por condições externas que ele não podia controlar".[32] Eles se reuniam para compartilhar momentos de silêncio e divagações "sobre a torre, repassando-a de novo, claustrofobicamente, a fumaça, a pilha de corpos".[33] Esse tipo de troca só era possível entre eles, sobreviventes; sobretudo porque não queriam refletir sobre o que viveram, mas apenas dar voz à memória "nos mínimos e enfadonhos detalhes, mas de modo que nunca seria monótono ou muito detalhado, porque aquilo estava dentro deles agora e porque ele precisava ouvir o que havia perdido nos traços da memória".[34]

Ainda assim, embora ambos buscassem nesses encontros incorporar o trauma a uma *pharmakon* ou arte do cuidado, eventualmente os questionamentos em torno da mala alcançam um impasse. Florence havia sido acometida de melancolia; nesse sentido, não havia impedimento para a empatia pelo outro e a vontade de alegria espiritual. Keith, por sua vez, havia sido tomado pela acídia, e não consegue libertar-se dos pensamentos febris estimulados por uma *contemptus mundi*. Incapaz de desenvolver laços plenos de empatia e alegria, o relacionamento com Florence lhe parecia cada vez mais uma "aberração – essa era a palavra. Era o tipo de coisa, ele diria, que alguém olha retrospectivamente com a sensação de ter entrado em algo que, na verdade, era irreal".[35]

Florence pode-o-não da acídia; mas, sobre Keith, pesava mais profundo o não poder. Na verdade, Keith já era um homem acidioso antes dos ataques. Conforme descreve sua ex-esposa, ele sempre foi tomado de um desejo de fugir, de um ódio do mundo, de uma vontade deliberada de assassinar:

> "Eu entendo que há alguns homens que estão apenas pela metade conosco. Não vamos dizer homens. Digamos, pessoas. Pessoas que são mais ou menos obscuras às vezes."
> "Você entende isso."
> "Eles se protegem dessa maneira, a si mesmos e aos outros. Eu entendo isso. Mas depois tem essa outra coisa que é a família. Esse é o ponto. Eu quero ter uma, precisamos ficar juntos, manter a família indo. Apenas nós, nós três, a

---

32. DeLillo. *Falling Man*, e-book. Tradução nossa do inglês.
33. DeLillo. *Falling Man*, e-book. Tradução nossa do inglês.
34. DeLillo. *Falling Man*, e-book. Tradução nossa do inglês.
35. DeLillo. *Falling Man*, e-book. Tradução nossa do inglês.

longo prazo, sob o mesmo teto, não todos os dias do ano ou todos os meses, mas com a ideia de que somos permanentes (...)"
"Tudo bem."
(...) "Mas eu sei o que vai rolar. Você vai se afastar. Estou preparada para isso. Você vai ficar longe por mais tempo, cair fora pra algum lugar. Eu sei o que você quer. Não é exatamente um desejo de desaparecer. É o que leva a isso. Desaparecer é a consequência. Ou talvez seja o castigo."
"Você sabe o que eu quero. Eu não sei. Você sabe."
"Você quer matar alguém", disse ela. (...) "Você quer isso há algum tempo. Não sei como funciona ou como é, mas é algo que você carrega com você."[36]

Com efeito, Keith é um estereótipo do típico funcionário da alta classe média norte-americana. DeLillo se esforçou por criar um tipo de homem cinzento genérico: a indiferença com a família, o gosto por prazeres mundanos (como pôquer e amantes), a frieza e o desprezo pelos valores morais (ainda mais necessários para a prática corporativa da advocacia), nada disso serve para singularizar Keith entre os yuppies que frequentavam o World Trade Center. Nesse sentido, DeLillo parece sugerir que o ataque terrorista não desencadeou nesses homens cinzentos novos afetos, apenas agravou o agito vazio que já os consumia.

A melancolia, como vimos, é importante porque leva o espírito a experimentar a potência da alegria espiritual baseada na empatia e caridade. Mas a acídia, nas formas mais graves, impulsiona o espírito a fugir deliberadamente da alegria e do bem-estar coletivo. Desse modo, Keith parte para Las Vegas para dedicar-se à carreira de jogador de pôquer profissional. Sente-se atraído pelos "métodos e rotinas padrão" dos cassinos; aí, sente-se finalmente num lugar "que foi feito à sua forma. Em nenhum outro lugar ele foi tão ele mesmo quanto nessas salas".[37] Jogar pôquer proporcionava "momentos em que não havia nada lá fora, nenhum lampejo de história ou memória que ele pudesse invocar sem saber durante a rotina de cartas".[38]

Para a crítica Laura Miller, a fuga para Las Vegas consiste numa tentativa comum de "libertação quase transcendente do mundo que os tornará 'puros e livres'".[39] Mas a única coisa de que Keith de fato se livra é do convívio com a ex-mulher, a amante e seus filhos. Em Vegas, Keith pode enfim

---

36. DeLillo. *Falling Man*, e-book. Tradução nossa do inglês.
37. DeLillo. *Falling Man*, e-book. Tradução nossa do inglês.
38. DeLillo. *Falling Man*, e-book. Tradução nossa do inglês.
39. Miller. "Falling Man". *Salon*, 11 mai. 2007. Tradução nossa do inglês.

completar o movimento da acídia como esvaziamento do espírito em função de uma agitação às vezes prazerosa, desprovida de alegria espiritual ligada ao cuidado do outro, fundamentada na relação com o outro mediada por uma competitividade metrificada.

Mais importante, o jogo de pôquer lhe permite canalizar os pensamentos de *contemptus mundi*. O ponto alto do jogo será, para ele, a perturbação da *poker face*.[40] Keith se esforça por perceber no rosto do oponente, cuidadosamente esvaziado de toda emoção, o instante em que ele passa a ter consciência de que "está morto"[41] no jogo em função de uma má sorte ou erro de estratégia. Flagrar esse momento é importante para Keith, não apenas por razões competitivas, mas porque somente assim ele consegue contemplar, nessas faces tomadas pela morrência, a memória de seus antigos parceiros de pôquer, a maioria mortos durante o atentado às Torres Gêmeas. Significa que, para Keith, a memória foi condicionada a jogos de azar, e só é experienciável através dos acasos e abstrações da estatística.

2.2. MUNDO QUASE PERFEITAMENTE ALEATÓRIO

Keith Neudecker passava os dias em Las Vegas especulando quem seria o morto da rodada. Ou será que Keith, na verdade, já se encontrava morto desde sempre, desde muito antes do atentado às Torres Gêmeas, e o jogo de pôquer só servia para dissimular uma condição geral de morrência da sociedade norte-americana?

Falling Man, de Don DeLillo, é uma obra representativa do vasto cânone da literatura do terror sobre o Onze de Setembro – embora negativamente. Assim como os romances de Claire Messud, Martin Amis, Jonathan Franzen e Ian McEwan, a obra de DeLillo é, conforme as duras palavras do crítico Pankaj Mishra, "incapaz de reconhecer a crença política e ideológica como uma realidade social e emocional no mundo, não pode ser reduzida à experiência individual de raiva, inveja, frustração sexual e constipação".[42] Martin Randall, em seu amplo estudo *9/11 and the Literature of Terror*, ratifica esse

---

40. Gíria para cara de paisagem, expressão impassível – como a dos jogadores de pôquer receosos de que os oponentes possam antecipar suas jogadas a partir de suas reações.
41. O prazer de Keith, ao assistir os jogos na TV, era justamente ter acesso a essa visão transcendental que permite observar "o jogador que não sabe que está morto".
42. Mishra. The End of Innocence. *The Guardian*, 19 mai. 2007. Tradução nossa do inglês.

ponto de vista. A maioria dos romances realistas norte-americanos, conforme a opinião corrente da crítica, "não conseguiu identificar e descrever as 'feridas' deixadas após os ataques (...) tampouco revelar as profundas dificuldades de representar um evento tão visualmente ressonante, globalmente acessível e historicamente significativo".[43] No caso de DeLillo, Randall insiste que, ainda que seja louvável a tentativa de "apresentar ao leitor uma visão totalmente mudada, desmoronada, de uma cidade distópica 'caída' e estabelecer um clima de estranha tristeza que permeia o romance",[44] a escolha por representar o tema a partir de uma dimensão individual e familiar, fundamentada numa tese de emasculação da vítima, é problemática porque, além de clichê, corre o risco de alimentar a "cultura da vitimização" que impede os EUA de questionarem seu papel imperialista.

O romance *O último grito* (2017), de Thomas Pynchon, segue na contramão das tendências da literatura do Onze de Setembro. Ele vai experimentar representar o atentado de um ponto de vista inverso: não como algo que vem de fora, mas gestado a partir de dentro; não mais como um fato inesperado (isto é, um fato que até pode ser considerado historicamente previsível, mas cuja ocorrência não podia ser previamente determinada), mas como um acontecimento desejado, calculado, produzido pelo capitalismo norte-americano, com a finalidade explícita de expandir seu poder imperial. Em que sentido?

O último grito é um romance de detetive híbrido, com toques de comédia familiar, ficção cyberpunk e thriller sobre terrorismo. A protagonista Maxine Tarnow, especialista ex-certificada em fraudes fiscais, é contratada para investigar as movimentações financeiras suspeitas de uma pequena startup de segurança informática. À medida que Maxine avança em suas investigações, a trama torna-se cada vez mais complexa e inextricável, envolvendo desde financiamento secreto de terroristas russos, contrabando de sorvete russo proibido, brinquedos Furby hackeados a serviço da espionagem global etc. – tudo isso envolvendo boas doses da cultura nerd e tech da virada do milênio. Todos os caminhos parecem apontar para Gabriel Ice, um magnata do Beco do Silício, contraparte nova-iorquina do Vale do Silício. Ele pretendia expandir seus negócios com a compra do código-fonte do DeepArcher, plataforma de navegação e busca interativa na *deep web* que

---

43. Randall. *9/11 and the Literature of Terror*, p. 3. Tradução nossa do inglês.
44. Randall. *9/11 and the Literature of Terror*, p. 120. Tradução nossa do inglês.

já mencionamos.⁴⁵ A principal suspeita é a de que ele queria utilizar esse código para apagar qualquer traço de suas movimentações financeiras escusas. E é precisamente nesse panorama de disputa de poder sobre os fluxos financeiros e algorítmicos que o Onze de Setembro intervém – evento em que a possibilidade de envolvimento de Ice não está totalmente descartada.⁴⁶

Em determinado momento da trama, no dia seguinte ao ataque terrorista, especialistas em economia e tecnologia de todo o mundo observaram um curioso fenômeno em seus sistemas: uma espécie de "febre dos números" que, de um lado, fez as opções de venda de ação das companhias aéreas e empresas localizadas nas Torres Gêmeas, como Morgan Stanley e Merrill Lynch, dispararem; e, de outro, parecia impor uma espécie de fim aparente e inaudito a toda aleatoriedade:

> Você já ouviu falar do Projeto Consciência global? (...) uma rede de trinta a quarenta geradores de eventos aleatórios espalhados pelo mundo, e os resultados chegam no site de Princeton de modo ininterrupto, sendo misturados para gerar essa cadeira de números aleatórios. Fonte de primeiríssima, pureza excepcional. Com base na teoria de que se nossas mentes estão todas conectadas, de alguma maneira, qualquer evento global importante, uma catástrofe, o que for, vai aparecer nos números (...) Tudo corre bem até a noite de 10 de setembro [véspera do Ataque às Torres Gêmeas], quando de repente os números que vêm de Princeton começam a se afastar da aleatoriedade, mas se afastar de modo abrupto, drástico, sem explicações. Você pode conferir, os dados estão postados no site pra todo mundo ver, *é uma coisa... eu diria que é assustadora se eu soubesse o que ela quer dizer*. Ficou assim todo o dia 11 e mais uns dias depois. Então, do mesmo modo misterioso, tudo voltou a ser *quase perfeitamente aleatório, como antes*.⁴⁷

O que *O último grito* vai examinar é justamente o caráter "quase perfeitamente aleatório" da realidade capitalista norte-americana – em que pode tudo, exceto poder-o-não, isto é, tudo pode, exceto a interrupção do progresso e das guerras que ele exige. Seria ingênuo acreditar que Osama Bin Laden e seus comparsas seriam capazes de infringir essa regra; a paranoia pynchoniana prefere partir da hipótese oposta: são eventos como o Ataque ao World

---

45. Ver capítulo 6.
46. Todo esse parágrafo é uma paráfrase do resumo do romance disponível no site da Companhia das Letras.
47. Pynchon. *O último grito*, e-book.

Trade Center que confirmam, em vez de questionar, a prática imperialista de produzir não poder em escala global, como meio de excluir qualquer possibilidade de poder-o-não.

Para interpretar essa passagem, eu gostaria de retomar a figura do anjo especulador. Ao contrário do jogador de pôquer de DeLillo, ele é um checador de dados. Mas o que esse anjo checa "duas vezes"? A quase perfeita aleatoriedade do capitalismo, em que tudo é possível, exceto o fim do progresso. Tudo pode, inclusive o não poder, exceto poder-o-não. É essa a cláusula mefistofélica; por isso, o anjo que especula deve também rechecar seus cálculos, infinitamente, para garantir que nada tenha escapado à enorme máquina de calcular capitalista – inclusive a catástrofe. Dos cassinos à flutuação de Wall Street, é a própria aleatoriedade do mundo que deve ser *quase-causada* pelo capital.

Já vimos que o capitalismo existe em função de sua contínua movimentação, dinâmica ininterrupta que visa excluir qualquer possibilidade de que uma atividade produtiva se baseie em critérios extrínsecos à acumulação de capital. Logo, o que a máquina capitalística pode verdadeiramente é o não poder, isto é, o movimento de esvaziamento de toda potência de poder-o-não. É por isso que viemos insistindo na desresponsabilização e mobilização enquanto modalidades de controle. Somente em último caso o capitalismo recorre a ordens diretas e coerção violenta; prefere, antes, atuar a nível sub-hegemônico, molecular, minando toda forma de poder-o-não. É nesse sentido que o fictício navegador DeepArcher de *O último grito*, conforme já vimos, contraefetua a dominação molecular do algoritmo do Google. No DeepArcher, os usuários podem fazer tudo, inclusive *nada*, porque, ao contrário do Google, o algoritmo não busca mapear ou influenciar seus interesses.

No DeepArcher, jogadores de cassinos podem fazer apostas puras, enquanto outros permanecem parados contemplando a paisagem de pixels como se estivessem tomados por uma espécie de nirvana digital, e até mesmo os mortos do 9/11 podem vagar sem assombrar ninguém. O DeepArcher cumpre com a promessa de promover o poder-o-não. E se a alegria consiste em preencher uma potência, seu contrário não pode jamais ser a tristeza, afinal, *poder a tristeza*, como já sugeriam os médicos da *pharmakon*, já é experimentar a potência da alegria enquanto poder-o-não ser alegre.

Coberto de cinzas, indiferente, com o coração tomado por um agito vazio, o anjo especulador checa duas vezes a reinscrição da catástrofe no fluxo capitalista.

2.3. ESPECTROS DA TRISTEZA DO MUNDO

"Se o desejo produz, ele produz real",[48] escreveram Deleuze e Guattari, que, contrariando a ideia de que o desejo se baseia na falta, completam: "é arte de uma classe dominante essa prática do vazio como economia de mercado: organizar a falta na abundância de produção, descarregar todo o desejo no grande medo de se ter falta".[49] A acídia – o agito vazio do coração – é o afeto que melhor se adequada ao controle sub-hegemônico, molecular, das potências e devires alegres. A subjetividade capitalística impõe o não poder como único critério da relação com o outro, em função de uma socialização mediada pela competitividade metrificada com vistas à acumulação de lucro.

Logo após o atentado, Maxine Tarnow vai a uma consulta com seu hemoterapeuta de inspiração oriental, Shawn, em busca de respostas, e este, com seu habitual jeito lacônico e bem-humorado, compartilha suas primeiras impressões:

> [Shawn] "(...) Vejo na rua pessoas que eram pra estar mortas, às vezes até mesmo pessoas que eu sei que estavam nas torres quando elas caíram, que não podem estar aqui, mas estão."
> Ficam algum tempo se entreolhando, caídos no chão do botequim da história, sentindo-se nocauteados, não sabendo como se levantar e tocar pra frente num dia que de repente está cheio de buracos – familiares, amigos, amigos de amigos, números de telefones no rolodex, que não estão mais aqui... a sensação sinistra, às vezes, pela manhã, de que o país em si não está mais aqui, porém foi substituído, tela por tela, por outra coisa, algum pacote que contém uma surpresa, *obra de gente que conseguiu conservar a cabeça* e está com os dedos prontos para clicar.
> [Shawn] (...) "Lembra aquela cena do noticiário local, logo depois que cai a primeira torre, uma mulher vem correndo pela rua e entra numa loja, assim que ela fecha a porta vem uma nuvem preta horrível, cinzas, destroços, varrendo

---

48. Deleuze; Guattari. *O Anti-Édipo*, p. 43.
49. Deleuze; Guattari. *O Anti-Édipo*, p. 45.

a rua, passa pela vitrine como se fosse um furacão... foi esse o momento, Maxi. Não em que 'tudo mudou'. Em que tudo foi revelado. Nenhuma grande iluminação zen, mas uma lufada de negrume e morte. Nos mostrando exatamente *o que a gente passou a ser, o que a gente sempre foi.*"
[Maxine] "E o que a gente sempre foi é...?"
[Shawn] "*Pessoas que já eram pra ter morrido. Que estão se dando bem*. Nem aí pra quem está pagando o pato, quem está morrendo de fome, vivendo amontoado, pra que a gente possa ter comida, casa, um quintal no subúrbio, tudo isso a um preço camarada... No resto do planeta, a cada dia a conta aumenta. E enquanto isso a única ajuda que a mídia nos dá é chorar os mortos inocentes, buá, buá. Buá, o caralho. Sabe uma coisa? Todos os mortos são inocentes. Não existe morto que *não seja inocente*."
Depois de uma pausa: "Você não vai explicar isso, ou então...".
"Claro que não, é um *koan*."[50]

O vídeo mencionado por Shawn é, provavelmente, o vídeo viral em que um cinegrafista amador se detém defronte às Torres Gêmeas no instante de seu desabamento para filmar a torrente de fumaça e destroços o alcançar.[51] Ele permanece imóvel no meio da rua, na contramão dos que correm em desespero, até o último segundo da chegada da fumaceira, quando então escapa para o interior de uma loja de conveniência, sendo seguido por mais quatro ou cinco pessoas. Ele prossegue sua filmagem, dando destaque agora à gente atônita, choro, tosse, gritos; um sobrevivente lava o pó do rosto, outro pede socorro a Deus e um terceiro, em cujo paletó parece estar bordada a insígnia da ONU, bebe um isotônico; mais ao fundo, há pessoas sentadas à mesa assistindo televisão. Da fachada transparente da loja, é possível observar a torrente preta de fumaça e destroços correr a rua do lado de fora, contrastando com a vitrine de letreiros em neon – como se tudo não passasse da tela enorme de uma sinistra televisão sem sinal. O vídeo é cortado para instantes depois, quando a fumaça já havia baixado. Mais pessoas assistem, atônitas, ao noticiário. Outros sobreviventes rumam para o interior da loja; um judeu ortodoxo é arrastado e largado no chão, rente

---

50. Pynchon. *O último grito*, e-book. *Koan* é uma narrativa, diálogo, questão ou afirmação no budismo zen que contém aspectos inacessíveis à razão. Dessa forma, o *koan* tem como objetivo propiciar a iluminação espiritual do praticante de budismo zen. Um *koan* famoso é: "Batendo as duas mãos uma na outra, temos um som; qual é o som de uma mão somente?" (tradição oral, atribuída a Hakuin Ekaku, 1686-1769). [Verbete "Koan", Wikipedia].
51. Vídeo disponível em: https://www.youtube.com/watch?v=QbRk3WAIhVQ.

à bancada de snacks. O cinegrafista retorna à rua, que agora se encontra inteiramente coberta de pó acinzentado. Pessoas esbranquiçadas cruzam com ele, aos pares ou sozinhas, todas mudas; o detalhe de um sapato esquecido chama sua atenção. E como até agora o *cameraman* não deu sinal algum de ter titubeado quanto às suas chances de sobreviver à catástrofe, temos o registro que testemunha aquilo que Phillip K. Dick definiu como: "os mortos que ainda podem ver, mesmo que não possam entender: *eles são as nossas câmeras*".[52]

"A tristeza, conforme o Senhor, não produz remorso, mas sim uma qualidade de arrependimento que conduz à salvação; porém, *a tristeza do mundo traz a morte*",[53] diz a Segunda Epístola aos Coríntios, que também é citada em *O último grito*. De acordo com São Tomás de Aquino, a tristeza do mundo é o oposto da tristeza divina; esta nos leva a compadecer das nossas limitações e da dor do outro e, portanto, é um caminho para o arrependimento, a redenção e alegria de *caritas*; já a tristeza do mundo é um pecado mortal: o pecador opta deliberadamente pela "morrência"[54] da própria alma para não tomar parte em nenhuma melancolia compadecida. Poder-o-não *versus* não poder. A perfeita acídia, portanto, não possui sujeito ou objeto, senão o próprio movimento de fuga de toda empatia e expiação de culpa; a tristeza do mundo, conclui Aquino, é uma tristeza vazia, puro peso mortificante da Terra sem a presença leve da compaixão e da alegria de Deus, e que vira as costas ao sofrimento dos homens.

A tristeza do mundo é chave para compreender o *koan* de Shawn, que fala de "pessoas que deveriam ter morrido". Há um nome específico para aquele que morre antes de morrer, e cuja vida póstuma é devotada à negação da primeira morte. São os *espectros*. Segundo o filósofo Giorgio Agamben, os espectros são onipresentes na contemporaneidade; eles representam a relação com a história de que o capitalismo é capaz. O filósofo italiano parte de uma divisão entre *espectros perfeitos* e *espectros larvais*: "Enquanto

---

52. Dick. *O homem duplo*, e-book.
53. 2 Coríntios 7:10. Em *O último grito*, há uma outra referência à Segunda Epístola aos Coríntios, narrada pela rádio: "De boa vontade suportais os insensatos, vós que sois tão sensatos"; o que Maxine interpreta como um sinal para que aja com prudência com o taxista cristão antissemita mal-humorado que, misteriosamente, dá sinais de saber que algo terrível está por vir (cf. Pynchon. *O último grito*).
54. Segundo a Organização Pan-Americana de Saúde, o sujeito em processo de "morrência" se definha aos poucos, em extrema anedonia, geralmente marcada pela perda da fé em si e no outro. Como uma luz que, aos poucos, vai se apagando.

a primeira espécie de espectros é perfeita, porque não tem mais nada a acrescentar ao que fez ou disse, as larvas devem fingir-se um futuro para darem lugar, na verdade, a uma raiva no que diz respeito ao seu passado e à sua incapacidade de se saberem acabadas".[55] O homem capitalista é um espectro larval.

Agamben reflete sobre os espectros a partir de Veneza, onde mora. Ela seria um espectro, em duplo sentido. De um lado, ela é vítima das "terríveis restaurações que suavizam e uniformizam as cidades europeias",[56] da indecência dos que continuam a embelezar seu cadáver, para vender sua história. Nessa Veneza, "esqueletos e manequins desfilam eretos, e múmias que pretendem dirigir alegremente a sua exumação".[57] Nesse caso, ela é um *espectro larvar*.

Por outro lado, Veneza é também um *espectro perfeito*, "que tem, em relação à vida, a graça e astúcia incomparável daquilo que é completo, a elegância e a precisão de quem não tem mais nada diante de si".[58] Essa Veneza não pede nada, nem mesmo por ser lembrada. O espectro perfeito, malgrado seu destino muitas vezes infeliz, é ainda uma existência alegre, porque sua tristeza tem origem na tristeza divina, que a redimiu. Às vezes, acontece de Veneza revelar sua espectralidade furtivamente – mas nunca para o turista ou para o governante impaciente; talvez para mendigos, talvez para os ratos; em suma, para aqueles que ainda espreitam pela abertura em que "bruscamente a história – a vida – cumpre as suas promessas".[59] Eis então Veneza, imersa em sua potência-de-não.

Assim sendo, Veneza, duplamente espectral, é o emblema da modernidade – pois "o nosso tempo não é o novo, mas *novíssimo*, ou seja, último e larval. Ele se concebeu como pós-histórico e pós-moderno, sem suspeitar de entregar-se necessariamente a uma vida póstuma e espectral".[60]

Nova York gozaria de estatuto similar ao de Veneza? A cena final de *Gangues de Nova York* – lançado em 2002, um ano depois dos atentados – parece sugerir uma condição larvar. Trata-se de um *timelapse* da evolução de Manhattan desde o século XIX aos dias de hoje. A câmera está localizada em um fictício cemitério localizado do outro lado do rio Hudson,

---

55. Agamben. Da utilidade e dos inconvenientes do viver entre espectros, p. 60.
56. Agamben. Da utilidade e dos inconvenientes do viver entre espectros, p. 61.
57. Agamben. Da utilidade e dos inconvenientes do viver entre espectros, p. 59.
58. Agamben. Da utilidade e dos inconvenientes do viver entre espectros, p. 59.
59. Agamben. Da utilidade e dos inconvenientes do viver entre espectros, p. 61.
60. Agamben. Da utilidade e dos inconvenientes do viver entre espectros, p. 61.

onde estão enterrados os velhos facínoras e trapaceiros que fundaram a cidade. Scorsese insinua que eles sabem de tudo que ocorre na cidade, seus segredos espúrios e vontade megalomaníaca de progresso. Manhattan seria mero prolongamento de seus sonhos, exceto por um único detalhe: neles, o World Trade Center continua de pé. O ataque terrorista não foi incluído na cena final. Segundo o diretor de efeitos visuais, Michael Owens, a escolha foi tomada porque "o filme não é sobre 11 de setembro; é sobre a cidade de Nova York e seu povo, e sobre como essas duas entidades a fizeram ser o que ela era naquela época. A cena final é sobre a cidade se tornar o que é hoje, uma cidade *incrivelmente ótima*".[61]

Trata-se de uma escolha significativa, afinal, conforme escreve Ian McEwan em seu célebre artigo sobre o Onze de Setembro, "esses foram os tipos de eventos que Hollywood tem imaginado nas últimas décadas nos piores de seus filmes. Mas a realidade americana sempre supera a imaginação".[62] Nesse mesmo esteio, Slavoj Žižek afirma que "a lógica que se oculta por trás da associação frequentemente mencionada entre os ataques, e que os filmes-catástrofe de Hollywood revelam, é: o impensável que havia acontecido já era objeto da fantasia, e assim, de certa forma, os Estados Unidos teve justamente o que ele fantasiava, *e esta foi a grande surpresa*".[63] Nesse sentido, o pequeno *glitch* do filme de Scorsese é o elemento que confirma a aleatoriedade *quase* perfeita do mundo dos espectros larvais. Tudo pode, inclusive não poder, exceto poder-o-não. A imaginação de Manhattan não pode não ter as Torres Gêmeas.

Em *O último grito*, a espectralidade de Nova York também é tematizada, mas em seu aspecto duplo, perfeito e larvar. O espectro perfeito corresponde a *Zigotisópolis*. Enquanto passeavam pelo DeepArcher, os filhos de Maxine, Ziggy e Otis, encontram arquivos gráficos de Nova York tal como ela era antes de 11 de setembro de 2001. Com base neles, os garotos criam sua própria versão da cidade, que agora leva seus nomes. Maxine se surpreende com a escolha dos garotos, mesmo "tendo todo um universo em expansão para escolher, em meio às torrentes globais".[64] Mas logo compreende que se tratava de uma cidade mais inocente, inchada de nostalgia, tal qual seus avós tentavam transmitir-lhes, uma Nova York "apresentada numa paleta

---

61. Magid. "Mean Streets". *American Cinematographer*, jan. 2003. Tradução nossa do inglês.
62. McEwan. "Beyond Belief". *The Guardian*, 12 set. 2001. Tradução nossa do inglês.
63. Žižek. *Bem-vindo ao deserto do real*, p. 32.
64. Pynchon. *O último grito*, e-book.

suave baseada em processos cromáticos antiquados como os que a gente encontra em cartões-postais de antanho".[65]

Zigotisópolis permitia desfrutar "daquela misteriosa suspensão do tempo que produz a maior parte dos conteúdos da internet".[66] Nessa Nova York, os garotos ainda podem ficar à vontade, "sem se preocupar com segurança, salvação, destino...".[67] O que, para Maxine, uma mãe judia especialista em investigação de fraudes, fazia acender o alerta máximo de que o DeepArcher provavelmente devia estar com os dias contados. Ela intui que muito em breve deverão vir trocentos bots, vírus, rastreadores e outros seres malignos, incorpóreos facínoras do novo século, que ocuparão Zigotisópolis e as demais regiões do DeepArcher unicamente para reclamar mais aquele espaço da fantasia "em nome do mundo indexado".[68]

Enquanto o espectro perfeito de Nova York ainda permanece em suspenso nas profundezas da *deep web*, na superfície os espectros larvais correm para substituir o país, "tela por tela", graças ao trabalho daqueles que "conservaram a cabeça e estão com os dedos prontos para clicar". A lição do *koan* de Shawn lembra o episódio em que Michael Bloomberg e Rudolph Giuliani, na época prefeito e ex-prefeito de Nova York, visitaram o *ground zero* acompanhados por Tania Head, presidenta do World Trade Center Survivors' Network. Anos mais tarde, descobriu-se que Tania, na verdade, chamava-se Alicia Esteves Head – nome que parece ter saído da lavra de trocadilhos de Pynchon – e que, ao contrário do que ela afirmava, não era sobrevivente e nem sequer estava nos Estados Unidos no dia do atentado.[69] Os espectros larvais vão infestar a Nova York substituída, pixel por pixel, por uma nova programação de poder.

Pynchon, de modo bastante brincalhão, critica essa condição espectral larvar. Por exemplo, há o jogo de videogame desenvolvido pelos mesmos criadores do DeepArcher. Somos convidados a exercer o papel de justiceiros em uma cidade sem nenhum sem-teto, criança, bebê, cachorro, velho; mas em que abunda "gente berrando nos celulares, ciclistas cheios de superioridade moral, mães carregando crianças gêmeas".[70] Nossa função será

---

65. Pynchon. *O último grito*, e-book.
66. Pynchon. *O último grito*, e-book.
67. Pynchon. *O último grito*, e-book.
68. Pynchon. *O último grito*, e-book.
69. Healey. "Tania Head: One of the biggest frauds in history pretended to be 9/11 survivor". *Aol.com*, 10 set. 2016. Tradução nossa do inglês.
70. Pynchon. *O último grito*, e-book.

patrulhar as ruas portando uma submetralhadora para notificar, prender ou até mesmo assassinar pessoas sem educação:

> (...) claro, com o cuidado extra dos programadores de não haver nenhum sangue envolvido na matança e com a garantia de que as verdadeiras vítimas inocentes dessa gente sem noção sejam conduzidas, com um simples arrastar de mouse, para a Zona Protegida. Na verdade, apesar de algumas inconsistências e simplificações poligonais, o jogo se passa mesmo é em Nova York e "o que a gente pega é tudo yuppie", "é o que o Giuliani chama de *questões de qualidade de vida*".[71]

O jogo nos convida, portanto, a matar alegremente pessoas que "deveriam ter morrido" – e que não expelem sangue, porque são espectros. O jogador-justiceiro pode contemplar o agito vazio da capital e se divertir forçando todos a "caírem na real" – bem de acordo com um humor ranzinza tipicamente nova-iorquino –, cumprindo, desse modo às avessas, a política de "tolerância zero".[72]

Mas nem todos os espectros do Onze de Setembro vão assombrar a superfície; outros vão parar nas profundezas do DeepArcher, como Lester Traipse, um hacker lendário e idealista que descobrira parte do esquema de Ice e que por isso acabou morto. Traipse é uma autêntica "criatura do beco do silício",[73] isto é, um espectro perfeito, zigoto, por assim dizer.

Enquanto isso, no mundo dos espectros larvais, governados por pessoas que "eram para estar mortas", uma lufada de negrume e morte passa mostrando "o que a gente passou a ser, o que a gente sempre foi (...) pessoas que já eram para ter morrido. Que estão se dando bem". Por todo o globo se espalha a tristeza do mundo. A zona cinza é sempre espectral.

2.4. GARANTIA DE ANTICOMPAIXÃO

Ficamos sabendo do próprio vilão de *O último grito*, Gabriel Ice, que os espectros larvais não morrem. "Isso não rola (...) Eu não morro. *Não há*

---

71. Pynchon. *O último grito*, e-book.
72. Política de segurança implementada pelo prefeito de Nova York Rudolph Giuliani a partir de 1994, de cunho racista e associada a uma gentrificação agressiva. Ver: Wendel; Curtis. Tolerância zero – A má interpretação dos resultados, p. 267-278.
73. Beco do Silício é o correspondente nova-iorquino do Vale do Silício, situado na Califórnia.

possibilidade de eu morrer".[74] Leia-se: para os espectros larvais, morte e possibilidade de morrer são ocorrências diferentes. Todavia, como Ice tem uma arma apontada para sua cabeça, ele terá de ouvir a réplica de Maxine: "e sabe por que que você não morre? Porque *cai na real*. Começa a pensar sobre isso mais a longo prazo e, o mais importante de tudo, vai embora".[75] O que significa *cair na real* para figurões como Ice? Que a "vida deixa de ser sua e passa a ser dos poderosos que você sempre adorou".[76]

Quando o ex-CEO da Enron, Jeffrey Skilling, admitiu que sua "vida está *acabada*" – embora lhe faltasse a coragem de suicidar-se como seu sócio – ele estava apenas caindo na real. E ele morre justamente porque ele já não podia sustentar a mentira – que cumpria uma missão divina, que sua empresa dava lucros, que seus empregados eram uma família...

Em *O último grito*, logo na semana seguinte ao atentado, começam a circular notas de dólar rabiscadas com os dizeres: "O World Trade Center foi destruído pela CIA – a CIA e Bush pai vão transformar Bush filho em presidente *perpétuo e herói*".[77] Aqui reaparece um tema clássico da obra de Pynchon: a paranoia. Em toda a obra proliferam teorias da conspiração – marcadas nas margens das cédulas, em portas de banheiro, blogs obscuros, em detalhes de vestimenta, em suma, às margens de toda forma de linguagem codificada – que buscam dar conta de uma governança efetivamente espectral, imune ao risco de catástrofe, infensa às adversidades da história e impérvia a todo sentimento de compaixão.

É também nesse sentido que a personagem March Kelleher – uma espécie de militante das antigas, "pau pra toda obra" e autora de um blog subversivo intitulado *Tabloide dos Malditos* – conjectura:

> [March Kelleher] Dizer que isso [9/11] é coisa de islamistas maus é conversa fiada, e nós sabemos que é. Vemos os closes oficiais na tela da tevê. Aquela cara de mentiroso disfarçado, aquele brilho nos olhos de quem seguiu os doze passos. Basta olhar para esses rostos que a gente sabe que eles são culpados dos piores crimes imagináveis. Mas quem é que está com pressa de imaginar? De fazer a associação terrível? Como também ninguém estava na Alemanha em 1933, quando os nazistas incendiaram o Reichstag depois que Hitler se tornou

---

74. Personagem Gabriel Ice – um magnata do Beco do Silício cujos tentáculos podem envolver até mesmo participação no Atentado às Torres Gêmeas.
75. Pynchon. *O último grito*, e-book.
76. Pynchon. *O último grito*, e-book.
77. Pynchon. *O último grito*, e-book.

chanceler. Não, é claro, que se esteja querendo dizer que Bush e seus asseclas tenham preparado eles próprios os acontecimentos de Onze de Setembro. Só mesmo um cérebro completamente comprometido pela paranoia (...) Não, não, nem pensar.
Mas há também uma outra coisa. Nosso anseio. Nossa necessidade profunda de que isso seja verdade. Em algum lugar, em algum desvão escuro da alma nacional, precisamos nos sentir traídos, até mesmo culpados. Como se fôssemos nós que criamos Bush e sua gangue, Cheney e Rove e Rumsfeld e Feith e os outros todos – nós que convocamos o relâmpago sagrado da "democracia", e depois a maioria fascista da Suprema Corte acionou uma chave e Bush levantou-se do leito e começou a atacar. E tudo que aconteceu então é culpa nossa.[78]

Eis o modo como a governança da tristeza do mundo mobiliza o não poder, a impotência dos homens cinzentos. Estes sentem-se impotentes diante da violência dos poderosos; e, no entanto, sabem que é a própria impotência que produz a potência de destruição que eles detêm. A lógica de desresponsabilidade se consolida: me torno o verdadeiro culpado por aquilo que não fiz; o que, na prática, desculpa tanto aquele que fez quanto o que não fez.

Como a literatura de Pynchon aborda, de um ponto de vista paranoico, a "quase perfeita aleatoriedade" da sociedade capitalista norte-americana, ele passa ao largo de questões como trauma, amnésia, depressão etc. Para um autor que se debruçou sobre os episódios mais sombrios da história moderna – Guerra Civil Norte-Americana; Segunda Guerra Mundial e neocolonização; Guerra do Vietnã; Atentado às Torres Gêmeas etc. –, há uma marcante ausência de personagens tristes, no sentido que a literatura do trauma reconhece esse afeto. Com efeito, em O último grito, não há nenhum sobrevivente direto ou que tenha perdido um ente querido, alguém direta e intimamente afetado pela catástrofe; o que significa que o tipo de questões que Pynchon está se colocando são diversas daquelas que, por exemplo, Sebald e DeLillo se colocam. Evidentemente, Maxine também se entristece – por exemplo, quando Horst some após o atentado, ela lamenta que "daquele pedaço de carne que, Maxine espera, ainda compartilha sua vida" não chegue nenhuma informação...[79] O que significa que, naquela noite,

---

78. Pynchon. *O último grito*, e-book.
79. Pynchon. *Vineland*, p. 181.

as crianças terão o direito de comer petiscos proibidos, embora elas mal os toquem – e isso é o máximo de "realismo psicológico" que a trama fornece.

A ocorrência de um trauma depende, em larga medida, de uma intrusão inesperada do real na ordem simbólica. Para o paranoico pynchonesco, nada realmente surpreende, porque o capitalismo é o regime em que tudo pode, inclusive o não poder – mas nunca o poder-o-não, e é isso que impressiona. Sem excluir o mérito dos autores que se debruçam sobre questões relativas ao trauma, memória, conflitos identitários etc., a literatura de Pynchon nos parece importante justamente porque permite discutir de que outras maneiras é produzido o não poder, para além do choque traumático com a violência e a catástrofe. Em sua obra, muitos paranoicos foram degradados ao mais alto grau de impotência; mas outros, como é o caso de Maxine e Kelleher, são paranoicos alegres, isto é, encontram meios de restituir um pouco de poder-o-não face às múltiplas versões do "velho e triste esquema de sempre"[80] de acumular lucro do modo mais rápido, custe o que custar.

Uma dessas maneiras é a *garantia de anticompaixão*. Em *O último grito*, no momento em que Maxine investiga as possíveis relações entre Gabriel Ice e Onze de Setembro, ela recebe misteriosamente um vídeo. Ele retrata um teste militar realizado no topo do edifício Deseret – um prédio "morto-vivo"[81] em que se desenrola boa parte da trama. Uma equipe prepara um míssil Stinger, aponta-o para um avião que cruza o céu e, sem atirar, desmonta tudo. É possível observar as Torres Gêmeas ao fundo. A câmera registra ainda a presença de *snipers* lotados num prédio vizinho. Eles

---

80. Pynchon. *O último grito*, e-book.
81. O edifício Deseret, ele também, é um espectro: "Se existem casas mal-assombradas, então também podem existir prédios com problemas de carma, e o prédio que elas gostavam de vigiar, o Deseret, fazia o Dakota parecer um Holiday Inn. (...) o prédio domina o bairro, tentando se fazer passar por mais um residencial pesadão do Upper West Side, doze andares e um quarteirão inteiro de apetrechos sinistros – escadas de incêndio helicoidais em cada esquina, torreões, sacadas, gárgulas, criaturas de ferro fundido com aspecto de serpentes cobertas de escamas com presas na boca sobre as entradas e enrodilhadas junto às janelas. (...) Equipes de filmagem frequentam o pedaço para fazer longas, anúncios, séries, projetando luzes fortíssimas na goela insaciável da entrada principal, mantendo acordados a noite toda os moradores dos quarteirões mais próximos.
(...) Qualquer aparecimento de um vulto humano era um grande evento. No início, Maxine achava aquilo romântico, todas as vidas desconexas transcorrendo em paralelo – mais tarde começou a adotar uma visão, digamos, gótica. Haveria outros prédios mal-assombrados, mas aquele parecia ser ele mesmo um morto-vivo, um zumbi de pedra, que só despertava quando caía a noite, caminhando invisível pela cidade para dar vazão a suas compulsões secretas". Pynchon. *O último grito*, e-book.

parecem mirar na equipe de montagem, não no avião. Maxine jamais saberá qual o real significado desse vídeo, e se ele confirma suas hipóteses sobre Ice. Já March Kelleher, que se torna sua parceira de investigação informal, não tem a mesma paciência na hora de cultivar incertezas, e então, com sua característica paranoia alegre, prontamente lança sua hipótese para o vídeo, que intitula como:

> [Kelleher] "*Garantia de anticompaixão*. Alguém tem medo de que os sequestradores não levem a operação a cabo. São cabeças ocidentais que não engolem a ideia de se matar a serviço de uma causa. Aí eles ameaçam derrubar os aviões a bala se os caras amarelarem na última hora (...) isso explicaria a presença do outro atirador na cobertura do outro prédio, que o pessoal do Stinger sabe que ele está lá, mirando neles até que aquela parte da missão seja cumprida."
> [Maxine] "Socorro! Bizantino demais, para com isso!"
> [Kelleher] "Eu tento, mas o Bush atende meus telefonemas?"[82]

Podemos imaginar se, para além do que o vídeo revela, não haveria num dos corredores do prédio um segundo atirador, que mira o *sniper* à janela, e outro que mira em suas costas, a partir do hall, e assim indefinidamente...

Aqui, voltamos àquilo que definimos como uma história identificada a uma corrente de acídia: ela sistematiza a recusa da compaixão a partir da projeção de uma morrência generalizada. Homens cinzentos, comparsas de um mesmo crime histórico, que têm de fornecer uns aos outros a garantia de que há a "possibilidade de morte" no caso de aflorar entre eles o sentimento de arrependimento (noutro de seus romances, *Vício inerente*, Pynchon narra justamente o destino trágico do magnata do ramo imobiliário que em algum momento pretendeu fazer o caminho inverso: não mais destruir comunidades para dar lugar a condomínios de classe média, mas erguer para elas uma vila ecoutópica chamada *arrependimento*).

A passagem da tristeza divina para a tristeza do mundo, assinala Aquino, é marcada não só pela morte espiritual do ser caridoso e compadecido – capaz de sofrer com a tristeza do outro –, mas também pelo *afastamento de toda possibilidade de arrependimento*. Nesse sentido, a história da tristeza do mundo só pode ser uma história *des*-culpada – não porque foi redimida pela potência de uma alegria, mas porque foi privada de toda possibilidade de redenção (voltaremos adiante nesse ponto, quando tratarmos dos "viajantes do tempo" de Pynchon). A distância entre o que conhecemos e o que nos

---

82. Pynchon. *O último grito*, e-book.

mobiliza, que caracteriza a zona cinza, é também espaço de diluição de toda potência de culpa que faz manifestar um desejo de alegria; é, ainda, espaço de morrência generalizado, espectralizante – daí a extraordinária dificuldade de se pensar em termos objetivos, quando tudo não passa de névoa espectral, na zona cinza.

O que temos representado no topo do edifício Deseret é essa estrutura em *mise en abyme* do jogo do mico preto. Podemos compreender um pouco mais sobre essa garantia de anticompaixão ao relembrarmos que, em um dos aviões sequestrados pelos terroristas do Onze de Setembro, para que ninguém entrasse em pânico, os passageiros sequer foram informados de seu real destino – a morte – pela tripulação oficial a bordo.[83] Em todo caso, como não existe, propriamente, morte do espectro – apenas seu acabamento –, a garantia dada aos envolvidos no crime histórico encenado no alto do Deseret é que serão apagados da história caso necessário, de modo a preservar intacta a marcha da tristeza do mundo. Então, voltando à estrutura em *mise en abyme* encenada no telhado, conjecturemos: no caso de arrependimento dos terroristas, tudo seria substituído pela tela em que "o governo interceptou uma ação em curso"; no caso de arrependimento dos disparadores de míssil, é a própria missão que será apagada do sistema e passará a existir apenas como "paranoia", "lenda urbana"; e no caso de arrependimento dos atiradores de elite... bem, eles já deram mostra do que são capazes:

> [Ernie] Foi a mesma coisa quando mataram o Kennedy (...) Também ninguém queria acreditar na história oficial. E aí de repente surgiu um monte de coincidências estranhas. (...) o principal argumento contra as teorias de conspiração é sempre que teria que envolver gente demais, e alguém fatalmente ia abrir o bico. Mas pensa só no aparato de segurança dos Estados Unidos, esses caras são Wasps, mórmons, membros da Skull and Bones, fazem tudo em segredo. São treinados, às vezes desde o berço, pra nunca entregar nada. Se existe disciplina em algum lugar é entre eles. De modo que, é claro, é possível sim.[84]

Assim sendo, é como se o Onze de Setembro tivesse de ocorrer como garantia de que o anjo especulador jamais pudesse agir com compaixão em face da calculada tristeza do mundo.

---

83. Portal G1. "Reconstituição do voo AA-11". *G1*, 24 ago. 2011.
84. Pynchon. *O último grito*, e-book.

IMAGEM 3 - A CIDADE ABANDONADA

Imagem 7 – *Untitled: Human Mask* (2014), de Pierre Huyghe.

Os sofrimentos psíquicos do homem são exclusivos de nossa espécie? Ou será que, em virtude do antropoceno, nossas desordens emocionais podem atingir escala geológica? A acídia pode ultrapassar a fronteira da experiência humana e figurar como um verdadeiro mal na Terra?

Em 2014, o artista contemporâneo Pierre Huyghe apresentou a videoarte intitulada *Untitled: Human Mask*. Huyghe é um dos principais expoentes do que se convencionou chamar de "artistas do antropoceno". Suas obras costumam combinar uma série de meios como vídeos, happenings, instalações e performances para produzir *ecossistemas*, isto é, ambientes em que humanos, animais, plantas e algoritmos podem interagir entre si de modo inaudito, produzindo uma obra que é menos um objeto ou conceito que um organismo vivo em contínua evolução (que pode se desenvolver inclusive na ausência de qualquer espectador, como é o caso de *After Alife Ahead*, de 2017). No vídeo *Untitled: Human Mask*, o tema do ecossistema reaparece, ainda que de modo menos abrangente e interativo. Trata-se de uma estranha fábula que se passa nos escombros da Zona de Exclusão ao redor do reator nuclear de Fukushima, no Japão, que colapsou em 2011. O filme tem como norte a seguinte pergunta: como as espécies vão reagir à desaparição dos seres humanos?

No início do filme, acompanhamos um drone vasculhar meticulosamente os arredores de um vilarejo abandonado. A certa altura, ele penetra os destroços de um restaurante japonês para encontrar um garçom ainda vivo, e que mora no local. Passamos a acompanhar a rotina desse garçom: todos os dias ele se levanta, enrola toalhas, as aquece e leva até as mesas, para mais tarde recolhê-las intactas, já que não há mais nenhum cliente para atender. Esse garçom, na verdade, é um macaco. Se encontra vestido com uma túnica negra e camisa branca, como uma colegial; possui ainda uma longa peruca lisa e seu rosto está coberto com a máscara de uma menininha – exatamente como no vídeo viral *Fukuchan Monkey Restaurant!*,[85] em que um turista americano interage com Fuku-Chan, o macaco-garçom que é uma espécie de celebridade japonesa local.

A fábula de Huyghe se concentra nos detalhes de uma vida repetitiva e sem futuro, posto que vivida na Zona de Exclusão. O filme se concentra ainda nos intervalos de trabalho, em que o macaco-garçom resta inerte, ora balançando sua perna, esticando os dedos da mão, ora alisando sua peruca: como se estivesse tomado por uma angústia crescente que, no entanto, nunca chega a romper com o ciclo vicioso da rotina maquinal de trabalho. Numa entrevista, Pierre Huyghe diz ter pretendido filmar uma espécie de autômato condenado a repetir "os gestos que ele foi treinado a fazer".[86] Com efeito, parte do interesse do filme reside na contraposição entre duas espécies de automatismo. De um lado, há o comportamento natural dos artrópodes e plantas que – sem tomar conhecimento da existência de um restaurante, muito menos manifestar uma memória da espécie humana – vão executar sem complicação os movimentos inatos a suas espécies. De outro, resta esse macaco preso a gestos humanos, impedido, portanto, de macaquear. Justamente por isso comovem os momentos em que o macaco-garçom se encontra em seus momentos de folga, prostrado. Em virtude desses momentos, eu gostaria de levantar uma outra hipótese: Huyghe, na verdade, teria representado a *acídia antropocênica*.

Antes de levantar essa hipótese, contudo, seria preciso interrogar: qual o significado da psicologia na era antropocênica? Ela deve se limitar à

---

85. Disponível em: https://www.youtube.com/watch?v=zS7QkjIKOxk.
86. Alteever; Brown; Wagstaff. *The Roof Garden Commission: Pierre Huyghe*, p. 34. Tradução nossa do inglês.

mente humana, ou deve passar a abranger as relações interespécies? Essas questões extrapolam o escopo de nosso estudo, mas podemos ensaiar sobre a acídia de um ponto de vista não antropocêntrico. Esse sofrimento tão característico do capitalismo tardio, afinal, corre ou não risco de extrapolar os confins da humanidade para alastrar-se pela Terra como um mal entre as espécies não humanas?

Para ensaiar sobre essas perguntas, não tomaremos como ponto de partida a etologia ou a psicologia comparativa. A questão não é saber se o antropoceno causa entre humanos novos sofrimentos psíquicos, como a ecoansiedade,[87] nem examinar as patologias psíquicas que os animais adquirem em decorrência do convívio com os humanos ou em virtude da destruição do meio ambiente. Não há dúvidas quanto às duas perspectivas, que são igualmente relevantes. Em todo caso, o que interrogamos aqui é se há ou não possibilidade de o sofrimento psíquico humano – no caso, a depressão/acídia – atingir escala antropocêntrica, isto é, *enquanto força geológica* capaz de perturbar os fluxos naturais e os comportamentos das espécies mesmo após o desaparecimento do homem. Afinal, se a Época dos Humanos começa conosco, não está certo que ainda existiremos quando ela enfim passar.

3.1. REDESCOBRIR É A NOSSA NATUREZA

O antropoceno é consequência direta do modo de produção capitalista. Nesse sentido, se buscamos interrogar de que modo a subjetividade do homem poderia atingir escala geológica, devemos começar pela definição da subjetividade exigida por esse modo de existência humano. É a subjetividade capitalística.

"Redescobrir é a nossa natureza" – esse era o slogan usado pela mineradora Vale momentos antes do rompimento da barragem de rejeitos de Brumadinho. Trata-se de uma expressão precisa para definir a relação da subjetividade capitalística com a natureza. Devemos compreender a palavra "descoberta" à luz do contexto colonizatório. Conforme argumenta a filósofa e ambientalista Isabelle Stengers, a colonização da América só foi possível porque já se alastrava pela Europa o gérmen da subjetividade

---

87. Tena. "Ecoansiedade: quando o colapso climático produz depressão". *Revista IHU Online*, 1 nov. 2019.

capitalística. Ela recorda que, muito antes da Europa, a China havia tomado conhecimento da América, mas essa porção de terra além-mar jamais configurou para ela uma "descoberta", senão um discreto avanço de sua sofisticada geografia. Para os europeus, por sua vez, a chegada na América provocou uma *"proliferação incontrolável das consequências* (...) Teólogos, soberanos, narradores, marinheiros, mercadores, defensores dos índios, aventureiros, tinha literalmente para todo mundo".[88] E é nesse sentido que a palavra "descoberta" adquire seu senso pleno: significa uma oportunidade de mercado cujos cálculos escapam ao controle, o que faz proliferar um sem-número de subjetividades capitalísticas. Assim sendo, é porque Pero Vaz de Caminha já continha em si o gérmen da máquina de calcular capitalista que ele podia afirmar, mesmo antes de "saber se haja ouro, nem prata", que, na terra à vista, "querendo aproveitar dar-se-á nela tudo".

O capitalista se comporta da mesma maneira em relação à natureza: sua missão é redescobri-la sem cessar, isto é, descobrir maneiras novas de explorá-la e de moldar a própria subjetividade em função dessa oportunidade de lucro. Nesse sentido, do ponto de vista do capitalismo, *a redescoberta é a única natureza*. Nem o homem e nem a natureza valem se não puderem ser "redescobertos" em função de uma oportunidade de mercado. Desse modo, a subjetividade capitalística não só fabrica os novos sujeitos interessados em explorar uma descoberta de oportunidade de lucro, como também destrói os modos de existência inaptos a tomar parte nessa descoberta.

A psicologia individual, argumenta Isabelle Stengers, é descabida quando se trata do capitalismo. "Este deve, antes, ser compreendido como uma função ou uma máquina, que fabrica a cada conjuntura sua própria necessidade, seus próprios atores, e destrói aqueles que não souberam abraçar as novas oportunidades".[89] Afinal, do ponto de vista da elite proprietária – conforme provoca a personagem de D. H. Lawrence, Clifford Chatterley, aristocrata dono das minas de carvão de Tevershall –, "as pessoas podem ser o que quiserem, sentir o que quiserem e fazer o que quiserem no âmbito estritamente particular, contanto que não alterem a *forma* de sua vida, nem o funcionamento".[90]

Retomando o filme de Huyghe, entendo que os gestos autômatos do macaco-garçom são, antes de tudo, testemunhos de uma descoberta. O

---

88. Stengers. *A invenção das ciências modernas*, p. 118.
89. Stengers. *No tempo das catástrofes*, p. 46.
90. Lawrence. *O amante de Lady Chatterley*, p. 320.

capitalismo soube redescobrir o macaquear (em função de uma necessidade alimentícia e turística); foi assim que se produziu uma nova subjetividade capitalística: o macaco-garçom. No começo, esse macaco poderia ter sido o membro feliz de uma comunidade híbrida[91] com o humano (veremos mais adiante como os japoneses incorporam os macacos em sua cultura ancestral). Mas o macaco-garçom que vemos na tela tornou-se incapaz de existir fora da captura subjetiva; e é por isso que os trejeitos de macaco, sempre que eles despontam ao longo dos gestos autômatos de trabalho e repouso – quando a necessidade à qual eles deviam responder já desaparecera há muito –, nos chocam e enternecem: porque eles testemunham a operação de captura da subjetividade capitalística, que nunca ocorre totalmente, mas que costuma deixar um resto absolutamente impotente para romper com a relação contábil que ela projeta.

3.2. RUPTURA DA INTERAÇÃO METABÓLICA

O fundamento material da subjetividade capitalística é aquilo que Karl Marx definiu como a origem do capitalismo: a *ruptura da interação metabólica* entre o camponês e a terra. Essa interação que, como veremos, antes consistia numa relação de dependência e devoção, foi substituída por uma máquina abstrata de calcular respostas a necessidades.

A noção de "metabolismo" é central na obra de Marx, como destaca o filósofo ecossocialista Kohei Saito.[92] Em biologia, metabolismo significa o conjunto de reações que permitem ao organismo manter suas funções vitais, a economia energética que visa atender às necessidades de crescimento e manutenção de um ser vivo. Segundo Marx, o capitalismo é uma modalidade específica de abstratização – tanto no âmbito jurídico como no técnico e financeiro – das relações metabólicas entre homem e natureza. A indústria seria, por assim dizer, uma espécie de externalização de uma função metabólica. As necessidades vitais dos organismos vivos passam a ser subordinadas à indústria, que satisfaz as necessidades por intermédio de mercadorias produzidas por processos técnicos específicos. Por outro lado, a própria indústria demanda insumos e exige um acesso irrestrito às

---

91. Sobre o conceito de "comunidade híbrida" entre homem e animal, ver: Lestel. A animalidade, o humano e as "comunidades híbridas".
92. Ver: Saito. *O ecossocialismo de Karl Marx*.

fontes de energia metabólica, isto é, aos bens naturais. O capitalismo visa administrar a geração de energia de ponta a ponta, quer seja pelo controle da terra subordinada às máquinas, quer seja pelos corpos e mentes vivos que devem trabalhar na indústria e se satisfazerem por meio das mercadorias que ela gera.

O capitalismo é um regime de controle dos processos e trocas metabólicas de alcance planetário. Não só os homens, como também os animais e as plantas são submetidos a essa lógica contábil. Considere o caso das espécies domésticas, como os *pets* e as plantas ornamentais. Eles usufruem hoje de um amplo mercado de bens e serviços que variam desde comidas gourmet a antidepressivos, cuja finalidade é adaptar essas espécies a um ambiente antropocêntrico e subordiná-las aos desejos e necessidades subjetivas do homem. Por sua vez, as espécies domesticadas são submetidas a um regime metabólico violentamente antinatural, com vistas à maximização da produção de alimentos, fármacos e insumos, ou para uso em processos de inovação que abrangem desde a farmacologia ao desenvolvimento de armas biológicas. Por fim, as espécies selvagens tendem ou à reprodução descontrolada ou ao desaparecimento em decorrência da destruição das condições de trocas metabólicas, especialmente aquelas sem valor identificado para a técnica produtiva. O futuro de algumas dessas espécies selvagens será condicionado ao avanço de experiências científicas que buscam reproduzir *in vitro* ou *in silico* as condições de sobrevivência que desapareceram, muitas vezes irreversivelmente, no antropoceno.

Podemos afirmar, nesse sentido, que mesmo nos recantos mais recônditos da natureza se verifica uma tendência de ruptura nas relações metabólicas entre os seres vivos em função da atividade capitalista. A lógica contábil capitalista passa a imperar mesmo entre as espécies mais afastadas do convívio humano direto. A princípio, o antropoceno nada mais descreve que a mutação dessa tendência em força geológica. No entanto, como essa escala excede até mesmo os confins da globalização, podemos dizer que o antropoceno descreve não apenas os efeitos catastróficos incontroláveis, imprevisíveis e irreversíveis para o funcionamento geral do meio ambiente a nosso favor, como também a *impossibilidade de se projetar o progresso* no sentido estrito da lógica contábil capitalista.

Retomando o filme de Huyghe, podemos constatar que o macaco-garçom sofreu na pele a ruptura das relações metabólicas. Com efeito, a fábula não descreve de que ou como o macaco se alimenta. Sabemos apenas que ele definha enquanto permanece capturado por um mesmo procedimento – como se estivesse eternamente à espera do turista americano que nunca chega. Nada do que nasce na Zona de Exclusão lhe atrai, agrada, serve; como se a possibilidade de colher os frutos da natureza tivesse sido completamente perdida, e a única maneira de se alimentar, sobreviver, fosse através de relações de trabalho com o homem. Voltaremos a esse ponto mais adiante.

3.3. AGRESSÃO CONFESSADA CONTRA A NATUREZA

O macaco-garçom trabalha *sem necessidade*. O que isso significa? O conceito moderno de "força de trabalho" traz a marca da noção capitalista de metabolismo subordinada a um circuito fechado, controlado pela técnica e mediado por mercadorias. O trabalhador é aquele que despende sua energia vital no processo produtivo a fim de gerar recursos para o provimento de suas necessidades; e a expansão das necessidades vitais, por sua vez, é fundamental para garantir o equilíbrio do sistema produtivo.

A noção moderna[93] de trabalho tem relação direta com a ruptura das interações metabólicas entre homem e natureza. Segundo Pierre Bourdieu, o camponês arcaico jamais poderia trabalhar no sentido atual.[94] As antigas técnicas de agricultura e de cultivo de animais mantinham o camponês numa relação de estreita dependência com a natureza. Não havia meios seguros de se calcular e projetar a produção futura. Desse modo, o resultado do trabalho no campo dependia diretamente das variações cíclicas do meio ambiente, bem como da colaboração com as espécies não humanas. O poder de influência do camponês nesse processo era mínimo. Por isso, ele buscava contornar a limitação da ação individual através do estabelecimento de uma relação mágica com a planta e o animal – em que o próprio processo de colheita se torna uma espécie de rito que visa, em última instância, a harmonia com o cosmos e com a natureza. Nesse sentido, no universo camponês pré-moderno, não havia sequer uma distinção rígida

---

93. Moderna, isto é, capitalística, embora não necessariamente capitalista (conforme Guattari, o socialismo é capitalístico, ainda que o sistema econômico não seja capitalista).
94. Ver: Bourdieu. *O desencantamento do mundo: estruturas econômicas e estruturas temporais*.

entre trabalho, lazer e repouso: toda a vida do trabalhador rural se orientava à luz de um mesmo fim harmônico com a natureza, porque ele tinha consciência – ainda que não a capacidade de calcular e projetar – de que sua subsistência dependia de fatores extrínsecos à atividade laboral.

O ofício campesino pré-capitalista, conclui Bourdieu, jamais poderia se constituir como trabalho no sentido moderno da palavra, uma vez que, no lugar da postura dominadora ligada às exigências de inovação, eficiência e produtividade, encontramos tão somente um ato cíclico ligado à postura de submissão e de homenagem à natureza. O camponês arcaico busca inserir-se na natureza, em vez de procurar dominá-la, porque desconhece *qualquer possibilidade de controlá-la e, em última instância, transcendê-la através da técnica laboral*. A atual noção de trabalho só poderá surgir na medida em que, impulsionada pelas modernas inovações técnicas,

> (...) a entrega de si próprio, indissociável do sentimento de dependência, dá lugar a uma *agressão confessada* contra uma natureza desembaraçada dos encantamentos da magia, e reduzida à sua única dimensão econômica. Desde então a atividade agrícola deixa de ser um tributo pago a uma ordem necessária; ela é trabalho, isto é, ação orientada em direção de outra ordem possível que não pode sobrevir pela transformação do dado atual.[95]

Nesse sentido, a marca mais distintiva da subjetividade capitalística – por assim dizer, seu pecado original – será *a agressão confessada contra a natureza*. O ato de lavrar e cultivar a terra deixa de ser identificado a um ato de louvor, de culto, de harmonia, para tornar-se ato de controle, de domínio, de maestria ou, em última instância, ato deliberado de agressão. Trabalhar a natureza passa a significar escravizá-la em benefício próprio: trata-se de aprender os meios mais eficazes de se explorar ao máximo os seus recursos a fim de obter lucro, e de agir até o limite em que ainda se possa forçar a natureza a se reproduzir (quando a reprodução for conveniente, é claro).

Nesse sentido, enquanto a técnica capitalista atua para reconfigurar os processos metabólicos, a subjetividade capitalística vai remodelar as necessidades vitais (inclusive das espécies domésticas, como vimos) a fim de garantir que todas as relações metabólicas ocorram somente mediante recurso à mercadoria. Hoje, assistimos à hipostasia desse processo. Quando as *big techs* alardeiam que o que está em disputa não são usuários, mas a

---

95. Bourdieu. *O desencantamento do mundo: estruturas econômicas e estruturas temporais*, p. 45-46.

própria *capacidade de atenção humana* – a ponto de um CEO da Netflix alardear que seu principal concorrente não é uma empresa, mas o sono em si[96] –, o que devemos compreender é que a produção de mercadorias e de subjetividades se entrelaçam em função de uma captura total das relações metabólicas, que são transformadas em commodity "inesgotável", isto é, vulnerável a descobertas.

Então consideremos a fome, que nosso macaco-garçom deve servir. O consumidor capitalista não depende do boi, do frango e do porco enquanto seres vivos; logo, não carece de manter uma relação afetiva com eles. Assim sendo, a fome que ele sente diz respeito somente a si mesmo. O consumidor capitalista deseja, e isso é tudo que ele precisa saber. Nesse sentido, as necessidades do homem se desvinculam de qualquer relação material, ou até mesmo mágica com a natureza. A fome humana passa, assim, a pairar no ar, suspensa – à espera da captura pelo mercado de *fast food*, de gourmetizados, de enlatados etc. Se a captura ocorre em função do *fast food*, o capitalismo, de um lado, "descobrirá" uma disposição "natural" do organismo humano para o consumo de hipercalóricos, ao mesmo tempo que transformará, de outro, o problema da obesidade em uma questão "individual" de falta de controle. Claro, as cadeias de *fast food* não abrirão mão da publicidade e do lobby como meios de forçar o consumidor a desejar seus produtos; e, no entanto, a captura capitalística opera sempre assim: redescobrindo algo que é da ordem do "natural" e, ao mesmo tempo, "produzindo" a subjetividade que se adapta plenamente às novas exigências de lucro. Assim sendo, enquanto a técnica capitalista redefine a noção de comida com a carne processada (que leva ao limite até mesmo o conceito de "proteína animal"), a subjetividade capitalística remodela a noção de refeição para atrelá-la à velocidade e ao prazer dos excessos.

A fome em si, portanto, não existe para o sistema capitalista: ela precisa ser redescoberta, desejada, isto é, *tornada calculável em termos de lucratividade potencial*. E, para que se possa calculá-la, é preciso que ocorra primeiro tanto a captura das relações metabólicas quanto o modelamento das necessidades vitais pela subjetividade capitalística. A ideologia neoliberal dissimula como natural esse processo histórico de captura do metabolismo e de subordinação das necessidades vitais – ao mesmo tempo que sanciona

---

96. Raphael. "Netflix CEO Reed Hastings: Sleep Is Our Competition". *Fast Company*, 11 jun. 17. Tradução nossa do inglês.

toda forma de violência contra a natureza e contra o ser humano necessária para garantir o domínio capitalista da produção e consumo.

Desse modo, lançamos outra luz ao paradoxo representado no filme de Huyghe: o macaco-garçom não serve a ninguém, e ao mesmo tempo não pode servir-se de alimentos. Isso porque a fome que ele serve – e da qual deveria deduzir sua própria alimentação – inexiste na natureza. O que ocorreu é que sua vida foi desatrelada de uma relação metabólica com a natureza para ser atada a um fluxo abstrato de fome enquanto turismo japonês, passível de ser calculada em termos de produtividade e de lucro.

3.4. PSICOLOGIA DA VIDA

Nos *Manuscritos de 1844*, em que Marx esboçou uma espécie de ontologia do materialismo,[97] há a proposta de uma nova ciência natural: a *psicologia da vida*. Seu objeto seria justamente as relações metabólicas entre homem e natureza; mas seu enfoque recairia menos na subjetividade individual que na produtividade. Em outras palavras, ela não visaria examinar o inconsciente humano, mas a subjetividade capitalística.

A noção de vida está estreitamente ligada à de metabolismo. A partir da reivindicação de terrenalidade de Feuerbach, Marx fundamenta o ser na objetividade. As relações metabólicas seriam manifestações de uma carência, e a essência do humano se afirmaria por meio da apropriação objetiva dessa carência. Por exemplo, "a fome é um carecimento natural; precisa, pois, de uma natureza fora de si, um objeto fora de si para satisfazer-se, para acalmar-se. A fome é a necessidade confessa que meu corpo tem de um objeto que está fora dele e é indispensável para sua *integração e para sua exteriorização essencial*".[98] O homem se exteriorizaria na coisa em função de sua necessidade da coisa.

Como o animal e a planta, o homem também seria dependente e limitado, pois careceria de objetos exteriores e independentes de suas pulsões. Nesse sentido, "ser sensível, isto é, ser efetivo, é ser objeto dos sentidos, é ser objeto sensível, e, portanto, ter objetos sensíveis fora de si, ter objetos de sua sensibilidade. Ser sensível é ser padecente".[99] A atividade sensível

---
97. Ver: Chasin. *Marx – Estatuto ontológico e resolução metodológica*.
98. Marx. *Manuscritos econômico-filosóficos*, p. 127.
99. Marx. *Manuscritos econômico-filosóficos*, p. 128.

buscaria reelaborar os objetos exteriores em função de sua carência. O homem atuaria sobre o objeto ao mesmo tempo que veria nele confirmadas as suas "forças essenciais". Assim sendo, "no tipo de atividade vital reside todo caráter de uma espécie, seu caráter genérico, e a atividade livre consciente, é o caráter genérico do homem".[100]

Ao trabalhar a natureza, o homem trabalharia suas forças essenciais, e, ao trabalhá-las, a existência natural se tornaria existência humana, a natureza se tornaria homem. Conclui Marx que "a sociedade é a unidade essencial completada do homem com a natureza, a verdadeira ressurreição da natureza, o naturalismo realizado do homem e o humanismo da natureza levado a efeito".[101] Essa é, grosso modo, uma das bases do famoso princípio de "natureza socializada" marxista.

A psicologia da vida seria uma ciência natural, não porque teria como objeto o continuum biológico da espécie (como pressupõe o capitalismo, conforme vimos), mas porque a socialização do homem ocorreria somente através da relação com o objeto exterior, que teria passado a ser mediada pela atividade produtiva. Segundo Mônica Hallak (2001, p. 34), em seu longo ensaio sobre a exteriorização da vida em Marx, "o objeto exterior como relação humana objetiva *se converte em vida* e não apenas em algo que sacia uma necessidade imediata, pois o carecimento humano se satisfaz na apropriação humana e, portanto, multilateral, não somente para o ser individual, mas para o gênero".[102]

A psicologia da vida deveria se voltar, portanto, para a indústria, pois "a história da indústria e o modo de existência tornado objetivo da indústria são o livro aberto das forças humanas essenciais, *a psicologia humana sensorialmente presente*".[103] A indústria seria, em si, uma atividade sensível – e sua contribuição para a atividade vital seria tão especializada e complexa quanto a arte. Mas Marx alerta que o estudo da vida não deveria resumir-se à mera "existência geral do homem", conforme elabora a religião; nem à "essência abstrata universal" da história, conforme elabora a política, arte, literatura etc. Pelo contrário, a psicologia materialista deveria voltar-se para a efetividade da relação entre sujeito e objeto, entre homem e natureza, tornadas relações humanas objetivas, pois "a indústria é a relação

---

100. Marx. *Manuscritos econômico-filosóficos*, p. 84.
101. Marx. *Manuscritos econômico-filosóficos*, p. 106-107.
102. Marx. *Manuscritos econômico-filosóficos*, p. 128.
103. Marx. *Manuscritos econômico-filosóficos*, p. 111.

histórica efetiva da natureza, e por isso da ciência natural, com o homem; por isso, ao recebê-la como desvelamento esotérico das forças humanas essenciais, se compreende também a essência humana da natureza ou a essência natural do homem".[104]

A psicologia da vida, em última instância, visaria fazer com que o oprimido esfomeado, ao lançar um olhar para um prato de comida, seja capaz de reconhecer nessa imagem dilacerada pela fome a situação precária dos produtores e "comedores de batata". A síntese dialética da natureza socializada promete superar a tensão destrutiva entre desejo e trabalho, pois nela "a carência ou a fruição perderam (...) sua natureza *egoísta* e a natureza a sua mera *utilidade*, na medida em que a utilidade se tornou utilidade humana".[105]

O macaco-garçom, contudo, *não pode participar na verdadeira ressurreição da natureza: em primeiro lugar, porque seu trabalho deixou de ter um objeto: ele não serve nada, nem atende a ninguém. É assim que devemos compreender seu automatismo: ele é um ser sem vida* – no sentido de que lhe falta um objeto que tanto sacie suas necessidades vitais quanto confirme suas forças essenciais. Seu trabalho ocorre num puro vazio metabólico e num deserto afetivo, por assim dizer.

3.5. MÁQUINA ANTROPOLÓGICA DO HUMANISMO

A ruptura da relação metabólica entre homem e natureza contempla, em escala mais ampla, a suspensão das relações de familiaridade entre o cosmos e o homem, entre o animal e o humano. O filósofo italiano Giorgio Agamben descreveu esse processo a partir do conceito de "máquina antropológica do humanismo", isto é, um "dispositivo irônico, que verifica a ausência para o Homo de uma natureza própria, mantendo-o suspenso entre uma natureza celeste e uma terrena, entre o animal e o humano – e seu ser, portanto, será menos e mais do que ele próprio".[106] A função dessa máquina é reconfigurar, a cada conjuntura do capitalismo, a imagem do homem simultaneamente como transcendente à natureza e como outro de seus recursos disponíveis

---

104. Marx. *Manuscritos econômico-filosóficos*, p. 111.
105. Marx. *Manuscritos econômico-filosóficos*, p. 84.
106. Agamben. *O aberto: o homem e o animal*, p. 53.

para exploração; e, ao mesmo tempo, traçar um fora da humanidade, subordinada ou incompossível com ela.

As novas relações de trabalho tornam possível a formulação do conceito moderno de "desejo", sem o qual a subjetividade capitalística jamais poderia operar. Na definição corrente, o desejo é uma pulsão ilimitada e insaciável. O desejo não se deixa deter pelos limites materiais e espaço-temporais dos indivíduos e grupos sociais. A relação da pulsão com seus objetos é inteiramente plástica, irredutível ao caráter material e/ou significado simbólico do objeto. Como o dinheiro, o desejo em si não é nada, mas põe tudo em movimento; e seu fluxo jamais retém conhecimento próprio do mundo, ainda que não cesse de atravessá-lo violentamente para satisfazer as pulsões.

O inconsciente se constitui a partir do desejo. Desde Freud, entende-se que o inconsciente é situado num plano puramente intensivo, excluído dos fluxos da natureza. Excede até mesmo o corpo humano, atravessa-o sem jamais coincidir com ele. Ele testemunha um continuum biológico da espécie, ainda que só possamos conhecê-lo através da mediação de inúmeros fatores sociais e espirituais complexos. Assim sendo, o inconsciente está numa posição simultaneamente condicionada e transcendente em relação às condições materiais da existência. Nesse sentido, o inconsciente moderno é uma função da máquina antropológica do humanismo. Lacan, com sua abordagem linguística do inconsciente, acentua esse isolamento ou suspensão do homem entre o cosmos e a terra, entre o humano e o animal; para ele, mais determinante que as relações de trabalho e sociais concretas é o puro jogo de significantes em torno de um objeto de antemão perdido para o desejo.

A violência é a marca da ruptura das interações metabólicas entre o homem e a natureza, a suspensão das relações desejantes entre o capitalista e o meio ambiente. Já vimos como a fome paira no ar, desconectada de qualquer correlação com a natureza de que ela se alimenta. A máquina antropológica do humanismo concebe uma interioridade abstrata que, em última instância, pode ser definida como *terra incógnita do desejo*. Esta não se deixa confundir jamais com algum espaço físico ou intervalo temporal, ainda que eventualmente os incorpore. Nessa terra incógnita, a aparição do "lobo", do "rato", do "cavalo" é contingente, é puro jogo de significantes, mero reflexo das fantasias pulsionais do sujeito mais ou menos determinadas por suas relações sociais e parentais. Para a psicologia moderna, nomes como o "homem dos ratos" não querem dizer nada para além das relações do sujeito com seu próprio desejo – o que nos leva a pressupor que a extinção dessas espécies não levaria a psicologia moderna a rever seus postulados.

Para além da terra incógnita do desejo, nada há, senão o Real. Mas também o Real não é uma instância coextensível à natureza, um fenômeno temporalizado ou geolocalizável. Assim como a interioridade, a concepção moderna de pura exterioridade flutua negativamente entre o cosmos e o animal. No limiar do deserto do desejo, corre uma pura força que excede toda experiência sensível e extrapola toda capacidade de significação. Lacan concebe o Real em função do trauma; define-o a partir do que, no trauma, aponta para a existência de um exterior irrepresentável, inominável. O sujeito *toca* o real, mas a marca dessa *touché* só testemunha o desencontro sempre traumático com o Real na forma de uma ferida aberta na linguagem (o *punctum* barthesiano). Portanto, o Inconsciente e o Real não se margeiam: antes, se ferem, sem tomarem conhecimento próprio um do outro. Deduz-se daí que o Real é uma instância de pura violência – o que faz suspeitar dos vínculos dessa concepção com a "agressão confessada" contra a natureza, sem a qual não teríamos a moderna tese da singularidade do homem.

A terra incógnita do desejo é margeada pelo Grande Fora, pura exterioridade inextensível ao espaço geofísico e não contígua aos fluxos naturais e vitais. Sua origem é a *wilderness*, a violenta paisagem natural que encerra e salvaguarda o Éden de todo acesso exterior. A tradição romântica frequentemente recorreu a essa imagem cristã como refúgio, para contrapor-se aos avanços da técnica industrial. Mas, após a Segunda Guerra Mundial, já não era possível imaginar um exterior irredutível, indevassável, indestrutível pela técnica. O Grande Fora, segundo Déborah Danowski e Viveiros de Castro, surge como despojamento da *wilderness* de seus últimos vínculos com uma imagem da natureza. Em trabalhos como os de Maurice Blanchot, Quentin Meillassoux e Ray Brassier, encontramos essa "terra devastada e glacial, a exterioridade radical é absolutamente, espantosamente, morta".[107]

Assim, temos em conjunto a máquina de calcular capitalística e a máquina antropológica do humanismo. Uma se orienta para a ruptura total dos processos metabólicos, a outra se orienta para a reafirmação transcendente da singularidade humana que, em seu limite, permite transformar o humano em recurso explorável pelo próprio homem. A terra incógnita do desejo torna-se campo das necessidades ilimitadas de mercado; em

---

107. Danowski; Viveiros de Castro. *Há mundo por vir? Ensaios sobre os medos e os fins*, p. 51.

função destas, o progresso orienta-se para a realização técnica da satisfação total que, como tal, só poderá ser alcançada com a destruição completa da natureza enquanto alteridade da civilização. Daí a imagem do Grande Fora como horizonte apocalíptico de um "cessar fogo" da técnica após o fim da *wilderness*.

Segundo Barthes, a burguesia busca transformar sua condição histórica em fato natural, seus desejos consumidores em necessidades inatas. Trabalha então para transformar a "realidade do mundo em Imagem do Mundo, a História em Natureza".[108] Assim, toma forma a *pseudophysis*, ou natureza artificial. Já vimos como o capitalismo desconecta a fome das relações com a natureza; mas ele não se detém aí, ele trabalha ainda para transformar o desejo de McDonald's não apenas em algo natural, como também simbólico do *American way of life*. Assim, imerso na pseudonatureza burguesa, o homem é remetido "ao protótipo imóvel que vive por ele, no seu lugar, que o sufoca como um *imenso parasita interno* e determina os limites estreitos da sua atividade, onde lhe é permitido sofrer sem modificar o mundo: a *pseudophysis* burguesa proíbe radicalmente o homem de inventar-se".[109]

Retornemos ao filme de Huyghe. O macaco-garçom vive na terra incógnita do desejo humano. Vestido de colegial, sua função é atender o desejo turístico pelo exotismo. A catástrofe de Fukushima, todavia, expulsou-o para o Grande Fora. Desde então, vive num extraordinário deserto de afetos que o impede de se relacionar não só com seu próprio macaquear, mas também com qualquer ser vivo que não seja o homem que se ausentou. A máscara humana que ele carrega testemunha, antes de qualquer outra coisa, que sua subjetividade animal foi cancelada em prol da subjetividade capitalística. Enquanto esse parasita interno sufocar sua condição animal, a única realidade que ele será capaz de perceber será a pseudonatureza capitalística do restaurante em que ele trabalha.

3.6. PROJETO PENSADO *VERSUS* AGIR INATO

Em palestras na Universidade de Zurique em 1997, o escritor alemão W. G. Sebald, refletindo sobre a famosa passagem de Marx – "Vê-se como a história da indústria e a existência tornada objetiva da indústria são o livro

---

108. Barthes. *Mitologias*, p. 173.
109. Barthes. *Mitologias*, p. 175.

aberto das forças humanas essenciais, a psicologia humana sensivelmente presente"[110] –, coloca as seguintes questões ao público de hoje:

> A história da indústria como o livro aberto do pensamento e sentimento humanos – é possível que a teoria materialista do conhecimento, ou outra teoria do conhecimento qualquer, subsista diante de tal destruição? Ou não temos aí, pelo contrário, o exemplo irrefutável de que as catástrofes que, de certo modo, preparamos sem notar, e depois parecem irromper de repente, antecipam numa espécie de experimento o ponto em que, de nossa história que por tanto tempo consideramos autônoma, recaímos na história natural?[111]

Nesse esteio, ao observar as cidades alemãs arrasadas pela guerra aérea, a atenção do escritor se volta para as "imagem da proliferação das espécies que costumam ser oprimidas de todas as maneiras (...) um raro documento da vida em uma cidade de escombros.[112] As cidades alemãs em ruínas empestadas por insetos e ratazanas, cobertas por musgos e plantas, ou até mesmo os zoológicos repletos de vísceras de animais assassinados, testemunham, para Sebald, a súbita reversão da história humana em história natural, que foi precipitada pelo bombardeio aéreo cujo poder destrutivo excluía qualquer possibilidade de uma experiência humana. Nesse sentido, ao descrever o ressurgimento da fauna e da flora, o escritor busca "fazer germinar nesse ponto vazio – ali, justamente onde a vida se fez impossível – uma forma de apresentação vital da catástrofe".[113] A bomba – a mercadoria por excelência da técnica moderna – havia implodido qualquer possibilidade de coexistência entre biosfera e noosfera, de tal modo que a vida teve de emigrar definitivamente para o campo da história natural.

No filme de Huyghe, abundam exemplos dos raros documentos da vida em meio à destruição. Musgos e insetos invadem o restaurante por toda parte, e a água goteja, amplificando a chance de que a vida prolifere para além da função designada daquele espaço. Mas o macaco-garçom nada testemunha desse processo. O que ele testemunha é justamente a vida tornada impossível – isto é, a vida capturada pelo capitalismo – no seio do antropoceno.

---

110. Marx. *Manuscritos econômico-filosóficos*, p. 110.
111. Sebald. *Guerra aérea e literatura*, p. 64-65.
112. Sebald. *Guerra aérea e literatura*, p. 39.
113. Sebald. *Guerra aérea e literatura*, p. 36.

Em outras palavras, podemos dizer que o macaco-garçom perdeu seu *lugar de ser* na natureza, e por isso se viu privado de seu *agir inato*. Estes são conceitos elaborados pelo filósofo e educador Fernand Deligny, um crítico contundente do paradigma moderno do trabalho e do desejo. Segundo Deligny, a disposição para calcular tudo, a suspensão do homem em relação à natureza, a formação do Grande Fora, tudo isso são efeitos colaterais de um modo de existência específico baseado no que ele chama de a *vontade de querer* e o *projeto pensado*.

Ao longo de sua vida, Deligny se dedicou ao cuidado de crianças autistas não verbais, estranhas a todo tipo de palavra. Essa experiência lhe permitiu reposicionar radicalmente a fronteira entre o homem e o animal, tradicionalmente demarcada pela aquisição de linguagem verbal e, consequentemente, a capacidade projetiva. Inversamente, Deligny opõe a vontade de querer ao modo de ser, e o agir inato ao projeto pensado. Todas as espécies, inclusive o homem, possuem um modo de ser e agir que lhes é inato; todavia, somente o homem dotado de linguagem verbal, o "homem-que-somos" abstrato que constitui para os humanos um "nós", procede por projeto pensado.

Para compreender o que é o inato de uma espécie, precisamos, antes, escapar ao pensamento biológico sob "regência de um potentado tirânico e minucioso":[114] a noção de utilidade. É ela quem norteia a taxonomia das espécies corrente. O conceito de "macaco" ou de "aranha" refere-se à identidade fixa da espécie e à estabilidade de seu repertório de comportamento. A ciência busca esclarecer o potencial de eficiência de utilização do próprio organismo pelo animal em estratégias de sobrevivência.

Contudo, o "pássaro não é um doutor em Ciências, que possa explicar a seus colegas o segredo do voo".[115] Para Deligny, o que identificamos como sendo o "segredo" do animal – sua eficiência em sobreviver – é somente a projeção de nosso modo de pensar projetual, obcecado em projetar relações de utilidade e de eficácia entre os dispositivos que "projetamos" e o meio ambiente que "queremos" dominar. Como se, ao fim, ainda buscássemos no animal a pura vontade de querer, o perfeito projeto pensado, ou melhor, o *deus ex machina* com quem cremos rivalizar com o nosso pensar e fazer.

Os animais – e outrora os homens – não procedem por um querer, um projeto pensado, mas por um agir. Deligny fornece como exemplo a

---

114. Deligny. *O aracniano e outros textos*, p. 42.
115. Jankélévitch citado por Deligny. *O aracniano e outros textos*, p. 42.

aranha. Muito antes de saber se há ou não insetos ao seu redor, a aranha tece sua teia. Para tecê-la, ela "não tem necessidade alguma de pensar no inseto que é pego em sua teia".[116] Pois o que é fundamental para ela não é o inseto, a busca por alimentos, mas o que Deligny chama de *lugar de ser*. No caso da aranha, trata-se de uma dobra qualquer, um canto de árvore ou janela que possa servir de suporte para a teia por vir. Se ela não encontra esse lugar de ser, seu potencial de tecer permanecerá desconhecido para ela, como se nunca houvesse existido. Os zoólogos notaram que as aranhas, quando instaladas numa placa de vidro, não chegam sequer a esboçar uma teia. Aí, "você poderá lhe oferecer moscas na colherinha; *a aranha nem mesmo as perceberá*, ainda que você insista em pensar que, se ela tece sua teia, só pode ser porque quer moscas".[117]

Em resumo, a aranha *age* a teia. A função do agir inato é tão somente produzir um corte na multiplicidade caótica da natureza, em que um encontro pode ou não ocorrer. Desse ponto de vista, não podemos sequer dizer que a aranha, quando permanece à espreita em sua teia, aguarda pelo inseto. Na verdade, o inseto só faz destruir sua teia, e é somente ao agir para retecer a trama que a aranha pode "encontrar" o inseto enquanto alimento. Fora desse encontro, ela não poderia jamais reconhecê-lo, e seria totalmente incapaz de comê-lo.

De certa forma, ocorre a mesma coisa com as crianças autistas. Em Cévennes, Deligny construiu um espaço de acolhimento de autistas severos que, ao contrário das clínicas psiquiátricas, é constituído de algumas poucas barracas precárias, um poço d'água artesanal e um forno de pão. Como são inteiramente desprovidas de linguagem, as crianças jamais poderiam participar do projeto de assar um pão; mesmo assim, eventualmente participam da tarefa de assá-los – não porque estão com fome, destaca Deligny, mas porque puderam encontrar a massa de pão em seus agires inatos. Entre o ato de assar e o ato de comer, não há uma ligação; a cada ação, é preciso que a coisa seja reencontrada ora como objeto amassável, ora como alimento.

Toda espécie, conclui Deligny, possui um "mestre de obras" responsável pelo agir inato, que ele chama de *o aracniano*. O aracniano produz, ao mesmo tempo, o corte das multiplicidades da natureza e as linhas de errância do corpo sobre o lugar de ser. Disso podem resultar encontros felizes e infelizes: a aranha encontra uma falha em sua teia, e, em seguida,

---

116. Deligny. *O aracniano e outros textos*, p. 38.
117. Deligny. *O aracniano e outros textos*, p. 65.

encontra o alimento. Desses entrelaçamentos resultam a multiplicidade de modos de ser da espécie.

Somente a espécie humana escraviza e humilha seu mestre de obras. O projeto pensado não age ou traça, antes, destrinça; sua função é expulsar, controlar, negar a multiplicidade caótica da natureza. Deligny já tecia críticas às concepções ensimesmadas do homem em Freud e Lacan, que postulavam uma ausência ou uma inapreensibilidade do real fora da linguagem humana. É o projeto pensado, nunca o agir inato, que cria o deserto do real, o Grande Fora. Os projetos dos homens não podem senão constituírem-se como Jardins do Éden cercados pelo Grande Fora, em que se acumula ameaçadoramente tudo que foi expulso do Paraíso porque não podia ser compreendido ou contemplado pela razão e pela linguagem.

A partir de Deligny, podemos fabricar um novo conceito de depressão/acídia que não está relacionado às variações hormonais e neuronais, mas à crise do agir inato ligada à destruição dos lugares de ser das espécies. Eu gostaria de propor que a acídia no antropoceno deve ser compreendida como uma perturbação, um impedimento generalizado do agir inato das espécies provocado pelo projeto de desenvolvimento capitalista.

Como a aranha afixada sob uma placa de vidro, o macaco-garçom foi capturado pela máquina-restaurante, em função do mercado de turismo gastronômico (fome/desejo de comidas/experiências exóticas). As relações do macaco com a natureza ou com a cultura japonesa são destruídas em função das exigências contábeis de uma oportunidade de lucro. Como a aranha, o modo de ser do macaco é sufocado, tornado mero trejeito em atos repetitivos de trabalho e prostração. Como a aranha afixada ao vidro que desconhece seu potencial de tecer, o macaco que foi atrelado à atividade capitalista não pode tomar conhecimento de sua capacidade de macaquear, e por isso sequer se alimentará. Por onde o capitalismo estendeu sua lâmina abstrata do querer projetado, da vontade calculada, as espécies correm risco de decair em acídia profunda.

3.7. AGRESSÃO RACISTA

No Ocidente, o macaco demarca a fronteira racista entre o humano e o animal, é sintoma da violência e bestialidade que em nós é inexpugnável e que urge ser controlada. O humano acusado de se comportar como um macaco é excluído dos laços de solidariedade humanos para ser remetido à competitividade brutal da seleção natural.

Para os japoneses, o macaco não é um ser animalesco. Pelo contrário, é uma deidade reverenciada. Ele é o representante do "'vale misterioso' de resposta a um não humano que se aproxima assustadoramente da imitação quase humana".[118] Em outras palavras, o macaco é um *mediador* entre o homem e a natureza, portanto um representante superior da dignidade do Ser Humano. No contexto hipercompetitivo da sociedade moderna japonesa, muitos se sentem mais próximos de um macaco que de um humano bem-sucedido. Os macacos são reverenciados por mediarem afetos que transcendem a posição social, nação, raça e espécie.

Em sua origem, o macaco-garçom pode ter ocupado essa alta função e constituído com o homem uma comunidade híbrida. Todavia, na medida em que é esquecido na Zona de Exclusão, e aprisionado aos gestos repetitivos do trabalho, fica claro que o macaco se tornou outro excluído pela sociedade capitalista e já não pode mediar afetos transcendentes à subjetividade capitalista.

A máscara de menininha, portanto, não é a marca de sua hominização, mas de sua desumanização. Mostra que o macaco-garçom sofre uma agressão racista literal contra sua *espécie*, isto é, contra sua aparência. Conforme escreveu o filósofo do antropoceno Emanuele Coccia:

> Viver significa apurar nossa aparência e é apenas em nossa aparência que se decide aquilo que somos: todos nossos traços identitários são formas da aparência, nossa natureza não tem outro conteúdo (nem outro lugar) que não seja nossa própria aparência, nossa specie. (...) Ou seja, o animal é aquele ente cuja natureza está inteiramente em jogo na sua aparência. (...) Se viver significa aparecer é porque tudo aquilo que vive tem uma pele, vive à flor da pele. (...) Se aquilo que vive é aquilo que tem pele, é porque vive apenas aquele que é capaz de relacionar-se com a própria aparência – a própria espécie [specie] – como uma faculdade e não como uma simples propriedade. A forma de um vivente (o seu eidos, a sua natureza) é a sua aparência, de tal sorte que, em todo vivente, a aparência (e, portanto, a sua espécie [specie]) é uma faculdade, uma potência, um órgão.[119]

---

118. Yano. Categorical Confusion: President Obama as a Case Study of Racialized practices in Contemporary Japan, p. 157. Tradução nossa do inglês.
119. Coccia. *A vida sensível*, p. 76-77.

09

**ESTAR NA
ZONA CINZA**

A zona cinza complica qualquer senso de localidade, de posicionamento, de identidade. Neste capítulo, examinaremos o desafio de "estar" na zona cinza, bem como a estratégia de resistência que consiste em correr o risco de catástrofe experimentalmente, com o objetivo de preparar o corpo e a mente para a desmobilização.

"Às 19h45 eu fui baleado no braço esquerdo por um amigo. A bala usada foi uma .22 LR jaquetada de cobre. Meu amigo estava parado a cerca de 4.5 metros de mim".[1] Assim Chris Burden descreve sua célebre performance *Shoot*, realizada em 19 de novembro de 1971 numa pequena galeria de arte em Santa Ana, Califórnia. Seu objetivo seria *estar na zona cinza*.

> Era época do Vietnã e todo mundo estava levando um tiro. (...) As pessoas estavam sendo baleadas na TV, os caras da minha idade no Vietnã estavam sendo baleados, o mito americano estava sendo baleado e os caubóis e índios estavam sendo baleados. Há assaltos a lojas de conveniência; todo mundo estava sendo baleado. Então, o que diabos significa esse lance de ser baleado? (...) OK, agora, pelo bem da imaginação e curiosidade, e se virássemos o jogo? E se eu levasse um tiro de propósito? O que isso significaria? O que significa levar um tiro? Se uma bala apenas roçasse meu braço e uma gota de sangue caísse, isso seria levar um tiro? Wow, essa é uma ideia interessante. Eu estaria bem ali, naquela *estranha zona cinza*, não estaria?[2]

O que significa "estar" na zona cinza? É esse o tema do presente capítulo, que encerra este livro. Vamos nos debruçar sobre *Shoot* em busca de compreender o desafio de localizar-se no vórtice desorientador da zona

---

[1]. Burden; Hoffman (Orgs.). *Chris Burden*, p. 10. Tradução nossa do inglês.
[2]. Burden citado por Freudenheim. "The Artist as Canyon Jumper". *Los Angeles Times Magazine*, 13 jul. 2003. Tradução nossa do inglês.

cinza. Queremos ainda examinar esse estranho modo de resistir à zona cinza, que à primeira vista mais parece com uma vacina, na medida em que se opta por correr *experimentalmente* o risco de catástrofe.

1. ESTRANHA ZONA CINZA

O início da década de 70 foi bastante conturbado, marcado pela expansão da Guerra do Vietnã, o trauma de Charles Manson, o prolongamento das rebeliões raciais, e o Choque Nixon, que consistiu numa série de medidas econômicas de alto impacto que acabariam por decretar o fim do sistema Bretton Woods, abrindo caminho para a consolidação do processo de financeirização da economia capitalista.

Chris Burden era ainda um artista pouco conhecido em vias de se formar em artes pela Universidade da Califórnia, Irvine. Segundo o censo, os EUA contavam nessa época com 7,4 milhões de universitários. Destes, pouco mais de 500 mil não eram brancos, enquanto 72% dos formados pertenciam à metade superior do espectro de renda.[3] Uma parcela desses jovens da elite proprietária e da classe média vinha se rebelando contra a Guerra do Vietnã.

A decisão de Nixon de enviar 30.000 jovens ao Camboja, numa campanha militar de resposta à invasão do país pelo Vietnã do Sul, acabaria deflagrando a maior onda de protestos estudantis da história dos EUA, bem no espírito pós-Maio de 68. Estima-se que cerca de 4 milhões de estudantes participaram das greves que ocorreram em mais de 450 campi espalhados por todo o país. Cerca de 40 acampamentos militares baseados em universidades foram incendiados ou bombardeados. Em resposta, a Guarda Nacional decidiu abrir fogo letal contra os manifestantes, assassinando 6 e deixando outra centena de feridos. Na Universidade de San Diego, um estudante de história de 23 anos, George Winne, acaba se autoimolando durante um protesto e morre dez horas depois. Sua mãe contou aos repórteres que ele havia pedido para que ela escrevesse uma carta ao presidente Nixon: "essa foi *a sua maneira de chamar a atenção* para as coisas terríveis que estavam acontecendo no mundo".[4]

---

[3]. Ver: Gewertz. "Income-Based Gaps in College Attainment Have Worsened Since 1970, Report Finds". *Education Week*, 21 abr. 2016.
[4]. Davis; Wiener. *Set The Night on Fire*, p. 433. Tradução nossa do inglês.

A classe universitária estadunidense ocupava um lugar ambíguo no panorama das lutas de resistência. Por pleitearem cargos da classe de meio, detinham acesso privilegiado às informações sobre a catástrofe. Essa é a época dos grandes experimentos sociológicos, como o de Stanley Milgram sobre a obediência à autoridade.[5] É bem provável que em nenhum outro lugar da América, com a exceção óbvia dos corredores do poder, circulasse tanta informação sobre a Guerra do Vietnã e a violência policial quanto entre os universitários. Mas agora lhes faltava algo essencial: a vivência do risco de ser baleado.

Mike Davis e Jon Wiener, em *Set the Night on Fire* (2022), um massivo estudo sobre a história das rebeliões no estado da Califórnia, descrevem em detalhe o crescente "mal-estar geral com a liderança branca"[6] por parte dos operários e minorias preta, chicana e asiática. Mais habituados à repressão, estes tendiam a enxergar os colegas brancos como covardes ou imprudentes demais; em suma, como desresponsáveis em situações de confronto com a polícia.

A provável razão disso é que faltava à classe média branca qualquer conhecimento próprio sobre o risco de ser baleado. Ao contrário dos pretos dos guetos, que podiam contar com uma multiplicidade de práticas, técnicas, conceitos e afetos na hora de resistir ao poder policial e militar. Todo esse arcabouço vem sendo construído ao longo de séculos, desde a vingança de Nat Turner, a não violência de Martin Luther King, a autodefesa de Malcolm X, os incêndios dos rebeldes de Watts e Harlem, a luta armada dos Panteras Negras etc. Por tudo isso, para os pretos, a experiência de ser baleado pela polícia não era cercada de mistérios. Conhecia-se razoavelmente bem a dor física que a bala é capaz de causar; o que se passa na cabeça do branco armado; o que fazer em situações de confronto etc. Nesse sentido, os pretos, os chicanos, os asiáticos, os operários – e até mesmo as classes médias do Terceiro Mundo perseguidas por ditaduras apoiadas pelo Império americano – se encontravam em melhores condições de resistir ao dispositivo de mobilização.

---

5. Em 1970, na Universidade de Yale, o psicólogo Stanley Milgram conduziu uma série de experimentos para, em suas palavras, "testar quanta dor um cidadão comum estaria disposto a infligir a outra pessoa porque um simples cientista deu a ordem". Cerca de dois terços dos participantes infligiram o máximo de dor possível.
6. Davis; Wiener. *Set The Night on Fire*, p. 406. Tradução nossa do inglês.

A vez da classe média americana ser baleada por razões políticas chegaria no dia 4 de maio de 1970, quando a Guarda Nacional invadiu a Universidade de Kent State para abrir fogo letal contra um protesto pacífico em oposição ao bombardeio do Camboja, dando 67 tiros em 13 segundos, assassinando quatro e ferindo gravemente outros nove alunos. Burden elenca o Massacre de Kent State como um dos motivos que o levaram a conceber *Shoot*.

> O Massacre de Kent State foi muito importante para mim [mais do que Paris, Maio de 1968] porque todo mundo estava se rebelando [naquela época] o tempo todo. Mas, de repente, as tropas americanas estavam atirando em estudantes que protestavam. É como: "Uh ha, isso nunca aconteceu antes!". Eles [a polícia] batiam neles, os prendiam e os espancavam, mas não saíam sacando armas e disparando contra as pessoas que estavam desarmadas. De repente [a violência]... *tomou outra dimensão.*[7]

O Massacre de Kent State é um marco sombrio na história da luta universitária. Começamos a dar conta do que ocorreu a partir de uma célebre fotografia, que retrata o grito solitário de desespero de uma aluna diante do cadáver de um colega. Ao redor dela, vemos sujeitos confusos, dispersos, sem saber o que fazer ou para onde olhar. Premiada com o Prêmio Pulitzer, a fotografia de John Filo foi retocada para compor *Life Magazine*,[8] na qual acabaria servindo de inspiração para a balada "Ohio", de Neil Young, lançada no mesmo ano:

OHIO

Soldados de chumbo e Nixon chegando,

Finalmente estamos sozinhos.

Neste verão eu ouço a bateria,

Quatro mortos em Ohio.

Temos que ir fundo nisso

Soldados estão nos abatendo

Deveria ter sido feito há muito tempo.

E se você a conhecesse

E a encontrasse morta no chão

Como você pode correr quando você conhece?

---

7. Chris Burden citado por Stiles. Burden of Light, p. 29. Tradução nossa do inglês.
8. A estaca negra, posicionada bem acima da cabeça de Mary Ann Vecchio, havia sido removida, o que levantou controvérsias acerca da legitimidade do tratamento fotográfico em documentos testemunhais.

"Ohio" galgou o 14º lugar nas paradas da *Billboard Hot 100*,[9] tornando-se um hino da contracultura. Para Young, os disparos em Kent State foram "provavelmente a maior lição já aprendida em um local de aprendizado americano".[10] Agora, a parcela privilegiada das classes subalternas podia sentir na pele o tratamento reservado às demais. A própria canção "Ohio" exprime a falta de repertório dos universitários brancos. Ela vai enfatizar os sentimentos de solidão, impotência e paralisia diante da intensificação da repressão policial. Todavia, o arranjo de guitarras bem marcadas e bateria em marcha contrasta com a cena inelutável. À medida que o ritmo envolvente de folk rock evolui, de modo decidido, vigoroso e encorajador, temos a sensação de que a canção soa cindida, esquizofrênica. Como se, ao lado de todo horror da violência policial, despontasse a centelha de um fascínio com a possibilidade de se viver uma experiência direta de resistência ao poder.

De Hollywood às prateleiras dos supermercados, a cultura americana é obcecada pela arma de fogo – "atirar em pessoas certamente é tão americano quanto torta de maçã",[11] diz Burden. Para a classe média, o que vai atrair são menos as possibilidades de uso prático que as fantasias de romper com um cenário de "irrealidade bem-comportada". Isso somente reflete o fato de que as culturas branca e preta compreendem a violência de modo distinto. Isso foi notado por Pynchon em sua visita ao bairro de Watts, que fica na periferia de Los Angeles, um ano após a grande rebelião de 1965, quando a população local decidiu partir para um confronto aberto com a polícia. Ele escreve:

> Mas na cultura branca lá fora, naquele mundo assustador, cheio de motoristas de Mustang pré-cardíacos que gritam insultos uns aos outros apenas quando as janelas estão abertas; de grandes corporações onde o *niceguymanship* ["caralegalzismo"] é a ordem permanente, independentemente de quem o executivo possa estar tentando esfaquear por trás; de uma enorme casta de psiquiatras que aconselham moderação e comprometimento como resposta a todas as formas de aborrecimento; entre tanta irrealidade bem-comportada, é quase impossível entender como Watts pode realmente se sentir em relação à violência. Em termos de realidade estrita, a violência pode ser um

---

9. Verbete "Ohio (Crosby, Stills, Nash & Young song)", Wikipedia.
10. Neil Young. *Decade* (Reprise Records, 1977).
11. Burden em entrevista a Marc Selwyn. "I Think Museums Function the Way Churches Function to Religion". *Flash Art International*, jan.-fev. 1989. Tradução nossa do inglês.

> meio de se obter dinheiro, por exemplo, não mais desonesto do que coletar taxas exorbitantes de transporte de um cliente que recebe assistência do governo, como os mercadores brancos daqui ainda fazem. Longe de uma doença, a violência pode ser uma tentativa de se comunicar ou de ser quem você realmente é.
> (...) com um policial, a coisa pode ficar mais perigosa, mas pelo menos é honesto. Vocês se entendem. Vocês dois silenciosamente admitem que o único apoio que o policial tem para ele é sua arma (...) além de proteger e servir o "cara" o policial também funciona como sua efígie.[12]

Assim sendo, para a classe imersa numa irrealidade bem-comportada, em que o recurso à violência é empregado *em função da zona cinza*, o risco de ser baleado pela polícia vai ser sentido não só como matéria de horror, mas também com discreto fascínio, como possibilidade de "apimentar" os tediosos protestos pacíficos.

À luz desses sentimentos contraditórios, compreendemos melhor o principal legado dos rebeldes universitários norte-americanos para a luta política: a exploração midiática da violência policial como recurso de comoção pública. O Massacre de Kent State, sozinho, foi capaz de fazer aquilo que sequer uma década de rebeliões pretas havia conseguido: unir a opinião pública contra a violência policial e, por conseguinte, aumentar a insatisfação interna com a Guerra do Vietnã. A memória desse sucesso permanecerá no horizonte das manifestações políticas da classe média. Houve quem evocasse Kent State como solução, por exemplo, para os impasses enfrentados pelo Occupy Wall Street diante da opinião pública.

> Você sabe do que esse movimento precisa? De uma coisa óbvia e de outra não tão óbvia. Todos dizem: eles precisam de pauta política, esclarecer melhor o que querem, disto e daquilo. Mas há outra coisa que eles precisam, e eu não quero que isso seja interpretado da maneira errada. Não é que eles não precisam, mas vai acontecer. Se você pensar na década de 60, qual é a imagem mais comovente de todas as rebeliões que ocorreram? Do que lembramos? Kent State. Agora, não quero insinuar que é preciso que alguém seja assassinado. O que vai acontecer é um momento de clímax da guerra de classes (...) e isso vai simplificar a mensagem que articula a luta. Nesse sentido, o Occupy

---

12. Pynchon. "A Journey into The Mind of Watts". *New York Times*, 12 jun. 1966. Tradução nossa do inglês.

Wall Street carece de esclarecimento real, no que tange às políticas públicas, e de algumas imagens, infelizmente. Não estou dizendo "morte". Nós somos uma sociedade visual.[13]

Evidentemente, um tal argumento só poderia ter sido abertamente formulado por um magnata publicitário e apresentador de televisão como Donny Deutsch. Mas quando, duas semanas depois, um manifestante foi finalmente assassinado pela polícia – Scott Olsen, ex-veterano da Guerra do Iraque, morto enquanto participava de manifestações pacíficas na Occupy Oakland –, não faltaram manifestantes que se dispusessem a transformar o episódio na principal pauta do movimento, apostando na deflagração de uma grande comoção nacional.[14]

"É tudo emoção" – explica Mark Turnbull, diretor geral da Cambridge Analytica –, "esperança e medo (...) que muitas vezes não chegam a ser verbalizados e existem inconscientemente – você não sabia que tinha medo de algo até ver a reação que ele provoca em você". Turnbull atuou diretamente nas campanhas de Donald Trump e de Jair Bolsonaro à presidência. Ele explica que "não adianta disputar uma campanha eleitoral com base em fatos porque, na verdade, tudo não passa de uma questão de emoção".[15] E para evocar emoções contraditórias, as campanhas de Trump e Bolsonaro apostaram na arma de fogo como instrumento simbólico de mobilização.

---

13. Mac Nicol. "Donny Deutsch: 'Occupy Wall St.' Needs a Kent State Moment". *Business Insider*, 14 out. 2011. Tradução nossa do inglês.
14. Ver: Heagen. "Is Scott Olsen Occupy Wall Street's Kent State moment?". *Politico*, 27 out. 2011. Ver também a discussão "Will the sympathy for Scott Olsen translate into populist support for Occupy Wall Street?" na plataforma *Quora*, em 2011, disponível em: https://www.quora.com/Will-the-sympathy-for-Scott-Olsen-translate-into-populist-support-for-Occupy-Wall-Street.
15. Carissimo. "Cambridge Analytica CEO Alexander Nix describes 'shadow' election tactics". *CBS News*, 19 mar. 2018. Tradução nossa do inglês.

Imagem 8 – Foto do Massacre de Kent State em propaganda eleitoral de Jair Bolsonaro (2018).

Nesse sentido, o contexto de *Shoot* é a experiência esquizofrênica da catástrofe, característica de uma classe subalterna privilegiada, porque se destina a administrar a operação da máquina catastrófica; e que, em função disso, precisa ser mantida à meia distância do risco de catástrofe, nunca totalmente protegida, nunca totalmente no comando; sendo forçada ainda a acumular conhecimento e a consumir como entretenimento a catástrofe; devendo também desenvolver as competências e técnicas de gestão de risco que, ao cabo, se revelam inúteis para deflagrar processos de desmobilização com vista à emergência de outros modos de vida mais prudentes.

Para as elites proprietárias, só o desenvolvimento do conhecimento de catástrofe não traz grandes riscos. A zona cinza cuidará de torná-los impotentes. Daí o particular desinteresse em oprimir os protestos da classe média. Afinal, como diz o aristocrático empreendedor de D. H. Lawrence, "as pessoas podem ser o que quiserem, sentir o que quiserem e fazer o que quiserem no âmbito estritamente particular, contanto que não alterem a *forma* de sua vida, nem o funcionamento".[16] Esse ponto de vista é corroborado pelo magnata californiano de Thomas Pynchon, que dá a seguinte resposta ao hippie branco de classe média:

---

16. Lawrence. *O amante de Lady Chatterley*, p. 320.

"É uma questão de *estar no seu lugar*. Nós (...) estamos no nosso lugar. Estivemos desde sempre no nosso lugar. Olhe em volta. Imóveis, direitos de uso de água, petróleo, mão de obra barata – isso tudo é nosso, foi sempre nosso. E você, no apagar da vela você é quem? Mais uma unidade neste enxame de vagabundos que vêm e vão sem se deter aqui na ensolarada Southland, ansiosos por serem comprados com um carro de uma certa marca, modelo, ano, uma loura de biquíni, trinta segundos em algo que passe por uma onda – um cachorro-quente com chili, pelo amor de Deus." Ele deu de ombros. "Nunca vai nos faltar gente como vocês. O fornecimento é inesgotável."[17]

Em contrapartida, podemos experimentar "estar na zona cinza", como sugere Burden. Isto é, fazer da contradição entre o que sabemos e o que nos mobiliza um *lócus de ação*. De que modo podemos explorar a posição singular da classe de meio em relação à máquina catastrófica capitalista? Como transformar a sua experiência esquizofrênica de realidade em um princípio de desmobilização? Burden vai enxergar a possibilidade de *ação experimental*. A ideia é contornar o impasse da zona cinza usando táticas de pesquisa e experimentação, características da produção e aquisição de conhecimento, com a finalidade de testar modelos e hipóteses de desmobilização. Com efeito, essa perspectiva era comungada por outros expoentes da performance e do *happening*, como Allan Kaprow, Vito Acconci, Bruce Nauman e Marina Abramović, que buscavam fazer da arte um campo de experimentação das relações sociais com capacidade de intervenção direta no cotidiano

O que *Shoot* põe a teste? Justamente a esquizofrênica hipótese que vinha sendo cozinhada no inconsciente coletivo de seus colegas brancos universitários: a expectativa de que "ser baleado pela polícia" pudesse servir para deflagrar um processo geral de desmobilização da classe média. Essa ideia, como se vê, não é muito distante das "lições da natureza" e "aulas da dura realidade" que viemos estudando. Em ambos os casos, elas resultam da combinação impotente entre pânico frio e clarividência demoníaca, típica da zona cinza, que acumula conhecimento sobre a catástrofe, mas desconhece meios de interrupção dos dispositivos da catástrofe. Então, *Shoot* põe a teste essa tolice de transferir à natureza ou à barbárie o papel que cabe à classe de meio: transformar o conhecimento em instrumento de politização da catástrofe, a fim de gerar responsabilidades e deflagrar processos de desmobilização. Daí a importância de compreender como se deu esse experimento.

---

17. Pynchon. *Vício inerente*, p. 433.

2. O EXPERIMENTO

Ao contrário do que se pode imaginar, *Shoot* passou despercebida da grande mídia e da crítica especializada. A fama veio tardiamente, graças a reportagens sensacionalistas das revistas *Esquire* e *Newsweek* sobre a cultura jovem norte-americana, em que Burden aparece como "símbolo da rebeldia dos anos 1970". O desconhecimento da obra se deve, em parte, a uma série de precauções tomadas por Chris Burden que, se bem analisadas, mais se assemelham à de um cientista na hora de definir os parâmetros de um experimento.

A performance estava prevista originalmente para um festival de arte no campus da UCLA. Mas Burden acaba cancelando sua participação, temendo que *Shoot* pudesse alimentar a pressão conservadora pela regulação e policialização dos campi universitários. Escolhe então a F-Space, uma pequena galeria de Santa Ana autogerida por amigos artistas. Burden decide ainda não fazer qualquer divulgação. Convida apenas alguns amigos íntimos, alegando que "eu queria o controle. (...) A documentação foi feita por amigos, porque se eu tivesse convidado a NBC para filmar, não teria controle".[18]

Nesse sentido, a obra incluiu uma etapa de convencimento dos amigos que viriam a se tornar, nas palavras de Burden, os "comparsas que assistiram ao crime".[19] O artista não recorreu ao acordo tácito habitual entre artista e espectador, balizado pela autonomia da arte e gerido pela burocracia institucional, que concede ao artista liberdade de decidir o que vai apresentar e exime o público de qualquer responsabilidade em relação ao que é apresentado. Os espectadores de *Shoot* são, portanto, além de comparsas, coautores, na medida em que, além de consentirem em testemunhar um crime de acordo com a lei, precisam entrar em acordo quanto ao conceito de arte. Segundo Burden, as negociações começaram com forte rejeição, que foi logo contornada – "Eu convenci tanto todas as pessoas ao meu redor que ninguém trouxe sequer um kit de primeiros socorros".[20]

Cerca de 15 amigos se reuniram na galeria F-Space para assistir à performance. "Eram tipos de eventos realmente *privados* – quase religiosos de

---

18. Burden em entrevista a Wrange. "A conversation with Chris Burden". *Magasin III*, 2009. Tradução nossa do inglês.
19. Burden; Hoffman (Orgs.). *Chris Burden*, p. 27. Tradução nossa do inglês.
20. Ward. Gray Zone: Watching "Shoot", p. 116. Tradução nossa do inglês.

certa forma".[21] Coube a um colega artista e ex-fuzileiro naval fazer o papel de atirador. Sua missão era acertar de raspão o braço esquerdo de Burden com um rifle 22 de alta precisão, a uma distância de 4.5 metros. Um vídeo curto de 8 segundos registra a performance. Começa com uma tela preta, em que já podemos escutar as movimentações dos participantes. "Você sabe de onde você deve atirar, Bruce?", pergunta Burden, "Você está pronto?". Em seguida, a câmera é ligada e o disparo é imediatamente efetuado. Burden, atordoado, vai até o atirador exibir a ferida. Cessam outra vez as imagens, e ouvimos o derradeiro som da bala caindo no chão. Nos anos subsequentes, essa bala seria exibida ao lado do vídeo como uma "relíquia" da performance.

Todos os presentes na performance decidiram não informar a polícia de que um disparo havia sido realizado. A grande mídia tomou conhecimento da performance somente dois anos depois. No rescaldo da cobertura dos ataques de Charles Manson, havia uma corrida entre jornalistas para descobrir o *next freaky thing*[22] dos EUA. Chris Burden recorda que, após a repercussão das matérias, costumava receber ligações de jornalistas de todo o país, que faziam sempre a mesma pergunta: "Ei cara, quando você vai fazer sua próxima coisa bizarra?",[23] ao que ele costumava responder "eu não sou Alice Cooper".[24] Não adiantou muito. Burden continuou sendo tratado como o novo "Evel Knievel[25] da arte moderna",[26] até que ele decidiu abandonar a performance em prol da escultura e da instalação.

> **Entrevistador:** Mas não é irônico que alguns de seus trabalhos que investigaram experiências de primeira mão só sejam conhecidos pela maioria das pessoas de segunda mão, por meio da mídia de massa e, posteriormente, por meio de revistas de arte e catálogos? Como você se relacionou com essa midiatização de seus primeiros trabalhos?

---

21. Burden em entrevista a Marc Selwyn. "I Think Museums Function the Way Churches Function to Religion". *Flash Art International*, jan.-fev. 1989. Tradução nossa do inglês.
22. A "próxima coisa bizarra", em tradução livre do inglês.
23. Plagens. "Art in California". *The New York Times*, fev. 1973. Tradução nossa do inglês.
24. Alice Cooper, um roqueiro gótico famoso da época. Ver: Plagens. "Art in California". *The New York Times*, fev. 1973.
25. Evel Knievel (1938-2007) foi um dublê, motociclista e artista performático dos Estados Unidos. Ao longo de sua carreira, fez mais de 75 saltos sobre motocicletas, entre eles um malsucedido em 1974, no cânion do rio Snake, a bordo do Skycycle X-1, um foguete movido a vapor. (Verbete "Evel Knievel", Wikipedia).
26. Bradshaw. "Burden review – Persuasive look at art's 'Evel Knievel' – or David Blaine". *The Guardian*, 5 mai. 2017. Tradução nossa do inglês.

> **Chris Burden:** [Quando *Shoot* tornou-se famoso] Eu já não andava fazendo muitas performances. Atuei mais intensamente talvez por quatro ou cinco anos apenas, e então as notícias começaram a pesar demais. A imprensa distorcia tudo e isso era muito frustrante para mim.[27]

Convém distinguir o que *Shoot* significa para os espectadores de primeira mão, e o que ela deveria significar para os espectadores de segunda mão. Para os primeiros, Burden cercou seu experimento de cuidados e mecanismos aptos a *atribuir responsabilidades* para todos os envolvidos. Isso não significa que nós, que tomamos conhecimento da performance após a sua execução, devemos nos comportar de maneira francamente *desresponsável* como fizeram as mídias de entretenimento que, mais interessadas em explorar o filão de entretenimento pós-Manson, trabalharam para fabricar a imagem de um *"enfant terrible* crescidinho", "um anti-herói proto-punk cujas intervenções sadomasoquistas no estilo 'Jackass' concretizaram a fúria do momento pós-68".[28]

3. A RECEPÇÃO CRÍTICA

A crítica precisou lidar com duas questões centrais: a *legalidade* e a *legitimidade* da obra. Vamos à análise dos principais argumentos da fortuna crítica. Kristine Stiles, especialista na obra de Burden, analisa o termo "zona cinza":

> O que Burden quis dizer com a "estranha zona cinza", creio eu, é que suas ações habitariam o interstício ambíguo entre agressor e vítima. Como tal, *Shoot* pode exibir tanto a responsabilidade do estado de cuidar e proteger seus cidadãos, a responsabilidade geral exigida dos cidadãos em qualquer contexto social, o dever interpessoal que uma pessoa tem para com outra e para consigo mesma, bem como o equilíbrio precário entre essas responsabilidades.[29]

---

27. Wrange. "A conversation with Chris Burden". *Magasin III*, 2009. Tradução nossa do inglês.
28. Wywa. "The White Man's Burden". *The New Inquiry*, 18 dez. 2023. Tradução nossa do inglês.
29. Stiles. Burden of Light, p. 29. Tradução nossa do inglês.

O que a crítica define como "interstício ambíguo", "equilíbrio precário", é, na verdade, um fato muito bem regulamentado pelo *direito fundamental à vida*, lei pétrea universal que não compreende nenhuma situação de zona cinza. É em função da defesa da vida que as categorias de "agressor" e "vítima" são postas claramente. Pois tanto para o Estado quanto para a sociedade, os cidadãos e os indivíduos possuem responsabilidades inalienáveis na defesa da vida. Furtar-se a elas constitui crime, sobretudo quando o uso de arma de fogo deixa insinuar uma ocorrência de assassinato e/ou de suicídio (que ainda hoje é considerado pela justiça estadunidense como um "crime de direito comum" não escrito).

Nesse sentido, soa desresponsável considerar que a obra "habita" ou "estuda" uma suposta área cinzenta entre agressor e vítima, quando ela na verdade *produz* essa ambiguidade no campo da defesa da vida. Burden tem consciência disso, afinal se cercou de precauções com a finalidade de evitar desdobramentos jurídicos e éticos desfavoráveis tanto em âmbito individual quanto coletivo. É esta a questão que se coloca: o que a obra busca *produzir* no âmbito jurídico e ético relativo ao direito à vida?

Os críticos que se debruçaram sobre a legitimidade, por sua vez, buscaram responder outra questão: afinal, *ser baleado deve ou não ser considerado um ato artístico?* Para respondê-la, foi aplicado em geral o método diacrônico-sincrônico de análise. Do ponto de vista diacrônico da evolução das formas de arte, seria possível observar uma tendência nesse sentido. A arma de fogo vinha sendo progressivamente incorporada como elemento artístico. Havia a *Parede fuzilada* (1942) feita por Marcel Duchamp para a capa de *First Papers of Surrealism*, as pinturas feitas com rifle de Niki de Saint Phalle e William Burroughs, as violentas performances do acionismo vienense etc. E a teoria da performance já havia ratificado como artística a incorporação de um gesto estereotipado – como caminhar, varrer o chão ou atirar com uma arma. Já do ponto de vista sincrônico das relações da obra com o contexto cultural, *Shoot* parecia refletir perfeitamente o período histórico conturbado em que as rebeliões pareciam cada vez mais dispostas a praticar o que o líder dos Panteras Negras, Huey Newton, chamava de "suicídio revolucionário", que na prática podia consistir tanto numa disposição ao confronto aberto com as forças de repressão quanto no suicídio de fato, haja vista a série de atos de autoimolação que ocorreram naquela época.

Tudo isso não impediu que se colocassem questões mais duras sobre a legitimidade da obra. Em geral, chegou-se ao consenso de que, se *Shoot* deve ser considerada uma obra de arte, ela define também o limite desse tipo de ação. Seria inadmissível que artistas saíssem pelos museus metralhando a esmo. Com isso, o próprio Burden parece concordar. Em 2015, um estudante compareceu a um seminário de arte na UCLA vestindo paletó e gravata, em seguida puxou o que parecia ser uma arma de um saco de papel, carregou-a com uma única bala, girou o cilindro, apontou a pistola para sua cabeça e puxou o gatilho. Quando a arma não disparou, ele saiu da sala e, segundos depois, os seminaristas ouviram o som de um tiro. Burden, que nessa época era professor da UCLA, exigiu punições duras para a performance que, a seu ver, se assemelhava a "terrorismo doméstico". A reitoria, no entanto, optou por ser leniente, e Burden, insatisfeito, optou pelo seu desligamento da UCLA.

No campo dos estudos culturais, a noção de "experiência-limite" costuma vir associada à questão do trauma. Vários críticos buscaram analisar *Shoot* como sintoma de um trauma pessoal, ou da cultura norte-americana em geral. O sintoma seria aquilo que não cessa de apontar para si mesmo enquanto representação do limite da experiência do sujeito traumatizado. Porém, o sentido mesmo do sintoma, isto é, o limite constitutivo daquela subjetividade, não se localizaria no próprio ato sintomático, mas no trauma a que ele inconscientemente se refere. Nesse esteio, foram produzidas inúmeras teses. *Shoot* como sintoma de trauma estético: baliza ética da autonomia artística;[30] um símbolo extremo do "declínio e queda da vanguarda"[31] levada a cabo por uma espécie de "Evel Knievel do Modernismo";[32] a derradeira expressão de uma nova arte gestual.[33] *Shoot* como sintoma de um trauma sociocultural: suprema expressão de uma cultura norte-americana falocêntrica, masoquista e suicida;[34] manifestação veemente dos códigos normativos da subjetividade artística masculina;[35] outro grito desesperado junto aos protestos de autoimolação em Saigon.[36] A perspectiva do trauma tem a

---

30. Devereaux. Protected Space: Politics, Censorship, and the Arts, p. 55. Tradução nossa do inglês.
31. Hughes. "The Decline and Fall of the Avant-Garde". *Time Magazine*, 18 dez. 1972. Tradução nossa do inglês.
32. Hughes. "The Decline and Fall of the Avant-Garde". *Time Magazine*, 18 dez. 1972. Tradução nossa do inglês.
33. Kenicott. "Chris Burden: Extreme Measures". *Washington Post*, 20 dez. 2013.
34. O'Dell. *Contract with the Skin: Masochism, Performance Art, and the 1970s*.
35. Jones. *Body Art/Performing the Subject*, p. 295.
36. Griffin. "Chris Burden 1946-2015". *Frieze Magazine*, 2015.

vantagem de oferecer inúmeras possibilidades de interpretação, na medida em que permite facilmente remeter a obra a algo externo, como uma memória, um fato cultural, uma identidade social, um gênero sexual etc. Desse modo,

> Burden tem sido descrito como masoquista; um noviciado de vanguarda; um terapeuta social; um populista existencial; um herói; o alter ego do Sansão bíblico; uma vítima passiva indefesa; uma vítima heroica; um antropólogo; alguém inclinado para o cientista, engenheiro, inventor, funileiro; uma vítima-por-demanda; o herói de uma busca impossível (um moderno Dom Quixote); um bode expiatório voluntário; e um sobrevivente.[37]

Mas toda essa mixórdia de teses sobre o sintoma de trauma, no final das contas, acaba transformando a obra num Teste de Rorschach. *Shoot* parece exemplificar e/ou denunciar tudo que há de errado, seja na cultura, na arte, na identidade macho norte-americanas etc. Por isso mesmo, a obra acaba, no final das contas, soando irrelevante, mera ilustração de algo que já se sabe.

Mas, se é mesmo esse o caso, por que os críticos ainda legitimam *Shoot* como arte? Se se trata tão somente de um sintoma de mal-estar na cultura, por que não a relegar ao panteão de acontecimentos sensacionalistas lamentáveis? É nesse sentido que o crítico de arte francês Georges Didi-Huberman faz graves críticas tanto à obra quanto à fortuna crítica de *Shoot* em seu ensaio "Como abrir os olhos", que versa sobre a relação entre arte e conscientização política.

> Quando Chris Burden pediu que atirassem nele com uma espingarda no braço, em 1971, ele permaneceu, até onde sei, mudo durante o seu gesto. (...) A ferida de Burden é pensada como uma obra de arte e esta se realiza – chega ao fim – quando o tiro é dado. Portanto, ela é o fim em si, um fim estético. (...) Porque sua ferida era um fim absoluto, Chris Burden não acrescentou, logicamente, um comentário, é o fuzil que havia falado (que havia atirado) e é o corpo que falava (que sangrava).[38]

Aqui, Didi-Huberman resgata outro argumento recorrente, de cunho formal e metalínguistico: que *Shoot* seria um gesto tautológico extremo, um ataque agressivo ao uso de metáforas na arte.

---

37. Ward. Gray Zone: Watching "Shoot", p. 116. Tradução nossa do inglês.
38. Didi-Huberman. *Remontagens do tempo sofrido – O olho da história II*, p. 94.

Tudo isso seria reprovável para Didi-Huberman. Ele defende o uso de metáforas como meio de construir comparações capazes de "cindir a violência do mundo".[39] Ele compara, então, *Shoot* com outro gesto de autoagressão. Em *Fogo inextinguível*, o diretor Harun Farocki queima a si próprio com a ponta de um cigarro com o objetivo de responder à seguinte pergunta:

> *Como lhes mostrar os efeitos do napalm? E como lhes mostrar as feridas do napalm?* Se lhes mostrarmos uma imagem das feridas do napalm, vocês fecharão os olhos. Primeiro, vocês fecharão os olhos diante das imagens. Depois, vocês fecharão os olhos diante dos fatos. Enfim, vocês fecharão os olhos ao contexto dos fatos. Se lhes mostrarmos uma vítima do napalm, feriremos sua sensibilidade. Se ferirmos sua sensibilidade, ficará a sensação de que usamos o napalm contra vocês e às suas custas. Podemos apenas lhes mostrar, então, uma representação muito fraca dos efeitos do napalm. Um cigarro queima a 400°, o napalm queima a 3.000°.[40]

Ao contrário de Burden, escreve o crítico, Farocki teria produzido "muito mais que uma metáfora",[41] e até mesmo uma metonímia, "se considerarmos esse ferimento pontual como um só *pixel* daquilo que Jan Palach teve de sofrer em todo o seu corpo".[42] Em suma, ao queimar-se ele teria produzido uma verdadeira "coreografia da comparação dialética"[43] capaz de "elevar a cólera" até "queimar a si mesmo" e de nos fazer "abrir os olhos"[44] diante da "terrível economia do napalm".[45] Assim, a função da metáfora, conclui o autor, seria a de prolongar a linguagem diante do irrepresentável, e nisto fazer o espectador "sofrer um tempo"[46] diante da catástrofe.

Os críticos que toleram obras como as de Burden são, portanto, os que teriam os "olhos fechados" para o mundo da violência. Segundo Didi-Huberman, são críticos habituados a uma "história da arte pacificada",[47] que perdeu de vista "o contexto da história política acalorada".[48] Por isso,

---

39. Didi-Huberman. *Remontagens do tempo sofrido – O olho da história II*, p. 92.
40. *Nicht löschbares Feuer/Feu inextinguible* (1969), de Harun Farocki.
41. Didi-Huberman. *Remontagens do tempo sofrido – O olho da história II*, p. 95.
42. Didi-Huberman. *Remontagens do tempo sofrido – O olho da história II*, p. 95.
43. Didi-Huberman. *Remontagens do tempo sofrido – O olho da história II*, p. 92.
44. Didi-Huberman. *Remontagens do tempo sofrido – O olho da história II*, p. 95.
45. *Nicht löschbares Feuer/Feu inextinguible* (1969), de Harun Farocki.
46. Didi-Huberman. *Remontagens do tempo sofrido – O olho da história II*, p. 95.
47. Didi-Huberman. *Remontagens do tempo sofrido – O olho da história II*, p. 96.
48. Didi-Huberman. *Remontagens do tempo sofrido – O olho da história II*, p. 92.

se limitam a analisar "espontaneamente" as relações formais entre *Fogo inextinguível*, o "famoso *Shoot* de Chris Burden",[49] a *Parede fuzilada*, de Duchamp etc. Quando tais críticos deveriam, em primeiro lugar, tentar abrir os olhos para o que ocorria no Vietnã.

É justamente em relação ao Vietnã, contudo, que a crítica de Didi-Huberman não se sustenta. O crítico francês é incapaz de compreender que *os dispositivos de destruição não ferem a percepção da mesma maneira*. Para efetivamente pensarmos a arte à luz da barbárie, não podemos cometer o erro básico de confundir a bomba de napalm com a arma de fogo. Os desafios de percepção e de representação que cada aparelho de repressão coloca são inteiramente diferentes; melhor dizendo, os papéis que eles desempenham no dispositivo de repressão são distintos. Por isso mesmo, as obras de arte não podem recorrer às mesmas soluções de linguagem, se quiserem de fato fazer com que as pessoas "abram os olhos" para a violência em todo seu espectro. Senão, vejamos.

4. METÁFORA DE RISCO

Antes de analisar a diferença entre o impacto do napalm e o impacto da arma de fogo na percepção da violência, convém fazer um breve comentário sobre o estatuto da metáfora na arte contemporânea. Com efeito, como já anunciava Cildo Meireles – para quem Burden era o "grande artista americano"[50] de seu tempo –, cabe ao artista "não mais trabalhar com a *metáfora da pólvora* – trabalhar com a *pólvora mesmo*".[51] Burden é fiel a essa premissa; em toda sua obra, abundam substâncias perigosas – como arma de fogo, incêndios, geradores de luz de iodetos metálicos, rolos compressores etc. – que colocam em xeque o valor de substituição da metáfora da catástrofe na medida em que a própria matéria do signo se torna potencialmente catastrófica.

É o caso da obra *The Reason for the Neutron Bomb* (1979), em que Burden enfileirou sobre um tapete cinza 50.000 moedas, cada uma coberta com um fósforo quebrado, fazendo alusão ao arsenal de tanques militares da

---

49. Didi-Huberman. *Remontagens do tempo sofrido – O olho da história II*, p. 92.
50. Meireles em entrevista a Juliana Monachesi. Meireles; Monachesi. "O caçador de relâmpagos". *Folha de São Paulo*, 22 dez. 2002.
51. Meireles. *Cildo Meireles*, p. 22.

União Soviética. Embora metaforizasse os estados de ânimo inflamáveis da Guerra Fria, a obra em si comportava um alto risco de combustão. O artista contava, então, com a colaboração da instituição e do espectador para que um incêndio não fosse deflagrado. Outro exemplo é a instalação *Fist of Light*, exibida em 1993 pelo Whitney Museum, em Nova York. Burden concebeu um cubo de metal de 3,5 metros em cujo interior há 112 "lâmpadas de iodetos metálicos de alto rendimento" que, nas palavras do artista, produzem uma luz "aproximadamente três vezes mais brilhante do que o dia mais ensolarado na praia".[52] Como as lâmpadas produzem extremo calor e consomem muita energia, foi necessário selar o cubo hermeticamente em um recipiente reflexivo de aço inoxidável, em seguida atá-lo a um gigante sistema de ar condicionado de alta velocidade de 5 toneladas, ambos sustentados por um complexo sistema elétrico. Segundo Burden, *Fist of Light* seria tanto uma metáfora para a fissão nuclear quanto uma homenagem ao artista James Turrell, notório por seus trabalhos com luz artificial e natural, cujo mote é: "eu apreendo luz – eu crio eventos que moldam ou contêm luz".[53] Em *Fist of Light*, Burden se debruça sobre o caráter inapreensível e violento da luz elétrica na modernidade, que parece destinada a rivalizar com o Sol. Mas há um detalhe que transtorna o valor metafórico da obra: como *Com ruído secreto* (1916), de Duchamp, a luz produzida no interior de *Fist of Light* era, além de inacessível ao espectador, inobservável a olho nu; e, ainda, o consumo de energia do cubo colocava em risco não só o sistema elétrico do museu, como de toda a região no entorno, que podia a qualquer momento sofrer um apagão.

    Duchamp já havia assinalado que a arte em "estado bruto" – isto é, independentemente de seu valor artístico – não passa de matéria inerte que sofreu um processo de "transubstanciação".[54] Nesse sentido, quando Cildo Meireles define o compromisso do artista contemporâneo com "trabalhar com a pólvora *mesmo*", devemos escutar aqui o eco do "*même*"[55] duchampiano, isto é, o reconhecimento de que na arte há tão somente a "pólvora mesma", isto é, pólvora percebida como pólvora.

---

52. Burden; Hoffman (Orgs.). *Chris Burden*, p. 259. Tradução nossa do inglês.
53. Finkel. "James Turrell shapes perceptions". *Los Angeles Times*, 11 mai. 2013. Tradução nossa do inglês.
54. Duchamp. *O ato criador*, p. 518.
55. *La mariée mise à nu par ses célibataires, même* (1915-1923), de Marcel Duchamp.

Em se tratando de metáforas da catástrofe, por que esse gesto de trabalhar com a "pólvora mesmo" é decisivo? Porque o objetivo do artista deixa de ser o uso de matéria inerte como instrumento de representação. Interessa, agora, a *transubstanciação do potencial de risco percebido que cada matéria emana*. Isto é, o artista passa a se endereçar menos às qualidades sensíveis da matéria que ao potencial de risco que o espectador projeta nela através de sua percepção. Risco, como já enfatizamos anteriormente, existe apenas como conhecimento;[56] é o acréscimo conceitual àquilo que pode ser ou não percebido como real. Em arte, o risco pode ser definido como "algo que não se vê ou toca e que muda 'inexplicavelmente' as relações de força"[57] – conforme escreveu Ronaldo Brito a propósito de *Eureka/Blindhotland* (1970-1975), de Cildo Meireles, em que o espectador tem a chance de manipular bolas de tamanho igual e material similar, mas que possuem pesos diferentes graças ao enxerto aleatório de uma substância invisível feito pelo artista. Já discutimos a qualidade perceptiva do risco quando nos debruçamos sobre a obra de Anselm Kiefer, que representa a transmutação da percepção das nuvens em função do enxerto na paisagem de uma substância invisível: o risco de catástrofe nuclear por via da radiação ou do bombardeio. Tanto em *Fist of Light* quanto em *The Reason for the Neutron Bomb*, é o potencial de risco, à primeira vista invisível ou até mesmo inobservável, mas jamais imperceptível, que serve de matéria para a construção de uma metáfora da catástrofe.

5. PERCEPÇÃO DE RISCO

Feita essa breve reflexão sobre o estatuto da metáfora da catástrofe, retomemos a comparação entre *Shoot* e *Fogo inextinguível*. Didi-Huberman argumenta que o disparo de Burden nada daria a ver, porque tem sentido tautológico, e por isso seria um "ponto absoluto". Já a queimadura com cigarro teria o poder de abrir os olhos para algo que, em si, é pornográfico no limite do irrepresentável, e por isso teria produzido um "ponto relativo" à "terrível economia do napalm".

O que o crítico é incapaz de explicar é por que o cineasta teve de se queimar de fato; afinal, se se trata de levantar um ponto relativo, bastaria

---

56. Ver: Beck. *Sociedade de risco – Rumo a uma outra modernidade.*
57. Brito. *Frequência imodulada*, p. 163.

verbalizar a comparação. Afinal, foi exatamente isso que Kim Phuc – sobrevivente do napalm cuja vida nua foi registrada à distância por uma câmera Leica[58] – fez ao explicar o que sentira na pele. "Napalm é a dor mais terrível que você pode imaginar. A água ferve a 100 graus Celsius. Napalm gera temperaturas de 800 a 1.200 graus Celsius".[59]

Para fazer "abrir os olhos" da humanidade, Kim não precisou se queimar uma segunda vez, e nisto demonstrou uma crença na metáfora muito maior que a do crítico que supostamente a defende. Como Didi-Huberman é incapaz de se debruçar sobre a verdadeira questão – isto é, sobre como diferentes dispositivos de destruição ferem a percepção humana –, ele precisa recorrer a uma concepção assaz tortuosa de política. O crítico francês chega a escrever, com seu habitual estilo grandiloquente, que o ato de se queimar com um cigarro seria um "imperativo", pois, assim como "Jan Palach *teve de sofrer* em todo o seu corpo"[60] o fogo da autoimolação, Farocki *teve de queimar* o seu próprio braço com um pixel da "chama da revolta".[61] Eis a curiosa fórmula política do autor, o imperativo de se queimar com bitucas de cigarro, que no fundo somente reproduz a condição esquizofrênica da classe média que citamos no início deste capítulo. Como o crítico só tem experiências de segunda mão da catástrofe, e lhe falta qualquer corpo a corpo concreto com os dispositivos da destruição, toda tentativa de pensar a resistência ao poder, à medida que começa a girar no vazio grandiloquente da confabulação escrita, tende a estimular um desejo secreto por uma experiência física, direta, da catástrofe.

Eis um exemplo daquilo que Stengers define como *crítica em situação de levitação*, isto é, uma crítica adepta ao discurso grandiloquente, a metáforas totalizantes e genéricas ("o universo dantesco, *dessa forma*, inverteu-se"),[62] e que, diante do inferno, se coloca a tarefa heroica de *pensar pelos outros*.

> Daqui para a frente, a crítica está em situação de levitação, o que, aliás, é celebrado por alguns como derradeira lucidez, assumindo enfim o drama abissal da humana condição. Suplico a aqueles a quem esse canto de morte possa seduzir para pensar comigo que talvez haja certa obscenidade nesse

---

58. Célebre foto de Nick Ut, vencedora do prêmio Pulitzer de Reportagem Fotográfica de 1973.
59. Omara-Otunnu. "Napalm Survivor Tells of Healing after Vietnam War". *University of Connecticut Advance*, 8 nov. 2004.
60. Didi-Huberman. *Remontagens do tempo sofrido – O olho da história II*, p. 32.
61. Didi-Huberman. *Remontagens do tempo sofrido – O olho da história II*, p. 32.
62. Didi-Huberman. *Sobrevivência dos vagalumes*, p. 17. Grifo nosso.

radicalismo um pouco "chique", como uma demonstração por absurdo de que a crítica, longe de gerar novas questões e novos "possíveis", persegue a sombra do que tinha tido importância, tinha feito viver e pensar, e honra o que já não pode fazer ninguém viver e pensar.[63]

Nesse caso, se o crítico realmente deseja produzir um canto de morte em que a autoimolação se torna um "imperativo", seria interessante lembrá-lo que em nosso mundo precarizado, proibido de qualquer imaginação de futuro, a mera perda de uma bolsa estudantil[64] em Lyon ou "damascos, bananas e morangos no chão diante da Prefeitura"[65] na Tunísia parecem bastar para levar o sujeito a atear fogo em si mesmo.

Ora, agora vemos que o crítico colocou Harun Farocki em maus lençóis, que passa a poder ser acusado, assim como Burden, de ter agido como "herói",[66] como um típico intelectual esnobe que, com recurso a um símbolo típico de sua classe, o cigarro, se queimou para afirmar sua "tautologia",[67] porque acreditava que seu sentimento de revolta seria mais significativo que o mero testemunho das vítimas do Vietnã.

Nesse ponto, vamos em socorro de Burden e Farocki, afirmando que nenhum deles agiu com "heroísmo". Na realidade, foi o crítico que, ignorando sua condição esquizofrênica de autor de classe média, formulou mal o papel da metáfora na relação entre arte, política e resistência. De algum modo, ele parece imaginar que algumas operações conceituais bastam para desativar o dispositivo de repressão, e nisso não faz qualquer esforço para imaginar de um ponto de vista vital – isto é, da própria vida em risco – a diferença entre as ameaças de napalm e de arma de fogo. Mas é justamente nesse ponto que a classe média, sufocada pela zona cinza, falha sistematicamente:

---

63. Stengers. *No tempo das catástrofes*, p. 108.
64. No dia 8 de novembro de 2019, Annas K., um estudante de 22 anos da Universidade de Lyon, ateou fogo em si mesmo em frente ao restaurante universitário, para chamar atenção para a precariedade da comunidade acadêmica. Ver: Bock. "How a French student setting himself alight has inspired a new revolt". *NewStatesMan*, 13 set. 2019.
65. O vendedor de frutas tunisiano Adriel Didi, após ter sido humilhado por policiais, ateou fogo em si mesmo em homenagem a Mohamed Bouazizi, também vendedor de rua, cujo ato de autoimolação desencadeou os levantes da Primavera Árabe em 2010. Em 2017, o "protesto público" era a segunda forma de suicídio mais comum na Tunísia. Ver: Redação NYT. "Autoimolação, estopim da Primavera Árabe, hoje é uma tendência sinistra". *Folha de S.Paulo*, 11 jul. 2017.
66. Didi-Huberman. *Remontagens do tempo sofrido – O olho da história II*, p. 32.
67. Didi-Huberman. *Remontagens do tempo sofrido – O olho da história II*, p. 32.

na conversão do conhecimento acumulado em experiência vital do risco de catástrofe. Desfaçamos, então, o mal-entendido.

Convido o leitor a imaginar que Farocki tivesse optado por ser realmente baleado diante das câmeras. Como se trata de um filme, ele provavelmente teria tido muitas dificuldades para convencer o público de que o fizera *realmente*. Isso porque o cinema é uma mídia repleta de artifícios, e propensa à espetacularização da violência. Assim sendo, o ato de se queimar com a ponta de cigarro pode ser um dos poucos gestos físicos passíveis de serem imediatamente *percebidos* pelo espectador como uma ação real, e não um efeito especial. Ou seja, o gesto de Farocki continha o potencial de evocar uma *percepção da queimadura* para muito além do domínio visual, atingindo relações táteis – e até mesmo olfativas, na medida em que naquela época ainda era permitido fumar nos cinemas. Também nesse sentido, não bastava aquecer a água, como sugeriu Kim Phuc. A agressão real que Farocki se infligira tem como objetivo evocar *o risco concreto de ser queimado*.

Por que essa evocação importa? Consideremos agora o tema de *Fogo inextinguível*. A obra não visa discutir os bombardeios da Guerra do Vietnã, mas a cadeia produtiva da bomba; em especial, a participação do homem cinzento nela. Ele se concentra na horda de recepcionistas, técnicos de produção, gerentes de recursos humanos, engenheiros químicos etc.; em suma, toda a vasta classe de produtores e feitores de risco, de controladores e mediadores de risco. Cada um deles exibia uma extraordinária capacidade de dissimular a si mesmo e à sociedade civil o fato de que a substância "inflamável" produzida na fábrica era, na verdade, napalm. O horror da mobilização da classe média que o filme desperta é muito semelhante àquele que sentimos diante dos e-mails protocolares trocados pelos engenheiros responsáveis pela barragem da Vale em Brumadinho.

Quando Farocki argumenta que a pornografia da catástrofe faz "fechar os olhos" – para as imagens; para os fatos; para o contexto dos fatos; para a sensibilidade –, os olhos a que ele se refere não são os olhos da humanidade, mas da classe de meio direta ou indiretamente envolvida na produção da bomba de napalm. Essa classe, ao contrário das vítimas diretas, não precisa desenvolver a habilidade de olhar de perto o horror das feridas, queimaduras, do espetáculo iridescente das chamas. Pelo contrário, o que ela precisa é aprender a *perceber a zona cinza* em que ela se encontra. As imagens pornográficas só fazem ressaltar a distância e reforçar o desejo de insegurança, o que é indesejável quando se trata, na verdade, de aprender a experimentar o risco de catástrofe na sua dimensão indireta, burocrática, a meia distância, de segunda mão.

A queimadura de cigarro intervém no ponto cego da esquizofrenia da classe de meio, nem totalmente protegida, nem totalmente no controle do risco de catástrofe, obrigada a desenvolver as competências técnicas de produção da catástrofe e a consumir o espetáculo da catástrofe, porque é impedida de perceber ou sequer reagir de modo mais vital à insidiosa intrusão do risco de catástrofe em seu mundo. O que a queimadura visa é ressaltar a contradição entre o que sabemos e o que nos mobiliza. Sua função é ativar um *lócus de ação*.

Por isso, a queimadura de cigarro tem a finalidade de transmutar o ambiente da sala de cinema. Por um instante, esse espaço hermético de privação sensorial se torna ambiente tátil e inflamável, efetivamente uma área de risco. Farocki joga com os anseios por experiências de primeira mão dessa classe que nunca chega a vivenciar totalmente os riscos que, mesmo assim, a ameaçam diariamente. A queimadura de cigarro, ao mesmo tempo que ativa uma consciência do horror do napalm, vai tocar nos desejos de autoimolação que correm no inconsciente dessa classe de meio que, em virtude dos ambientes esterilizados onde se produzem a catástrofe, é cativa de afetos contraditórios em relação à violência, um pouco como na canção do Nine Inch Nails: "Eu me machuquei hoje/ Para ver se ainda sinto/ Eu me concentro na dor/ A única coisa que é real".[68]

Por tudo isso, a cena de Farocki conquistou, para a sala de cinema, o mesmo que Burden conquistou para a galeria de arte: em ambos os casos, o espaço foi para além de cenáculo de um discurso metafórico para se transformar em uma espécie de *laboratório experimental da percepção de risco*.

6. A INTERRUPÇÃO DA EXPRESSÃO

Desde a Segunda Guerra Mundial, a explosão de uma bomba de grande porte – nêutron, hidrogênio, nuclear, napalm etc. – tornou-se um evento raro, distante, para o cotidiano do Ocidente. Mesmo no cinema comercial, a explosão da bomba costuma ser representada conforme os espetáculos

---

68. Canção "Hurt" (1994), interpretada por Nine Inch Nails. Compositor: Trent Reznor. In: *The Downward Spiral* (Interscope Records, 1994). Tradução nossa do inglês.

pirotécnicos, e o rastro que ela deixa nos corpos se assemelha ao de queimaduras graves. Tudo isso contrasta com a realidade de corpos reduzidos a cerca de 1/3 de sua massa original, às vezes apresentando tonalidades arroxeadas e formas que pouco lembram o contorno do ser humano. Foi nesse sentido que W.G. Sebald, ao examinar o rastro destrutivo da Operação Gomorra – cujo objetivo seria reduzir a cidade de Hamburgo a cinzas, dispondo indiscriminadamente de dispositivos de destruição cuja força "ninguém jamais havia *imaginado* ser possível"[69] – aponta para a existência de um *perímetro inobservável*, inacessível à experiência humana direta, o qual somente um "olhar sinótico, artificial"[70] seria capaz de penetrar. Nesse sentido, o desafio enfrentado por Farocki é tornar *perceptível* algo que é da ordem do inobservável e do inimaginável. O que se constata é que a metáfora, sozinha, não basta. É preciso também expor o sujeito à percepção do risco. Porque a condição esquizofrênica da classe de meio a torna cativa das experiências de segunda mão da catástrofe, de torrentes de imagens simuladas, informações mediadas, conceitos abstratos etc. Assim sendo, é preciso que a classe de meio de algum modo experimente o risco de catástrofe, mas *em função do mundo em que vive*. É tolo esperar que excursões a Auschwitz ou a Chernobyl sirvam para politizar a classe de meio, do mesmo modo que é inútil esperar que as "lições da natureza" e da "dura realidade" também o façam. É preciso que seu modo de vida seja de algum modo colocado em risco para que ela se torne minimamente capaz de perceber a zona cinza em que vive e eventualmente se transforme em refratária ao risco. Pois o acréscimo de informação, sozinho, não basta para perturbar tudo aquilo que nos mobiliza a correr o risco de catástrofe. E é por isso que Farocki, além de fornecer o olhar sinótico sobre o napalm, queimou-se com um cigarro.

Ao contrário do napalm, armas de fogo estão disponíveis para consumo doméstico em todo o mundo. Quer seja nas ruas da periferia; nos centros de caça e treinamento; nas brincadeiras infantis, nos videogames, nas fantasias sexuais; no cinema, na literatura, na música; nos latifúndios do interior, na gôndola do supermercado e no coldre do policial; nos pesadelos noturnos, na ansiedade da espera noturna pelo retorno ao lar de um ente querido, nas manchetes dos jornais diários ou, infelizmente, na ocasião de um assalto... Dificilmente deixamos de ser expostos diariamente a um disparo qualquer.

---

69. Sebald. *História natural da destruição*, p. 20.
70. Sebald. *História natural da destruição*, p. 24.

A exposição contínua ao evento do disparo compõe nossa paisagem sensível desde, pelo menos, a expansão dos meios de comunicação e da indústria armamentista ao longo da modernidade. Por isso mesmo, a cadeia produtiva de armas de fogo não precisa agir da mesma maneira discricionária dos fabricantes de napalm. Basta ver o comportamento extravagante das "bancadas da bala" em todo o mundo. A arma de fogo é, simultaneamente, objeto de terror e de fascínio, de medo e desejo.

Assim sendo, a arma de fogo fere a sensibilidade, escapa à imaginação e à observação, não em virtude de sua irrepresentabilidade, mas da saturação da representação. Desde a *Arma de Chekhov*[71] – "nunca se deve colocar um rifle carregado no palco se ele não vai disparar. É errado fazer promessas que você não pretende cumprir"[72] –, um disparo é considerado promessa de narrativa. Há uma longa intimidade entre a arma de fogo e a proliferação de narrativas. Já notava Walter Benjamin que o prenúncio da morte individual – que a arma de fogo simboliza mais claramente – é fundamental para a própria produção de "sentido" em um romance moderno:

> (...) o leitor do romance procura realmente homens nos quais possa ler o "sentido da vida". Ele precisa, portanto, estar seguro de antemão, de um modo ou outro, de que participará de sua morte. Se necessário, a morte no sentido figurado: o fim do romance. Mas de preferência a morte verdadeira.[73]

Assim como na *gag* do filme *Birdman (ou A inesperada virtude da ignorância)* (2014), de Alejandro González Iñárritu, em que a tentativa fracassada de suicídio por arma de fogo durante uma peça de teatro acaba sendo elogiada pelo público como um retorno à essência do teatro – nada poderia ser mais distante epistemologicamente do impercebível da bomba: *o disparo de uma arma de fogo contém o potencial de dar um sentido para a vida.*

Por tudo isso, soa injusto tratar *Shoot* como se fosse "algo saído de um roteiro de Hollywood".[74] Ao contrário, a obra não traz nenhuma promessa de narrativa. Não apresenta sequer um manifesto, como aquele publicado por

---

71. Termo inspirado nas cartas de Chekhov que descrevem a estratégia narrativa de reduzir os elementos diegéticos ao estritamente essencial para o progresso do enredo.
72. Carta de Anton Chekhov a Aleksandr Semenovich, 1 set. 1889. In: Black. *The Anatomy of Prose*, p. 311. Tradução nossa do inglês.
73. Benjamin. O narrador: considerações sobre a obra de Nikolai Leskov, p. 214.
74. Trata-se do comentário que o prefeito de Conn, EUA, fez acerca do caso em que um pai baleara o seu próprio filho no quintal de casa após tê-lo confundido com um possível

Valerie Solanas horas antes de alvejar Andy Warhol. Durante a performance e ao longo de toda sua vida, Chris Burden jamais descreveu a experiência de ser baleado no braço. Sempre que questionado, se limitava a dar o contexto e o conjunto de precauções que tomara. Nenhuma reminiscência, nenhuma apreensão divinatória do sentido da vida. O que temos é, meramente, esse *Shoot*, mero gesto de disparo/disparar. Vimos como fracassam todas as tentativas de se recompor um personagem,⁷⁵ um enredo, um propósito, um sentido para o disparo – pois *Shoot*, aparentemente, não visa a nenhuma crítica, denúncia, manifesto, narrativa; é tão somente um gesto. Como se o verdadeiro objeto da obra fosse uma conquista do silêncio diante das forças repressivas que nos forçam a falar incessantemente, com medo e volúpia, sobre a arma de fogo. Tudo isso faz lembrar palavras de Deleuze a propósito do silêncio:

> Estamos trespassados de palavras inúteis, de uma quantidade demente de falas e imagens. A besteira nunca é muda nem cega. De modo que o problema não é mais fazer com que as pessoas se exprimam, mas arranjar-lhes vacúolos de solidão e de silêncio a partir dos quais elas teriam, enfim, algo a dizer. As forças repressivas não impedem as pessoas de se exprimir, ao contrário, elas as forçam a se exprimir. Suavidade de não ter nada a dizer, direito de não ter nada a dizer; pois é a condição para que se forme algo raro ou rarefeito, que merecesse um pouco ser dito.⁷⁶

Além de experimento de risco, *Shoot* é um ritual de purificação de toda tolice em torno da arma de fogo. Essa é uma conquista notável, na medida em que sequer ser baleado parece bastar para silenciá-las – é o que constatou

---

bandido. Como o protagonista de *Batman Begins*, seu filho estava usando uma máscara de ski negra e brincava com uma faca.
75. Em Didi-Huberman ("How to Open Your Eyes"), o tratamento ficcional é flagrante. Apesar de reconhecer que *"Burden's injury was conceived as an artwork, and this artwork takes place – and ends – when the bullet is fired"* (p. 43), ao passo que o ato de queimar-se de Farocki, *"on the contrary, is merely a means at the beginning of a film that will last another 20 minutes (which is the time it effectively takes to understand the terrifying economy of napalm in place throughout the world)"* (p. 43), Didi-Huberman não se abstém de sugerir um eventual The End para *Shoot*. Assim, por exemplo, ele descreve, como uma espécie de cena de um film noir, uma das fotos da performance: *"A famous photograph shows him standing upright but dazed from the shock, with two holes in his arms, from which flows a trickle of blood"* (p. 43). A comparação entre as obras, em todo caso, se assenta numa confusão dos meios, especificamente na exigência de que a performance atenda a critérios da narrativa cinematográfica. Didi-Huberman. How to Open Your Eyes, p. 43.
76. Deleuze. Os intercessores, p. 161-162.

o correspondente de guerra Michael Herr, cujo livro de memórias sobre a Guerra do Vietnã, *Dispatches* (1977), serviu de base para o roteiro de *Full Metal Jacket* de Stanley Kubrick.

> Tínhamos visto muitos filmes, ficado muito tempo em Television City, e os anos de excesso de mídia dificultaram certas conexões. *Nas primeiras vezes em que fui alvejado ou vi mortes em combate*, nada realmente aconteceu, todas as respostas ficaram trancadas na minha cabeça. Era a mesma violência familiar, apenas transferida para outro meio; algum tipo de jogo na selva com helicópteros gigantes e efeitos especiais fantásticos, atores deitados em sacos de lona esperando a cena terminar para que eles pudessem se levantar novamente e sair andando. Mas isso era uma cena (você logo descobria) que não havia como cortar e editar.[77]

7. DESATIVAR O DISPOSITIVO

Ainda assim, *Shoot* não é um comentário sobre a Guerra do Vietnã, ou sobre Kent State; seu objetivo não é oferecer o gostinho da violência aos espectadores de arte. Nenhum comentário. E se há uma história a ser contada sobre *Shoot*, ela é inesperadamente neutra: "Burden ficou branco muito rapidamente. Seus lábios ficaram quase azuis e seu rosto ficou branco... *Eu não estava esperando isso*".[78] Isso que de repente se revela, inesperadamente, *é o dispositivo de autodefesa*.

Nossa hipótese central é de que todas as precauções tomadas por Burden para controlar as implicações legais, linguísticas, midiáticas e estéticas visavam criar condições experimentais para que o dispositivo de autodefesa viesse à tona de modo *perceptível*, isto é, como elemento gerador da zona cinza em que a juventude branca de classe média estava sendo metida pelo poder repressor. O que é o dispositivo de autodefesa? Segundo a filósofa Elsa Dorlin, trata-se de um dispositivo de poder que tem como objeto *as disposições defensivas dos corpos*: os espasmos musculares, os impulsos nervosos, as descargas de fluidos hormonais, as tensões cinestésicas; em suma, todo o conjunto de ações conscientes e/ou reflexas do corpo de autoproteção, além das práticas que visam cultivá-las. O poder solicita aos

---

77. Herr. *Dispatches*, e-book. Tradução nossa do inglês.
78. Relato do atirador da performance. Filme: *Burden* (2016), dir. Richard Dewey. Tradução nossa do inglês.

corpos, através daquilo que neles insiste em resistir à própria aniquilação, a confirmação da existência de uma ameaça fantasmagórica; em outras palavras, o dispositivo visa extrair do impulso à vida interior dos corpos que ele designa como indefensáveis a própria legitimidade para proibi-los de qualquer defesa diante do poder.

Entre os vários exemplos que ela fornece da atuação repressiva do dispositivo de autodefesa, está o julgamento que absolveu os policiais envolvidos no espancamento de Rodney King em 1991. Nessa ocasião, a episteme racista logrou produzir uma espetacular inversão da percepção do corpo negro. O mesmo vídeo[79] que, para o espectador comum, parecia registrar sem margem de dúvidas o brutal espancamento de um corpo indefeso, se transformou aos olhos do júri na principal prova de que King representava ameaça concreta de agressão e que, portanto, toda ação teria sido em legítima defesa. A estratégia semiótica empregada pelos advogados de defesa consistiu em isolar fotogramas estáticos que ressaltavam os gestos reflexos e desordenados do corpo da vítima para se manter vivo; a partir desses fotogramas, eles conseguiram ativar uma "paranoia branca"[80] disposta a projetar sobre King a impressão de uma ameaça fantasmagórica contra o poder instituído. Os gestos reflexos passam a ser percebidos como "característicos de um 'controle total' da parte de King e como testemunhos de uma 'intenção perigosa', como se a violência fosse a única ação voluntária de um corpo negro, que fica proibido de qualquer defesa legítima".[81]

O paradoxo do corpo vivo de Rodney King – percebido como extremamente agressivo no exato momento em que se encontrava mais indefeso – reflete a ação do dispositivo de autodefesa, que determina que *quanto mais o preto se defender, mais se tornará indefensável*.[82] Isso vale como paradigma geral desse dispositivo de poder. Ele vai solicitar ao corpo oprimido que manifeste uma disposição de defesa de si justamente para tornar legítima a opressão que ele sofre. O dispositivo, ao mesmo tempo que solicita a manifestação do impulso de autodefesa, produz a percepção paranoica capaz de projetar nesse corpo o sintoma de uma potência de agressão ilimitada ao *status quo*. Nesse sentido, o dispositivo contempla toda uma

---

79. Disponível em: http://digitallibrary.usc.edu/digital/collection/p15799coll69/id/12707.
80. Butler. Endangered/Endangering: Schematic Racism and White Paranoia, p. 15.
81. Dorlin. *Autodefesa – Uma filosofia da violência*, p. 25.
82. Dorlin. *Autodefesa – Uma filosofia da violência*, p. 25.

rede de técnicas, práticas, conceitos, estéticas que, em conjunto, produzem esse corpo proibido de autodefesa.

Em Foucault, como sintetiza Agamben, o *dispositivo* consiste em "um conjunto heterogêneo, linguístico e não linguístico, que inclui virtualmente qualquer coisa no mesmo título: discursos, instituições, edifícios, leis, medidas de segurança, proposições filosóficas etc.",[83] em suma, "um conjunto de práticas e mecanismos".[84] O dispositivo reflete um novo exercício de poder descentralizado, que já não carece de referência a absolutos e universais. De acordo com Foucault, o poder na modernidade deixou de ser positivo ou possessivo; ele se torna recursivo, isto é, o poder passa a existir somente nas e através das relações de forças, que não cessam de se atualizarem a partir da fricção contínua entre os corpos e as técnicas, entre as práticas e os saberes. O controle se irradia através das infinitas interações sociais, a cada encontro, suscitando novas práticas de segregação, monitoramento e gestão dos corpos que, por sua vez, estimulam novos saberes sobre a natureza e a potencialidade desses encontros.

Dispositivo, portanto, constitui modalidades específicas de controle recursivo. Sua função é produzir e reger a *vida*. "O homem, durante milênios permaneceu o que era para Aristóteles: um animal vivo e, além disso, capaz de existência política; o homem moderno é um animal, em cuja política, sua vida de ser vivo está em questão".[85] A vida de que fala Foucault não se limita ao conceito biológico; ela não surge com o nascimento do ser, mas a partir de uma atribuição do poder. A vida, portanto, deve ser "produzida, e produzida por uma governamentalidade ativa".[86] Há dois vieses para se incluir a vida no cerne da racionalidade moderna: através do *biopoder*, ou conjunto de práticas que regem sobre a "anátomo-política do corpo humano";[87] e através da *biopolítica*, conjunto de práticas que regem sobre a vida das populações e os fenômenos naturais a ela subjacentes. De inspiração foucaultiana, o conceito de "necropolítica" de Achille Mbembe destaca uma concepção de governamentalidade fundamentada na morte, no matar e deixar morrer – especialmente no que tange às populações pretas excluídas, famintas, doentes e sistematicamente assassinadas pela polícia; sobre as

---

83. Agamben. O que é um dispositivo?, p. 29.
84. Agamben. O que é um dispositivo?, p. 35.
85. Foucault. *História da sexualidade: a vontade de saber*, p. 176.
86. Foucault. *História da sexualidade: a vontade de saber*, p. 165.
87. Foucault. *História da sexualidade: a vontade de saber*, p. 151.

quais incorrem toda sorte de neuroses, sofrimentos psíquicos e privações de sociabilidade. Nesses meandros, estipula-se que "a carne mais barata do mercado é a carne negra",[88] conforme canta Elza Soares.

Cabe ao poder não apenas coagir, mas, por intermédio dos dispositivos, extrair, incitar, produzir, coagir, cercear, estimular a energia vital dos corpos de acordo com as necessidades de força produtiva. Foucault lançou luz à atividade de um "imenso exército de lacaios – psiquiatras, psicólogos, juristas, criminologistas, pedagogos, arquitetos, higienistas e assim por diante – que conspiraram para produzir os aparatos que produzem os trabalhadores de que a indústria precisa".[89]

Ao capturar as disposições defensivas, o dispositivo de autodefesa age para induzir os corpos das minorias a adotarem uma postura de docilidade ou de agressividade, de apatia depressiva ou de tensão paranoica; culminando sempre, seja a partir da resignação do próprio sujeito, seja através do exame detalhado de seu comportamento reativo, no estatuto de indefensabilidade desse corpo. O paradoxo do autocontrole, portanto, tem como pano de fundo o que Dorlin define como *dirty care* ou *cuidado de si negativo*.[90] Constantemente preocupado em antecipar uma possível violência contra si, o sujeito preto, mulher, gay, latino, asiático etc. passa a vida examinando exaustivamente tudo aquilo que nele próprio ou em seu algoz poderia servir para "negar, minimizar, desativar, suportar, diminuir ou evitar a violência; para abrigar-se dela, proteger-se, defender-se".[91]

Essa atenção constante e exaustiva dedicada ao opressor produz, ao cabo, "conhecimento, um conhecimento dos mais profundos e documentados acerca dos grupos dominantes".[92] O autocontrole reflete a disposição de "se proteger permanentemente das intenções do outro, em antecipar suas vontades e desejos, em fundir-se em suas representações com fins de autodefesa".[93] De certo modo, Williams se sentiu preparado para defender Floyd porque imaginara durante toda a vida que uma situação como essa poderia lhe ocorrer.

---

88. "A carne", faixa do disco *Do cóccix até o pescoço* (Maianga, 2002), de Elza Soares. Compositores: Marcelo Yuka; Seu Jorge; Ulisses Cappelletti.
89. Stengers; Pignarre. *Capitalist Sorcery – Breaking the Spell*, p. 58. Tradução nossa do inglês.
90. Dorlin. *Autodefesa – Uma filosofia da violência*, p. 292.
91. Dorlin. *Autodefesa – Uma filosofia da violência*, p. 293.
92. Dorlin. *Autodefesa – Uma filosofia da violência*, p. 294.
93. Dorlin. *Autodefesa – Uma filosofia da violência*, p. 294.

Por tudo isso, Dorlin conclui que o indivíduo preto é forçado a *se constituir como sujeito a partir da autodefesa*. É articulando-se em relação ao biopoder capaz de se desresponsabilizar a partir de suas reações psíquicas e corporais em defesa de si – mas também, é *esboçando formas de "inquietude radical"*[94] capazes de reorientar as práticas de autodefesa para fins emancipatórios – que o sujeito preto encontra alguma chance de se reposicionar nas relações de forças de que é objeto. Nesse ponto, escutamos o eco daquilo que Foucault considerava ser o foco possível de resistência ao biopoder:

> A vida se torna resistência ao poder quando o poder toma como objeto a vida (...) Quando o poder se torna biopoder, a resistência se torna poder da vida, poder-vital que vai além das espécies, dos meios e dos caminhos desse ou daquele diagrama. A força vinda do lado de fora – não é uma certa ideia da Vida, um certo vitalismo, em que culmina o pensamento de Foucault? A vida não seria essa capacidade de força de resistir?[95]

O que Chris Burden percebeu é que, a partir do Massacre de Kent State, o dispositivo de autodefesa tinha passado a incluir em seu escopo de ação o corpo do jovem universitário branco de classe média. Todas as precauções que cercam *Shoot* visam justamente criar garantias para que as disposições de autodefesa desse corpo se revelassem nos seus mais ínfimos detalhes involuntários. Porque esses detalhes, agora, se tornavam objeto do poder que, para legitimar um aumento da repressão, passava a demandar desses corpos que manifestassem a vontade de se defender, a fim de demonstrar melhor, a partir delas, uma suposta potência ilimitada de agredir o *status quo*.

Caso Burden tivesse simplesmente se dado um tiro no Guggenheim, poderíamos concordar com o argumento de que a obra é um sintoma de uma cultura violenta, machista, falocêntrica, masoquista etc. Todavia, quando levamos em consideração todos os aspectos considerados pelo experimento – evento privado; espectadores-amigos; negociação de responsabilidades; exclusão da mídia; recusa da narrativa –, podemos determinar que seu objeto é, de fato, o processo de captura da disposição fisiológica, prática e afetiva da defesa de si pelo dispositivo de autodefesa.

Daí que um dos aspectos mais cruciais da obra é justamente a participação desse espectador, simultaneamente comparsa e cocriador.

---

94. Dorlin. *Autodefesa – Uma filosofia da violência*, p. 294.
95. Deleuze. *Foucault*, p. 99.

Burden não atirou em si mesmo, ele foi baleado por um amigo e o público se reuniu para ver isso acontecer. Quando isso é enfatizado, surgem diferentes questões. *Como alguém poderia ser persuadido a atirar em seu amigo? Por que o público estava preparado para deixar isso acontecer?*[96]

As perguntas estão mal colocadas, porque não se trata de espectadores, mas de participantes. Isto é, pessoas que acataram a responsabilidade de controlar o risco de catástrofe, em função de uma vontade compartilhada de produzir uma obra. Para melhor esclarecer as responsabilidades do espectador direto, vale dar um exemplo que foge à experiência estética para tratar do risco concreto de ser baleado.

Em *Baronesa* (2018), de Juliana Antunes, há uma bela cena em que dois amigos brincam com uma arma de fogo. O filme se passa na periferia de Belo Horizonte. Explode uma guerra do tráfico, e Negão (Felipe Rangel) se prepara para tomar parte, *voluntariamente*, nela. Sua amiga Andreia (Andreia Pereira de Sousa) se reúne com ele antes de sua partida. Enquanto Negão experimenta um colete à prova de balas, Andreia decide brincar com uma arma de fogo. Ao ver a arma apontada para si, Negão acaba se contraindo, crispação premonitória, embora soubesse que ela estava descarregada. Os amigos revezam na experimentação do medo e da volúpia do disparo. Mais importante, os gestos de Andreia cumprem com a responsabilidade de se colocar no lugar do amigo e tomar parte em seu destino. Sem esquivar-se da tarefa de protegê-lo – "você tem que se preparar pra guerra, negão" –, Andreia tentará uma última vez dissuadi-lo, convidando-o para ajudá-la a construir sua nova casa em outro bairro.

---

96. Ward. Gray Zone: Watching "Shoot", p. 116.

Imagem 9 – Cena do filme *Baronesa* (2018). Dir. Juliana Antunes.

Como na cena de *Baronesa*, os espectadores de *Shoot* não são apenas cúmplices, são ainda parte atiradores, parte artistas. Do ponto de vista da ação, cabe a Burden tanto *ser baleado* (a obra se concretiza em seu corpo) quanto *disparar* (porque concebe a obra). Mas o espectador é tragado pela ação em função do risco de catástrofe. Confrontado com a chance de o artista – melhor dizendo, o amigo – ser morto, ele precisa repassar passo a passo tanto a concepção da obra quanto a técnica de tiro. Na medida em que consente em participar do risco, o espectador se vê ainda com uma responsabilidade suplementar: a de participar de corpo e alma na obra mediante *não interferência*. Assim como o artista, que, para se manter imóvel diante do atirador, deve superar seu medo e volúpia de ser baleado, também o espectador deve atingir um estado de imobilidade serena para diminuir o risco de o crime não produzir uma obra.

A obra, nesse sentido, adquire um certo caráter ritualístico. E na medida em que tanto o artista quanto os espectadores se revezam na função de sujeito e objeto da performance, convém falar de sujeitos projéteis, ou subjéteis. Por tudo isso, podemos imaginar a extraordinária densidade da atmosfera da galeria F-Space naquela noite, em que todos buscavam se *desmobilizar do medo e da volúpia da arma de fogo* em busca de garantir que nada, senão uma obra, ocorresse.

> Chris nos disse que o Bruce o ia alvejar. De verdade. Poucas pessoas estavam lá, e a sala estava muito carregada. Todos estavam prestando atenção e tentando não perturbar de forma alguma. Se alguém tossisse ou dissesse "Não faça isso,

Chris" ou algo do gênero, poderia ter sido um desastre. Todos percebemos que tínhamos a vida dele em nossas mãos, e era como se houvesse uma ligação direta, uma conexão visceral entre o meu corpo e o dele.[97]

É preciso considerar, então, que o que o artista fez não foi atuar para eliminar, mas *aumentar os riscos* ligados ao disparo de arma de fogo. A performance exigia a eliminação de toda tagarelice e tolice em torno dos disparos, pois, para além do risco de catástrofe, havia o risco de que nenhuma obra de arte fosse produzida.

> Se Burden tivesse sido morto, ou mais gravemente ferido, ele não teria se tornado um herói do movimento antiguerra (ou um mártir da arte), mas teria sido sujeito a desaprovação e ridículo mais intensos. Seu amigo, o atirador, e o público convidado, teriam se encontrado com questões éticas ainda mais sérias a responder; sem deixar de mencionar as questões evidenciais e legais.[98]

A obra também cumpre com a tarefa de expor a classe de meio ao risco de catástrofe *em função* de seu modo de vida; a obra força o espectador a reconsiderar sua relação com a produção da obra na medida em que observar se torna tão crucial quanto agir. Em *Shoot*, o ato de espectar parece remontar ao seu sentido primordial, que Duchamp definiu como a "atitude de combater uma invasão com os braços cruzados".[99]

8. CONCLUSÃO – COMO RESISTIR À ZONA CINZA

Combater uma invasão de braços cruzados. Essa é uma fórmula precisa para definir o modelo de resistência adequado à classe de meio. Porque trata-se, efetivamente, de aprender a cruzar os braços, evitar prestar suporte à elite proprietária, tomar parte na administração da máquina capitalista. E, no entanto, simplesmente cruzar os braços não basta. É preciso ainda combater a invasão dos dispositivos de poder. Estes, como vimos ao longo de todo o livro, atuam produzindo saberes, práticas, técnicas, afetos.

---

97. Relato da artista Barbara Smith, presente na performance. Filme: *Burden* (2016), dir. Richard Dewey. Tradução nossa do inglês.
98. Ward. Gray Zone: Watching "Shoot", p. 120. Tradução nossa do inglês.
99. Marcel Duchamp citado por Marjorie Perloff. The avant-garde phase of American modernism, p. 152. Tradução nossa do inglês.

Uma das maneiras de se fazer isso é produzindo experimentos que coloquem a teste tudo aquilo que nos mobiliza a correr o risco de catástrofe. Discutimos esses experimentos desde a cabana mágica até o experimento de ser baleado. Sobretudo a classe de meio – composta em sua maioria pela classe média – carece de experimentar formas atenuadas da catástrofe. Porque ela ocupa o cerne da zona cinza, qual seja, a contradição entre o que sabemos e o que nos mobiliza. Entre as classes subalternas, é a que mais acumula conhecimento sobre a catástrofe e, paradoxalmente, a que menos encontra oportunidades de desenvolver mecanismos de desativação dos dispositivos de poder. Para que não acabe sufocada pela zona cinza, cativa dos sentimentos de pânico frio e da clarividência demoníaca, urge que a classe de meio empregue toda sua inventividade para a fabricação de experimentos sobre a catástrofe. Por experimentos, não devemos compreender, é claro, "ilustrações interativas" da catástrofe. Não se trata de dar a oportunidade às pessoas para que vejam "como um gelo se derrete", experimentem "a dor de ser baleada". Pelo contrário, experimento, aqui, tem um sentido preciso. Trata-se de uma proposição capaz de redistribuir as responsabilidades e de colocar em pauta o desafio de desmobilização. E é precisamente nesse ponto que, a nosso ver, consiste a contribuição mais precisa da obra *Shoot* à reflexão sobre a zona cinza. Porque a performance só se torna efetivamente arte a partir do momento em que todos os espectadores de primeira mão assumissem a responsabilidade perante a ação (do contrário, corria-se o risco de crime); e a partir do momento em que todos os espectadores de segunda mão – isto é, nós – nos colocamos no papel de interpretar a obra de uma ótica refratária ao risco de violência armada. Se nos tornamos desresponsáveis, se nos deixamos mobilizar, a obra desaparece, torna-se mero crime, estupidez, bravata. E nenhuma vítima direta da catástrofe vai tolerar a participação de quem, vivendo a meia distância, vem de maneira desresponsável e mobilizada, aproveitando-se do monopólio de conhecimento, dizer de que maneira a humanidade deve ou não reagir à catástrofe.

**RESUMO CARTOGRÁFICO
DA ZONA CINZA**

A título de conclusão, fornecemos um resumo dos conceitos e categorias que foram abordados sobretudo no primeiro capítulo. O objetivo é fornecer uma cartografia resumida da zona cinza.

No capitalismo, situações de zona cinza – em que as condições de negociação comercial, política, litigiosa e/ou social são obscuras – são recorrentes, a ponto de poderem ser consideradas estruturais.

A zona cinza, como conceito geral, abrange os interstícios entre inovação e efeito colateral, entre produção e externalidade, entre decisão e responsabilização. Ela toma forma a partir da confusão entre causa e efeito, entre ação e consequência, entre legal e imoral, entre acidente e crime.

O princípio dessa confusão é a necessidade de transformar o capital em quase-causa de tudo que acontece – exceto da catástrofe. Cabe à zona cinza fornecer as garantias para a livre iniciativa, isto é, o direito de ser irresponsável.

A zona cinza resulta da dinâmica interativa entre fluxos de desresponsabilidade e de mobilização. Essa dinâmica é controlada por práticas, fluxos, técnicas, códigos, redes, equipamentos e instituições, que são responsáveis por ora transferir a responsabilidade individual para uma "culpabilidade do sistema", ora produzir subjetividades aptas a abstrair os fatos e obstruir os afetos diante da possibilidade de conversão da catástrofe em oportunidade de acumulação de capital. A zona cinza é, portanto, um dispositivo.

A zona cinza é o campo de atuação do homem capitalista diante da catástrofe. Ele parasita as subjetividades, enfraquecendo-as; o sujeito se torna um ser de dócil burrice, ou alguém em pânico frio, tomado por agito vazio ou por clarividência demoníaca. Em cada caso, aumentam-se as chances de o homem capitalista agir pelo hospedeiro, em seu lugar, por meio dele.

Cabe à classe de meio controlar e mediar as definições de risco para o conjunto da sociedade. A zona cinza cria uma série de situações ambíguas, cuja única finalidade é meter a classe de meio num impasse entre o que sabe de um risco de catástrofe e o que tem poder de mobilizá-la a correr esse risco.

Os feitores de risco respondem a esse impasse manipulando tudo o que sabem sobre a catástrofe para mobilizar a sociedade a aderir docilmente a uma atividade de risco. Há feitores de risco que se limitam a fazer o que são obrigados; estes podem se transformar em refratárias, caso se politizem. Mas há ainda os homens cinzentos, que levam às últimas consequências a demissão de si e se dedicam de corpo e alma à tarefa de criar modos mais aperfeiçoados de automobilização e de mobilização do outro.

Se a classe de meio adquire consciência de sua posição e de sua potência, ela se torna refratária a toda tentativa de deturpação do conhecimento e de mobilização para o risco, e, desse modo, contribui para fazer a poeira baixar até que se torne plenamente visível e experienciável a área de risco em que estamos todos imersos.

REFERÊNCIAS

LIVROS, CAPÍTULOS DE LIVROS, ARTIGOS CIENTÍFICOS, TESES E DISSERTAÇÕES

AGAMBEN, Giorgio. Da utilidade e dos inconvenientes do viver entre espectros. In: ____. *Nudez*. Trad.: Davi Pessoa Carneiro. Belo Horizonte: Autêntica Editora, 2014. (Filô/Agamben).

AGAMBEN, Giorgio. *Homo Sacer I*: o poder soberano e a vida nua. Belo Horizonte: Editora UFMG, 2007.

AGAMBEN, Giorgio. O que é um dispositivo? In: ____. *O que é o contemporâneo? E outros ensaios*. Chapecó: Argos, 2009.

AGAMBEN, Giorgio. *O aberto*: o homem e o animal. Rio de Janeiro: Civilização Brasileira, 2013.

ALBERRO, Alexander; STIMSON, Blake (Orgs.). *Institutional Critique*: An Anthology of Artist's Writing. Cambridge: The MIT Press, 2009.

ALTEEVER; BROWN; WAGSTAFF. *The Roof Garden Commission*: Pierre Huyghe. Nova York: Met Publications, 2015.

ANDRADE, Carlos Drummond de. *Confissões de Minas*. São Paulo: Cosac Naify, 2011.

ANDRADE, Carlos Drummond de. Vila de utopia. In: ____. *Confissões de Minas*. São Paulo: Cosac Naify, 2011.

ANDRADE, Carlos Drummond de. *Nova reunião*. Rio de Janeiro: José Olympio, 1985.

AQUINO, São Tomás de. *Suma Teológica – v. V*, parte II-II, questão 35. São Paulo: Edições Loyola, 2005.

BARBOSA, Waldemar de Almeida. *Dicionário histórico geográfico de Minas Gerais*. Belo Horizonte: Editora Itatiaia, 1995.

BARTHES, Roland. *Mitologias*. Rio de Janeiro: Editora Difel, 2001.

BECK, Ulrich. *Sociedade de risco – Rumo a uma outra modernidade*. São Paulo: Editora 34, 2011.

BECKER, Konrad; STALDER, Felix (Eds.). *Deep Search*: The Politics of Search Beyond Google. Londres: Transaction Publishers, 2009.

BENJAMIN, Walter. *Obras escolhidas – v. 1*. Magia e técnica, arte e política: ensaios sobre literatura e história da cultura. São Paulo: Brasiliense, 1987.

BENJAMIN, Walter. O narrador: considerações sobre a obra de Nikolai Leskov. In: ____. *Obras escolhidas – v. 1*. São Paulo: Brasiliense, 1987.

BENJAMIN, Walter. *Selected Writings – v. 2, part 2 (1931-1935)*. Cambridge: The Belknap Press of Harvard University Press, 1999.

BENJAMIN, Walter. The Lisbon Earthquake. In: ____. *Selected Writings – v. 2, part 2 (1931-1935)*. Cambridge: The Belknap Press of Harvard University Press, 1999.

BERARDI, Franco "Bifo". *Heroes*: Mass Murderer and Suicide. Londres: Verso Books, 2016.

BERARDI, Franco "Bifo". *Asfixia*: capitalismo financeiro e a insurreição da linguagem. São Paulo: Ubu Editora, 2020. (E-book)

BERMAN, Marshall. *Tudo que é sólido desmancha no ar – A aventura da modernidade*. São Paulo: Companhia das Letras, 2007.

BERNARDI, Ana; MORAIS, Jennifer. Fascismo à brasileira? Análise de conteúdo dos discursos de Bolsonaro após o segundo turno das eleições presidenciais de 2018. *Política e Sociedade*, UFSC, v. 20, n. 48, p. 300-237, 2021.

BJERRE, Henrik; LAUSTEN, Carsten Bagge. *The Subjects of Politics*: Slavoj Zizek's Political Philosophy. Penrith: LLP Humanities, 2010.

BLACK, Sacha. *The Anatomy of Prose*. Nova York: Atlas Publishing, 2020. (E-book)

BOWIE, Andrew. Friedrich Wilhelm Joseph von Schelling. In: ZALTA, Edward N.; NODELMAN, Uri. Stanford: *The Stanford Encyclopedia of Philosophy*, 2016.

BOURDIEU, Pierre. *O desencantamento do mundo*: estruturas econômicas e estruturas temporais. São Paulo: Editora Perspectiva, 1979.

BRAGA, Ruy. *A rebeldia do precariado – Trabalho e neoliberalismo no Sul Global*. São Paulo: Boitempo Editorial, 2017.

BRITO, Ronaldo. Frequência imodulada. In: MATOS, Diego; WISNIK, Guilherme. *Cildo – Estudos, espaços, tempo*. São Paulo: Ubu Editora, 2018.

BUENO, Samira; MARQUES, David; PACHECO, Dennis. As mortes decorrentes de intervenção policial no Brasil em 2020. *Anuário Brasileiro de Segurança Pública*, ano 14, p. 59-69, 2020.

BURDEN, Chris; HOFFMAN, Fred (Orgs.). *Chris Burden*. Londres: Thames & Hudson, 2007.

BURDEN, Chris; SELWYN, Marc. I Think Museums Function the Way Churches Function to Religion [Entrevista a Marc Selwyn]. *Flash Art International*, ed. 144, jan.-fev. 1989.

BUTLER, Judith. Endangered/Endangering: Schematic Racism and White Paranoia. In: GOODING-WILLIAMS, Robert (Org.). *Reading Rodney King/Reading Urban Uprising*. Nova York: Routledge, 1993.

CANNINGS, Victoria; TOMBS, Steve. *From Social Harm to Zemiology*. Nova York: Routledge, 2021.

CARR, Nicholas, *The Big Switch*: Rewiring the World, from Edison to Google. Nova York: W.W. Norton, 2008.

CHASIN, José. *Marx – Estatuto ontológico e resolução metodológica*. São Paulo: Boitempo Editorial, 2009.

CHIPP, Herschel. *Teorias da arte moderna*. São Paulo: Martins Fontes, 1999.

CHRISTENSEN, Clayton. *The innovator's dilemma*. Nova York: Harper Business, 2002.

COCCIA, Emanuele. *A vida sensível*. Desterro [Florianópolis]: Cultura e Barbárie, 2010.

DAMISCH, Hubert. *A Theory of /Cloud/*: Toward a History of Painting. Stanford: Stanford University Press, 2002.

DANOWSKI, Déborah; VIVEIROS DE CASTRO, Eduardo. *Há mundo por vir? Ensaio sobre os medos e os fins*. Desterro [Florianópolis]: Cultura e Barbárie, 2014.

DAVIES, Frank. *Deodoro*: formas de governo para uma "região olímpica". Tese (Doutorado em Ciências Sociais) – UERJ, Rio de Janeiro, 2017.

DAVIS, Mike; WIENER, Jon. *Set The Night on Fire*. Londres: Verso Books, 2020.

DELEUZE, Gilles; GUATTARI, Félix. *O Anti-Édipo*: capitalismo e esquizofrenia. São Paulo: Editora 34, 2010.

DELEUZE, Gilles; GUATTARI, Félix. *Mil Platôs – Capitalismo e esquizofrenia – v. 4*. São Paulo: Editora 34, 1997.

DELEUZE, Gilles. *Conversações*. Trad. Peter Pál Pelbart. São Paulo: Ed. 34, 1992.

DELEUZE, Gilles. Os intercessores. In: ____. *Conversações*. Trad. Peter Pál Pelbart. São Paulo: Ed. 34, 1992.
DELEUZE, Gilles. *Foucault*. São Paulo: Brasiliense, 1988.
DELEUZE, Gilles. Literatura e vida. In: ____. *Crítica e clínica*. São Paulo: Editora 34, 2008. p. 11-17.
DELIGNY, Fernand. *O aracniano e outros textos*. São Paulo: N-1 Editora, 2015.
DELILLO, Don. *Falling Man*. Nova York: Scribner, 2008. (E-book)
DEVEREAUX, Mary. Protected Space: Politics, Censorship, and the Arts. In: FENNER, David E. W. (Org.). *Ethics and the Arts – An Anthology*. Nova York: Routledge, 2013.
DICK, Philip K. *O homem duplo*. Rio de Janeiro: Rocco Editora, 2007. (E-book)
DIDI-HUBERMAN, Georges. How to Open your Eyes. In: EHMANN, Antje; ESHUN, Kodwo. *Harun Farocki – Against What? Against Whom?*. Londres: Koenig Books; Raven Row, 2009.
DIDI-HUBERMAN, Georges. *Remontagens do tempo sofrido – O olho da história II*. Trad. Márcia Arbex e Vera Casa Nova. Belo Horizonte: Editora UFMG, 2018.
DIDI-HUBERMAN, Georges. *Sobrevivência dos vagalumes*. Belo Horizonte: Editora UFMG, 2011.
DORLIN, Elsa. *Autodefesa – Uma filosofia da violência*. São Paulo: Ubu Editora, 2020.
DOS ANJOS, Laymert Garcia. *Politizar as novas tecnologias*. São Paulo: Editora 34, 2003.
DREIFUSS, René Armand. *Política, poder, estado e força*: uma leitura de Weber. Petrópolis: Vozes, 1993.
DUCHAMP, Marcel. O ato criador. In: TOMKINS, Calvin. *Marcel Duchamp*. São Paulo: Cosac Naify, 2013.
DURHAM, Jimmie. Against Internationalism. *Third Text* [Londres: Routledge], v. 27, n. 1, 2013.
DUTTON, William H.; REISDORF, Bianca; DUBOIS, Elizabeth; BLANK, Grant. Search and Politics: The Uses and Impacts of Search in Britain, France, Germany, Italy, Poland, Spain, and the United States. *Quello Center Working Paper*, 5 jan. 2017.
FAY, Jennifer. *Inhospitable World*: Cinema in the Time of Anthropocene. Nova York: Oxford Press, 2018.

REFERÊNCIAS

FELTRAN, Gabriel. Trabalhadores e bandidos: categorias de nomeação, significados políticos. *Temáticas*, v. 15, n. 30, p. 1-27, 2007.

FENNER, David E. W. (Org.). *Ethics and the Arts – An Anthology*. Nova York: Routledge, 2013.

FOUCAULT, Michel. Ditos e escritos. In: ____. *Estética*: literatura e pintura, música e cinema. Rio de Janeiro: Forense Universitária, 2003.

FOUCAULT, Michel. Outros espaços. In: ____. *Estética*: literatura e pintura, música e cinema. Rio de Janeiro: Forense Universitária, 2003.

FOUCAULT, Michel. *Dits et écrits 1954-1988 – v. III (1976-1979)*. Paris: Éditions Gallimard, 1994.

FOUCAULT, Michel. *História da sexualidade*: a vontade de saber – v. 1. São Paulo: Edições Graal, 2010.

FUKUYAMA, Francis. *End of History and the Last Man*. Nova York: Free Press, 1992.

GASPAR, Gabriel; OLIVEIRA, Vanessa. Brancos, sangrem conosco. In: OLIVEIRA, Vanessa (Org.). *De bala em prosa*: vozes da resistência ao genocídio preto. São Paulo: Editora Elefante, 2020.

GLEICH, David F. PageRank Beyond the Web. *SIAM Review*, v. 57, n. 3, 2015.

GRIFFIN, Jonathan. "Chris Burden 1946-2015". *FRIEZE Magazine*, 2015.

GROS, Frédéric. *Desobedecer*. São Paulo: Ubu Editora, 2018.

GUATTARI, Felix; ROLNIK, Suely. *Micropolíticas*: cartografias do desejo. Petrópolis: Editora Vozes, 2005.

GUATTARI, Félix. *Caosmose*. São Paulo: Editora 34, 2006.

GUATTARI, Félix. *Lines of Flight*: For Another World of Possibilities. London: Bloomsbury Academic, 2011.

GUATTARI, Félix. *Psychoanalysis and Transversality*. Los Angeles, Semiotext(e), 2015.

HAMBLYN, Richard. Notes from Underground: Lisbon after Earthquake. *Romanticism* [Edinburgh University Press], v. 14, ed. 22, 2008.

HAN, Byung-Hul. *No enxame*: perspectivas do digital. Petrópolis: Vozes, 2018.

HARAWAY, Donna. *Staying with the Trouble*: Making Kin in the Chthulucene. Durham: Duke University Press, 2016.

HARVEY, David. *17 contradições e o fim do capitalismo*. São Paulo: Boitempo Editorial, 2014.

HARVEY, David. *A condição pós-moderna*: uma pesquisa sobre as origens da mudança cultural. São Paulo: Loyola, 1993.

HERR, Michael. *Dispatches*. Nova York: Editora Picador, 2015. (E-book)

HERMANN, Victor. Como contar 80 tiros? A questão do primeiro disparo, segundo Clarice Lispector. *Revista Brasileira de Literatura Comparada*, v. 25, n. 48, p. 215-230, 2003.

HIRATA, Daniel Veloso et al. *A expansão das milícias no Rio de Janeiro*: uso da força estatal, mercado imobiliário e grupos armados – Relatório Final. Rio de Janeiro: Grupo de Estudos dos Novos Ilegalismos (UFF/RJ); Observatório das Metrópoles (UFRJ/RJ), 2021.

HOBSBAWM, Eric. *A era dos extremos – O breve século XX*. São Paulo: Companhia das Letras, 1995.

HODGSON, Geoffrey. *Economia e instituições*. Oeiras: Celta, 1994.

HUI, Yuk. *Tecnodiversidade*. São Paulo: UBU Editora, 2020.

IBSEN, Henrik. Solness, o construtor. In: ____. *Seis dramas*. Rio de Janeiro: Ed. Globo, 1960.

INSTITUTE for Applied Autonomy. Engaging Ambivalence: Interventions in Engineering Culture. In: ALBERRO, Alexander; STIMSON, Blake (Orgs.). *Institutional Critique*: An Anthology of Artist's Writing. Cambridge: The MIT Press, 2009. p. 470-477.

ISAAC, Mike. *Super Pumped*: The Battle for Uber. Nova York: W. W. Norton Company, 2019.

JONES, Amelia. *Body Art/Performing the Subject*. Mineapolis: University of Minnesota Press, 1998.

KAHNEMAN, Daniel. *Rápido e devagar*: duas formas de pensar. Rio de Janeiro: Objetiva, 2011.

KANT, Immanuel. *Escritos sobre o terramoto de Lisboa*. Lisboa: Almedina, 2005.

KLEIN, Naomi. *Doutrina do choque – Capitalismo de desastre*. Rio de Janeiro: Nova Fronteira, 2008.

KOWNER, Rotem; DEMEL, Walter (Orgs.). *Race and Racism in Modern East Asia – Western and Eastern Constructions*. Leiden: Brill, 2013.

KROKER, Arthur; WEINSTEIN, Michael. *Data Trash*: The Theory of Virtual Class. Nova York: St. Martin's Press, 1994.

LAUAND, Jean. O pecado do agito vazio. *Língua Portuguesa*, v. 31, p. 36-37, 2008.

LAWRENCE, D. H. *O amante de Lady Chatterley*. São Paulo: Penguin-Companhia, 2010.

LESTEL, Dominique. A animalidade, o humano e as "comunidades híbridas". In: MACIEL, Maria Esther (Org.). *Pensar/escrever o animal*: ensaios de zoopoética e biopolítica. Florianópolis: Editora UFSC, 2011. p. 23-54.

LEVI, Primo. *Os afogados e os sobreviventes*. São Paulo: Paz e Terra, 2004.

LISPECTOR, Clarice; LERNER, Júlio. A última entrevista de Clarice Lispector. *Shalom*, n. 296, p. 62-69, 1992.

LISPECTOR, Clarice. *A legião estrangeira*. Rio de Janeiro: Editora do Autor, 1964.

LISPECTOR, Clarice. Mineirinho. In:_____. *Para não esquecer*. Rio de Janeiro: Rocco Digital, 2015. p. 134-135.

LUZ, Manuel Ramon. *Por uma concepção darwiniana de economia evolucionária*: abordagens pioneiras, conflitos teóricos e propostas ontológicas. Dissertação (Mestrado em Economia) – Instituto de Economia, Unicamp, Campinas, 2009.

MACHADO DA SILVA, Luiz Antonio; MENEZES, Palloma. (Des)continuidades na experiência de "vida sob cerco" e na "sociabilidade violenta". *CEBRAP Novos Estudos*, v. 38, n. 3, p. 529-551, 2019.

MACHADO DA SILVA, Luiz Antonio. "Violência urbana", segurança pública e favelas: o caso do Rio de Janeiro atual. *Caderno CRH*, UFBA, v. 23, n. 59, p. 283-300, 2010.

MACHADO, Arlindo. Tecnologia e arte contemporânea: como politizar o debate. *Revista de Estudios Sociales*, v. 22, dez. 2005.

MARINETTI, F. T. Fundação e Manifesto do Futurismo. In: CHIPP, Herschell. *Teorias da arte moderna*. São Paulo: Martins Fontes, 1999.

MARX, Karl; ENGELS, Friedrich. *Manifesto Comunista*. São Paulo: Boitempo Editorial, 2010.

MARX, Karl; ENGELS, Friedrich. *Manuscritos econômico-filosóficos*. São Paulo: Boitempo Editorial, 2004.

MARX, Karl; ENGELS, Friedrich. *O capital – Livro I*, v. 1. Rio de Janeiro: Civilização Brasileira, 1998.

MATOS, Andityas; COLLADO, Francis Garcia. *Para além da biopolítica*. São Paulo: Sob Influência, 2022.

MATOS, Diego; WISNIK, Guilherme. *Cildo – Estudos, espaços, tempo*. São Paulo: Ubu Editora, 2018.

MATOS, Olgária. Educação para o ócio: da acídia à "preguiça heroica". In: NOVAES, Adauto (Org.). *Mutações*: elogio à preguiça. São Paulo: Edições Sesc SP, 2015. (E-book)

MATTHEWS, Henry. *The diary of an invalid*: being the journal of a tour in pursuit of health in Portugal, Italy, Switzerland, and France in the years 1817, 1818, and 1819. Londres: John Murray, 1820.

MATURANA, Humberto. A ontologia do conversar. *Revista Terapia Psicológica*, ano VII, n. 10, 1988.

MBEMBE, Achille. *Necropolítica*: biopoder, soberania, estado de exceção, política da morte. São Paulo: N-1 edições, 2018.

MCLEAN, Bethany; ELKIND, Peter. *The Smartest Guys in the Room – The Amazing Rise and Scandalous Fall of Enron*. Londres: Portfolio; Penguin Books, 2003.

MEIRELES, Cildo. *Cildo Meireles*. Rio de Janeiro: Funarte, 1981.

MEYER, Luiz. 'Melancolia' de Lars Von Trier e a psicopatologia contemporânea. *Jornal de Psicanálise*, São Paulo, v. 46, n. 84, jun. 2013.

MIAGUSKO, Edson. A pacificação vista da Baixada Fluminense: violência, mercado político e militarização. In: LEITE, Márcia et al. (Orgs.). *Militarização no Rio de Janeiro*: da pacificação à intervenção. Rio de Janeiro: Mórula Editorial, 2018.

MISSE, Michel. Sobre a acumulação social da violência no Rio de Janeiro. *Civitas*, v. 8, n. 3, p. 371-385, 2008.

MORA, José Ferrater. *Dicionário de Filosofia – Tomo III*. 2. ed. São Paulo: Edições Loyola, 2004.

MORETTI, Franco. The Grey Area: Ibsen and the Spirit of Capitalism. *New Left Review*, Londres, v. 61, jan.-fev. 2010.

MUSIL, Robert. *O homem sem qualidades*. Rio de Janeiro: Editora Nova Fronteira, 2018. (E-book)

NADER, Ralph. *Unsafe at Any Speed*. Londres: Knightsbridge Pub Co Mass, 1991.

NEIMAN, Susan. *Evil in Modern Thought*: An alternative history of philosophy. Reino Unido: Princeton University Press, 2002.

NELSON, R.; WINTER, S. *An evolutionary theory of economic change*. Cambridge: Belknap Press, 1982.

NOBLE, Safiya Umoja. *Algorithms of Oppression*: How Search Engines Reinforce Racism. Nova York: Audible Inc, 2018.

O'DELL, Kathy. *Contract with the Skin*: Masochism, Performance Art, and the 1970s. Mineápolis: University of Minnesota Press, 1998.

OLIVEIRA, Vanessa (Org.). *De bala em prosa*: vozes da resistência ao genocídio preto. São Paulo: Editora Elefante, 2020.

REFERÊNCIAS

PAGE, Lawrence et al. *The PageRank citation ranking*: Bringing order to the web. Relatório técnico. Stanford: Stanford Digital Library Technologies Project, 1998.

PASQUINELLI, Matteo. Google's PageRank Algorithm: A Diagram of the Cognitive Capitalism and the Rentier of the Common Intellect. In: BECKER, Konrad; STALDER, Felix (Eds.). *Deep Search*: The Politics of Search Beyond Google. Londres: Transaction Publishers, 2009.

PERLOFF, Marjorie. The avant-garde phase of American modernism. In: KALAIDJIAN, Walter (Org.). *The Cambridge Companion to American Modernism*. Cambridge: Cambridge University Press, 2005.

POSSAS, Mario Luiz. Economia evolucionária neo-schumpeteriana: elementos para uma integração micro-macrodinâmica. *Estudos Avançados*, São Paulo, v. 22, n. 63, 2008.

PYNCHON, Thomas. *O último grito*. São Paulo: Companhia das Letras, 2018. (E-book)

PYNCHON, Thomas. *Vício inerente*. Trad. Caetano W. Galindo. São Paulo: Companhia das Letras, 2010.

PYNCHON, Thomas. *Vineland*. São Paulo: Companhia das Letras, 1990.

RAGAZZI, Lucas; ROCHA, Murilo. *Brumadinho*: a engenharia de um crime. Belo Horizonte: Editora Letramento, 2019.

RANDALL, Martin. *9/11 and the Literature of Terror*. Edimburgo: Edinburgh University Press, 2011.

RASPET, Sean. Remember when contemporary art solved the climate crisis? *ArtAsiaPacific*, ed. 117, mar./abr. 2020.

ROCHA, Lia de Mattos; MOTTA, Jonathan Willian Bazoni da. Entre luzes e sombras: o Rio de Janeiro dos megaeventos e a militarização da vida na cidade. *Interseções*, Rio de Janeiro, v. 22, n. 2, p. 225-248, set. 2020.

ROSENBAUM, Yudith. A ética na literatura: leitura de "Mineirinho", de Clarice Lispector. *Estudos Avançados*, v. 24, n. 69, p. 169-182, 2010.

ROSZAK, Piotr. The 'Prelude' to the Camino. The Way of St. James and the Cultural Identity of Kuyavia e Pomerania. *Compostellanum*, Santiago de Compostela, v. 60, n. 3-4, p. 645-653, 2015.

SAITO, Kohei. *O ecossocialismo de Karl Marx*. São Paulo: Boitempo Editorial, 2021.

SALOMÃO, Waly. *Hélio Oiticica*: qual é o parangolé? E outros escritos. São Paulo: Companhia das Letras, 2015. (E-book)

SCHUMPETER, Joseph. *Capitalismo, socialismo e democracia*. São Paulo: Editora Fundo de Cultura, 2014.

SCHUMPETER, Joseph. *Teoria do desenvolvimento econômico*: uma investigação sobre lucros, capital, crédito, juro e o ciclo econômico. São Paulo: Abril Cultural, 1982.

SEBALD, W. G. *História natural da destruição*. Lisboa: Quetzal Editores, 2017.

SEBALD, W. G. *Guerra aérea e literatura*. São Paulo: Companhia das Letras, 2011.

SERRA, Cristina. *Tragédia em Mariana*: a história do maior desastre ambiental do Brasil. Rio de Janeiro: Editora Record, 2018.

SEYMOUR, Richard. *The Twittering Machine*. Londres: Verso Books, 2020. (E-book)

SHACKLE, G. L. S. *The Nature of Economic Thought*. Cambridge: Cambridge University Press, 1966.

SHACKLE, G. L. S. *Imagination and the Nature of Choice*. Edimburgo: Edinburgh University Press, 1979.

SHAVIRO, Steven. Melancholia, or, The Romantic Anti-Sublime. *SEQUENCE*, v. 1, n. 1, 2012.

SHKRELI, Etrit. *Hannah Arendt's Conceptualization of Evil*. Tese (Doutorado em Filosofia) – Universidade Bilkent, Ankara, 2016.

SONTAG, Susan. *Diante da dor dos outros*. São Paulo: Companhia das Letras, 2003.

SOUZA, Jessé. *A classe média no espelho*. Rio de Janeiro: Editora Sextante, 2017.

SOUZA, Jessé. *Os batalhadores brasileiros*: nova classe média ou nova classe trabalhadora? Belo Horizonte: Editora UFMG, 2010.

SOUZA, Edinilsa Ramos de; MINAYO, Maria Cecília de Souza; CAVALCANTE, Fátima Gonçalves. O impacto do suicídio sobre a morbimortalidade da população de Itabira. *Ciencia & Saúde Coletiva*, Rio de Janeiro, v. 11, p. 1333-1342, 2006. Suplemento.

SPINOZA, B. *Ética*. São Paulo: Edusp, 2015.

STENGERS, Isabelle; PIGNARRE, Philippe. *Capitalist Sorcery – Breaking the Spell*. Reino Unido: Palgrave MacMillan, 2011.

STENGERS, Isabelle. *A invenção das ciências modernas*. São Paulo: Editora 34, 2002.

STENGERS, Isabelle. *No tempo das catástrofes*. São Paulo: Cosac Naify, 2015.

STILES, Kristine. Burden of Light. In: BURDEN, Chris; HOFFMAN, Fred (Orgs.). *Chris Burden*. Londres: Thames & Hudson, 2007.
TOMKINS, Calvin. *Marcel Duchamp*. São Paulo: Cosac Naify, 2013.
VATICANO. *Catecismo da Igreja Católica – Compêndio*. Vaticano: Libreria Editrice Vaticana, 2005. Disponível em: vatican.va/archive/compendium_ccc/documents/archive_2005_compendium-ccc_po.html.
VENTURA, Zuenir. *Cidade partida*. São Paulo: Companhia das Letras, 1994.
VIRILIO, Paul. *The Information Bomb*. Londres: Verso Books, 2005.
VIRILIO, Paul. *Unknown Quantity*. Londres: Thames & Hudson, 2003.
VIRILIO, Paul. *The Unknown Quantity*. Paris: Fondation Cartier pour l'art contemporain, 2003.
VIRNO, Paolo. *A Grammar of the Multitude*. Nova York: Semiotext(e), 2004.
WARD, Frazer. Gray Zone: Watching "Shoot". *October* [Cambridge: MIT Press], v. 95, 2001.
WEBER, Max. *A ética protestante e o "espírito" do capitalismo*. São Paulo: Companhia das Letras, 2004.
WENDEL, Travis; CURTIS, Ric. Tolerância zero – A má interpretação dos resultados. *Horizontes Antropológicos*, Porto Alegre, v. 8, n. 18, dez. 2002.
WIEVIORKA, Michel. O novo paradigma da violência. *Tempo Social*, São Paulo, v. 9, n. 1, p. 5-41, 1997.
WILLIS, Susan. Nós somos os antraz. In: ____. *Evidências do real*. São Paulo: Boitempo Editorial: 2005.
WISNIK, Guilherme. *Dentro do nevoeiro*. São Paulo: Ubu Editora, 2018.
WISNIK, José Miguel. *Máquina do mundo – Drummond e a mineração*. São Paulo: Companhia das Letras, 2018.
WRANGE, Mans. A conversation with Chris Burden. *Magasin III*, 2009.
YANO, Christine. Categorical Confusion: President Obama as a Case Study of Racialized practices in Contemporary Japan. In: KOWNER, Rotem; DEMEL, Walter (Orgs.). *Race and Racism in Modern East Asia – Western and Eastern Constructions*. Leiden: Brill, 2013.
ŽIŽEK, Slavoj. *Bem-vindo ao deserto do real!*. São Paulo: Boitempo Editorial, 2003.
ZOURABICHVILI, François. *Deleuze*: uma filosofia do acontecimento. São Paulo: Editora 34, 2016.

ARTIGOS EM JORNAIS, REVISTAS, BLOGS E OUTRAS MÍDIAS

AFP. "Frases de Bolsonaro, o candidato que despreza as minorias". *Isto É*, 24 set. 2018.

AGÊNCIA Brasil. "Não sei o que falar para meu filho, diz viúva de músico morto no Rio". *Revista Exame*, 8 abr. 2019.

ANDRADE, Carlos Drummond. "A fazenda que desapareceu do mapa". *Globo Rural*, out. 1986.

AUVINEN, Pekka-Eric. Natural Selector's Manifesto. *Odd Culture*, 2007.

BARIFOUSE, Rafael. "Mineração: cidade onde Vale nasceu vive cercada por 33 vezes o volume de rejeitos de barragem que se rompeu em Brumadinho". *BBC Brasil*, 16 fev. 2019.

BARREIRA, Gabriel; COELHO, Henrique. "'A gente ia morrer junto', diz mulher no enterro do músico fuzilado pelo Exército no Rio". *Portal G1*, 10 abr. 2019.

BECKER, Clara; DAL PIVA, Juliana; AGUIAR, Tiago. "A farinata, o alimento e os erros no combate à fome em São Paulo". *Revista Piauí*, 24 out. 2017.

BOCK, Pauline. "How a French student setting himself alight has inspired a new revolt". *NewStatesMan*, 13 set. 2019.

BRADSHAW, Peter. "Burden review – persuasive look at art's 'Evel Knievel' – or David Blaine". *The Guardian*, 5 mai. 2017.

BUGIERMAN, Denis Russo. "Opinião: uma nuvem preta que anuncia um futuro terrível". *O Globo*, 21 ago. 2019.

CANOFRE, Fernanda. "Certificado de estabilidade dificultou investigação sobre barragem em Brumadinho, diz promotor". *Folha*, 21 mar. 19.

CARISSIMO, Justin. "Cambridge Analytica CEO Alexander Nix describes 'shadow' election tactics". *CBS News*, 19 mar. 2018.

CHANG, Ailsa. "Uber CEO Talks About What's Changed For The Company In The Last Year". *NPR News*, 30 ago. 2018.

CIPRIANI, Juliana. "Zema chama tragédia de Brumadinho de 'incidente' e diz que Vale está fazendo o possível". *Estado de Minas*, 12 fev. 2019.

CORREIO da Manhã. "Perpétuo morre na Favela do Esqueleto". *Correio da Manhã*, 2 set. 1964.

CUSTOMER Insight Group; THE New York Times. *The psychology of sharing: why do people share online* (2011). Disponível em: https://bostonwebdesigners.net/wp-content/uploads/POS_PUBLIC0819-1.pdf.

REFERÊNCIAS

DEFESANET. "Complexo da maré: força de pacificação já realizou mais de 65 mil ações". *DefesaNet*, 17 mar. 2015.

DELEUZE, Gilles; PARNET, Claire. "O abecedário de Gilles Deleuze: entrevista de G. Deleuze a Claire Parnet" [realizada em 1988-1989]. *Machine Deleuze*, 7 jun. 2021. Disponível em: https://machinedeleuze.wordpress.com/2021/06/07/o-abecedario-de-gilles-deleuze-transcricao-completa/.

FACHIN, Patrícia; ARANTES, Pedro. "A cidade-mercadoria e os limites da reforma urbana brasileira. Entrevista especial com Pedro Arantes". *Revista IHU On-Line*, 20 jun. 2017.

FELTRAN, Gabriel. "Polícia e política: o regime de poder hoje liderado por Bolsonaro". *CEBRAP: Blog Novos Estudos*, 27 jun. 2021.

FINKEL, Jori. "James Turrell shapes perceptions". *Los Angeles Times*, 11 mai. 2013.

FOROOHAR, Rana. "Travis Kalanick – Person of the Year number 6". *Time Magazine*, 2015.

FREUDENHEIM, Susan. "The Artist as Canyon Jumper". *Los Angeles Times Magazine*, 13 jul. 2003.

GEWERTZ, Catherine. "Income-Based Gaps in College Attainment Have Worsened Since 1970, Report Finds". *Education Week*, 21 abr. 2016.

HARVEY, David. "A política anticapitalista na época da COVID-19". *Instituto Humanitas Unisinos*, 26 mar. 2020.

HEAGEN, Keatch. "Is Scott Olsen Occupy Wall Street's Kent State moment?". *Politico*, 27 out. 2011.

HEALEY, Carrie. "Tania Head: One of the biggest frauds in history pretended to be 9/11 survivor". *Aol.com*, 10 set. 2016.

HUGHES, Robert. "The Decline and Fall of the Avant-Garde". *Time Magazine*, 18 dez. 1972.

INSTITUTE For Applied Autonomy; CRITICAL Art Ensemble. "Contestational Robotics". *Tactical Media Files*, 24 mai. 2009.

INSTITUTO Pereira Passos. Tabela 1772. In: *Índice de Desenvolvimento Humano (IDH) Municipal, por ordem de IDH, segundo os Bairros ou grupo de Bairros, no Município do Rio de Janeiro em 1991/2000*. Rio de Janeiro: IPP; Data Rio, 2018. Disponível em: https://www.data.rio/documents/58186e41a2ad410f9099af99e46366fd/about.

KACHANI, Morris. "Nuvem preta foi aula da natureza para 20 milhões de pessoas". *Estadão*, 23 ago. 2019.

KENICOTT, Philip. "Chris Burden: Extreme Measures". *Washington Post*, 20 dez. 2013.

KRAEMER, Maria. "A maquiagem das demonstrações contábeis com a contabilidade criativa". *Gestiópolis*, 17 set. 2005.

KRAVCHENKO, Sasha; CAMERON, Layne. "Decomposing leaves are a surprising source of greenhouse gases. *Michigan State University Today*, 5 jun. 2017.

KRUGMAN, Paul. "Lest We Forget". *New York Times*, 27 nov. 2008.

KUBOTA, Luiz Cláudio. "O peso do passado no futuro do trabalho: a transmissão intergeracional de letramento". *Indicador de Alfabetismo Funcional (Inaf)*, 4 mar. 2020.

LIMA, Déborah. "Troca de e-mails mostra que Vale pressionou Tüv Süd para atestar estabilidade da barragem". *Estado de Minas*, 15 fev. 2019.

MACNICOL, Glynys. "Donny Deutsch: 'Occupy Wall St.' Needs A Kent State Moment". *Business Insider*, 14 out. 2011.

MAGID, Ron. "Mean Streets". *American Cinematographer*, jan. 2003.

MARINI, Eduardo. "Le Cocq gerou o Esquadrão da Morte e 'parcerias' com os bicheiros do Rio". *Portal R7*, 16 out. 2019.

MCEWAN, Ian. "Beyond belief". *The Guardian*, 12 set. 2001.

MEIRELES, Cildo; MONACHESI, Juliana. "O caçador de relâmpagos". *Folha de São Paulo*, 22 dez. 2002.

MICKIE, Robin. "From fertiliser to Zyklon B: 100 years of the scientific discovery that brought life and death". *The Guardian*, 3 nov. 2020.

MILLER, Laura. "Falling Man". *Salon Review*, 11 mai. 2007.

MINISTÉRIO da Defesa. "Garantia da Lei e da Ordem". *Portal Gov.br*, 1 jan. 2014.

MISHRA, Pankaj. "The End of Innocence". *The Guardian*, 19 mai. 2007.

NAME, Daniela; PAPE, Lygia. "'Estou em busca do poema': entrevista com Lygia Pape com Daniela Name". *O Globo*, 13 dez. 2001.

OMARA-OTUNNU, Elizabeth. "Napalm Survivor Tells of Healing after Vietnam War". *University of Connecticut Advance*, 8 nov. 2004.

OTÁVIO, Chico; ARAÚJO, Vera. "Em oito anos, número de áreas controladas por grupos paramilitares dobrou". *O Globo*, 10 abr. 2018.

PLAGENS, Peter. "Art in California". *The New York Times*, fev. 1973.

PORTAL G1. Corpo da menina Ágatha, morta a tiro no Alemão, é enterrado em Inhaúma, Zona Norte do Rio. *G1 Rio*, 22 set. 2019.

PORTAL G1. "Vídeo mostra assassino atirando em funcionários e alunos de escola em Suzano". *G1 Mogi das Cruzes e Suzano*, 13 mar. 2019.

PYNCHON, Thomas. "A Journey into The Mind of Watts". *New York Times*, 12 jun. 1966.

RAPHAEL, Rina. "Netflix CEO Reed Hastings: Sleep Is Our Competition". *Fast Company*, 11 jun. 17.

REDAÇÃO BHAZ. "Roberto Justus diz que '15 mil mortos é número muito pequeno' e acaba 'demitido': 'Devia ficar calado'". *Portal BHAZ*, 24 mar. 2020.

REDAÇÃO NYT. "Autoimolação, estopim da Primavera Árabe, hoje é uma tendência sinistra". *Folha de S.Paulo*, 11 jul. 2017.

ROCHA, Camilo. "O e-mail que alertou o comando da Vale sobre as barragens". *Nexo Jornal*, 5 set. 2019.

ROSÁRIO, Miguel do. "Datafolha: Bolsonaro continua perdendo a classe média, mas ganha eleitores mais humildes e de baixa instrução". *O Cafezinho*, 30 abr. 2020.

ROSSI, Amanda. "As conclusões da CPI de Brumadinho no Senado, que pede indiciamento de 14 pessoas por homicídio". *BBC News*, 2 jul. 2019.

ROSSI, Amanda. "Tragédia em Brumadinho: Vale diz que sirenes não foram acionadas por 'velocidade' do deslizamento". *BBC News*, 31 jan. 2019.

SAKAMOTO, Leonardo. "Os governantes que elogiam execuções vão pedir perdão à viúva de Evaldo?". *Uol*, 8 abr. 2019.

SOARES, Rafael. "Os 257 tiros contra o carro de Evaldo dos Santos Rosa". *Revista Época*, 23 mai. 2019.

TENA, Alejandro. "Ecoansiedade: quando o colapso climático produz depressão". *Revista IHU Online*, 1 nov. 2019.

TETT, Gilian. "The dream machine: invention of credit derivatives". *The Financial Times*, 24 mar. 2006.

VIANA, Natália. "Minha felicidade ficou para trás, diz viúva de Evaldo Rosa". *Carta Capital*, 7 out. 2019.

VIANA, Natália. "Exclusivo: a desastrosa operação do Exército que levou à morte de Evaldo Rosa". *Agência Pública*, 29 abr. 2020.

VIANA, Natália. "Eu queria que os soldados do Exército fossem a júri popular". *Agência Pública*, 6 set. 2019.

VLAHOU, Assimina. "Vaticano divulga lista de novos pecados capitais". *Estadão*, 10 mar. 2008.

WEGUELIN, J. M. "Mineirinho". *O Rio de Janeiro Através dos Jornais*, [s.d.]. Disponível em: https://www1.uol.com.br/rionosjornais/rj45.htm.

WISNIK, José Miguel. Poetas que pensaram o mundo: Drummond e a maquinação do mundo. Palestra. *Ciclo Mutações "Entre dois mundos: 30 anos de experiências do pensamento"*. UFBA, 4 out. 2016.

WYWA, Chloe. "The White Man's Burden". *The New Inquiry*, 18 dez. 2013.

ŽIŽEK, Slavoj. Slavoj Žižek: Don't act, just think, 2012. 1 vídeo (6 min.). Publicado pelo canal Big Think. Disponível em: https://www.youtube.com/watch?v=IgR6uaVqWsQ.

SOBRE O AUTOR

Victor Hermann (Itabira, 1988) é filósofo, doutor em teoria literária pelo Pós-Lit UFMG – instituição que lhe concedeu o prêmio de melhor tese em 2021 – e pesquisador independente. Autor do blog Zona Cinza, suas reflexões críticas sobre o capitalismo neoliberal, a biopolítica e o capitalismo de risco se inserem em debates contemporâneos sobre a catástrofe. Com uma abordagem que explora as ambiguidades morais do presente, seus estudos convidam a refletir sobre os dilemas éticos que moldam a sociedade atual.

@blogzonacinza

Esta obra foi composta em Minion Pro e Acumin e impressa sobre papel Pólen Soft 80g/m² para a Relicário Edições.